面向 21 世纪课程教学案例系列

经济法
学理研究与案例分析
Theoretical Research and Case Study in Economic Law

主　编　肖江平
撰稿人　（以姓名拼音为序）
　　　　肖江平　邢会强　熊　静
　　　　徐　妍　袁达松　赵　玲

北京大学出版社
PEKING UNIVERSITY PRESS

图书在版编目(CIP)数据

经济法学理研究与案例分析/肖江平主编. —北京:北京大学出版社,2014.3
(面向21世纪课程教学案例系列)
ISBN 978-7-301-23731-1

Ⅰ.①经…　Ⅱ.①肖…　Ⅲ.①经济法-中国-高等学校-教材
Ⅳ.①D922.29

中国版本图书馆 CIP 数据核字(2014)第 005701 号

书　　　名:经济法学理研究与案例分析
著作责任者:肖江平　主编
责 任 编 辑:郭瑞洁
标 准 书 号:ISBN 978-7-301-23731-1/D·3506
出 版 发 行:北京大学出版社
地　　　址:北京市海淀区成府路 205 号　100871
网　　　址:http://www.pup.cn
新 浪 微 博:@北京大学出版社
电 子 信 箱:law@pup.pku.edu.cn
电　　　话:邮购部 62752015　发行部 62750672　编辑部 62752027
　　　　　　出版部 62754962
印 刷 者:北京飞达印刷有限责任公司
经 销 者:新华书店
　　　　　　730 毫米×980 毫米　16 开本　30.5 印张　548 千字
　　　　　　2014 年 3 月第 1 版　2019 年 7 月第 2 次印刷
定　　　价:58.00 元

未经许可,不得以任何方式复制或抄袭本书之部分或全部内容。
版权所有,侵权必究
举报电话:010-62752024　电子信箱:fd@pup.pku.edu.cn

作者简介

肖江平,经济法学博士、管理科学与工程博士后,北京大学竞争法研究中心主任,中国经济法学研究会常务副秘书长、常务理事,北京市经济法学研究会副会长。著作教材有:《中国经济法学史研究》《经济法案例教程》(主编),译作有:《国外可再生能源译编》(副主编)等。代表性论文:《滥用市场支配地位认定中的"正当理由"》《经济法定义的学术史考察》《我国可再生能源促进法的制度设计》等。

邢会强,法学博士、应用经济学博士后,中央财经大学法学院副教授,北京市金融服务法学会秘书长,中国证券法学研究会副秘书长,中国经济法学研究会理事,《金融服务法评论》执行主编。代表性著作:《宏观调控权运行的法律问题》《赢在资本》《抢滩资本》等。代表性论文:《宏观调控行为的可诉性探析》《商业银行公共性理论》《信息不对称之法律规制》等。

熊静,法学硕士,北京市第三中级人民法院法官。代表性论文:《关于司法应对自然灾害的若干思考》《非上市股份公司信息披露制度》。著作(合著):《非上市股份公司运营与治理法律制度研究》《经济发展方式转变中的法律问题研究》等。

徐妍,法学博士,中国政法大学比较法学研究院副教授,中国经济法学研究会理事,中国法学会财税法学会理事,北京市金融与财税法学会常务理事。著作有:《反倾销税的税法规制》等,代表性论文有:《国际税收协定中跨国独立劳务所得的认定》《企业所得税法中的非居民企业投资所得与国际税收协定的协调》《欧盟劳动法在欧洲政治经济一体化中的作用》等。

袁达松,经济法与政府经济管理博士、经济法学博士后,北京师范大学法学院教授、院长助理兼实践教学研究中心主任,中国经济法学研究会理事,中国证券法学研究会理事,著作教材有:《金融危机管理法论》《证券市场风险管理法论》《金融法(双语版)》和《法学原理与案例讲堂——经济法》等,代表性论文有《对影子银行加强监管的国际金融法制改革》《系统重要性金融机构的国际法制构建与中国回应》《走向包容性的法治国家建设》等。

赵玲,法学博士,对外经济贸易大学法学院副教授。著作教材有:《公司治理:理论与制度》《公司法典型案例评析》等,译作有:《公司治理:趋同与存续》《公司治理的循环性危机》《反垄断法:经济学原理和普通法演进》。代表性论文有:《我国公司法修改中的二元理论》《公司治理的路径依赖及其对公司治理演进的影响》《我国公司治理的外控型模式初探》等。

目 录

第一编　经济法总论

第一章　经济法的概念 (3)
　　本章要点 (3)
　　案例分析 (4)
　　　　经济法在德国的产生 (4)
　　案例思考题 (7)
　　　　《中华人民共和国可再生能源法》中法律规范的部门法属性 (7)

第二章　经济法的产生和发展 (8)
　　本章要点 (8)
　　案例分析 (9)
　　　　经济法在德国的产生 (9)
　　案例思考题 (11)
　　　　日本经济法的兴起 (11)

第三章　经济法的地位 (13)
　　本章要点 (13)
　　案例分析 (14)
　　　　有中国特色社会主义法律体系框架已经基本形成 (14)
　　案例思考题 (16)
　　　　抢盐"风波"与价格规制 (16)

第四章　经济法的理念和基本原则 (18)
　　本章要点 (18)
　　案例分析 (19)
　　　　案例分析一：中国人民银行行使利率调整权连续五次上调存贷款利率 (19)

案例分析二：全国人大常委会的预算审批权——十一届全国人大
　　　　　　常委会第三次会议批准国务院调整中央预算方案 …………（21）
　　案例思考题
　　　　2011年我国税收收入状况 …………………………………………（23）

第五章　经济法的体系和渊源 ………………………………………………（25）
　　本章要点 ………………………………………………………………（25）
　　案例分析 ………………………………………………………………（26）
　　　案例分析一：桂中岳等30名代表提出《关于制定税收基本法的议案》
　　　　　　——税收法律体系与税法体系 …………………………………（26）
　　　案例分析二：SARS期间价格规制行为所依价格法规范的效力渊源
　　　　　　——价格法的渊源 ………………………………………………（28）
　　案例思考题 ……………………………………………………………（30）
　　　　中国《证券投资基金法》修改 ………………………………………（30）

第六章　经济法的制定和实施 ………………………………………………（32）
　　本章要点 ………………………………………………………………（32）
　　相关法律、法规、规章、司法解释 ………………………………………（33）
　　案例分析 ………………………………………………………………（34）
　　　案例分析一：《中华人民共和国中小企业促进法》的制定 ……………（34）
　　　案例分析二："地下钱庄"等查禁案和相关制度的完善 ………………（36）
　　案例思考题 ……………………………………………………………（39）
　　　　中国《反垄断法》制定过程 …………………………………………（39）

第二编　经济法主体

第七章　经济法主体的一般原理 ……………………………………………（43）
　　本章要点 ………………………………………………………………（43）
　　案例分析 ………………………………………………………………（44）
　　　案例分析一：从某银行2006年年报看经济法主体资格的重叠性 ……（44）
　　　案例分析二：某银行的成立及业务 ……………………………………（45）
　　案例思考题 ……………………………………………………………（47）
　　　　张某以何种身份成为经济法主体？ …………………………………（47）

第八章　国家经济管理机关法律制度 …………………………… (48)

本章要点 ……………………………………………………… (48)

案例分析 ……………………………………………………… (49)

案例分析一：银监会的设立 ………………………………… (49)

案例分析二：日本政府的"价格维持行动"（PKO）………… (50)

案例分析三：我国的金融监管协调机制 …………………… (52)

案例分析四：债券管理的多头执法 ………………………… (54)

案例思考题 …………………………………………………… (55)

国家发改委的价格监督 ……………………………………… (55)

第九章　企业法律制度 ……………………………………………… (57)

本章要点 ……………………………………………………… (57)

相关法律、法规、规章、司法解释 …………………………… (58)

案例分析 ……………………………………………………… (60)

案例分析一：甲公司诉乙公司法人人格否认案 …………… (60)

案例分析二：出资不实应承担什么法律责任？——安信公司诉拓新
公司违反出资义务损害赔偿案 ……………………………… (62)

案例分析三：持股职工能否退股？——孙某诉某物业
公司股权纠纷案 ……………………………………………… (64)

案例分析四：张艳娟诉江苏万华工贸发展有限公司、万华、吴亮亮、
毛建伟股东权纠纷案 ………………………………………… (66)

案例分析五：股东会计账簿查阅权如何行使？——宁丁诉北京远大会计师
事务所有限公司侵害股东知情权案 ………………………… (68)

案例分析六：股份禁止流通期间，股权能否委托给未来受让方行使？
——张桂平诉王华股权转让合同纠纷案 …………………… (70)

案例分析七：北京东方家园房地产开发有限公司诉苏德刚损害公司利益案
——关于竞业禁止的分析 …………………………………… (73)

案例分析八：如何走出公司僵局？——林方清诉常熟市凯莱
实业有限公司、戴晓明公司解散纠纷案 …………………… (75)

案例分析九：某贸易公司诉某工贸公司清算组损害赔偿纠纷案 … (78)

案例分析十：用人单位与劳动者约定社会保险费自行缴纳是否有效？… (80)

案例分析十一：何宏平、李俊林诉刘长松合伙纠纷案 ……… (82)

案例分析十二：个人独资企业转让后原债务应由谁承担？… (83)

案例分析十三：未经主管部门审核、批准的集体企业产权转让是否合法有效？
　　——上海威斯瑞公司诉上海金珠公司集体企业
　　产权转让案 ………………………………………………（85）
案例分析十四：有联营合同但未进行工商登记的联营行为如何处理？——广州
　　陆仕水产企业有限公司诉广州鹭业水产有限公司联营合同
　　纠纷案 …………………………………………………（87）
　案例思考题 …………………………………………………（90）
　　思考题一：公司解散诉讼案 ………………………………（90）
　　思考题二：公司设立及破产清偿问题 ……………………（91）

第十章　市场中介组织法律制度 ………………………………（92）
　本章要点 ……………………………………………………（92）
　相关法律、法规、规章、司法解释 …………………………（93）
　案例分析 ……………………………………………………（94）
　　案例分析一：全美投资者关系协会 ………………………（94）
　　案例分析二：中国银行业协会的组织机构 ………………（96）
　　案例分析三：北京上市公司协会 …………………………（98）
　　案例分析四：全国牙防组违法进行认证案 ………………（100）
　　案例分析五：印尼消费者基金会要求政府制定更严格的烟草法 …（102）
　案例思考题 …………………………………………………（104）
　　消费者协会调解纠纷案 ……………………………………（104）

第三编　市场监管法

第十一章　市场监管法的一般原理 ……………………………（109）
　本章要点 ……………………………………………………（109）
　案例分析 ……………………………………………………（110）
　　案例分析一：市场监管法在发达资本主义国家的产生 …（110）
　　案例分析二：行业协会的角色定位 ………………………（113）
　案例思考题 …………………………………………………（115）
　　电信、联通遭遇反垄断调查 ………………………………（115）

第十二章　竞争法律制度 ………………………………………（117）
　本章要点 ……………………………………………………（117）

相关法律、法规、规章、司法解释 (119)
案例分析 (120)
　　案例分析一：美国施乐公司滥用市场支配地位案 (120)
　　案例分析二：微软公司滥用市场支配地位搭售案 (123)
　　案例分析三：苹果公司诉摩托罗拉公司滥用知识产权案 (126)
　　案例分析四：日本新潟市出租车行业拒绝交易案 (128)
　　案例分析五：国美电器"零点利"销售空调案 (132)
　　案例分析六：可口可乐收购汇源果汁案 (135)
　　案例分析七：希捷科技公司收购三星电子有限公司硬盘驱动器业务
　　　　　　　　反垄断审查案 (139)
　　案例分析八：美国苹果公司和五大出版商垄断协议(固定价格)案 (142)
　　案例分析九：北京锐邦涌和科贸有限公司诉强生(上海)医疗器材
　　　　　　　　有限公司等垄断协议纠纷案 (145)
　　案例分析十：北京四家防伪企业诉中国国家质量监督检验检疫
　　　　　　　　总局行政性垄断案 (148)
　　案例分析十一：腾讯科技(深圳)有限公司等诉北京奇虎科技
　　　　　　　　　有限公司等不正当竞争纠纷案 (151)
　　案例分析十二：北京市海淀区人民检察院诉吴伍迪兵等侵犯
　　　　　　　　　商业秘密罪案 (154)
　　案例分析十三：华星酒业公司商业贿赂案 (157)
　　案例分析十四：内蒙古蒙牛乳业(集团)股份有限公司诉河南安阳白雪公主
　　　　　　　　　乳业有限责任公司不正当竞争和商标侵权案 (159)

第十三章　消费者权益保护法律制度 (163)
本章要点 (163)
相关法律、法规、规章、司法解释 (164)
案例分析 (165)
　　案例分析一："商品售出，概不退换" (165)
　　案例分析二："索尼"耳机双倍赔偿争议案 (167)
　　案例分析三："此马非彼马"案 (168)
　　案例分析四：消费者的消费自由权应当得到保障 (170)
　　案例分析五："央视女主持人沈旭华坠楼死亡索赔"案 (171)
　　案例分析六：商品房买卖纠纷之双倍赔偿案 (173)
　　案例分析七：李某某与某开发建设总公司商品房出售知情权纠纷案 (175)

案例分析八：消费者酒吧消费挨打获精神损害赔偿 …………… (177)
　案例思考题 ………………………………………………………… (179)
　　思考题一 …………………………………………………………… (179)
　　思考题二 …………………………………………………………… (180)

第十四章　产品质量法律制度 …………………………………… (181)
　本章要点 …………………………………………………………… (181)
　相关法律、法规、规章、司法解释 ………………………………… (182)
　案例分析 …………………………………………………………… (183)
　　案例分析一：降价不能降质量 …………………………………… (183)
　　案例分析二：产品责任的归责原则 ……………………………… (185)
　　案例分析三：产品质量存在问题顾客应向谁索赔？ …………… (187)
　案例思考题 ………………………………………………………… (189)

第十五章　广告法律制度 ………………………………………… (191)
　本章要点 …………………………………………………………… (191)
　相关法律、法规、规章、司法解释 ………………………………… (192)
　案例分析 …………………………………………………………… (193)
　　案例分析一：欧典地板夸大企业形象对外宣传案 ……………… (193)
　　案例分析二：某食品公司利用广告贬低其他商品案 …………… (197)
　　案例分析三："新兴妈妈回娘家"违法广告案 …………………… (199)
　　案例分析四：某化妆品广告用语不当案 ………………………… (201)
　案例思考题 ………………………………………………………… (203)
　　售房广告的效力问题 ……………………………………………… (203)

第十六章　城市房地产管理法律制度 …………………………… (204)
　本章要点 …………………………………………………………… (204)
　相关法律、法规、规章、司法解释 ………………………………… (205)
　案例分析 …………………………………………………………… (206)
　　案例分析一：琼海瀚海有限公司诉琼海市人民政府行政不作为案 … (206)
　　案例分析二：民航海口航空大酒店诉海口市国土海洋资源局土地
　　　　　　　　纠纷案 ……………………………………………… (208)
　　案例分析三：吴圣金诉澄迈县人民政府宅基地安置补偿纠纷案 … (210)
　　案例分析四：海口国华实业发展公司诉陈嘉新等房屋买卖纠纷案 … (212)
　　案例分析五：房屋拆迁纠纷案 …………………………………… (215)

案例思考题 …………………………………………………………… (216)
　　思考题一 …………………………………………………………… (216)
　　思考题二 …………………………………………………………… (217)

第十七章　银行业监管法律制度 …………………………………… (218)
本章要点 ……………………………………………………………… (218)
相关法律、法规、规章、司法解释 …………………………………… (219)
案例分析 ……………………………………………………………… (220)
　　案例分析一：中国银行纽约分行及王雪冰违规案 ………………… (220)
　　案例分析二：中国农业银行包头分行重大违法经营案 …………… (222)
　　案例分析三：德勤会计师事务所起诉英格兰银行监管不力案 …… (224)
　　案例分析四：西部金融租赁有限公司遭银监会处罚案 …………… (226)
　　案例分析五：美联银行违规案 ……………………………………… (227)
案例思考题 …………………………………………………………… (229)
　　协和银行被银监会处罚 …………………………………………… (229)

第十八章　证券监管法律制度 ……………………………………… (230)
本章要点 ……………………………………………………………… (230)
相关法律、法规、规章、司法解释 …………………………………… (231)
案例分析 ……………………………………………………………… (232)
　　案例分析一：中国工商银行 A+H 发行上市案 ……………………… (232)
　　案例分析二：顾雏军证券市场禁入案 ……………………………… (234)
　　案例分析三：南方证券挪用客户交易结算资金案 ………………… (236)
　　案例分析四：安徽省国际信托投资公司违法买卖"新宇软件"股票案 …… (238)
　　案例分析五：向小云证券违法案 …………………………………… (239)
　　案例分析六：某股份有限公司证券违法案 ………………………… (241)
　　案例分析七：天歌科技证券违法案 ………………………………… (242)
案例思考题 …………………………………………………………… (244)
　　思考题一：证券公司对客户证券买卖收益违法承诺案 …………… (244)
　　思考题二：裕兴电脑绕道海外到香港创业板上市案 ……………… (245)

第十九章　保险监管法律制度 ……………………………………… (247)
本章要点 ……………………………………………………………… (247)
相关法律、法规、规章、司法解释 …………………………………… (248)
案例分析 ……………………………………………………………… (249)
　　案例分析一：新华人寿董事长关国亮违规运用保险资金案 ……… (249)

案例分析二:上海泛益企业咨询有限公司违法从事保险代理业务案……(251)
　　　案例分析三:建行上海第五支行违反《保险法》案…………………(252)
　　　案例分析四:大洋保险公估有限公司违法案…………………………(253)
　　案例思考题……………………………………………………………(254)
　　　对拒绝监管谈话处罚案………………………………………………(254)

第二十章　期货监管法律制度………………………………………(256)
　　本章要点………………………………………………………………(256)
　　相关法律、法规、规章、司法解释……………………………………(257)
　　案例分析………………………………………………………………(257)
　　　案例分析一:港九期货违法案…………………………………………(257)
　　　案例分析二:万向期货经纪有限公司违法案…………………………(259)
　　　案例分析三:陈平期货违法案…………………………………………(261)
　　　案例分析四:恒丰期货违法案…………………………………………(262)
　　案例思考题……………………………………………………………(264)
　　　璐通期货公司违法案…………………………………………………(264)

第四编　宏观调控法

第二十一章　宏观调控法的一般原理…………………………………(269)
　　本章要点………………………………………………………………(269)
　　案例分析………………………………………………………………(270)
　　　案例分析一:从经济危机应对看宏观调控手段………………………(270)
　　　案例分析二:各有千秋话限价…………………………………………(273)
　　案例思考题……………………………………………………………(275)
　　　十二五规划……………………………………………………………(275)

第二十二章　计划和投资法律制度……………………………………(277)
　　本章要点………………………………………………………………(277)
　　相关法律、法规、规章、司法解释……………………………………(278)
　　案例分析………………………………………………………………(279)
　　　案例分析一:十二五规划与国家宏观调控……………………………(279)
　　　案例分析二:"带资承包"为何被叫停?………………………………(281)

案例分析三：合营合同为何不被批准? ……………………………(284)
　案例思考题 ……………………………………………………………(286)
　　招投标纠纷案 …………………………………………………………(286)

第二十三章　产业法律制度 …………………………………………(287)
　本章要点 ………………………………………………………………(287)
　相关法律、法规、规章、司法解释 ……………………………………(288)
　案例分析 ………………………………………………………………(289)
　　案例分析一：中国产业政策与 WTO 协定的冲突 ……………………(289)
　　案例分析二：中小企业促进 …………………………………………(292)
　　案例分析三：TD-SCDMA——自主创新之结晶 ……………………(295)
　　案例分析四：振兴东北老工业基地 …………………………………(296)
　案例思考题 ……………………………………………………………(298)
　　房地产业的宏观调控 …………………………………………………(298)

第二十四章　国有资产管理法律制度 …………………………………(300)
　本章要点 ………………………………………………………………(300)
　相关法律、法规、规章、司法解释 ……………………………………(301)
　案例分析 ………………………………………………………………(303)
　　案例分析一：国有资产管理、评估法律问题 ………………………(303)
　　案例分析二：针对国有资产流失的公益诉讼 ………………………(306)
　　案例分析三：股权转让协议哪里违法? ……………………………(308)
　　案例分析四：国有资产流失的郎顾之争 ……………………………(310)
　案例思考题 ……………………………………………………………(312)
　　国有资产评估的委托人是谁? ………………………………………(312)

第二十五章　自然资源法律制度 ………………………………………(314)
　本章要点 ………………………………………………………………(314)
　相关法律、法规、规章、司法解释 ……………………………………(315)
　案例分析 ………………………………………………………………(317)
　　案例分析一：张怡走私珍贵动物案 …………………………………(317)
　　案例分析二：赖×盗伐生态公益林案 ………………………………(318)
　　案例分析三：雷云飞、许继根、詹天喜等三人超标伐木案 ………(320)
　　案例分析四：铁路分局采石场越界开采案 …………………………(322)
　　案例分析五：吉山铁矿越界开采案 …………………………………(324)
　　案例分析六：东莞宝瑞实业有限公司违法开采地下水案 …………(326)

案例分析七：非法出租土地案 (327)
案例分析八：土地登记机关不履行土地登记职责案 (329)
案例思考题 (330)
思考题一 (330)
思考题二 (331)

第二十六章　能源法律制度 (333)
本章要点 (333)
相关法律、法规、规章、司法解释 (334)
案例分析 (336)
案例分析一：可再生能源开发利用的税法促进 (336)
案例分析二：节约能源法的实施状况 (339)
案例分析三：阶梯电价制度 (341)
案例思考题 (344)
思考题一：国土资源部三度叫停煤炭探矿权 (344)

第二十七章　财政法律制度 (346)
本章要点 (346)
相关法律、法规、规章、司法解释 (347)
案例分析 (348)
案例分析一：财政能向中国人民银行透支吗？ (348)
案例分析二：预算外资金如何管理？ (350)
案例分析三："燃油费"何时变成"燃油税"？ (353)
案例分析四：谢百三诉财政部国债回购案 (356)
案例分析五：某市交通局政府采购案 (359)
案例分析六：政府采购行政诉讼第一案 (362)
案例分析七：黑龙江政府采购第一案 (364)
案例分析八：农村税费改革后对农村加大转移支付力度 (367)
案例思考题 (369)
思考题一：地方政府发行债券案 (369)
思考题二：益迪厂起诉农业部全国畜牧兽医总站、畜牧兽医器械
　　　　　质量监督检测中心案 (370)

第二十八章　税收法律制度 (372)
本章要点 (372)
相关法律、法规、规章、司法解释 (373)

案例分析 (375)

- 案例分析一：生产型增值税向消费型增值税转型 (375)
- 案例分析二：内外资企业所得合并 (377)
- 案例分析三：某公司应当缴纳多少增值税？ (381)
- 案例分析四：个体工商户是缴纳营业税还是增值税？ (382)
- 案例分析五：酒厂应当缴纳多少消费税？ (383)
- 案例分析六：张某应当缴纳多少个人所得税？ (385)
- 案例分析七：该企业应当缴纳多少房产税？ (388)
- 案例分析八：资源税 (389)
- 案例分析九：土地增值税 (391)
- 案例分析十：契税 (392)
- 案例分析十一：偷逃印花税案 (394)
- 案例分析十二：企业破产清算中的税收优先权 (395)
- 案例分析十三：国税局如何保障税款征收？ (398)
- 案例分析十四：税收争议必须经过复议程序吗？ (401)

案例思考题 (403)

- 思考题一：共和国第一税案——金华虚开增值税专用发票案 (403)
- 思考题二：帕瓦罗蒂避税案 (404)

第二十九章 金融法律制度 (405)

本章要点 (405)

相关法律、法规、规章、司法解释 (406)

案例分析 (407)

- 案例分析一：2011年的三次加息 (407)
- 案例分析二：2011年中国人民银行六次上调存款准备金率 (411)
- 案例分析三：从对新华证券、南方证券的再贷款看中央银行"最后贷款人"角色 (413)
- 案例分析四：从外汇储备注资看金融改革中法律的角色 (415)
- 案例分析五：巴林银行的两次危机 (417)
- 案例分析六：某公司非法购汇案 (419)
- 案例分析七：某公司非法套汇案 (420)
- 案例分析八：某高尔夫球场外汇违法案 (421)

案例思考题 (422)

- 思考题一：对付挤兑的各种手段 (422)

思考题二:外汇违法案例 …………………………………………… (423)
第三十章　价格法律制度 ………………………………………………… (424)
　　本章要点 ……………………………………………………………… (424)
　　相关法律、法规、规章、司法解释 …………………………………… (424)
　　案例分析 ……………………………………………………………… (425)
　　　　案例分析一:乔占祥诉铁道部列车票价上浮案 ………………… (425)
　　　　案例分析二:郝劲松诉铁道部春节涨价违反《价格法》案 ……… (427)
　　　　案例分析三:重庆家乐福低价销售"饭遭殃"遭低价倾销投诉 …… (429)
　　　　案例分析四:购买数码产品的价格欺诈 ………………………… (431)
　　　　案例分析五:彩电行业价格联盟 ………………………………… (433)
　　　　案例分析六:方便面价格串通案 ………………………………… (435)
　　案例思考题 …………………………………………………………… (437)
　　　　思考题一:兰州拉面涨价,政府有权限价吗? …………………… (437)
第三十一章　会计和审计法律制度 ……………………………………… (439)
　　本章要点 ……………………………………………………………… (439)
　　相关法律、法规、规章、司法解释 …………………………………… (440)
　　案例分析 ……………………………………………………………… (441)
　　　　案例分析一:深圳中喜会计师事务所遭处罚 …………………… (441)
　　　　案例分析二:天职孜信会计师事务所遭处罚 …………………… (443)
　　案例思考题 …………………………………………………………… (446)
　　　　思考题一:安达信的倒闭 ………………………………………… (446)
　　　　思考题二:范敏华、袁蓉、曹爱民违法案 ………………………… (447)
第三十二章　对外贸易法律制度 ………………………………………… (448)
　　本章要点 ……………………………………………………………… (448)
　　相关法律、法规、规章、司法解释 …………………………………… (449)
　　案例分析 ……………………………………………………………… (450)
　　　　案例分析一:中国就平张涂布纸反倾销和反补贴案向美国
　　　　　　　　　　提出 WTO 磋商请求 …………………………… (450)
　　　　案例分析二:中国华源实业总公司无锡公司诉江阴进出口商
　　　　　　　　　　检局行政赔偿案 ………………………………… (453)
　　　　案例分析三:我国被动对出口欧盟的纺织品采取配额制度 …… (455)
　　　　案例分析四:我国对焦炭出口采取许可证制度案 ……………… (457)
　　　　案例分析五:中国汽车零部件的世贸之战 ……………………… (459)

案例分析六：欧盟对原产于中国的钢铁管配件进行反规避调查案 …… （461）
　　案例分析七：对进口冷轧板卷中止征收反倾销税案 …………… （462）
　　案例分析八：二氯甲烷期终复审案 ……………………………… （464）
　　案例分析九：中国终止对日本紫菜进口管理措施的贸易壁垒调查案 …… （466）
　案例思考题 ………………………………………………………… （468）
　　思考题一 …………………………………………………………… （468）
　　思考题二 …………………………………………………………… （468）
后记 …………………………………………………………………… （470）

第一编

经济法总论

第一章 经济法的概念

本章要点

1. 核心内容

与经济法概念密切相关的理论问题主要有三个:"经济法"语词的来源、经济法概念的内涵和经济法定义的表述。

"经济法"的国外语源主要有:在国外著述中,法国学者摩莱里在其1755年出版的《自然法典》的第四篇"合乎自然意图的法制蓝本"中使用过"经济法"一词,这可能是目前文献所及的最早语源。此后,法国学者尼古拉·博多在1771年、泰·德萨米在1843年、蒲鲁东在1865年分别在其著作中使用过"经济法"一词。① 在国外立法中首次使用是德国1919年的《煤炭经济法》、《钾素经济法》,此后,捷克斯洛伐克1964年的《捷克斯洛伐克社会主义共和国经济法典》也使用过该词。比较一致的观点认为,20世纪70年代末召开的第五届全国人民代表大会第二次会议"开幕词"中的"经济法",是"经济法"一词的中国语源。"经济法"一词的出现有其相应的经济、社会和学术背景。

经济法概念内涵的研究,实质上是关于经济法调整对象的研究。国家协调论认为,经济法特定的调整对象是国家经济协调关系,即在国家协调本国经济运行过程中发生的经济关系。经济运行需要国家协调,协调的主体是国家、客体是经济运行、方式是法律手段和非法律手段;不同的国家和同一个国家的不同时期,国家对经济运行进行协调的广度和深度、内容和方式是不同的或不完全相同的;在国家协调本国经济运行过程中发生的经济关系即国家经济协调关系,包括企业组织管理关系、市场管理关系、宏观调控关系和社会保障关系需要由经济法调整;这类经济关系由经济法调整,能够体现经济法是国家协调本国经济运行之法,以实现经济法的基本功能,促进资源的优化配置,提高经济效益,发展国民经

---

① 详见肖江平:《中国经济法学史研究》,人民法院出版社2002年版,第四章"缘起论:语词考的视角"。

济。关于经济法调整对象的研究,尽管在思路、观点上不尽一致,但共识已经非常明显,至少体现在:经济法所调整的经济关系中,国家或政府总是或者常常是一方主体;经济法所调整的经济关系是在国家"通过特定行为影响"经济运行的过程中产生的;国家通过特定的行为影响经济运行是为了社会整体利益。

经济法定义的表述上,要注意从法律规范的总称(或总和)角度完整表达经济法独特的调整对象。以国家协调说为例,经济法是调整在国家协调本国经济运行过程中发生的经济关系的法律规范的总称。

本章的知识和原理主要有:经济法的国外语源和国内语源;经济法调整对象理论;经济法定义原理。

2. 实务提示

学习和理解经济法的概念,在经济法实务中同样具有重要意义。比如,有相当多的垄断和不正当竞争现象发生在合同的订立和履行过程中。如果仅仅从民法特别是其合同法的私权神圣、意思自治等理念理解,那么就很难判断体现其中的垄断行为和不正当竞争行为的违法性,也就很难正确地适用法律。

案例分析

经济法在德国的产生

【案情】

1896年,德国制定《反不正当竞争法》。20世纪初期,德国为满足国家经济发展的需要,干预经济运行和经济资源的配置,颁布一些对重要物资和产品价格实行国家统制的法律和法令,如《关于限制契约最高价格的通知》(1915年)、《确保战时国民粮食措施令》(1916年)和《战时经济复兴令》。后来,为应对战后国内经济危机、负担巨额战争赔款和摆脱经济上的困境,解决垄断经济组织操纵市场所带来的经济社会问题,德国进一步加大对经济干预力度。如1919年8月生效的《魏玛宪法》规定,基于国家的需要可以对土地进行征收,土地之矿藏及可利用天然力均处于国家监督之下,并对私有工业实行"社会化"。主要内容是实行完全的国家所有制、公私合营的半国家所有制和国家指定须受国家监督的企业由资本家、工人和消费者代表组成的管理机构进行管理,并佐以相关法规从不同角度干预市场运行,如《煤炭经济法》(1919年),《钾素经济法》(1919年),《防止滥用经济力法令》(《卡特尔令》)(1923年)等。这些法律包含的法律规范具有下列倾向或特质:国家有权对私人企业的经营活动进行干预、对经济运行要素进行国家协调,从而可以对垄断组织进行一定的限制,并在一定程度上取消或限制了契约自由原则和无限制所有权原则。由于法律的实施产生了明显的经济绩效,使这些法律规范不同于传统民商法和行政法的倾向或特质得到了德国社会和国家的确认。

【问题】
如何从经济法在德国产生的角度理解经济法的概念?

【观点】
观察19世纪末至20世纪20年代德国经济立法中法律规范的新特质,有助于我们理解经济法的调整对象和概念。经济法所调整的经济关系中,国家或政府总是或者常常是一方主体;经济法所调整的经济关系是在国家"通过特定行为影响"(宏观调控和市场监管)经济运行的过程中产生的;国家通过特定的行为影响经济运行是为了社会整体利益。以国家协调论为例,经济法是调整在国家协调本国经济运行过程中发生的经济关系的法律规范的总称。

【分析】
19世纪末至20世纪20年代,以《反不正当竞争法》《关于限制契约最高价格的通知》《煤炭经济法》《钾素经济法》和《防止滥用经济力法令》(《卡特尔令》)为代表的法律的制定,标志着经济法在德国产生。

经济法首先在德国产生不是偶然的。经济法是在自由竞争的市场经济进入垄断的市场经济之后,为解决垄断市场经济时期出现的、依靠已经存在的民商法无法解决的、严重的经济社会问题的情形下才产生的。经济法在德国产生的情形正说明了这一点。1871年德国统一后,经济迅猛发展,同时,各种不正当竞争现象泛滥。为规范市场竞争行为,德国在1896年制定了《反不正当竞争法》。该法和美国1890年制定的《谢尔曼反托拉斯法》一并成为经济法中竞争法产生的标志。

进入20世纪,德国的自由资本主义发展为垄断资本主义。1913年,德国的工业生产超过英、法,仅次于美国,居世界第二位。随着经济的迅速发展,其经济结构也发生了重大变化。资本高度集中,经济垄断组织大量产生。不到全国企业数1%的大企业,拥有占全国3/4的汽力和电力。一批国家所有的企业和国家与私人合营的企业使国家垄断资本主义渐成规模,并最终导致国家垄断资本主义成为主导性力量。第一次世界大战前夕,德国政府拥有全国44个最大的矿山、12个钢铁企业、24%的发电设备、20%的制盐生产量和80%的铁路线。在体现和维护"私权神圣"、"主体平等"、"意思自治"理念的传统民商法体系下，大量垄断经济组织为追求利益的最大化倚仗自身的经济优势，肆意操纵市场，攫取超额垄断利润，在平等的形式之下强化了实质的不平等，强化市场竞争失范，推动周期性经济危机的形成。

要实现交易双方的实质平等，实现自由竞争，恢复市场秩序，解决周期性经济危机，必须从法律上对"私权神圣"、"意思自治"予以限制，制定一系列赋予国家干预、协调经济运行的权力。通过规范国家宏观调控行为和市场规制行为，防范和解决周期性经济危机、防范和制止垄断行为和不正当竞争行为，在维护形式上主体平等的同时推进主体实质平等的实现，并且推动整体利益与个体利益的协调发展。

上述经济社会背景导致德国经济法的产生。同时，德国学者当时对经济法这类新型法律现象的极大关注和开创性的学术研究，如鲁姆夫（Rumpf）、卡斯凯尔（Kaskel）、阿·努斯鲍姆（Nussbaum）、杰·海德曼等富有成果的研究及其运用，又推动了德国经济法的产生进程。事实上，美国1890年制定《谢尔曼反托拉斯法》和为应对1929年大萧条在30年代所制定的一系列法律，其主要规范也是经济法的市场规制法规范和宏观调控法规范。也就是说，经济法在美国产生的时间与在德国产生的时间也大致相近。

我们说，德国经济法产生的标志是一系列富含经济法规范的法律的制定。这需要弄清法和法律、法的体系和法律体系、经济法和经济法律之间的区别和联系。经济法规范是指调整在国家对宏观经济进行调控和对微观经济进行规制过程中发生的经济关系的法律规范。而经济法就是经济法规范的总称。经济法规范，蕴含在德国这个时期制定的上述诸多法律的法条之中。反过来看，德国这一时期制定的上述法律中所蕴含的法律规范，也不仅仅只有经济法规范，但最主要的、最集中的是经济法规范。虽然调整这类经济关系的法律规范此前也曾不同程度地在不同时期、不同国家出现过，但如此大规模地、集中地出现，并发生如此显著的经济、社会效应却是此前没有过的。也就是说，作为部门法的经济法是直至20世纪20年代德国才产生的。

从经济法产生角度理解经济法的概念，可以更好地理解经济法规范较之其他法律规范的特质，更好地理解经济法的价值、宗旨，更好地理解总论与分论的关系。

【点评】

19世纪末至20世纪20年代德国经济立法中法律规范的新特质及其经济、

社会背景,是学习经济法产生、经济法调整对象、经济法概念等理论问题的重要个案。分析经济法产生时期的特定经济、法律及其他相关现象,会更好地理解经济法的概念,更好地理解其内涵和外延,使经济法总论的学习素材更丰富、过程更生动。当然,为使学习更全面、更深入,还可以多寻求一些国家和地区的经济法产生的不同类型的案例。

案例思考题

《中华人民共和国可再生能源法》中法律规范的部门法属性

【案例】

《中华人民共和国可再生能源法》由中华人民共和国第十届全国人民代表大会常务委员会第十四次会议于2005年2月28日通过,经国家主席公布,自2006年1月1日起施行。后来,根据2009年12月26日第十一届全国人民代表大会常务委员会第十二次会议《关于修改〈中华人民共和国可再生能源法〉的决定》修正。

该法律分为8章33条。在该法律中,分别规定了可再生能源资源的调查制度、可再生能源开发利用规划制度、可再生能源产业指导制度、可再生能源技术开发推广与应用促进制度、可再生能源价格激励制度和开发利用费用分摊制度、可再生能源财税金融激励制度等。这些制度分别由相应的法律规范组成。

该法律实施以来,我国的可再生能源开发利用大大加强,可再生能源在我国能源利用中的比例也大幅度提高。

【问题】

1. 从部门法角度看,《中华人民共和国可再生能源法》中有哪些类型的法律规范?其中,哪一类的法律规范最突出?

2. 如果该法律中蕴含有经济法规范,结合有关经济法体系的知识,对这些法律规范又可以做哪些分类?

第二章 经济法的产生和发展

本章要点

1. 核心内容

学术意义上的"经济法"是从部门法角度来界定的,应当把经济法产生的含义理解为经济法这个独立的法的部门的形成。经济法是经济法律规范的总称,其产生先于经济法学的产生,取决于国家是否制定、认可了经济法律规范及其数量的多寡,因此,是先有经济法,后提出了"经济法"的概念,才产生了经济法学。

19世纪末20世纪初,主要资本主义国家从自由竞争的市场经济进入垄断市场经济阶段,这是现代意义上经济法产生与发展的重要历史背景。在垄断资本主义阶段,"看不见的手"这一市场自主调节手段已经不能解决问题,国家干预手段开始越来越多地被运用到经济生活中去,与此相对应,资本主义国家经济法逐渐产生和发展起来。资本主义国家经济法有以下几个特征:反映资产阶级的意志;形式上平等,事实上不平等;协调本国经济运行以间接手段为主;经济法律规范以单行经济法律、法规为主要表现形式。具体内容包括:(1) 关于市场监管的法律规定,如美国1890年通过的《谢尔曼法》、德国1896年制定的《反不正当竞争法》;(2) 关于计划的法律规定,如美国的《充分就业和国民经济平衡增长法》(1976年)、英国的《城乡计划法》(1971年);(3) 关于行业管理和产业发展的法律规定,如美国于1887年通过的《商业管理法》、20世纪30年代颁布的《全国产业复兴法》和《农业调整法》;(4) 关于财政、税收的法律规定,例如日本先后制定的《地税改革条例》(1873年)、《财政法》(1947年)等法律;(5) 关于金融的法律规定,如美国《1863年国家银行法》、英国1946年《英格兰银行国有法案》;(6) 价格的法律规定,如英国于1966年颁布的《价格及收入法》、法国于1945年颁布的《价格管理条例》。

在中国,从改革开放以来,经济法的发展、经济法学的研究进入了一个新的阶段。我国经济法的主要内容包括以下几个方面:关于市场监管的法律规定;关于计划、统计的法律规定;关于行业管理和产业发展的法律规定;关于加强行业管理、促进产业发展的法律规定;关于财政、税收的法律规定;关于金融的法律规定;关于价格的法律规定;关于会计、审计的法律规定。当然,从进一步健全经济法制、保障和促进改革开放和社会主义现代化建设的发展的角度出发,我们仍需要不断借鉴其他国家和地区先进经验,制定和完善经济法律规范,例如制定《宏观调控基本法》,在条件成熟时,制定《经济法典》,全面统率经济法领域各方面规范性文件。

本章的知识和原理主要有:经济法产生的概念,经济法与经济法学的互动关系,现代意义经济法产生的历史、政治和法律背景,主要资本主义国家经济法的特征与内容,我国经济法发展历程、主要特征与具体内容。

2. 实务提示

学习经济法产生和发展的历史,有助于更加深入地理解经济法的概念、认识经济法的地位、了解经济法的体系和渊源,对于把握经济法的价值取向与逻辑脉络,在实务中作出正确判断,具有重要意义。

案例分析

经济法在德国的产生

【案情】

20世纪初期,德国为满足国家协调和干预经济运行的法律需求,颁布了一些对重要物资和产品价格实行国家统一管制的法律和法令,如《关于限制契约最高价格的通知》《确保战时国民粮食措施令》和《战时经济复兴令》等。后来,为应对战后国内经济危机、负担巨额战争赔款和摆脱经济上的困境,解决垄断经济组织操纵市场所带来的经济社会问题,德国进一步加大对经济干预力度。比如,1919年8月生效的《魏玛宪法》规定,基于国家的需要可以对土地进行征收,土地之矿藏及可利用天然力均处于国家监督之下,并对私有工业实行"社会化",实行完全的国家所有制、公私合营的半国家所有制和国家指定须受国家监督的企业由资本家、工人和消费者代表组成的管理机构进行管理,同时还佐以相关法规从不同角度干预市场运行,如《煤炭经济法》《钾素经济法》《防止滥用经济力法令》(《卡特尔令》)等。蕴藏于这些法律中的法律规范具有不同于以往法

— 9 —

律规范的特质:国家有权对私人企业的经营活动进行干预、对经济运行要素进行国家协调,从而可以对垄断组织进行一定的限制,并在一定程度上取消或限制了契约自由原则和私权神圣原则。由于法律的实施产生了明显的经济绩效,这些不同于传统民商法和行政法倾向或特质的法律规范得到了德国社会和国家的确认,并逐渐成为一个新型的法律部门。

【问题】
1. 现代经济法在德国兴起时的经济、政治和法律背景。
2. "经济法"在法律名称中的语词源。
3. 法学研究对经济法在德国兴起的作用。

【观点】
现代经济法首先在德国产生不是偶然的,经济法是在自由竞争的市场经济进入垄断的市场经济之后,为解决垄断市场经济时期出现的、依靠已经存在的民商法无法解决的、严重的经济社会问题的情况下才产生的。

德国垄断市场经济及其所引发的经济社会问题,是德国大量制定这类新型法律规范的经济政治动因,而德国当时对这类新型法律现象的极大关注和开创性的学术研究,又构成经济法产生的学术背景。

【分析】
现代经济法首先在德国产生不是偶然的。它是在自由竞争的市场经济进入垄断的市场经济之后,为解决垄断市场经济时期出现的、依靠已经存在的民商法无法解决的、严重的经济社会问题的情况下才产生的。现代经济法在德国产生的情形正说明了这一点。1871年德国统一后,经济迅猛发展。进入20世纪,德国的自由资本主义发展为垄断资本主义。1913年,德国的工业生产超过英、法,仅次于美国,居世界第二位。随着经济的迅速发展,其经济结构也发生了重大变化,资本高度集中,经济垄断组织大量产生。不到全国企业数1%的大企业,拥有占全国3/4的汽力和电力。一批国家所有的企业和国家与私人合营的企业使国家垄断资本主义渐成规模,并最终导致国家垄断资本主义成为主导性力量。第一次世界大战前夕,德国政府拥有全国44个最大的矿山、12个钢铁企业、24%的发电设备、20%的制盐生产量和80%的铁路线。在体现和维护"私权神圣"、"主体平等"、"意思自治"理念的传统民商法体系下,大量垄断经济组织为追求利益的最大化便倚仗自身的经济优势,肆意操纵市场,攫取超额垄断利润,在平等的形式之下强化了实质的不平等,并不断推动周期性经济危机的形成。要实现交易双方的实质平等,实现自由竞争,恢复市场秩序,解决周期性经济危机,必须从法律上对"私权神圣""意思自治"予以限制,制定一系列赋予国家干预、协调经济运行的权力,规范国家宏观调控行为和市场规制行为,以从维护和促进社会整体利益的角度影响经济运行,在维护形式上主体平等的同时推进主体实质平等的实现,进而通过国家对宏观经济要素的调控,解决周期性经济危机,促进和实现宏观经济与微观经济、整体利益与个体利益的协调发展。

因此,德国垄断市场经济及其所引发的经济社会问题,是德国大量制定这类新型法律规范的经济政治动因。传统民商法无法满足解决这类经济社会问题的法律需求,是德国制定这类新型法律规范的法律动因。同时,德国当时对这类新型法律现象的极大关注和开创性的学术研究,又构成经济法产生的学术背景。如鲁姆夫(Rumpf)、卡斯凯尔(Kaskel)、阿·努斯鲍姆(Nussbaum)、杰·海德曼等的研究及其成果在立法中的运用。

尽管德国制定的上述法律中蕴含着各类法律规范,但最主要的、最集中的是经济法规范。这些规范的共性在于它们所调整的是在国家协调经济运行过程中所产生的经济关系。虽然调整这类经济关系的法律规范此前也曾不同程度地在不同时期、不同国家出现过,但如此大规模地、集中地出现,并发生如此显著的经济、社会效应却是此前没有过的。也就是说,作为部门法的经济法是直至20世纪20年代才在德国产生的。

【点评】

19世纪末至20世纪20年代德国经济立法中一些法律规范的新特质及其经济、社会背景,是学习经济法产生、经济法调整对象、经济法概念等理论问题的重要个案。分析经济法产生时期的特定经济、法律及其他相关经济、社会现象,会使经济法总论的学习素材更丰富、过程更生动。当然,为使学习更全面、更深入,还可以寻求更多一些国家和地区中经济法产生的案例。

❓ 案例思考题

日本经济法的兴起

【案情】

早在第一次世界大战期间,日本通过制定和实施《战时产业保护助成法》、《煤铁业奖励法》、《物价统制法》等法律以应对战时经济的困难。第一次世界大战后,又通过制定和实施调整农业经济关系的《米麦及其他主要粮食品种改良增产奖励规则》《促进改善肥料分配规则》等法律以改善经济结构。20世纪20年代到40年代中期,日本财阀加强控制力量,三井、三菱、住友、安田等财阀的控制网得到了巩固。政府直接对物资、物价进行管理和控制,将30年代以来的经济措施发展成为对经济的全面统制。二战后的日本,政治上推进非军事化和民主化,经济上实行解散财阀、农地改革等经济民主化措施。如通过制定和实施《禁止私人垄断法》《经济力量过度集中排除法》以禁止大财阀的经济垄断。1945年11月起,三井、三菱、住友、安田四大财阀的总公司以及控股公司、准控股公司计83家被点名要求解散。后来,还通过制定和实施《自耕农创设特别法案》《农地调整法改正法案》以推进农地改革,制定和实施《工会法》《劳动标准法》《劳动关系调整法》以确立8小时工作制和改善劳资关系,制定《工业标准化法》《热管理法》《企业合理化促进法》等法律以推进企业合理化工作。20世纪50年代又通过制定和实施《机械工业振兴临时措施法》《电子工业振兴临时措施法》《特定电子工业和特定机械工业发展临时措施法》《农业基本法》《农业助成法》《职业训练法》《中小企业法》和《外汇外贸管理法》《进出口交易法》《输出贸易票据制度》《出口检查法》等法律,以通过产业结构调整和产业促进来推动经济发展。20世纪80年代前后,又通过加强产品责任、金融、外贸等方面的立法以应对经济的低速增长。

【问题】

1. 结合本章前文有关经济法在德国兴起的案例,分析经济法在日本的兴起与在德国的兴起在经济、政治背景上的异同。

2. 经济法在日本的兴起和发展,与日本经济法学者的研究是分不开的,如田中耕太朗、池田勇夫、津曲藏之丞、峰村光郎、金泽良雄、田中诚二、丹宗昭信在经济法概念、法域归属、价值取向、宗旨原则、体系内容等多方面独特的研究。这些研究对于推动经济法在日本的兴起和发展,推动世界经济法学的发展发挥了重要的贡献。以本案例为基础,结合其他相关资料,阐述日本经济法学发展史上反垄断法中心说和非反垄断法中心说的代表人物、主要思想,并作简要的评价。

3. 以本案例为基础,结合其他相关资料,简论经济法的经济功能。

第三章 经济法的地位

本章要点

1. 核心内容

经济法的地位是指经济法在法的体系中的地位,即在整个法的体系中,经济法是不是一个独立的法的部门,其重要性如何。由此引入法的体系、规范性文件体系和法学体系这三个互相联系但含义有所不同的概念:法的体系是由多层次的、门类齐全的法的部门组成的有机联系的统一整体;规范性文件体系是由多层次的、门类齐全的规范性文件组成的有机联系的统一整体;法学体系是由多层次的、门类齐全的法学分支学科组成的有机联系的统一整体。

研究法的体系首先应当明确部门法划分的标准。调整对象是部门法划分的唯一标准。经济法独特的调整对象是经济法成为独立的部门法的决定因素。也正由于经济法具有独特的调整对象,在法的体系中,经济法才具有了与民法、行政法等并列的、独立的部门法地位。有关经济法的重要性,则可以从经济法的社会经济功能、价值、宗旨等方面获得理解。

为进一步明确其独特性,还有必要将经济法与相关概念和部门法进行比较。在经济法的法域归属上,经济法既不属于私法,也不是部分公法、私法规范的结合或融合,更不属第三法域,而是属于公法法域。经济法与民法的区别主要体现在调整对象上,并由此派生出在主体、权利、义务、价值、原则、法律责任等方面的区别。同时,经济法与民法在调整社会关系功能上的协同性和终极宗旨上的一致性等方面具有密切的联系。经济法与行政法的区别也集中体现在调整对象并派生其他相关因素,而二者在调整社会关系功能的协同性等方面呈现多重联系。经济法与国际经济法的区别是在不同于经济法与民法、经济法与行政法区分标准的前提下形成的区别,相应地,在调整对象、渊源、主体等方面呈现出二者的区别和联系。

本章的知识和原理主要有:经济法地位的含义及其与相关概念间的关系、部门法划分标准、经济法作为独立部门法的决定性因素和经济法的法域归属,以及经济法与民法、行政法和国际经济法之间的区别和联系。

2. 实务提示

不同部门法的构建,是对不同类型法律规范的法理提炼,其价值在于帮助人们正确分析法律案件,合理运用法律相应部门法的法律规范"定纷止争",调整社会关系。经济法地位方面的知识和原理在法律实务中的价值,也正是通过其原理在具体案件分析中的理论指导作用呈现出来。面对具体的经济类案件,就需要通过其主体间经济关系的法学分析,从不同性质的经济关系中获得对案件中法律关系和其他相应问题的正确理解,从而为正确运用或适用法律规范奠定学理基础。

案例分析

有中国特色社会主义法律体系框架已经基本形成

【案情】

2001年3月9日,全国人大常委会委员长李鹏在九届全国人大四次会议上所作的《全国人民代表大会常务委员会工作报告》中提出,构成有中国特色社会主义法律体系的基本标志是:涵盖各个方面的法律部门(或法律门类)应当齐全;各个法律部门中基本的、主要的法律应当制定出来;以法律为主干,相应的行政法规、地方性法规、自治条例和单行条例,应当制定出来并与之配套。并认为,到目前为止,"以宪法为核心的有中国特色社会主义法律体系的框架已经基本形成"。在该报告中还提出了,"常委会根据立法工作的实际需要,初步将有中国特色社会主义法律体系划分为七个法律部门,即宪法及宪法相关法、民法商法、行政法、经济法、社会法、刑法、诉讼与非诉讼程序法"。

【问题】
1. 法的体系与法律体系的区别和联系。
2. 经济法在法的体系中的地位。

【观点】

法的体系是指由法的部门组成的体系,属于应然层面的抽象理论,法律体系是指由规范性文件组成的体系,属于实然层面的法律规范。法的体系及其构成的研究成果有助于指导合理的法律体系构造,这是两者在立法实践上的逻辑联结。

【分析】

本案例所涉及的理论问题主要是法律体系构造和经济法地位问题。

改革开放,特别是以建立社会主义市场经济体制为改革目标的1992年以来,建立适应社会主义市场经济需要的有中国特色的社会主义法律体系,成为当代中国法治建设的重要目标之一。这样,法律体系及其合理构造便成为立法理论和实践中需要关注的焦点问题之一。合理的法律体系构造,有助于现实法律的内在逻辑的体系化,有助于增进立法的自觉性,提升立法效率,促进立法社会功能的实现。尽管法的体系与法律体系有很大的区别,但二者在立法实践上会形成相应的联结。如果没有对法的体系及其构成的研究成果,没有法与社会关系基本理论作为基础,没有在此基础上的调整对象理论和部门法划分理论,也就没有对法的体系的基本认识,也就难以形成对法律体系内部构成理论的认识。当然,没有对法律体系构成的理论认识,也就很难有建立有中国特色社会主义法律体系的、自觉的立法行为。正是在这一内在关系上,才形成了法的体系的抽象理论和建立法律体系的立法实践之间的逻辑链。在这个逻辑链中,经济法在法的体系中的部门法地位和在法律体系中的法律部门地位,构成了内在逻辑的联结。

由此,我们就不难理解,第八届、第九届全国人大常委会都着力将建立有中国特色社会主义法律体系的框架作为其主要工作任务之一。在前几届立法工作的基础上,经过这两届人大及其常委会的努力,到2001年初第九届全国人大第四次会议召开时止,全国人大及其常委会已经制定了390多件法律和有关法律问题的决定。同时,国务院制定了800多件行政法规,地方人大制定了8000多件地方性法规。这些法律、法规基本涉及构成有中国特色社会主义法律体系的各个法律部门,并且各法律部门中基本的、主要的法律也大多已经制定出来。因此该报告认为"以宪法为核心的有中国特色社会主义法律体系的框架已经基本形成"。

我们同样不难理解,九届全国人大四次会议工作报告在宣布有中国特色社会主义法律体系的框架基本形成的同时,着重阐述法律体系的构成及其法律部门的划分问题。报告强调:"常委会根据立法工作的实际需要,初步将有中国特色社会主义法律体系划分为七个法律部门,即宪法及宪法相关法、民法商法、行政法、经济法、社会法、刑法、诉讼与非诉讼程序法。"不过,该报告在分别阐述七大法律部门时,也认为其中的某些措词也都有作学术上进一步探讨的必要。不过,由于该报告的权威性,使有关法律体系构造和七个法律部门划分的观点已经具有了多重的意义。

正如民事法律与民法、行政法律与行政法不同一样,经济法律与经济法也是不同概念。这样,法律体系和作为学理抽象的法的体系也就不是同一概念,所指向的也不是同一对象。几乎所有的法律、法规等规范性法律文件,都蕴含着多部门法的法律规范。因此,尽管法律体系与法的体系由此形成内在联系,但是直接地将规范性法律文件体系用部门法的概念标示出不同的部门法,是不合适的。正如前所述,现实立法行为中,规范性法律文件是一件一件、一部一部的。当"立法工作的实际需要"要求对它们进行分门别类和体系构造的设计,现有理论和专业语汇无法完全满足相应的需求时,两难的困境促使作出了不是最好但也是可以推想和理解的选择:用部门法的概念标示法律体系的不同门类。作如是观,当全国人大通过该工作报告,是否也可以认为最高立法机构对学理中部门法划分的认可呢?事实上,在认同20世纪初期经济法在德国产生及其思想和立法行为在其他国家的传播的同时,我们也面对着同样的理论困境和现实选择。

【点评】

有关真理标准的讨论也远未结束,但其阶段性成果已经初步界定了官方观点与学术研究之间的关系。不过,从法律实务角度看待经济法地位问题时,对官方观点保有应有的尊重是应该的和值得的。在全国人大常委会的工作报告中,从立法角度列出七大法律部门,对在法律实务中恰当地适用法律条文、合理地援引相应的法律原则很有帮助。人们认为,常常是在适用法律有争议的案件中才能凸显律师和法官的法学理论素养的。

❓ 案例思考题

抢盐"风波"与价格规制

【案情】

2011年3月中下旬,受日本特大地震海啸与核辐射危机的影响,吃碘防辐射的消息通过网络和手机广泛传播,引发中国部分城市的食盐抢购现象。排队购盐、超市断货,不法经销商趁机哄抬物价、牟取暴利,平常卖1至2元一袋的加碘食盐一度被炒到将近20元。"今天你买盐了吗?""涨到20元一包了""货架空了!"……在路上、在超市里时不时都能听到诸如此类关于买盐的对话,而在网络上也诞生了诸如"盐如玉"、"盐王爷"的热词。抢盐风潮对居民的消费心理产生了一定的震动,许多媒体也将其与2003年SARS疫情下中药材、口罩等产品涨价事件联系起来。

　　面对抢盐风潮,国家发改委发出紧急通知,要求各地价格主管部门立即行动,开展市场价格检查,坚决打击造谣惑众、恶意囤积、哄抬价格、扰乱市场等不法行为;积极与相关部门协调配合,多方组织货源,保障食用盐等商品的市场供应,稳定市场、稳定价格;加强宣传,及时澄清不实信息和传言。我国食用盐等日用消费品库存充裕,供应是完全有保障的。希望广大消费者理性消费,合理购买,不信谣、不传谣、不抢购。

【问题】
　　1. 请结合本案情、同时期全国其他地方的相关案例以及市场规制法理论和制度的知识,阐述价格法律规范的不同类型及其在本案中的应用,并思考经济法在市场规制中的作用。
　　2. 作进一步思考,宏观调控法的作用与市场规制法的功能的内在关系。

第四章 经济法的理念和基本原则

本章要点

1. 核心内容

法的理念,是指人们关于法的宗旨及其实现途径的基本观念。经济法的理念则是人们关于经济法的宗旨及其实现途径的基本观念。经济法的理念有实然性与应然性之分,其具体内容包括经济法的宗旨和经济法宗旨的实现途径。

经济法的宗旨,是指贯穿于经济法之中的,人们创制和实施经济法所追求的目标。在现代市场经济条件下,经济法宗旨的主要内容是,维护市场经济秩序,防止和消除经济运行中的总量失衡和结构失调,优化资源配置,保障国家经济安全,推动经济发展和社会进步,以实现经济法主体利益的协调发展。从维护掌握国家政权的阶级的根本利益出发,实现经济法主体利益的协调发展,是经济法宗旨的基本内容。经济法宗旨实现途径的主要内容是,将经济法协调主体的市场监管行为、宏观调控行为和经济法协调受体的经济活动纳入经济法制轨道,以实现对本国经济运行依法进行国家协调。对本国经济运行依法进行国家协调,是经济法宗旨实现途径的基本内容。

经济法的基本原则,是指贯穿于各种经济法律规范之中的,在国家协调本国经济运行过程中必须遵循的根本准则。以原则性、经济法属性、根本性为确立标准,我们归纳出经济法的基本原则包括两条:一是经济法主体利益协调原则;二是国家协调本国经济运行法定原则。经济法主体利益协调原则的基本精神是,经济法主体的依法作为或不作为对于经济社会的发展作出了贡献,就应依法获得相应的利益,即在增量利益的总和之中占有一个相对合理的比例,以实现经济法主体之间利益关系的"配合适宜",而并不要求经济法主体之间利益的相等、均等或大致均等。国家协调本国经济运行法定原则的内容有:经济法主体法定,即经济法主体的种类、取得经济法主体资格的条件和程序法定;经济法主体的行为法定,即协调主体的职权、职责法定和行使职权、履行职责的程序法定,以及协调受体的权利、义务法定;经济法主体行为的后果法定,包括经济法主体行为的法定的有利后果和法定的不利后果。

本章的知识和原理主要有：经济法理念的内涵，经济法宗旨的概念与主要内容，确定经济法基本原则的标准，经济法基本原则的内容。

2. 实务提示

经济法的理念和基本原则虽是经济法学总论中的抽象理论，但在经济法实务中地位突出，是正确理解经济法律关系、掌握相关主体权利义务内容的重要前提。用经济法理念和基本原则的相关原理解剖、分析不同的法律关系，既是法官正确适用法律的前提，也是律师正确办理法律事务的基本功。

案例分析

案例分析一：中国人民银行行使利率调整权连续五次上调存贷款利率

【案情】

2010年至2011年两年时间里，经国务院批准，中国人民银行连续5次上调存贷款利率，分别于2010年10月19日、2010年12月26日、2011年2月9日、2011年4月6日、2011年7月7日上调存贷款利率，每次0.25个百分点。这些政策对于降低流动性过剩、缓解通货膨胀压力起到了重要作用。

【问题】

中国人民银行所行使的利率调整权是国家宏观调控权的一种，结合案例，说明其作为经济法权利的相应特征。

【观点】

作为经济法权利的宏观调控权，具有法定性、权利义务同一性的特征。

【分析】

这是中国人民银行依法行使利率调整权，调整存贷款利率的典型案例。对这5次连续上调利率在宏观经济上意义的经济学分析和经济法学分论角度的分析，学界已经有不少有价值的研究。这里主要从经济法学总论角度对其作为行使经济法上的权利案例进行相应的分析。

现代市场经济条件下，政府有义务提供公共物品，实现经济和社会的协调运行。其中，调控宏观经济运行，促进国民经济持续、快速、健康发展是国务院及其宏观经济调控主管部门的一项重要的义务。为保障这些义务的履行,增进相应的绩效,宪法和有关法律还赋予国务院及其宏观经济调控主管部门相应的权利。这些权利,我们可称之为宏观调控权。宏观调控权,是一系列权利所构成的体系。其中,利率调整的决定权,是国家宏观调控权体系中的一种权利。

宏观调控权,作为一类经济法方面的权利,法定性是其重要特征之一。《宪法》第15条及其修正案、第89条,是国务院行使宏观调控权的宪法依据。调整利率,是一项重要的宏观调控行为,是宏观调控权行使的体现。关于利率调整权,《中国人民银行法》就其权利主体、行使等作过相应的规定。该法律第4条第1项规定:中国人民银行履行依法制定和执行货币政策的职责。第5条规定:中国人民银行就年度货币供应量、利率、汇率和国务院规定的其他重要事项作出的决定,报国务院批准后执行。这表明,利率调整决定权的主体是中国人民银行,但中国人民银行利率调整决定的执行,须经国务院批准。作为法定权利的行使,中国人民银行作出并经国务院批准的利率调整决定,所有金融机构和其他相关主体都有义务执行该项决定,否则就应承担相应的经济法责任。

利率调整决定权,既是一项中国人民银行所享有的法定权利,又是其一项法定义务。这种权利与义务的同一性,是宏观调控权的又一特征。中国人民银行有权利也有义务根据宏观经济运行状况,适时适度调整利率,也维持和促进宏观经济的协调运行。1994年至2002年期间,宏观经济形势发展减缓,通货紧缩形势明显。为此,中国人民银行根据宏观经济的新形势,特别是货币供应量M1、消费价格指数CPI和其他相关宏观经济指标及其走势,经国务院批准,连续实施了8次降低存贷款利率,从而及时地遏制或减缓了通货紧缩的形势,增强了国民经济的协调性,促进了国民经济的良性发展。2010年以来,全球性金融危机余威仍在,宏观经济呈现疲软态势,流动性过剩现象凸显,通货膨胀的问题日益严重。为此,在国务院决定和实施其他宏观调控行为的同时,中国人民银行连续多次上调存款准备金率,并连续5次提高存贷款利率,对于缓解通胀压力、促进宏观经济稳定发展起到了重要作用。因此,中国人民银行有义务根据宏观经济运行的状况,适时适度地利用利率、汇率进行有效的宏观调控,履行相应的宏观调控职责。

【点评】

经济法中的权利和义务,是实务中需要解决的重要问题,也是目前经济法总论研究中的热点问题之一。虽然宏观调控法及其中的税法中的权利义务的研究已经有了较大的进展,但经济法中的权利和义务还有很多问题需要研究。关注并研究实务中的经济法中的权利和义务,有助于理论研究的深化。

案例分析二:全国人大常委会的预算审批权
——十一届全国人大常委会第三次会议批准国务院调整中央预算方案

【案情】

2008年5月12日发生的四川汶川8级特大地震在震级和最大烈度上均超过唐山大地震,造成四川及周边省份受灾地区居民房屋大面积倒塌,交通、通信、电力、水利等基础设施和教育、卫生、文化、体育及党政机关等公共服务设施毁损特别严重。为此中央政府提出调整预算的方案,安排一定数量的资金用于灾后恢复重建,尽快恢复受灾地区正常的生产和生活秩序,促进灾区经济社会恢复和发展。2008年6月26日下午,十一届全国人大常委会第三次会议经表决,批准了国务院提出的2008年中央预算调整方案。根据这一调整方案,中央财政将从当年起建立地震灾后恢复重建基金,专项用于四川及周边省份受灾地区恢复重建。2008年安排收入预算700亿元。这笔基金的主要用途包括:一是因灾倒塌损坏民房的重建补助;二是学校、医院、政府机关及事业单位恢复重建;三是交通、电力、城市供水、污水处理、供气、受损水库等基础设施恢复重建;四是农林水、工业生产及商业流通恢复,以及震后地质灾害治理、移民搬迁等方面的支出。

财政部部长谢旭人在接受采访时表示,中央和地方财政要根据灾后恢复重建规划的总体安排,进一步健全制度,抓紧制定地震灾后恢复重建基金预算管理和资金分配使用办法,强化预算约束,规范基金的筹集、分配和使用,加强对抗震救灾和灾后恢复重建资金的拨付和使用的监督管理,增强资金和物资分配、使用的透明度,防止侵占、截留、挪用。

据了解,地震灾后恢复重建基金安排使用情况将向全国人民代表大会及其常务委员会报告。

【问题】

预算管理权由什么主体行使?预算的审批权、监督权与编制权、执行权是如何分配的?

【观点】

我国宪法和法律赋予了全国人大常委会和地方各级人大常委会的预算管理权。预算的审查、批准权主体是各级人大,预算调整方案的批准权和预算执行的监督权主体是各级人大的常委会,预算的编制权与执行权主体是各级政府。

【分析】

这是一则由全国人大常委会行使预算审批权的案例。

《宪法》第67条第5项规定:全国人民代表大会常务委员会在全国人民代表

大会闭会期间,审查和批准国民经济和社会发展计划、国家预算在执行过程中所必须作的部分调整方案。《预算法》第 12 条规定:全国人民代表大会常务委员会监督中央和地方预算的执行;审查和批准中央预算的调整方案……第 13 条规定:县级以上地方各级人民代表大会常务委员会监督本级总预算的执行;审查和批准本级预算的调整方案……宪法和法律的上述规定,赋予了全国人大常委会和地方各级人大常委会的预算管理权。概括起来,包括:对本级总预算执行的监督权;对本级预算调整方案和本级政府决算的审批权;对本级政府和下级人大或其常委会制定的同宪法、法律相抵触的关于预算、决算的规范性法律文件的撤销权。为进一步具体实施上述规定,国务院颁布的《预算法实施条例》还详细规定了报请同级人大及其常委会备案、批准,主要接受监督的条件和程序。如《预算法实施条例》的第 13 条规定:地方各级预算上下级之间有关收入和支出项目的划分以及上解、返还或者补助的具体办法,由上级地方政府确定,并报本级人民代表大会常务委员会备案。再如第 30 条、第 31 条、第 60 条、第 70 条、第 72 条、第 73 条、第 74 条等等。本案中,全国人大常委会批准国务院提出的预算调整方案,同时还提出了具体要求,就是全国人大所享有的预算审批权、监督权的行使。

预算的编制、批准和实施以及预算的调整、批准和实施,是宏观调控行为。有关主体依法所享有的编制、批准、撤销、实施权利,是宏观调控权。宏观调控权是经济法权利的一大类型。和上一案例中利率调整权属于国务院不同的是,各级人大及其常委会享有比本级政府更高的权力,如预算的审查、批准权主体是各级人大,预算调整方案的批准权和预算执行的监督权主体是各级人大的常委会。政府的权利主要体现在编制、报告、执行等方面。而政府的主管部门——财政部门的权利则主要体现在具体编制、具体执行和报告上。由人大(及其常委会)、政府、政府主管与预算有关的这种权力分配模式,从整体上看,比较典型地体现了宏观调控权在国家权力机关、国家行政机关和国家行政机关的主管部门之间的分配。相似的情形还体现在国民经济和社会发展计划的编制、批准、执行及其监督方面,税收大的种类的开征及其税率的调整以及涉及全局的宏观调控的其他各主要方面。随着中国经济法制建设的完善和深化,国家权力机关参与国家宏观调控权力分配,享有并实施审查、批准、监督权的领域和情形应当会更多一些。可以认为,这也应当是宪政及其发展在经济法治领域的体现。

预算行为中与权利相对的是义务。人大及其常委会在本级预算中享有审查、批准、监督权,相应地,本级政府就应当承担及时编制和报告的义务、及时备案的义务、接受监督的义务、执行预算的义务。同时,政府亦享有一定程度的决定权、执行权和变更撤销权,与该权利相对应的义务则分别由其本级财政部门和下级政府承担。这也表明,在经济法权利、义务关系的考察中,权利、义务作分别考察是必要的。但为了分析的便利、体系的简明,也可以仅以经济法权利为视点,分析并构建起经济法权利的体系。权利体系清晰了,权利的主体和义务体系及义务主体的体系也就相应清晰了。这种分析方法,在民事权利体系、行政权力体系的研究中,也比较常见。

【点评】

根据经济法权利所存在的领域,可以将其分为市场规制权和宏观调控权两大类,并还可以作相应的分类。不同类型的经济法权利有不同的特征。根据具体的经济法权利所归属的经济法权利的类型特征,有助于在经济法实践中准确把握、合理行使,也有助于立法和司法中恰当立法和司法。

案例思考题

2011年我国税收收入状况

【案情】

据国家税务总局2012年1月发布的消息,2011年全国税收收入稳定增长,完成95729亿元(扣除出口退税后为86524亿元,不包括关税、船舶吨税、耕地占用税和契税)。其中,税务部门组织税收收入82122亿元,比2010年增收15260亿元,增长22.8%,海关代征进口税收完成13607亿元,比2010年增收3079亿元,增长29.2%。税收收入增长随经济发展逐季趋缓。全国共办理出口退税9205亿元,比2010年增加1876亿元,增长25.6%。此外,地方税务机关还组织征收社保基金、教育费附加、文化事业建设费等其他收入15652亿元,增收4395亿元,增长39%。在税种方面,国内增值税、国内消费税、营业税分别增长13.6%、15.1%、22.6%,企业所得税增长34.7%。在区域分布上,东、中、西三个区域税收收入分别增长21.7%、27.9%和28.5%。

此外,据国家税务总局办公厅透露,截至2011年8月底,全国税务机关共查处制售假发票和非法代开发票案件41769起,查获各类非法发票1.33亿份;查处违法受票企业35197家,查处非法取得发票256万余份,查补税款26亿余元,加收滞纳金及罚款8.6亿余元。其中,北京、山东、河南、云南、安徽、浙江、江苏等地税务机关查处违法受票企业超过1500户。上海、江苏、山东、浙江、安徽、四川、北京等地税务机关查补税款超过 1 亿元。

【问题】
1. 纳税义务作为经济法义务的特征。
2. 包括纳税义务在内的经济法义务的履行。
3. 不履行经济法义务的法律后果——经济法责任。

第五章 经济法的体系和渊源

本章要点

1. 核心内容

经济法体系是指以经济法规范为要素、以经济法部门为构成单元所构成的系统。有关经济法体系的构造观点较多,其共性的观点是,经济法体系至少应包括市场规制法(一称市场管理法)和宏观调控法。市场规制法,是指调整在市场规制过程中发生的社会关系的法律规范的总称,包括反垄断法、反限制竞争法、反不正当竞争法以及专业性市场规制法等等。宏观调控法,是指调整在国家对宏观经济运行调控过程中发生的经济关系的法律规范的总称,包括计划法、财政法、税收法、金融调控法等等。也有一些观点认为,企业组织管理法和社会保障法应是与市场规制法和宏观调控法并列的经济法部门。经济法总论中不同的学说和观点,在经济法的一级部门法名称表述上不尽一致。如市场规制法,也有称为市场管理法等。宏观调控法,也有称为宏观经济管理法等。企业组织管理法,也有称市场主体法、经济主体法或市场准入法等。社会保障法,也有称为社会分配法等。有的虽名称不同,其含义与范围基本一致,更多的则是名称不同,含义与范围大相径庭,甚至在理论基础上都有较大的区别。[①] 企业组织管理法,是调整在企业设立、变更、终止过程中发生的经济管理关系和企业内部管理过程中发生的经济关系的法律规范的总称。社会保障法,是指调整在社会保障过程中发生的经济关系的法律规范的总称。

对法的渊源可以有多种理解,学界将其理解为形式和效力渊源的语境居多。基于经济法的特质和中国的大陆法系特征,经济法的渊源几乎全部源于制定法。根据中国制定法的体系,经济法的渊源可溯自宪法、法律、法规、规章、地方性法规、地方政府规章、自治条例和单行条例、特别行政区基本法等规范性法律文件。

---

① 可参见肖江平:《中国经济法学史研究》,人民法院出版社2002年版,第288—296页,第195—204页。

习惯法和判例是否能够成为经济法的渊源,存在争议。完全否认它们在特定的个别案例中成为经济法的渊源也不太符合经济法治的现实。随着中国经济法治的发展,习惯法和判例在很小的范围内直接或间接地成为经济法的渊源的可能性将会有所增加。

本章的知识和原理主要有:经济法体系的概念;经济法体系与经济法律体系的关系;经济法体系的构造;经济法的形式渊源。

2. 实务提示

了解经济法体系与经济法律体系之间的区别,进而了解经济法规范与相关法律条文的关系,有助于在法律实务中将法律规范从规范性法律文件及其具体法条中剥离出来。这样,将有助于理解和把握经济法的理念、精神及其在价值取向、宗旨和原则上的特质。学习和理解经济法不同的形式渊源,会增进在法律实务中法条援引的技术。

案例分析

案例分析一:桂中岳等 30 名代表提出《关于制定税收基本法的议案》
——税收法律体系与税法体系

【案情】

在第十届全国人大一次会议期间(2003 年 3 月上旬至中旬),桂中岳等 30 名代表提出了《关于制定税收基本法的议案》。该议案认为,我国税收立法主要采取授权立法形式,立法层次低,缺乏透明度、稳定性和可预见性,为此,建议尽快制定《中华人民共和国税收基本法》,进一步完善税收法律体系。根据全国人大组织法和全国人大议事规则的有关规定,大会秘书处已经将包括该项议案在内的 338 件议案交由有关专门委员会审议,其中交由财政经济委员会审议的有 67 件。桂中岳等 30 名代表提出的《关于制定税收基本法的议案》也已交由财政经济委员会审议。据悉,本次全国人大会收到的 1050 件议案中,有关税收的有 28 件。这些议案对于尽快制定我国税收基本法、完善我国税法律体系具有重要的推动作用。

【问题】
1. 税收法律体系与税法体系的关系。
2.《税收基本法》在税法体系中的地位。

【分析】
税法是调整在税收活动中发生的社会关系的法律规范的总称,在我国的宏观调控法体系中居于重要地位。因此,通过建立和完善我国税收法律体系以完善我国的税法体系,这对于完善我国的宏观调控法体系,推进依法治税具有重要意义。

为此,需要明确税收法律体系、税法体系之间的关系。税法的调整对象是税收关系,包括税收体制关系和税收征纳关系。税收体制关系是指各相关国家机关因税收方面的权限划分而发生的社会关系,实质上是一种权力分配关系。税收征纳关系是指在税收征纳过程中发生的社会关系,主要体现为税收征纳双方之间的关系。税收征纳关系还可进一步分为税收征纳实体关系和税收征纳程序关系两类。相应地,税法体系是以税收体制法和税收征纳法(包括税收征纳实体法和税收征纳程序法)所构成的法律规范的系统。其中,税收征纳实体法还可以依其所涉税种的不同,进一步分为商品税法、所得税法和财产税法。本案例分析中关于税法定义、税法体系的一些观点,详见张守文著:《税法原理》(第六版),北京大学出版社2012年版。商品税法、所得税法和财产税法等还可以作适当的划分。如商品税还可以分为增值税、消费税、营业税和关税等。由此,构成税法体系。

从税收法定和法律体系角度看,从法律规范总称角度的法的体系应当有相应的法律体系,才可能为税收法定、依法治税等提供法律渊源上的保障。考虑到不同国家在税收立法上的法典式综合立法和单行法式的分税立法上的不同模式,税收法律体系也会有所不同。我国在税收实体法上采取的是按税种的不同分别进行立法的模式,但在税收征纳等程序的立法上,采取的却是相对综合立法的模式。结合我国现行《立法法》所规定的立法体制和税收立法的特殊性,我国可以按不同税种分别立法为主体构建税收实体法律体系,以《税收征收管理法》和《海关法》等为主体构建税收程序法律体系,在其上以《中华人民共和国税收法》为基本法,构建我国税收法律体系。

这样,以税收法律规范为元素的税法体系和以(广义)税收法律为元素的税收法律体系,形成了相应的联系。这种联系的纽带在于法律规范与其形式、效力渊源之间的关联性。这种关联性也正表明二者不是同一概念,不属于同一范畴体系。

基于税收基本法在我国经济法治领域的重要地位,根据《宪法》《立法法》等的规定,《税收基本法》应由全国人大制定为宜。也就是说,该部法律,不仅是我国税收法律领域的基本法律,而且在我国法律层次体系上也应是基本法层次。目前由于没有税收基本法,税法立法层次低,法律效力不高。我国单行税法条例规定大多非常概括,不得不用实施细则、补充规定等加以解释,形成内部通知多、理解解释随意性大、不稳定等问题。税收法律体系存在着分散、交叉甚至相互重叠等问题,税收政策变动性大,税法之间缺乏一致性,导致税法难以掌握,缺乏透明性。制定《税收基本法》,正是为了克服和减弱上述问题及其不良影响。本案例中,由桂中岳等30名代表提出《关于制定税收基本法的议案》,其目的正在于为了建立和完善我国税收立法体系,完备我国税法体系的形式渊源,弥补我国目前税收法律体系上缺陷。

【点评】

经济法体系的知识和理论与经济法渊源的知识和理论,有很强的关联性,并与下一章中经济法的制定和实施密切联系,在经济法实务中运用也非常普遍。甚至可以认为,每一例经济法诉讼案件与非讼案件的办理,都需要有这些方面知识和理论作为支撑。这也体现了经济法总论在经济法实务中作用的总体特点。

案例分析二:SARS期间价格规制行为所依价格法规范的效力渊源
——价格法的渊源

【案情】

2003年4月24日至27日,北京京鲁水泊食品有限公司销售龙安84消毒液(470 ml装),应售4元/瓶,实售15元/瓶,抬高价格2.75倍。北京市物价局认定该公司不执行法定价格干预措施,超最高限价销售龙安84消毒液,决定对其处以4万元罚款的行政处罚,并提请工商行政管理部门吊销其营业执照。北京市物价局认为,该公司不执行法定价格干预措施,是对《中华人民共和国价格法》和有关法规、规章的违反,因而依法予以上述处罚。

【问题】

1. 价格主管机关的价格规制行为的法律依据有哪些?
2. 价格法规范的效力渊源有哪些?
3. 经济主管部门的市场规制行为和宏观调控行为的法律依据与经济法规范的效力渊源之间是何种关系?

【分析】

价格干预,是在重要商品和服务价格显著上涨或者有可能显著上涨时,有关主管机关依法所采取的限定差价率或者利润率、规定限价、实行提价申报和调价备案等行为的总称。价格干预法律规范是一项重要的价格法规范。北京市物价局的价格规制行为，是实施价格干预法律规范的行为。其法律依据是《中华人民共和国价格法》第 30 条及相应的法规、规章。这就涉及经济法的渊源问题。

经济法，是指经济法律规范的总称，是部门法意义上的概念。经济法之所以称为法，乃在于其具有相应的法律效力：由国家制定或认可的，并由国家强制力保证实施的。这种实施的保证并不必然时时事事都以强制实施为外观，有时可能是相关主体"自愿"的。这种自愿，无论是因为国家强制力所生的威慑力，还是相关主体的博弈，都体现了法律的效力。本案中，北京市物价局实施价格干预规范的行为，之所以具有法律效力，就在于该项规范的效力来源于《中华人民共和国价格法》第 30 条。这种效力渊源作为法的渊源，直接影响着依据该规范所为行为的效力。

《价格法》第 30 条规定：当重要商品和服务价格显著上涨或者有可能显著上涨，国务院和省、自治区、直辖市人民政府可以对部分价格采取限定差价率或者利润率、规定限价、实行提价申报制度和调价备案制度等干预措施。该规定是现行法律中价格干预法律规范的最高法律效力的渊源。国家发展与计划委员会经国务院批准公布的《价格违法行为行政处罚规定》（1999 年 8 月 1 日公布）的第 8 条规定：经营者不执行法定的价格干预措施、紧急措施，有下列行为之一的，责令改正，没收违法所得，可以并处违法所得 5 倍以下的罚款；没有违法所得的，可以处 4 万元以上 40 万元以下的罚款；情节严重的，责令停业整顿：(1) 不执行提价申报或者调价备案制度的；(2) 超过规定的差价率、利润率幅度的；(3) 不执行规定的限价、最低保护价的；(4) 不执行集中定价权限措施的；(5) 不执行冻结价格措施的；(6) 不执行法定的价格干预措施、紧急措施的其他行为。这是现行规章中价格干预法律规范的效力渊源。2003 年 4 月下旬，国家发展与改革委员会与有关部委联合发出通知，要求对部分与防治非典有关的医药用品和相关商品实行价格干预措施和其他相关措施，以稳定市场物价。北京市物价局于 2003 年 4 月 22 日发出《关于对部分市场调节价商品和服务实行最高限价的通知》，列出了具体品名及其最高限价。该通知是北京市物价局根据《价格法》第 30 条的规定，经北京市政府批准、以京价（医）字【2003】190 号文的形式发布的规范性文件。

这样，以上述与价格干预法律规范有关的规范性法律文件为例，如果将 2003 年 2 至 5 月 SARS 疫情在我国部分地区蔓延期间，一些与稳定市场物价、促进市场供应、规范市场秩序有关的法律规范集中起来分析，会发现其形式渊源一个分层次的链条:《宪法》中关于国家和各级政府经济职能的法律规定,《价格法》第30条及其他相应条款,国务院制定的与价格有关的法规、国务院各部委规章和有关规范性文件(如前述)、地方性法规、地方政府规章和有关规范性文件(如前述)等等。因此,当我国已经建立起比较健全的法律体系时,以经济法规范为元素的经济法体系,都可以从现行的相关规范性法律文件中找到其相应的形式渊源。正是这些形式渊源,才使经济法规范有了法律文本的依托,才有了其发生法律效力并将法律变成现实的可能。

【点评】

关注经济法的渊源,会使经济法学理论的学习与经济法治的实践紧密结合起来,逐渐培养和增强从事经济法实务的能力。从理论上关注和研究经济法渊源,还可以形成对经济法体系、经济法律体系和经济立法问题研究的新视角。

案例思考题

中国《证券投资基金法》修改

【案情】

现行《证券投资基金法》于2003年经全国人大常委会审议通过,2004年正式实施。这是一部在立法之初就存在争议与妥协的法律,一个广为流传的说法是,全国人大常委会在1999年启动投资基金立法时,是希望将证券投资基金和产业投资基金(又称股权投资基金)、创业投资基金都统一纳入《投资基金法》中调整。但是,由于原国家计委的反对,最后不得不放弃调整股权和创业投资基金,而仅调整证券投资基金。由于证监会对能否有力量监管私募证券投资基金存有顾虑,最终的调整范围缩小到了公募证券投资基金。随着基金实践不断拓展、金融市场与国际接轨,现行《证券投资基金法》越来越不能适应基金行业发展要求,缺乏明确的法律规定已经成为私募基金、股权投资基金的发展瓶颈。

从2009年开始,《证券投资基金法》修改的议题在业界引起了广泛讨论,并于2011年列入全国人大常委会立法规划。有人认为,应当将私募基金、股权投资基金统一纳入基金法律调整范畴,将原有《证券投资基金法》扩充为《投资基金法》;有人则建议将证券投资基金与股权投资基金分别立法,对现有的《证券投资基金法》进行小幅修改,仅针对私募、监管等方面作出微调。

【问题】

1. 中国投资基金法的体系与投资基金法律体系的关系。
2. 在目前《股权投资基金法》尚未制定的情况下,有关股权投资基金法的渊源有哪些?

【提示】

法的体系与法律体系是两个不同层面的问题,涉及理论与实践,应然与实然的关系。

第六章 经济法的制定和实施

本章要点

1. 核心内容

本章是从总论角度阐述经济法制定和经济法实施中的一般原理。这既是关于法的制定和实施的一般法理在经济法领域的、一定程度的具体化,但又不是简单的照搬和重复。

经济法的制定,是指国家机关依照法定的职权和程序制定(包括修改或废止)经济法律规范的活动。经济法的制定和经济立法有联系,也有区别。经济立法,是指最高国家权力机关及其常设机关和其他有关国家机关依照法定的职权和程序制定或认可调整经济关系的法律规范的活动。这表明,经济立法不但包括经济法的立法,还包括其他经济立法。经济法的立法包含于经济立法之中。改革开放以来,我国在经济法的制定方面取得了很大成绩,也积累了不少经验。经济法的制定,要以邓小平理论为指导,以宪法为依据;要有计划、有步骤地进行;要加快步伐,提高质量;要立足现实,面向未来;要坚持走群众路线,优化经济法律、法规起草班子的结构;要大胆吸收和借鉴国外的立法成果和经验。当然,与建立和完善社会主义市场经济法律体系的要求相比,我国目前经济法制定的状况还有较大的差距,主要表现在:有不少急需的经济法律、法规尚未制定出来;相当一部分现行的经济法律、法规需要抓紧修改完善;有许多调整特定经济关系的规范性文件虽很重要,但层次低,权威性差。特别是,现行的经济法方面的法律,还有必要减少立法冲突、增强经济法制度之间的协调性、提升立法水平。不断改善和加强经济立法,是伴随着中国经济法治建设的永远的任务。

经济法的实施是指经济法主体实现经济法律规范的活动,包括经济守法、经济执法、经济司法。我国经济法的实施在规范市场主体、规制市场行为、加强宏观调控和完善社会保障方面发挥了重要作用,但也存在一些有法不依、执法不严、违法不究的现象,在一些地方和部门还相当严重。要通过增强公众的法治意识,提高经济主管机关工作人员的法律素质,建立健全经济诉讼制度,完善经济法治监督等途径加强经济法的实施。同时,经济法实施的质量也与经济法制定的水平密切联系。从实施中发现经济法制定中的问题,不断提高经济法制定的水平,使经济法制定与实施形成良性互动机制。

本章的知识和原理主要有:经济法制定的概念及其与经济法立法的区别和联系;我国经济法制定的基本经验;我国当前在经济法制定中存在的主要问题及其改进对策。

经济法实施的概念;我国当前在经济法实施中存在的主要问题;强化经济法实施的主要对策。

2. 实务提示

从理论上认识经济法制定和经济法实施问题,有助于帮助我们了解我国经济法制定和实施基本程序和现实状况,有助于在经济法律实务中对具体案件的总体定位作出恰当的判断,克服可能存在的理论实践脱节的现象。

相关法律、法规、规章、司法解释

1. 法律

《中华人民共和国立法法》(全国人民代表大会,2000年3月15日通过)

《全国人民代表大会常务委员会关于授权深圳市人民代表大会及其常务委员会和深圳市人民政府分别制定法规和规章在深圳经济特区施行的决定》(全国人大常委会,1992年7月1日通过)

《全国人民代表大会常务委员会关于授权国务院改革工商税制发布有关税收条例草案试行的决定》(全国人大常委会,1984年9月18日通过)

《全国人民代表大会常务委员会关于授权广东省、福建省人民代表大会及其常务委员会制定所属经济特区的各项单行经济法规的决议》(全国人大常委会,1981年11月26日通过)

2. 行政法规

《行政法规制定程序条例》(国务院,2001年11月16日公布)

《规章制定程序条例》(国务院,2001年11月16日公布)

3. 部门规章

《农业部立法工作规定》(农业部,2002年12月27日公布)

《国家药品监督管理局行政立法程序规定》(国家药品监督管理局,2002年4月30日公布)

案例分析

案例分析一:《中华人民共和国中小企业促进法》的制定

【案情】

第九届全国人大常委会在本届全国人大初期将《中华人民共和国中小企业促进法》的制定列入本届立法规划,并确定由全国人大财经委员会负责组织起草。1999年4月,全国人大财经委员会成立《中小企业促进法》起草组,两年后形成草案稿。2001年11月26日第九届全国人大财经委员会第八十九次全体会议审议并通过该草案,并向全国人大常委会提出立法议案。委员长会议决定列入第二十五次常委会会议议程。2001年12月下旬、2002年4月下旬、2002年6月下旬,第九届全国人大常委会第二十五次、第二十七次、第二十八次会议进行了三次审议,并于2002年6月29日,通过《中华人民共和国中小企业促进法》。同日,由国家主席以第69号《中华人民共和国主席令》公布,于2003年1月1日起施行。

【问题】

以《中华人民共和国中小企业促进法》的制定为例,根据《中华人民共和国立法法》的规定,理解经济法律制定中的立法权限、立法程序。

【分析】

《中华人民共和国中小企业促进法》是经济法类的法律。认为该法是经济法类的法律,是因为该法的立法宗旨、立法精神、大多数法律规范是体现经济法特质的。法律与法律规范之间存在诸多区别,因此,即使该法属于经济法类的法律,也并不是说其法条中暗含的法律规范都是经济法的法律规范。以该法的制定作为个案可以比较形象地分析和展示经济法制定的有关问题。在本案例中,至少涉及经济法类的法律制定中的立法权限、立法程序等方面的问题。

在立法权限和立法层次上,有关中小企业促进的法律制度,涉及竞争制度和财政、税收、金融等多领域的宏观调控制度,根据《中华人民共和国立法法》有关立法权限的规定,由法律的形式立法更宜发挥其立法功能。

在立法程序上,作为由全国人民代表大会常务委员会立法的程序,根据《立法法》第24条至第41条的有关规定,委员长会议、国务院、中央军事委员会、最高人民法院、最高人民检察院、全国人民代表大会各专门委员会、常务委员会组成人员10人以上联名,可以向常务委员会提出法律案,由委员长会议决定列入常务委员会会议议程(委员长会议提出的法律案由常委会会议决定),或者先交有关的专门委员会审议、提出报告,再决定列入常务委员会会议议程。如果委员长会议认为法律案有重大问题需要进一步研究,可以建议提案人修改完善后再向常务委员会提出。专门委员会审议的时候,可以邀请提案人列席会议,发表意见。本法在第八届人大期间即有法律案提出,第九届人大列入立法规划后,仍有一些代表提出法律案。如,2000年3月,在第九届全国人大第三次会议上,章凤仙等31名代表,蔡奇等32名代表分别提出议案,建议制定《中华人民共和国中小企业促进法》。全国人大财经委员会于1999年4月成立了中小企业促进法起草组,由全国人大财经委员会、国家经贸委、科技部、财政部、农业部、中国人民银行、国家税务总局的有关负责人参加。起草组还开展调查研究、组织专家论证、听取社会各方面意见,形成《中华人民共和国中小企业促进法(草案)》。2001年11月26日第九届全国人大财经委员会第八十九次全体会议审议并通过该草案。2001年12月24日,全国人大财经委员会向全国人大常委会提出立法议案。由委员长会议决定列入第九届全国人大常委会第二十五次会议议程。

根据《立法法》规定,列入常务委员会会议议程的法律案,一般应当经三次常务委员会会议审议后再交付表决。第一次审议法律案时,在全体会议上听取提案人的说明,由分组会议进行初步审议。第二次审议法律案,在全体会议上听取法律委员会关于法律草案修改情况和主要问题的汇报,由分组会议进一步审议。第三次审议法律案,在全体会议上听取法律委员会关于法律草案审议结果的报告,由分组会议对法律草案修改稿进行审议。本法前后三次审议。2001年12月24日,第九届全国人大第二十五次会议主要从草案的指导思想、中小企业的概念、若干具体制度等方面的问题进行审议,涉及集体劳动合同签订问题、社会养老保险金问题、中小企业职工的合法权益问题、"五小"企业问题,国家扶持与中小企业主动性和创造性的关系问题等。[①] 2002年4月下旬第九届全国人大

---

① http://www.npcnews.com.cn/gb/paper7/12/class000700002/hwz191836.htm。

常委会第二十七次会议着重就中小企业面临的信息不通畅、市场准入不公平、收费和摊派的困扰、融资担保、竞争不公平等问题进行了审议。2002年6月下旬,第二十八次会议着重就禁止向中小企业违法收费、罚款和摊派,中小企业发展对职工、消费者、国家和社会的义务等方面进行了审议。当然,各方面意见比较一致的法律案,可以经两次或一次常务委员会会议审议后交付表决。

其间,第一次、第二次审议后,法律委员会根据常务委员会组成人员、有关的专门委员会的审议意见和各方面提出的意见,对法律案进行统一审议,提出修改情况的汇报或者审议结果报告和法律草案修改稿,对重要的不同意见应当在汇报或者审议结果报告中予以说明。

对于列入常务委员会会议议程的重要的法律案,经委员长会议决定,可以将法律草案公布,征求意见。当然,法律案经常务委员会三次会议审议后,仍有重大问题需要进一步研究的,由委员长会议提出,经联组会议或者全体会议同意,可以暂不付表决,交法律委员会和有关的专门委员会进一步审议。经过三次以上审议或两次以上表决的,也不乏其例,如《公路法》《水利法》的修改。如果列入常务委员会会议审议的法律案,因各方面对制定该法律的必要性、可行性等重大问题存在较大意见分歧搁置审议满两年的,或者因暂不付表决经过两年没有再次列入常务委员会会议议程审议的,由委员长会议向常务委员会报告,该法律案终止审议。由委员长会议提请常务委员会全体会议表决的法律案,应由常务委员会全体组成人员的过半数通过。常务委员会通过的法律由国家主席签署主席令予以公布。

【点评】

《中小企业促进法》,是一部经济法规范很多的经济法律。以此为例可以较好地说明经济法制定的一些情形。经济法制定和其他部门法律的制定一样,都必须遵守《宪法》《立法法》和其他法律、法规的有关规定。不过,经济法的制定中,在特别注重遵循经济规律、注意立法超前与立法适时的关系等立法技术层面的问题上,经济法制定与其他部门法制定不同程度地存在一些量的区别。因此,学习和探讨经济法的制定时,既要注意到经济法的制定与其他部门法律的制定上的某些技术层面的不同点,更要注意在立法权限、立法程序等许多方面的共性。

案例分析二:"地下钱庄"等查禁案和相关制度的完善

【案情】

近些年来,一些地方的非法金融机构——"地下钱庄"日益增多。它们进行

第六章 经济法的制定和实施

非法存贷款业务、疯狂洗钱,严重破坏了金融秩序。为此,国家金融主管机关和公安部门依法多次进行了以查禁地下钱庄为主要内容的专项整治。据广东警方2002年9月2日通报,代号为"截流"的打击地下钱庄非法买卖外汇的行动,共打掉地下钱庄11个、经营窝点30个,抓获犯罪嫌疑人53名,缴获赃款人民币1236万元,境内外银行存折1529本,并据此冻结存款850多万元。① 一年后的2003年9月上旬,福建警方的"8·25"专项打击"地下钱庄"行动第一天就打掉涉嫌非法买卖外汇的窝点18个,冻结涉案银行资金4000万元人民币。② 为此,中国人民银行还连续公布了《金融机构反洗钱规定》等三项规定。经批准,民生银行、中国建设银行、中信实业银行纷纷推出了面向居民个人的委托贷款业务。③

【问题】

1. 我国金融法律法规关于金融机构设立和经营业务的法律规定。
2. 出现"地下钱庄"的经济与制度原因分析。
3. 从针对"地下钱庄"问题完善金融法律制度案例中,分析经济法制定和实施之间的互动关系。

【分析】

本案例可以较好地说明经济法的制定与实施之间的互动关系。

根据现行的《商业银行法》第3条、第11条、第79条的规定,设立吸收公众存款,发放短期、中期和长期贷款,办理国内外结算,买卖、代理买卖外汇等业务的机构是商业银行。设立商业银行,应当经中国人民银行审查批准。未经中国人民银行批准,任何单位和个人不得从事吸收公众存款等商业银行业务。第79条规定:未经中国人民银行批准,擅自设立商业银行,或者非法吸收公众存款、变相吸收公众存款的,依法追究刑事责任;并由中国人民银行予以取缔。根据《外汇管理条例》第41条的规定,未经外汇管理机关批准,擅自经营外汇业务的,由外汇管理机关没收违法所得,并予以取缔;构成犯罪的,依法追究刑事责任。2003年4月26日,第十届全国人大常委会第二次会议通过的《关于中国银行业监督管理委员会履行原由中国人民银行履行的监督管理职责的决定》公布后,商业银行的业务监管改由银监会负责。由此可见,未经批准而经营吸收公众存款、发放短期、中期和长期贷款,办理国内外结算,买卖、代理买卖外汇等业务的

---

① 据记者邓新建、特约记者黄致煜、通讯员夏晓露的报道,见 http://www.legaldaily.com.cn/gb/content/2002/09/03/content-42599.htm。
② 据孙德平、宋晓星报道,见 http://www.66163.com/Fujian-w/news/fjqb/030905/2-3.html。
③ http://www.shenyou.net/news/shownews.asp?newsid=300。

"地下钱庄",是非法的金融机构,应由有关机关(银监会、外汇管理局,必要时包括公安机关)取缔,非法行为人还应承担其他法律责任。

问题在于,在现行法律、法规明确规定经营金融业务必须具备相应的条件,而且还必须进行行政许可、登记等程序,为什么仍然还会出现"地下钱庄"等非法金融机构?是不懂法吗?不是。相关案例表明,一些"地下钱庄"的经营者,一般不是在未经批准的情况下,明目张胆地公然以"银行"或"信用社"的名义从事金融业务,而是采取各种隐秘的方式进行。其给予当事人方便之程度、非法手段之"丰富"、手段的变化之多样、查处证据之困难,正表明非法经营人不是不懂,而是非常熟悉。他们的一些违法手段和方式,都意在规避法律的限制性和禁止性规定,都企图走出一条表面上不违法或不明显违法的违法之路。[①] 虽然这些违法行为的企图没有得逞,但也说明了金融监管机关的监管力度还需要进一步加大,但不可回避的一个事实是,"地下钱庄"或许在一定程度上满足了民间资本的金融需求。甚至有分析认为,"地下钱庄"之类的民间金融活动是对现有金融格局的一种不得已的补充,其生存能力的强弱基本上取决于金融开放程度的高低。也就是说,金融开放程度越高,"地下钱庄"生命力越弱;金融开放程度越低,"地下钱庄"生命力越强。

从1999年开始,四大国有商业银行大规模撤并地县以下基层机构,4年达31000家。农村合作基金会也被取消,多数农村信用社不良资产率又十分高,资金规模也十分有限。金融正规军撤出农村市场,为地下钱庄提供了生存空间。同时,60%—70%的农村资金向城市、向工业流动。这就使得本来就十分短缺的"三农"资金需求和相应的金融服务更是雪上加霜。另一方面,中国的民间资金数额日益增多,但资本市场很不发达,居民的投资渠道十分单一,而且现存的投资渠道不是风险大,就是收益低,这就使得一些民间闲余资金本能地流向高收益的地方。由上述因素所构成的金融服务与金融需求日益扩大的反差,为地下钱庄的出现和存在提供了经济上的理由。因为,在法律制度框架所允许的银行和其他金融机构所提供的金融服务相对短缺,而民间资本对金融需求日益增强的情势下,在巨大的金融市场的诱惑下,违反现行金融法律法规、未经批准开办非法金融机构从事民间资本存贷款业务和外汇等业务便成为可能。法律经济学的原理表明,如果从事此类违法金融业务的获益率和获益额巨大,而因金融违法行为被查处的概率及被处罚的负效益反差很大时,此类金融违法行为将在所难免。

---

① 有关资料请见朱文轶:《汕头地下钱庄的生意经》,http://www.lifeweek.com.cn/2002-09-26/00053825.html。

这也表明,现行的金融制度需要检讨,金融监管需要进一步加强,金融开放需要扩大,金融法律法规需要进一步完善。

值得欣慰的是,中国人民银行于2003年3月1日公布了《金融机构反洗钱规定》,并已于2003年3月1日起施行。同时,有关金融机构支付交易报告的管理办法、金融机构大额和可疑外汇支付交易报告的管理办法和具体加强反洗钱工作的措施等也在陆续制定和实施之中。在加强监管,完善相关法律、法规、规章的同时,金融开放程度也在扩大。如近来,民生银行、中国建设银行、中信实业银行推出了面向居民个人的委托贷款业务。

【点评】

经济法的制定所依据的是宪法、各级上位法和法理,更重要的是经济法治实践。要从经济法实施中的矛盾冲突中发现、分析和提炼那些健全和完善经济法的内容、方式和途径。离开了经济法实施的经济法制定将是无源之水、无本之木。

案例思考题

中国《反垄断法》制定过程

【案情】

早在中国改革开放初期的1980年,国务院就发布了《关于开展和保护社会主义竞争的暂行规定》,此后,国务院1990年11月还发布过《关于打破地区间市场封锁进一步搞活商品流通的通知》。随着经济体制改革的深入,全国人大常委会颁布了一些涉及反垄断的法律,如1993年9月颁布的《中华人民共和国反不正当竞争法》有关强行搭售、独占强制交易行为和行政垄断行为的禁止性规定,1997年12月颁布的《中华人民共和国价格法》有关操纵市场价格行为的禁止性规定,1999年8月通过的《中华人民共和国招标投标法》有关串通投标招标的禁止性规定等。连同一些法规、规章中规制垄断行为的规定,应当说,我国的反垄断制度已经有了一定的规模。同时,随着中国改革开放的深入、加入WTO,制定《反垄断法》的必要性日益迫切。自1994年5月就成立了反垄断法起草小组,开始起草《反垄断法》,各种形式的理论研讨、立法呼吁从未中断,但是直到第九届全国人大才将其列入立法规划。此后又过了数年,最终由第十届全国人大常委会第二十九次会议于 2007 年 8 月 30 日通过了《反垄断法》。

【问题】

中国反垄断的出台为何困难重重？其制定的主要障碍何在？

【提示】

可以从立法的经济（包括加入 WTO 之后的国际经济背景）、政治及行政体制、经济法学特别是反垄断法学研究、民众反垄断法律意识、立法机关有关工作、利益集团的推动和阻碍等方面思考。

第二编

经济法主体

第七章　经济法主体的一般原理

📖 本章要点

1. 核心内容

经济法主体,亦称经济法律关系主体,是指在国家协调本国经济运行过程中,依据经济法享有权利(权力)和承担义务的组织体和个人。

关于经济法主体体系的基本框架,主要有两种模式:一是"政府—市场"框架,一是"政府—社会中间层—市场"框架。

经济法主体资格,又称经济法人格,即一定社会实体依法能够成为经济法主体的资格。取得经济法主体资格的方式主要有:根据法律、法规的规定或者有关国家机关的决定、命令和特别授权而取得;经审批和登记注册而取得;经登记注册而取得;经法律、法规认可而取得;经章程、合同认可而取得。

2. 主要制度

经济管理主体资格的立法,应当遵循职权法定、权限适当、权责对称的原则。

市场主体可以分为投资者、经营者、劳动者、消费者。

社会中间层可以分为团体性主体、单元性主体。

3. 实务提示

运用经济法主体的基本原理,分析经济法主体职权、责任的配置是否适当,是否有法律的规范和保障。

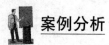
案例分析

案例分析一：从某银行 2006 年年报看经济法主体资格的重叠性

【案情】

某商业银行是上市公司，于 2007 年 4 月份公布了年报。

年报显示，该银行 2006 年缴纳企业所得税 200 万元，营业税 350 万元，实现净利润 460 万元。

由于 2006 年中国人民银行实施稳健的货币政策，加大了公开市场操作力度，分三次上调金融机构存款准备金率，加大回收银行体系的流动性，因此，该银行 2006 年度的利润受到一定程度的负面影响，比上年减少了 6 个百分点。

作为上市公司，由于该银行在 2006 年度半年报中存在虚假信息披露，违反了《证券法》的有关规定，因此，受到了中国证监会罚款 30 万元的处罚。年报对此进行了披露。

作为商业银行，2006 年 6 月前后，当中国股市非常红火的时候，该银行某支行向某公司发放的 3000 万元流动资金贷款中被该公司直接或间接划至证券经营机构用于申购新股。后来被银监会查处。银监会针对贷后监控不力的该银行，依照责任认定和追究程序，对包括支行主管行长、部门负责人和客户经理在内的相关责任人进行了处理，处理手段包括警告、通报批评和罚款等。年报对此进行了披露。

该年报还披露了审计署对该行 2006 年的审计情况及该行的整改措施。

【问题】

根据以上材料，运用经济法的基本原理，分析经济法主体资格的重叠性。

【观点】

该银行在上述经济法律关系中分别处于纳税人、宏观调控的受控主体、证券监管主体的相对人、银行监管主体的相对人、被审计单位等多重资格。

【分析】

由于经济法领域存在着多种经济法律关系，而每种法律关系都有其特定的主体资格，同一社会实体往往同时参加多种经济法律关系，因此，该社会实体分别具有不同的主体资格。这就是经济法主体资格的重叠性。

在上述案例中，该商业银行参加的经济法律关系和其在经济法中的主体资格主要有：

税收法律关系。该银行2006年缴纳企业所得税200万元,营业税350万元,该银行在经济法中的主体资格为纳税人。

金融宏观调控法律关系。受中国人民银行金融宏观调控的影响,该银行2006年度的利润受到一定程度的负面影响,比上年减少了6个百分点。该银行在经济法中的主体资格为宏观调控的受控主体。

证券监管法律关系。由于该银行在2006年度半年报中存在虚假信息披露,受到了中国证监会罚款的处罚。该银行在经济法中的主体资格为证券监管主体的相对人。

银行监管法律关系。由于该银行对贷款监控不力,导致了直接或间接被挪用,受到了中国银监会罚款的处罚。该银行在经济法中的主体资格为银行监管主体的相对人。

审计法律关系。该年报还披露了审计署对该行2006年的审计情况及该行的整改措施。该银行在经济法中的主体资格为被审计单位。

【点评】

经济法法律关系的多样性、经济法主体资格的多重性与经济法具有众多的子部门法这一特征是紧密相连的。

案例分析二:某银行的成立及业务

【案情】

某银行是经中国银监会批准并在国家工商行政管理总局登记的全国性商业银行。该银行现行有效的营业执照和业务许可证分别有:

根据中国银监会颁发给该行的《金融许可证》,该行经营银监会依照有关法律、行政法规和其他规定批准的业务,经营范围以批准文件所列的为准。

根据国家工商行政管理总局核发的《企业法人营业执照》,该行经营范围包括:办理人民币存款、贷款;同业拆借业务;国内外结算;办理票据承兑、贴现、转贴现;各类汇兑业务;代理资金清算;提供信用证服务及担保;代理销售业务;代理发行、代理承销、代理兑付政府债券;代收代付业务;代理证券资金清算业务(银证转账);保险兼业代理业务;代理政策性银行、外国政府和国际金融机构贷款业务;保管箱服务;发行金融债券;买卖政府债券、金融债券;证券投资基金、企业年金托管业务;企业年金受托管理服务、年金账户管理服务;开放式基金的注册登记、认购、申购和赎回业务;资信调查、咨询、见证业务;贷款承诺;企业、个人财务顾问服务;组织或参加银团贷款;外汇存款;外汇贷款;外币兑换;出口托收及进口代收;外汇票据承兑和贴现;外汇借款;外汇担保;发行、代理发行、买卖或代理买卖股票以外的外币有价证券;自营、代客外汇买卖;外汇金融衍生业务;银行卡业务;电话银行、网上银行、手机银行业务;办理结汇、售汇业务;经国务院银行业监督管理机构批准的其他业务。

根据国家外汇管理总局向该行核发的《经营外汇业务许可证》,该行被批准的经营外汇业务范围为:外汇存款;外汇贷款;外汇汇款;外币兑换;贸易、非贸易结算;外汇票据的承兑和贴现;发行和代理发行股票以外的外币有价证券;买卖和代理买卖股票以外的外币有价证券;自营或代客外汇买卖;外汇担保;外汇借款;资信调查、咨询、见证业务。

根据中国保险监督管理委员会向该行颁发的《保险兼业代理许可证》,该行作为兼业代理人可办理代理保险业务,代理的险种包括保险法律法规和行政规章制度许可范围内的险种。

【问题】
根据上述材料,分析经济法主体资格的取得方式。

【观点】
商业银行作为特殊类型的企业,其主体资格的取得要经过审批(行政许可)和登记注册。

【分析】
对不同的社会实体或经济法主体而言,取得经济法主体资格的方式也不尽相同。不同取得方式的实质差异在于国家对主体资格取得的控制程度的强弱。一般而言,主体资格取得受国家控制的程度,市场监管主体和宏观调控主体强于市场主体,社会责任较大的市场主体强于社会责任较小的市场主体,自身风险高、对社会影响大的市场主体强于自身风险低、对社会影响小的市场主体。

商业银行作为储蓄性金融机构,是一个特殊的企业,它以吸纳存款、发放贷款为主要业务,牵涉千家万户的切身利益。一旦商业银行破产,对公众的利益影响甚大。而现代金融体系具有内在的不稳定性和脆弱性。银行危机、银行挤兑具有传染性,单个银行挤兑可能会蔓延到有清偿力的银行,危及整个银行体系的稳定。因此,商业银行主体资格要经过审批(行政许可)和登记注册而取得,即先经过银行业监督管理委员会的审批,再由国家工商行政管理总局登记注册才取得的主体资格。这是商业银行成立,成为企业法人的主体资格所必经的程序。当商业银行从事特定的业务时,有时也需要相关有关部门的批准。如经营外汇业务需要国家外汇管理总局的审批及核发的《经营外汇业务许可证》,从事保险兼业代理要取得中国保险监督管理委员会的审批及颁发的《保险兼业代理许可证》。

【点评】

根据《商业银行中间业务暂行规定》和《中国人民银行关于进一步落实〈商业银行中间业务暂行规定〉的有关问题的通知》(银发【2002】89号),对于中间义务的市场准入手续,可以分为三类:"对适用审批制的中间业务申请,中国人民银行仍行文批复商业银行";"对适用备案制的中间业务申请,统一改用'备案通知书'回复商业银行,由中国人民银行监管部门加盖本部门公章后发出";对中国人民银行规定无须审批或备案的中间业务,商业银行向中国人民银行提交书面报告即可,无须中国人民银行回复。

❓ 案例思考题

张某以何种身份成为经济法主体?

【案情】

张某,25岁,系某公司职员。张某于2009年9月9日工作日参加了以下重要活动:

(1) 8:00,到公司准时开始上班;

(2) 10:00,在工作的间隙,卖出自己账户中的股票3万股;

(3) 18:00,下班后到某饭店就餐宴请好友,席间喝了不少白酒。此次宴请共支出200多元;

(4) 20:30,欲乘公交车回家,乘务员发现其酒气太大,于是拒载。张某只得打出租车回家。

【问题】

在上述经济法律关系中,张某分别以何种身份成为经济法主体?

【提示】

市场主体可以分为投资者、消费者、经营者、劳动者等。

第八章 国家经济管理机关法律制度

本章要点

1. 核心内容

国家经济管理机关是国家行使经济管理职能的国家行政机关。国家经济管理机关具有地位法定性、法律关系的单方性和隶属性、权责的统一性等特征。国家经济管理机关分为中央国家经济管理机关和地方国家经济管理机关。

国家经济管理机关的职权，又称经济职权，是指国家经济管理机关依法行使职能时所享有的经济管理权力。

2. 主要制度

经济职权主要包括：宏观调控权、市场管理权、经济监督权、经济法律规范的执行权等。宏观调控权又分为宏观决策的执行权和经济调节权。经济监督分为一般经济监督和专门经济监督。

国家经济管理机关经济职权的完善途径主要有：完善宏观决策的实施和经济协调，转变政府职能；做好各类经济职权的衔接与协调；建立健全经济监督体系。

3. 实务提示

运用经济法主体的基本原理，分析国家经济管理机关的职权、责任的配置是否适当，是否有法律的保障；经济职权间是否协调。

第八章 国家经济管理机关法律制度

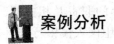
案例分析

案例分析一：银监会的设立

【案情】

2003年3月18日，十届全国人大一次会议通过了国务院机构改革方案。根据这一方案，中国银行业监督管理委员会（以下或简银监会）将从中国人民银行（以下或称中央银行或央行）中分拆出来，作为国务院直属的正部级事业单位独立设置。

2003年3月21日，国务院任命刘明康为银监会主席。2003年4月2日，国务院常务会议讨论并原则通过了中国银行业监督管理委员会"三定"（定职责、定机构、定编制）方案。

2003年4月26日，十届全国人大常委会二次会议通过了《全国人民代表大会常务委员会关于中国银行业监督管理委员会履行原由中国人民银行履行的监督管理职责的决定》（以下简称"决定"），2003年4月28日银监会正式挂牌。

银监会设立的法律程序终于宣告完成。

【问题】

从银监会的设立分析国家经济管理机关地位的法定性。

【观点】

银监会的地位具有法定性，体现在设立、组织机构、职权范围等方面。《银行业监督管理法》对此作了规定。

【分析】

国家经济管理机关地位的法定性，首先表现为它的产生和组成是由法律直接规定的。它的成立要有法律依据；它的组织机构的设置、负责人的任免，均应由法律直接规定；它的职权范围也是来自法律的直接授权。

从银监会设立的过程可以看出，在法律未曾修改时就提出方案，与《中国人民银行法》不符。因为按照《中国人民银行法》的规定，对银行和非银行金融机构（除保险机构和证券机构）实施监管是中国人民银行的职责。因此，即使银监会的人员、职责、机构、编制等等已定，但还是不能挂牌。于是第十届全国人大常委会第二次会议及时通过了"决定"，规定"由国务院依照现行《中华人民共和国中国人民银行法》《中华人民共和国商业银行法》和其他有关法律的规定，确定中国银行业监督管理委员会履行原由中国人民银行履行的审批、监督管理银行、

— 49 —

金融资产管理公司、信托投资公司及其他存款类金融机构等的职责及相关职责"。从而补正了银监会设立的程序,扫除了法律障碍。但《中国人民银行法》和《商业银行法》还没有修改,于是"决定"要求"由国务院抓紧提出修改《中华人民共和国中国人民银行法》和《中华人民共和国商业银行法》以及其他有关法律的议案,提请全国人民代表大会常务委员会审议"。

2003年12月27日,十届全国人大常委会第六次会议表决通过了《银行业监督管理法》(以下简称《银监法》)、《全国人大常委会关于修改中国人民银行法的决定》《全国人大常委会关于修改商业银行法的决定》。《银行业监督管理法》规定了国务院银行业监督管理机构的地位和职责。

【点评】
银监会是先设立,后补办法律手续。

案例分析二:日本政府的"价格维持行动"(PKO)

【案情】
1992年8月到1993年12月,日本政府曾对日益疲软的股市有一系列名为"价格维持行动"(Price Keeping Operation, PKO)的"托市"行为,结果白白浪费了公共资金,却没有真正收到成效。事后,日本政府一直对此讳莫如深,不愿公开承认这一"操纵市场"行为。

从1990年开始,日本出现周期性的经济萧条,经济开始滑坡,股票价格走向疲软。日本股市的熊市到来了。

1992年时,由于经济恢复的过程非常缓慢,股指在上升了一定程度后又走向下跌,为此,日本政府实行了PKO的措施,来维持股价指数。PKO的内容包括:限制股票出售,利用公共资金(例如社会保障基金、年金、邮政储蓄和邮政生命保险基金)购买股票,以及冻结和不允许国有股的出售。

日本决策者当时认为,17000点是金融稳定与否的"临界点"。当日经指数跌破17000点时就意味着金融不稳定,此时,政府应该将PKO付诸实施。决策者当时预计,如果有PKO的支持,日本经济将在次年的下半年走向好转。

日经指数1993年以后的变化趋势无可辩驳地说明了PKO的失败。在1993年底至2000年,日经指数一直维持震荡格局。2000年后又开始大幅下跌,至2003年才开始回升。可见,PKO只能短期见效,从长期看,它不能最终达到其预期目的。

1992年8月,日经指数跌穿了14000点,日本政府授权信托银行(trust

banks)和其他金融机构买入股票以支持股市。信托银行和资产管理公司的确即期买入了股票,但是,与此同时,一些信托银行和资产管理公司又在远期市场上卖出了股票以对冲风险,因为它们预期股价将下跌。作为这一行为的结果,远期市场和即期市场的股价同时下跌。

【问题】

国家经济管理机关经济职权的行使可以从日本政府的"价格维持行动"中吸取哪些教训?

【观点】

国家经济管理机关经济职权的行使不是对市场的直接介入、控制和干预,在宏观调控上,应该以间接调控为主。

【分析】

2001年4月,小泉上台执政,一改以往靠增加公共投资刺激经济增长的做法,开始对经济结构进行"没有禁区"的改革,取得了一定的成果。日本GDP经过2001财年的负增长(-1.2%),2002财年实现正增长(1.2%),并且在以美国为首的世界经济整体回升的大背景下,2003财年出现明显好转,GDP实际增长率达到了1.8%,摆脱了长期萧条状态。由是,日本股市才开始回升,步入上升通道。2004财年日本GDP实际增长率达到了2.3%,2005财年日本经济也出现正增长。日经指数自2003年以来一直上涨。

日本的教训表明,为挽救股市而动用公共资源,实际效果极为有限,甚至难以达到其预期目的。因为对症下药,理顺机制,健全制度,才是根本。

我国在股权分置改革完成前,我国股市也是长期处于熊市状态。其病因在于我国股市建立的时间不长,各种制度不健全,上市公司质量不高,诚信意识缺乏。

但是,2006年下半年以来,我国资本市场出现了可喜的变化。股权分置改革取得重大的进展,长期困扰我国资本市场发展的重大的历史遗留问题,基本上得到了妥善的解决。新公司法和证券法的实施,为提高上市公司质量,健全各项基础性制度奠定了法律基础。中国股市的融资功能得到恢复,牛市行情开始到来,各路资金纷纷入市,股市的吸引力空前巨大,甚至出现了"全民炒股"的火爆现象。

因此,国家经济管理机关经济职权的行使不是对市场的直接介入、控制和干预,在宏观调控上,应该以间接调控为主。当经济不景气时,首先想到的应该是健全制度,而不应该是行政干预。

因此,日本 Aoyama Gakuin University 的 Junji Narita 教授认为,PKO 的积极

作用很小，消极作用倒不少。一些金融机构本来可以调整其投资组合以达到最优，结果却被PKO扼杀了。一些公共资金本来应该追求其收益最大化，结果因为PKO而遭受了不少损失。为了金融稳定，无论是宏观经济政策，还是微观经济政策，其目标应该是解决银行的不良贷款问题和提高存款保险机构的偿付能力。PKO是不必要的。PKO的失败归因于对政策所承担职责的误解。①

【点评】

政府的"托市"只能造就出"政策市"。宏观调控首先应该健全制度、尊重市场、加强引导，而不是行政干预，直接控制。

案例分析三：我国的金融监管协调机制

【案情】

2003年6月，银监会、证监会、保监会成立了专门工作小组，起草了《中国银行业监督管理委员会、中国证券监督管理委员会、中国保险监督管理委员会在金融监管方面分工合作的备忘录》（以下简称《备忘录》），并于同年9月18日召开了第一次监管联席会议，讨论通过了该《备忘录》。

《备忘录》内容包括指导原则、职责分工、信息收集与交流和工作机制等几个方面。按照分业监管、职责明确、合作有序、规则透明、讲求实效的原则，确立了对金融控股公司的主监管制度，即对金融控股公司内相关机构、业务的监管，按照业务性质实施分业监管，而对金融控股公司的集团公司可依据其主要业务性质，归属相应的监管机构负责。明确了三家监管机构对其监管对象的信息收集与交流制度。三家监管机构分别向其监管对象收集信息和数据，并负责统一汇总、编制各类金融机构的数据和报表，按照国家有关规定予以公布。明确就重大监管事项和跨行业、金融控股集团的监管、跨境监管中复杂问题及时进行磋商。建立了每季度召开联席会议的工作机制和讨论、协商具体专业监管问题的经常联系机制。切实加强银监会、证监会、保监会之间的政策沟通与协调，对金融发展和创新中出现的问题，三方通过联席会议和经常联系机制互通信息、充分讨论、协商解决、鼓励金融创新、控制相关风险。

【问题】

根据上述案例，分析国家经济管理机关之间的执法如何协调。

---

① Junji Narita, "The Economic Consequences of the 'Price Keeping Operation' in the Japanese Stock Markets-From August 1992 to November 1993", September 2002.

【观点】

国家经济管理机关之间的执法协调,可采取的模式主要有:"会议模式"、"机构模式"和"机构模式与会议模式相结合"。

【分析】

随着混业经营浪潮的发展,国外逐步建立起金融监管协调机制。这种机制,主要有三种模式,一种是"机构模式",即成立相应的机构负责金融监管协调事宜;一种是"会议模式",即不成立专门的机构,而是由相关机关通过开会、会谈的形式,负责金融监管协调事宜;三是"机构模式与会议模式相结合",既成立相关的机构,又相互开会协商,进行信息交流。

"机构模式"如加拿大。为有效加强沟通协调,加拿大成立了金融机构监管委员会(Financial Institutions Supervision Committee,简称FISC)。金融机构监管委员会的主席为金融监管局局长,成员包括存保公司董事长、加拿大银行总裁及财政部副部长,其主要任务为就金融机构监管事宜,互相提供咨询与信息交流。

"会议模式"如英国。英格兰银行、金融服务局(FSA)与财政部之间有一种三方小组会谈机制,定期磋商,交换信息。《财政部、英格兰银行和金融服务局之间的谅解备忘录》为英国金融监管体制改革后财政部、英格兰银行和金融服务局之间分工协作建立了制度性框架。我国目前也是"会议模式"。

"机构模式与会议模式相结合"如日本。日本设有金融再生委员会。此外,金融监管厅和日本银行经常互换信息,形成相互配合的密切关系。此外,为了不加重被检查金融机构的负担,双方经常通过协商机制协调对同一金融机构的现场检查日程安排。

我国金融监督管理协调机制采取会议模式,主要协调形式可采取签订监管备忘录、举行定期会议和临时会议等。通过签订监管备忘录、举行定期会议和临时会议,可以协调一些重大的监管政策、法规和措施,协商解决一些跨行业、跨部门的重大问题,研究和制定一些重大金融风险的处置方案,协商决定实施联合检查和一些部门牵头、其他部门配合的合作机制。定期会议至少每两月举行一次,就金融监督管理过程中所遇到的重大问题进行讨论和协调。此外,还要根据需要举行临时会议。如对于突发的金融事件,对有问题金融机构的救助等等,就需要建立重大突发金融事件的快速反应和协调机制。临时会议可以解决这一问题。

【点评】

我国金融监督管理协调机制现在采取会议模式,未来有可能采取机构模式。我国国家经济管理机关之间的执法协调,目前采取的模式主要有:会议模式,

"会签模式"(就涉及相关部门的议题,请该部门会签,会签之前,也经常先开会进行沟通),或者请其共同的上级机关进行协调。

案例分析四:债券管理的多头执法

【案情】

按照1993年颁布的《企业债券管理条例》规定,在中华人民共和国境内依法设立的企业法人发行的债券均属于企业债券。在此基础上,如果发行人还满足《公司法》中发行公司债券的条件,其发行的企业债券属于公司债券。

因此,从概念界定上看,尽管企业债券和公司债券两者均属于企业法人发行的债务契约,债务人承诺在未来的特定时期,偿还本金并按照事先规定的利率支付利息。但从严格意义上讲,企业债券与公司债券是不相同的,企业债券所包括的范围更广,不仅包括公司法人发行的债券,还包括非公司法人发行的债券。

另外,短期融资券在本质上也是企业债。所谓短期融资券(以下简称融资券),是指非金融类企业依照《短期融资券管理办法》规定的条件和程序在银行间债券市场发行和交易并约定在一定期限内还本付息的有价证券。此外,证券公司也可以发行短期融资券。

此外,金融机构的金融债券在本质上也都属于企业债。金融债券是指依法在中华人民共和国境内设立的金融机构法人在全国银行间债券市场发行的、按约定还本付息的有价证券。这些金融机构法人包括政策性银行、商业银行、企业集团财务公司及其他金融机构。商业银行次级债券是金融债券的一种。所谓商业银行次级债券是指商业银行发行的、本金和利息的清偿顺序列于商业银行其他负债之后、先于商业银行股权资本的债券。

非金融企业的短期融资券、证券公司的短期融资券、金融债券、企业债券、公司债券适用的法律是不尽相同的。非金融企业的短期融资券适用的法律是《短期融资券管理办法》,证券公司的短期融资券适用的法律是《证券公司短期融资券管理办法》,金融债券适用的法律是《商业银行法》,企业债券适用的法律是《企业债券管理条例》,公司债券适用的法律是《公司法》《证券法》。

上述各类债券的主管机关也是不尽相同的:企业债券的主管机关是国家发展与改革委员会,公司债券的主管机关是中国证监会,金融债券、商业银行次级债和短期融资券(含证券公司短期融资券)的主管机关是中国人民银行。

【问题】

运用经济法主体的一般原理,分析上述各类债券管理多头执法的弊端。

【观点】

监管主体的割裂导致债券市场发展缺少长远、统一的规划,从而影响了整个债券市场的发展。

【分析】

1. 多头执法的由来

企业债由发改委负责审批的原因是,原来发行的企业债就相当于项目债,是由公司资产担保支持的。由于是项目债券,因此需要由负责固定资产投资管理的国家计委(后改为国家发改委)审批。

以前,各种债券都在交易所债券市场交易。1997年,亚洲金融危机爆发。为防范金融风险,严格实施分业经营,中国人民银行要求商业银行从交易所债券市场撤出,重新组建了银行间债券市场,交易所债券市场和银行间债券市场分立的局面由此形成。而根据《中国人民银行法》的规定,中国人民银行负有对银行间债券市场的监管职责。

2. 多头执法的弊端

监管主体的不同是债券市场割裂的一大表现,使我国债券市场难以协调发展。这种政出多门的状况一方面使得监管部门之间的分工难以协调,导致在实际运行中往往形成多重监管,造成监管效率较低;另一方面,监管标准和交易规则不统一,也使市场投资者无所适从,影响到了债券市场的运行。监管主体的割裂导致债券市场发展缺少长远、统一的规划,从而影响了整个债券市场的发展。

【点评】

债券市场要集中统一,统一市场准入、统一游戏规则、统一监管部门。《国务院关于推进资本市场改革开放和稳定发展的若干意见》中明确提出,建立集中监管和统一互联的债券市场。

案例思考题

国家发改委的价格监督

【案情】

国家发展和改革委员会2007年8月2日发出通知,要求各级价格主管部门立即组织开展主要食品价格和相关收费专项检查。这次专项检查的重点是粮食、食用植物油、猪肉、牛羊肉、家禽和以上述产品作为原料的食品制品的经营者（包括食品制造企业、批发企业、零售企业）价格行为，以及涉及上述产品的各类行政事业性收费。

通知强调，要按照相关法律法规规定，重点查处以下不正当价格行为：经营者之间串通或者通过行业协会、中介组织，以协议、决议、会议纪要、协调、口头约定等方式合谋涨价；经营者捏造、散布涨价信息，囤积商品，造成不明真相群众排队抢购，并导致商品价格出现大幅度上涨；经营者通过抬高等级、短缺数量、以假充真、以次充好等欺诈手段变相提高价格。

【问题】

从上述案例分析经济监督权？

【提示】

经济监督权，是指有关国家经济管理机关对国民经济活动进行督导和监察的权力。这种经济监督按照监督主体和监督内容的不同，可以分为一般经济监督和专门经济监督。政府各级职能部门在其权限范围内对它主管的经济工作所进行的监督为一般经济监督。国家发改委是我国的价格主管部门，因此，上述监督属于一般经济监督。

第九章 企业法律制度

本章要点

1. 核心内容

企业(enterprise)是人的要素和物的要素相结合的,以营利为目的,从事生产经营或服务性活动的,具有法律主体资格的经济组织。[①] 企业是国民经济的基本单位,是近现代社会的重要细胞和组成部分,是经济生活中最重要、最活跃的因素。按基本法律形态,可以把企业划分为个人独资企业、合伙企业和公司。就我国现有的企业法律体系所确立的法定分类,我国企业包括国有企业、股份制企业(含有限责任公司和股份有限公司)、合作及集体所有制企业、私营企业、联营企业、外商投资企业和港澳台投资企业等。

企业法是调整企业在设立、存续和终止过程中所发生社会关系的法律规范的总称。企业法是任何企业在其生产、存续直到终止全过程的行为准则,是其必须遵守的行为规范,也是国家对企业实现调控和管理的重要工具和法律依据。我国现有的企业法律体系,主要包括《公司法》《合伙企业法》《个人独资企业法》《全民所有制工业企业法》及相应的行政法规和配套规章等。

本章主要围绕《公司法》《合伙企业法》及《个人独资企业法》等基本法律,选取相关主要制度,从企业的设立、运营、变更和终止等角度展开,甄选相关典型或疑难案例,以案释法,以案学法。

2. 主要制度

(1) 公司法重要制度
揭开公司面纱
一人公司制度
子公司和分公司

[①] 参见杨紫烜主编:《经济法》(第四版),北京大学出版社2010年版,第132页。

公司设立的条件、程序和公司章程
公司融资/公司出资制度
公司财务、会计
股东资格的取得、股东权益之行使及保护
股权转让
公司治理
公司变更,合并与分立
公司解散与清算
公司接管与重整,公司破产
公司社会责任
(2) 合伙企业法重要制度
合伙企业的成立
合伙企业的财产
合伙事务的执行
入伙与退伙
合伙企业的解散和清算
(3) 个人独资企业法重要制度
个人独资企业的设立
个人独资企业的事务管理
个人独资企业的解散与清算
个人独资企业的责任消灭制度

3. 实务提示

有关企业法律制度的案例主要分布在企业的设立、存续、变更和终止等企业发展过程,就实务操作而言,既涉及非诉讼的企业法律顾问业务,也涉及相关的企业诉讼事务,需要我们全面的掌握。

 相关法律、法规、规章、司法解释

1. 法律

《中华人民共和国公司法》(全国人大常委会,1993 年 12 月 29 日通过,1999

年12月25日、2004年8月28日、2005年10月27日陆续修订)

《中华人民共和国合伙企业法》(全国人大常委会,1997年2月23日通过,2006年8月27日修订)

《中华人民共和国个人独资企业法》(全国人大常委会,1999年8月30日通过)

《中华人民共和国中外合资经营企业法》(全国人大常委会,1979年7月1日通过,1990年4月4日、2001年3月15日陆续修订)

《中华人民共和国中外合作经营企业法》(全国人大常委会,1988年4月13日通过,2000年10月31日修订)

《中华人民共和国外资企业法》(全国人大常委会,1986年4月12日通过,2000年10月31日修订)

《中华人民共和国企业破产法》(全国人大常委会,2006年8月27日通过)

2. 行政法规

《中华人民共和国公司登记管理条例》(国务院,1994年6月24日通过,2005年12月18日修订)

《中华人民共和国中外合资经营企业法实施条例》(国务院,1983年9月20日通过,1986年1月15日、1987年12月21日、2001年7月22日陆续修订)

3. 行政规章、地方性法规

《中华人民共和国中外合作经营企业法实施细则》(对外贸易经济合作部,1995年8月7日国务院批准通过)

《中华人民共和国外资企业法实施细则》(对外经济贸易合作部,1990年10月28日国务院批准通过,2001年4月12日修订)

4. 司法解释

《最高人民法院关于适用〈中华人民共和国公司法〉若干问题的规定(一)》(最高人民法院,2006年3月27日通过)

《最高人民法院关于适用〈中华人民共和国公司法〉若干问题的规定(二)》(最高人民法院,2008年5月5日通过)

《最高人民法院关于适用〈中华人民共和国公司法〉若干问题的规定(三)》(最高人民法院,2010年12月6日通过)

案例分析

案例分析一:甲公司诉乙公司法人人格否认案

【案情】

2010年1月,甲公司与乙公司达成协议,由甲公司向乙公司提供牛皮一批,货到付款。2月,甲公司依约向乙公司提供了价值23万元的牛皮,乙公司点收货物后,签发了一张数额为23万元的转账支票给甲公司。次日,甲公司持转账支票向银行提出付款,但因乙公司存款不足被拒。于是甲公司重新找乙公司追款,乙公司称其暂时无款可付,等日后有钱了再通知甲公司领取。后甲公司多次与乙公司进行交涉,未果,于是甲公司向人民法院提起诉讼,要求判令乙公司偿还货款23万元。

诉讼期间,乙公司因未通过2010年年检,于2011年1月被当地工商行政部门吊销营业执照,现乙公司处于停业状态。于是甲公司改变诉讼请求,称因乙公司股东张某和王某利用其特有地位,签发空头支票,采取欺诈手段,损害甲公司的合法权益,故请求法院判令乙公司股东张某和王某对乙公司的23万元货款承担连带责任。

张某和王某辩称,乙公司经工商行政部门合法登记,具有独立的公司法人人格;作为公司股东,只需以出资为限承担有限责任;因公司经营困难,现申请破产清算,所欠甲公司的23万元货款,可列入破产债权进行清偿。

【问题】

乙公司所欠货款23万元应如何处理?

【观点】

公司股东应当遵守法律、行政法规和公司章程,依法行使股东权利,不得滥用股东权利损害公司或者其他股东的利益;不得滥用公司法人独立地位和股东有限责任损害公司债权人的利益。公司股东滥用股东权利给公司或者其他股东造成损失的,应当依法承担赔偿责任。

【分析】

公司法人人格理论认为,公司作为独立的主体,享有与自然人一样的人格,由此使得公司可以独立承担责任,使股东仅以出资为限对公司负债承担有限责任。

但是,在特定情形下,公司的法人人格可能遭到否认,从而导致股东直接对公司债务承担责任,此即公司法人人格否认制度。所谓公司法人人格否认制度,是指为阻止公司独立人格的滥用,就具体法律关系中的特定事实,否认公司的独立人格和股东的有限责任,责令相关股东对特定债权人直接承担责任的一种法律制度。因该制度将笼罩于公司身上的法人面纱揭掉,责令公司背后的股东承担责任,因而又称"刺破公司面纱"或"揭开公司面纱"(piercing the corporate veil / lifting the corporate veil,简称 PCV/LCV)制度。[1] 发源于普通法系国家,作为处理公司股东滥用公司法人独立地位和股东有限责任的方法,已越来越多地被大陆法系国家所接受。

我国 2005 年修订的《公司法》第一次确定了"揭开公司面纱"制度,根据该法第 20 条规定,公司股东应当遵守法律、行政法规和公司章程,依法行使股东权利,不得滥用股东权利损害公司或者其他股东的利益;不得滥用公司法人独立地位和股东有限责任损害公司债权人的利益。公司股东滥用股东权利给公司或者其他股东造成损失的,应当依法承担赔偿责任。根据这一规定,我国的公司法人人格否认制度的适用情形是,公司股东滥用公司法人独立地位和股东有限责任,如逃避债务、转移财产等严重损害公司债权人利益的事项;而法人人格否认的结果是,公司不再具有独立人格,公司人格为股东人格所吸收,滥用公司法人独立地位和股东有限责任的股东应当对公司债务承担连带责任。但需要注意的是,一般而言,公司法人人格的否认往往只针对特定个案中的公司独立人格予以否认,而不是对该公司的法人人格的全面的、彻底的、永久的否认[2],其效力并不及于该公司的其他法律关系,并不影响该公司作为一个独立实体继续存在。

就本案而言,虽然乙公司与甲公司签订合同时具有独立法人人格,但其股东利用经营管理之便,在账务亏空的情形下仍开具空头支票,实属欺诈行为,相关当事人即股东张某和王某对此确属故意,已经构成对公司法人人格独立和股东有限责任的滥用,故法院最后判决,乙公司的破产作为另案处理;对甲公司的 23 万元债务,张某和王某应对此承担连带责任。

---

[1] 此为普通法系国家的称法;在大陆法系国家如德国,公司法人人格否认制度被称为"直索责任",而在日本则被称为"透视理论"。参见施天涛:《公司法论》,法律出版社 2006 年版,第 29 页。

[2] 参见赵旭东主编:《公司法学》,高等教育出版社 2006 年版,第 8 页。

案例分析二：出资不实应承担什么法律责任？
——安信公司诉拓新公司违反出资义务损害赔偿案①

【案情】

安信中医药智能网络有限公司(以下简称安信公司)与拓新医药科技信息服务公司(以下简称拓新公司)于2000年3月29日在北京签订了《合资经营北京中大安信科技发展有限公司合同》，约定：合资公司的注册资本为1380万元，其中安信公司认缴出资额为966万元，占注册资本的70%；拓新公司认缴出资414万元，占注册资本的30%；双方应于合资公司营业执照签发之日起3个月内，缴清各自对合资公司注册资本的出资额。

合资公司于2000年6月26日取得营业执照。此后安信公司如期履行了相应的出资义务，但拓新公司却一直未能履行其出资义务，并因此导致合资公司无法通过年检，使合资公司于2002年12月30日被北京市工商局强制注销。

公司注销后，安信公司和拓新公司之间的合资合同解除。但安信公司在合资公司存续期间的营运成本和各种支出共计255万元，加之同期银行贷款利息损失约121万元，其全部损失达376万元。在如何解决合资公司注销后安信公司的损失承担上，双方未能达成一致意见。

由此，安信公司向中国国际经济贸易仲裁委员会提出仲裁申请，请求拓新公司对上述损失承担全部民事责任。

【问题】

拓新公司应该如何承担本案引起的法律责任？

【观点】

股东应当按期足额缴纳公司章程中规定的各自所认缴的出资额。股东不按照前款规定缴纳出资的，除应当向公司足额缴纳外，还应当向已按期足额缴纳出资的股东承担违约责任。

【分析】

出资是指股东②在公司设立或者增加资本时，为取得股权或股份，根据协议的约定或者章程及法律规定向公司交付财产或履行其他给付义务。③ 出资是股东最基本、最重要的义务，这种义务既是一种约定义务，同时也是一种法定义务。

---

① 根据"安信网络申请拓新医药违反出资义务损害赔偿仲裁案"改编，原案及分析可参见赵旭东主编：《新公司法案例解读》，人民法院出版社2005年版，第55—60页。
② 包括发起人和认股人。
③ 参见赵旭东主编：《公司法学》，高等教育出版社2006年版，第260页。

因为，股东一般通过签署公司设立协议、发起人协议或认股书的形式约定其各自的出资比例或金额，其中出资条款构成公司设立协议的主要内容；同时，出资也是《公司法》规定的股东必须承担的法定义务，无论股东之间作何协议，均不得免除股东的出资义务。

按行为方式之不同，股东违反出资义务的行为可以分为完全不履行、未完全履行和不适当履行三种形式。其中，完全不履行是指股东根本未予出资，其具体情形包括拒绝出资、不能出资、虚假出资和抽逃出资等；未完全履行，又称未足额履行，即股东只履行了部分出资义务，但未按协议足额出资；不适当履行，是指出资时间、形式或手续等不符合约定或法律规定，包括迟延出资、瑕疵出资等情形。本案中，拓新公司的行为即为完全不履行。

按行为发生的时间不同，股东违反出资义务的行为又可以分为公司成立前不履行和公司成立后不履行。公司成立前的不履行可能导致公司不能成立，而公司成立后的不履行则可能导致注册资本的变更，严重时亦可能导致公司被撤销。本案中，拓新公司的行为即为公司成立后的不履行，其结果是导致了合营公司的注销。

股东违反出资义务会导致股东出资责任。股东违反出资义务的行为，在公司成立之前，属合同法上的违约行为，此时已履行出资义务的股东可采取协议约定的违约救济手段，并就其自身所遭受的损失向违反出资义务的股东请求赔偿；在公司成立以后，除股东之间的违约责任外，违反出资义务的股东还同时构成公司法上的违法行为和损害公司利益行为，此时履约股东和公司均有权追究其法律责任。就公司成立之前的股东违反出资义务行为，履约股东在仍有履行可能时可要求违约股东继续履行出资义务；亦可催告违约股东在一定期限内履行出资义务，否则丧失出资资格；还可以就违约股东的行为所导致的损害请求赔偿。就公司成立后的股东违反出资义务行为，一方面，履约股东可依据公司法和公司章程追究违约股东的违约责任，其救济手段为违约损害赔偿；另一方面，根据公司资本充实原则，违约股东尚须对公司承担一系列责任，公司可以通过追缴出资、差额填补及其连带担保、催告失权[①]、损害赔偿等手段予以救济。

按我国现行《公司法》规定，股东应当按期足额缴纳公司章程中规定的各自所认缴的出资额。股东不按照前款规定缴纳出资的，除应当向公司足额缴纳外，还应当向已按期足额缴纳出资的股东承担违约责任。故此，本案中在合营公司

---

① 即催告该股东在一定期间内履行出资义务，逾期仍不履行的，丧失股东资格或丧失相应的认缴股额。

已经被注销的情形下,拓新公司应当对安信公司承担其所有损失的赔偿责任。

案例分析三:持股职工能否退股?
——孙某诉某物业公司股权纠纷案①

【案情】

2002年9月,某物业公司改制,孙某以2.5万元作为职工入股。在职工入股通知中,有入股后不得退股的单方规定。后公司决定选举28人作为股东代表,孙某参加了选举股东代表的会议,推举股东代表的选举书上有孙某等8位股东的签名,内容为表示一致同意王某等8人为股东代表。但后来修订的公司章程中未将孙某登记为出资股东,只登记王某等8位股东代表为股东。后由公司牵头,王某作为股东代表与其他未列入公司章程但有实际出资的股东签订信托合同,约定由受托人王某对孙某等投资到物业公司的资产进行管理和处分,并约定了信托双方的权利义务关系。此后公司向王某核发了《出资证明书》,上面有载明"委托人及受托人资金详细情况"等内容,但未向孙某人等核发《出资证明书》。

后孙某认为其既然已经履行了出资义务,但公司章程中未将其载为股东,使之难以享受普通股东可以享有的权利,双方此前签订的职工入股协议显失公平,故诉至法院,请求撤销入股协议,返还2.5万元出资。

物业公司辩称,入股协议并不存在显失公平的情形,不存在合同目的不能实现或根本违约的情况。因公司法限制有限责任公司股东上限为50人,而公司职工有200余人入股,不可能全部登记为股东,只能登记股东代表,由股东代表与其他股东形成信托关系,代表其他人行使股东权利。原告作为股东,在入股时已经认可不得退股的条件,故不应随意抽回出资,因此请求法院驳回其诉讼请求。

【问题】

1. 孙某作为职工入股后是否可以享受公司法上的全部股东权利?
2. 孙某可否退股?如果孙某意欲退股,可以通过什么途径?

【观点】

本案性质为职工入股纠纷。按旧《公司法》规定的股东权利,与通过企业改制形成的职工持股权有所不同。职工持股一般分为直接持股和间接持股两种形

---

① 参见北京市高级人民法院编:《公司法新型疑难案例判解》,法律出版社2006年版,第117—123页,收入本书时有改编。

式,后者以选举产生的专设的职工持股会或股东代表持股为普遍情况,职工持股会或股东代表与持股职工之间一般形成信托关系,此时出资但不挂名的股东一般仅能根据信托合同享有收益权,而不能享有普通股东的全部权利。

【分析】

职工入股作为新生事物,是在国有企业改革的大背景下企业改制工作的一种探索。20世纪80年代初,部分国有企业开始尝试发行企业内部职工股,试行职工持股制度①;90年代初期,职工持股制度得以快速发展,出现了发行内部职工股的热潮。② 职工持股使广大职工真正成为企业的主人,把职工利益和企业发展联系起来,充分调动了职工的积极性,从而为企业的发展注入了新的活力,客观上促进了整个社会生产力的发展。

职工持股的权利行使方式通常有两种:一种是持股职工自己直接持股;另一种则由出资职工通过其他主体,如选举专门的职工持股会或者股东代表来间接行使。③ 在间接持股的情形下,实践中普遍采用也为官方所认可的方式以信托为主,即由间接持股的职工股东将所持股份委托给职工持股会或职工代表,由其进行日常管理和运用,受托人作为名义股东,以自己名义代行实际间接持股的职工股东在股东会的日常权利。出资股东一般仅能按照信托关系对其实际出资享有收益权。在采取间接行使股权的职工持股方式中,持股职工享有、行使其股权的方式具有特殊性,往往受到一些限制,以致出现本案中孙某未能记入公司章程等情形。

对于孙某能否要求物业公司退还其出资,首先需要认定孙某是否在事实上已经成为公司股东。因考虑到旧《公司法》对有限责任公司股东资格的限制及公司改制的实际情形,确实难以将所有持股职工均登记为股东,因为选择通过股东代表王某通过与孙某签订信托合同代为管理其出资,并不剥夺其最终受益权,故并不影响其股东身份的认定。进而,作为公司股东,一般情形下不可抽逃出资或请求退股,除非出现新《公司法》第75条规定之情形,即公司连续五年不向股

---

① 参见史际春:《法律与现实:中国职工在企业中的地位》,载《探求经济和法互动的真谛》,法律出版社2002年版,第344页。

② 参见陈志坤:《工会持股的法律困境和对策》,http://www.gdhuafa.cn/news/news_detail.asp?id=749,登陆时间:2008-01-29。

③ 工会持股曾经非常流行。但2000年12月11日中国证监会《关于职工持股会及工会能否作为上市公司股东的复函》明确指出:"职工持股会属于单位内部团体,不再由民政部门登记管理,不能成为公司的股东","工会作为上市公司的股东,其身份与工会的设立和活动宗旨不一致,故暂不受理工会作为股东或发起人的公司公开发行股票的申请。"此后,2001年修改后的《工会法》也明确规定,工会应定位于一个非营利组织,故不能代为职工持股。

东分配利润,而公司该五年连续盈利,并且符合本法规定的分配利润条件的;公司合并、分立、转让主要财产的;公司章程规定的营业期限届满或者章程规定的其他解散事由出现,股东会会议通过决议修改章程使公司存续等。若符合上述条件,孙某作为股东可以依法自股东会会议决议通过之日起一定期限内,与公司达成股权收购协议,协议不成的,可向人民法院提起诉讼。但根据本案所调查的情形,并不满足新《公司法》关于股权回购的条件,故孙某仅能通过新《公司法》第72条及相关规定以股权转让之方式完成退股。

案例分析四:张艳娟诉江苏万华工贸发展有限公司、万华、吴亮亮、毛建伟股东权纠纷案[①]

【案情】

万华工贸公司成立于1995年12月21日,发起人为万华、张艳娟和其他两名股东朱玉前、沈龙,注册资本为106万元,其中万华出资100万元,朱玉前、沈龙、张艳娟各出资2万元。1995年11月23日,四位股东签订了万华工贸公司章程。章程规定:公司股东不得向股东以外的人转让其股权,只能在股东内部相互转让,且必须经全体股东同意;股东会由股东按照出资比例行使表决权,每10万元为一个表决权;股东会议分为定期会议和临时会议,并应于会议召开5日前通知全体股东;定期股东会议应一个月召开一次;股东出席股东会议也可书面委托他人参加,行使委托书载明的权利;股东会议应当对所议事项作出决议,决议应当由代表1/2以上表决权的股东表决通过;股东会议对公司增加或减少注册资本、股东转让股权及公司的合并、分立、变更公司形式、解散、清算等事项作出的决议,应由代表2/3以上表决权的股东表决通过;股东会议应当对所议事项的决定作出会议记录,出席会议的股东应当在会议记录上签名等。

1995年11月,朱玉前、沈龙及张艳娟向被告万华出具过委托书,以书面形式委托万华长期代为办理大部分公司事务。故万华工贸公司成立后,由万华任董事长,负责日常经营管理。

2004年4月6日在并未召集张艳娟等三名股东召开股东会议的情形下,万华自行作成股东会会议决议及股权转让协议等文件,并于2004年4月12日以万华工贸公司名义向公司登记机关申请变更登记,具体事项为:(1)将公司名称

[①] 本案已由南京市玄武区人民法院2007年4月2日审结;相关资料可参考最高人民法院办公厅:《中华人民共和国最高人民法院公报》(2007年第9期),第41页。

变更为江苏办公伙伴贸易发展有限公司;(2) 法定代表人变更为吴亮亮,股东变更为万华、吴亮亮、毛建伟及股东邢小英四人;(3) 变更了公司章程的部分内容。

张艳娟知悉公司股权发生变动以后,以未经过法定程序及本人同意为由,主张上述股东会会议决议、股权转让协议及相关工商登记的变更无效。

【问题】

1. 未经依法召开股东会议并作出会议决议,而是由实际控制公司的股东虚构公司股东会议及其会议决议的,其他股东是否有权申请确认虚构的股东会议及其决议无效?

2. 虚构的股东会议及其决议,股东是否必须在股东会决议作出之日起60日内请求人民法院撤销,逾期则不予支持?

【观点】

有限责任公司的股东会议,应当由符合法律规定的召集人依照法律或公司章程规定的程序,召集全体股东出席,并由符合法律规定的主持人主持会议。未经法律或公司章程规定的程序,自行作出股东会决议,即使行为人的股权占到公司股权的过半数,也属无效行为。

【分析】

股东会不应排除任何一个股东,哪怕是仅仅持有一股的小股东。[①] 按《公司法》第二章第二节的规定,股东会议需要对相关事项作出决议时,应由股东依照法律、公司章程规定的议事方式、表决程序进行议决,达到法律、公司章程规定的表决权比例时方可形成股东会决议。有限责任公司通过股东会对变更公司章程内容、决定股权转让等事项作出决议,其实质是公司股东通过参加股东会议行使股东权利、决定变更其自身与公司的民事法律关系的过程,因此公司股东实际参与股东会议并作出真实意思表示,是股东会议及其决议有效的必要条件。

本案中,虽然被告万华享有被告万华工贸公司的绝对多数的表决权,但并不意味着万华个人利用控制公司的便利作出的个人决策过程就等同于召开了公司股东会议,也不意味着万华个人的意志即可代替股东会决议的效力。根据本案事实,不能认定2004年4月6日万华工贸公司实际召开了股东会,更不能认定就该次会议形成了真实有效的股东会决议。万华工贸公司据以决定办理公司变更登记、股权转让等事项的所谓"股东会决议",是当时该公司的控制人万华所虚构,实际上并不存在,因而当然不能产生法律效力。

另据《公司法》第72条之规定,有限责任公司的股东之间可以相互转让其

---

① 参见赵旭东主编:《公司法学》,高等教育出版社2006年版,第371页。

全部或者部分股权。股东向股东以外的人转让股权,应当经其他股东过半数同意。公司章程对股权转让另有规定的,从其规定。又按万华工贸公司章程规定,公司股东不得向股东以外的人转让其股权,只能在股东内部相互转让,且必须经全体股东同意;股东有权优先购买其他股东转让的股权。据此,本案中万华非但无权代为转让张艳娟等三人所持有的股权,甚至其自己也不能随意转让其股权。

案例分析五:股东会计账簿查阅权如何行使?
——宁丁诉北京远大会计师事务所有限公司侵害股东知情权案①

【案情】

宁丁是远大会计师事务所公司(以下简称远大公司)的股东。2005年底,宁丁提出离开该公司,并提出退股。按照《公司法》第34条关于股东可以要求查阅公司账簿的规定,也为保证本人在公司的利益并明确股权转让的价格,宁丁要求查阅至本人退股前即2004年开业至2005年年底的全部公司账簿。宁丁于2005年12月31日以书面形式向公司提交了申请书。董事长兼总经理王文当场给宁丁签收了书面回执,但至本案诉至法院时,仍未予以实际答复。

于是宁丁向法院起诉,要求法院判定:(1)远大公司提供从开业起至2006年1月31日的公司账簿供其查阅;(2)远大公司承担此次诉讼的全部费用,包括诉讼费、工商查询费、交通费、通讯费、复印费等。

被告远大公司辩称:(1)宁丁已经不再具有远大公司股东资格,因为按照2005年财政部第24号令,会计师须在会计师所专职执业,而宁丁已与远大公司签订过约定书,已经离开公司,不再享有股东资格,故无从行使股东权益。(2)宁丁如果是为了明确其股权转让价格,大可要求查阅财务报表来实现,无须查阅全部公司账簿;(3)会计账簿涉及商业秘密,宁丁的要求可能损害远大公司的合法权益,远大公司有权拒绝其查阅要求。综上,请求法院判定驳回宁丁的诉讼请求。

法院经公开审理查明:(1)远大公司成立于2004年1月16日,股东包括王文、宁丁等6人,有工商登记为凭,至起诉时尚未变更。(2)2005年12月30日,远大公司与宁丁签订约定书,远大公司同意宁丁离开,并就公司对宁丁未予结算的工资、福利及其他费用约定了分期偿还计划。(3)宁丁于次日内完成工作交

---

① 本案根据北京市海淀区人民法院(2006)海民初字第7426号(2006年3月20日)案件改编,相关资料可参见最高人民法院中国应用法学研究所编:《人民法院案例选》(总第60辑),人民法院出版社2007年版,第278—287页。

接事宜;并保证离开公司后保守公司商业秘密。

【问题】

1. 本案中宁丁是否可提请实现会计账簿查阅权？
2. 若宁丁仍具会计账簿查阅权，其权利行使需满足什么条件？

【观点】

按《公司法》规定，公司股东依法享有知情权，可以要求查阅、复制公司章程、股东会会议记录、董事会会议决议、监事会会议决议和财务会计报告，可以要求查阅公司会计账簿等。其中，股东要求查阅公司会计账簿的，应当向公司提出书面请求，说明目的。

【分析】

1. 按《公司法》第 34 条规定，公司股东依法享有知情权，可以要求查阅公司会计账簿。故本案中，确定宁丁是否有权查阅会计账簿，只需判定宁丁是否仍旧具备远大公司股东资格即可，若宁丁仍为远大公司股东，自然享有查阅权，若已不再具备远大公司资格，则无权行使会计账簿查阅权。

一般而言，投资人通过认购公司的出资或股份而获得股东资格。就取得股东资格的时间而论，可将股东资格的取得分为原始取得和继受取得。① 其中，原始取得即指股东因其股权投资(euity investment)而取得股东地位。而股东地位的丧失，一般包括公司终止、公司注销股权或股份、股权转让或股份回购、除名、失权、股票灭失等情形。本案中，宁丁作为原始股东自无疑义，问题在于，其提出离开公司及退股是否产生股东资格丧失的法律后果。按法院查明的事实，宁丁虽然与远大公司就离开公司一事达成了一份约定书，但是双方并未就股权处理作出约定，否则也不必就确认股权价格而行使查阅权。此外，在远大公司的工商登记的股东名目中，仍包括宁丁，因此法院判定宁丁在诉讼时仍具远大公司股东身份，故而宁丁当然可以以远大公司股东身份提请实现会计账簿的查阅权。

2. 但股东查阅公司会计账簿，并非无所限制。按《公司法》第 34 条规定，股东要求查阅公司会计账簿的，应当向公司提出书面请求，说明目的。公司有合理根据认为股东查阅会计账簿有不正当目的，可能损害公司合法利益的，可以拒绝提供查阅，并应当自股东提出书面请求之日起一定期限内书面答复股东并说明理由。公司拒绝提供查阅的，股东可以请求人民法院要求公司提供查阅。本案中，宁丁以明确其股权转让价格为由请求查阅会计账簿，是否属于正当目的，则

---

① 也有学者认为此外尚有善意取得之方式，参阅施天涛:《公司法论》,法律出版社 2006 年版,第 224—225 页。

须进一步分析。虽然,宁丁在 2005 年 12 月 31 日书面提交查阅申请后,远大公司未予任何答复,其行为实属不当;但是,任何股东行使权利,均应选择与其预期目的相符合的方式。法院认为,确认股权价格,可以通过查阅公司财务会计报告而确定,无须直接查阅公司会计账簿。

因此,法院最后认为,宁丁虽然仍为远大公司股东,享有股东权益,但其行使股东查阅公司会计账簿的诉请不具适当目的,故判决驳回原告宁丁的诉讼请求。

【点评】

股东作为公司的基本构成人员,对其权利体系的把握,在整个公司法学习中,具有重要地位。按《公司法》第 4 条的概括规定,股东基于其股东身份和地位而享有从公司获取经济利益并参与公司经营管理的权利。[①] 申言之,股东权利主要包括股利分配请求权、剩余财产分配请求权、公司新增资本或者发行新股时的认购权、重大事项表决权、知情权、提案权、特殊情形下申请法院解散公司等权利。本案中的查阅权,即为股东知情权之一种。

案例分析六:股份禁止流通期间,股权能否委托给未来受让方行使?
——张桂平诉王华股权转让合同纠纷案[②]

【案情】

2002 年 9 月 20 日,浦东公司依法成立,注册资金 1 亿元人民币。张桂平与王华作为浦东公司的发起人、股东,各出资 1800 万元、1700 万元,占浦东公司股份比例分别为 18%、17%。

2004 年 10 月 22 日,王华作为甲方、张桂平作为乙方,签订了《股份转让协议》,约定:甲方确认浦东公司注册资本已增加到 2 亿元,截至本协议签订之时,甲方持有浦东公司 3400 万股自然人股份(占总股本的 17%),以每股人民币 2.44 元,共计 8300 万元的价格转让给乙方。双方一致同意,乙方分两期向甲方支付股份转让金 8300 万元。协议还约定,双方应在签订协议的同时开始办理股份转让期授权委托手续。协议签订之日起至甲方所持标的股份按期转让于乙方

---

① 关于股权的性质,学界有不同观点,主要包括社员权说、股东地位说、债权说、所有权说及共有权说等。参阅史际春等著:《企业和公司法》,中国人民大学出版社 2001 年版,第 193—195 页;又见赵旭东主编:《公司法学》,高等教育出版社 2006 年版,第 301 页。

② 本案根据江苏省高级人民法院(2005)苏民二初字第 0009 号(2005 年 12 月 3 日审结)案件改编。相关资料可参阅最高人民法院办公厅编:《中华人民共和国最高人民法院公报》(2007 年第 5 期),第 39 页。

名下止的期间为过渡期,有关过渡期内双方的权利和义务,双方另行签订《过渡期经营管理协议》进行约定。协议约定了过渡期及股份转让期间的权利和义务,确认由甲方向乙方出具不可撤销的授权委托书,授权乙方代行浦东公司董事职责、股东权利,并不得干涉、干扰乙方行使标的股份的股东权利;乙方享受甲方作为浦东公司股东在过渡期内所享有的全部收益权、再行转让权,承担过渡期内的风险等等。若任何一方擅自提前终止本协议,应向另一方一次性支付特别赔偿金4.15亿元,并赔偿守约方因此而遭受的经济损失。此时守约方有权选择解除本协议或要求违约方继续履行本协议。甲、乙双方本人签署之日,协议即生效,至依照公司法规定合法有效地将甲方所持有的股份转让于乙方名下之日终止。甲乙双方一致同意,如国家法律和政策变化,修改了股份有限公司发起人股份的转让条件和限制,将按照新的法律和政策的规定相应调整合同的生效时间。但涉及标的股份转让价格、股份份额及其他事项不予变更,仍以本协议约定内容为准。同日,本案被告、反诉原告王华作为甲方,本案原告、反诉被告张桂平作为乙方签订了《过渡期经营管理协议》。

上述《股份转让协议》和《过渡期经营管理协议》签订后,王华签署了向浦东公司董事会提出辞去该公司董事职务的申请,并依约向本案原告、反诉被告张桂平出具了《授权委托书》,全权委托张桂平代为行使王华在浦东公司股份项下可享有的一切权利。并确认,在王华将其名下股份全部转让给张桂平之前始终有效并不得撤销。

【问题】

在股份禁止流通期间,股权能否委托给未来受让方行使?

【观点】

原《公司法》第147条规定,发起人持有的本公司股份,自公司成立之日起3年内不得转让。公司董事、监事、经理应当向公司申报所持有的本公司的股份,并在任职期间内不得转让。

【分析】

股份有限公司发起人的主要职责在于设立公司,发起人在一般情况下,仅对公司设立失败的后果负责,或者在公司设立过程中,因发起人的过错造成公司损失的,发起人才承担相应的法律责任。公司设立成功后,发起人的身份就为股东身份所替代,其对公司的权利义务与其他非发起人股东并无不同。因考虑到某些不当发起行为的法律后果和法律责任的滞后性,如果发起人在此前因转让股份而退出公司,可能逃脱了相关责任的追究,并进而损害公司、其他股东或社会公众的利益,因此,公司法需要在一定时期内禁止发起人自由流通其股份。基于上述考虑,原《公司法》第147条第1款规定,发起人持有的本公司股份,自公司成立之日起3年内不得转让。其目的即在于防范发起人股东利用公司设立牟取不当利益,并通过转让股份而逃避可能承担的发起人责任。该款规定用意在于,避免"职业发起,投机牟利"。① 同时,基于类似的立法目的,原《公司法》第147条第2款规定,公司董事、监事、经理应当向公司申报所持有的本公司的股份,并在任职期间内不得转让。

股份转让是一种复合法律行为,可以拆分为股权转让的债权行为,及股份转让的权利变动行为;前者即当事人之间的合同行为,后者则为合同生效后当事人履行合同的股份变动行为。②原《公司法》第147条所禁止的发起人股份转让应是对股权变动行为的限制,而非对签订股权转让合同的限制。3年内不得转让股份并不意味着3年内不得为未来发生的股权变动预先签订合同,只要3年相关股权并未发生实际变动,尚未引起公司股东的实际变更,原发起人仍作为公司股东,一旦产生公司法上的发起责任,承担者仍为原发起人即股份出让人,原发起人并不免除责任。因此,双方当事人订立合同的债权行为并不违反原《公司法》第147条之立法本意。事实上,合同是否违反该条规定,取决于合同对股权变动在时间上的约定,如果约定股权变动发生在公司成立后3年内,则构成违约并导致无效,但如果约定在3年期满后变动股权,则为合法有效。

本案中,张桂平和王华并未约定在3年内交付股份,也未实际办理股权变动,故其《股份转让协议》并未违反原《公司法》第147条。就其后续签订的《过渡期经营管理协议》而言,性质上可视为股东之间的托管协议,双方依协议形成股份托管关系,即法律上和名义上的股东仍为王华,只是王华在浦东公司的股东权利和义务由张桂平承担。由于我国公司法对公司股份托管行为并无禁止性规定,故本案中张王二人的股权代行行为并无不妥。

【点评】

本案中王华与张桂平的股份转让协议签订于2004年,其时发生的股份转让协议和股权托管行为应按旧《公司法》予以评价。但2005年10月27日《公司法》之修订,仅就禁售期缩减为1年③,并未对相关事项作出实质性修改,因此本案仍有重要参考意义。

---

① 参见施天涛:《公司法论》,法律出版社2006年版,第257页。
② 参见沈燕:《张桂平诉王华股权转让合同纠纷案》,载最高人民法院中国应用法学研究所编:《人民法院案例选》(总第59辑),人民法院出版社2007年版,第329—331页。
③ 参见现行《公司法》第142条第1款:"发起人持有的本公司股份,自公司成立之日起一年内不得转让。公司公开发行股份前已发行的股份,自公司股票在证券交易所上市交易之日起一年内不得转让。"

案例分析七:北京东方家园房地产开发有限公司诉苏德刚损害公司利益案
——关于竞业禁止的分析[1]

【案情】

2002年9月28日,北京东方家园房地产开发有限公司(以下简称东方家园公司)与苏德刚签订了聘用合同,约定苏德刚根据东方家园公司的工作需要,担任常务副总经理职务,期限为3年,自2002年10月1日起至2005年10月1日止。

2004年9月,苏德刚与叶则东、黄昌融共同出资,成立润景公司,其中苏德刚出资200万元。但公司成立后,苏德刚并未参与经营管理,没有担任任何职务。另查,根据润景公司的工商登记记载,其所属行业亦为房地产开发。

2005年5月20日,苏德刚向东方家园公司发出通告函,提出解除双方签订的上述聘用合同。

东方家园公司以苏德刚就润景公司出资违反竞业禁止义务为由,诉请法院判决苏德刚在润景公司的所有股权收益收归东方家园公司,并赔偿东方家园公司经济损失49.9万元。

苏德刚辩称,其在东方家园公司任职期间认真履行了聘用合同;对润景公司仅有出资暂无任何股权收益;在润景公司未曾担任任何职务,并不构成竞业禁止行为,并未对东方家园公司造成任何损失,故无可赔偿。

【问题】

苏德刚就润景公司进行投资,是否违反公司法上的竞业禁止义务?

【观点】

根据旧《公司法》第61条第1款规定,董事、经理不得自营或者为他人经营与其所任职公司同类的营业或者从事损害本公司利益的活动;从事上述营业或者活动的,所得收入应当归公司所有。

【分析】

竞业禁止是大陆法系国家公司法的传统规则,亦即按由公司法明确禁止公司董事、高级管理人员自营或者为他人经营与所任职公司同类的业务。因为公司董事、高级管理人员自营或为他人经营与所任职公司同类的业务将构成对公

---

[1] 根据北京市海淀区人民法院(2005)海民初字第16747号判决书及北京市第一中级人民法院(2005)一中民终字第12260号判决书改编;亦可参见国家法官学院、中国人民大学法学院编:《中国审判案例要览·2006年商事审判案例卷》,人民法院出版社、中国人民大学出版社2007年版,第235—241页。

司的不正当竞争,可能损害公司的利益。①所谓与所任职公司同类的业务,既可为完全相同的商品或者服务,亦可为同种或类似商品服务。竞业的时间,既可能发生在公司营业阶段,亦可能发生于公司准备营业阶段或公司暂时终止营业阶段。②并且,董事和高级管理人员的竞业禁止义务时间③,并非终止于其解任或离职之时,而往往延伸到卸任后一定期限以内。

　　按我国新《公司法》第149条第五项规定④,董事、高级管理人员不得未经股东会或者股东大会同意,利用职务便利为自己或者他人谋取属于公司的商业机会,自营或者为他人经营与所任职公司同类的业务;若违反上述规定,其所得的收入应当归公司所有。由此可见,我国《公司法》对同业竞争问题采取了竞业禁止方式。至于相关人员的义务期限,除当然及于其任职期间外,有需要延期的,可自行协议确定。

　　就本案而言,一审法院曾认为,苏德刚在东方家园公司担任常务副总经理期间,虽与他人共同出资成立了润景公司,且润景公司与东方家园公司属于同类企业,但苏德刚仅作为润景公司股东,并未实际参加日常经营管理,故并不认为苏德刚的出资行为违反竞业禁止义务。但二审法院认为,根据《公司法》及润景公司章程规定,苏德刚作为公司股东,虽未参与日常经营管理,但对润景公司经营决策等重大事项在股东会议上享有表决权,且其作为重要股东,对日常经营管理者的选聘也有很大的影响力,故法院认定苏德刚的出资行为已经违反了对东方家园公司的竞业禁止义务,其在润景公司的股权收益,依法应归东方家园公司所有。但因东方家园公司并未举证苏德刚已经取得股利,且不能就其经济损失事项进行举证,故对其行使归入权及损害赔偿请求难以支持。

---

　　① 就同业竞争问题,外国公司法有竞业限制和竞业自由两种立法例。其中,竞业限制一般表现为竞业禁止,而竞业自由则是指法律并不禁止公司董事和高级管理人员自营或为他人经营与所任职公司同类的业务;参见施天涛:《公司法论》,法律出版社2006年版,第429页。
　　② 参见史际春等著:《企业和公司法》,中国人民大学出版社2001年版,第205—209页。
　　③ 英国法院认为,董事、高级管理人员虽然辞职,但若其利用任职期间积累的信息,则仍可视为从事与此前任职公司相竞争的活动,应判令其所得利润交还原任职公司。参见范健、王建文:《公司法》,法律出版社2006年版,第355页。
　　④ 由旧《公司法》第61条第1款修改而来。

案例分析八：如何走出公司僵局？
——林方清诉常熟市凯莱实业有限公司、戴晓明公司解散纠纷案①

【案情】

凯莱公司成立于 2002 年 1 月，林方清与戴晓明系该公司股东，各占 50% 的股份，戴晓明任公司法定代表人及执行董事，林方清任公司总经理兼公司监事。凯莱公司章程明确规定：股东会的决议须经代表 1/2 以上表决权的股东通过，但对公司增加或减少注册资本、合并、解散、变更公司形式、修改公司章程作出决议时，必须经代表 2/3 以上表决权的股东通过。股东会会议由股东按照出资比例行使表决权。凯莱公司章程载明监事行使下列权利：(1) 检查公司财务；(2) 对执行董事、经理执行公司职务时违反法律、法规或者公司章程的行为进行监督；(3) 当董事和经理的行为损害公司的利益时，要求董事和经理予以纠正；(4) 提议召开临时股东会。

2006 年起，林方清与戴晓明两人之间的矛盾逐渐显现。同年 5 月 9 日，林方清提议并通知召开股东会，由于戴晓明认为林方清没有召集会议的权利，会议未能召开。同年 6 月 6 日、8 月 8 日、9 月 16 日、10 月 10 日、10 月 17 日，林方清委托律师向凯莱公司和戴晓明发函称，因股东权益受到严重侵害，林方清作为享有公司股东会 1/2 表决权的股东，已按公司章程规定的程序表决并通过了解散凯莱公司的决议，要求戴晓明提供凯莱公司的财务账册等资料，并对凯莱公司进行清算。同年 6 月 17 日、9 月 7 日、10 月 13 日，戴晓明回函称，林方清作出的股东会决议没有合法依据，戴晓明不同意解散公司，并要求林方清交出公司财务资料。同年 11 月 15 日、25 日，林方清再次向凯莱公司和戴晓明发函，要求凯莱公司和戴晓明提供公司财务账册等供其查阅、分配公司收入、解散公司。

原告林方清诉称：常熟市凯莱实业有限公司（简称凯莱公司）经营管理发生严重困难，陷入公司僵局且无法通过其他方法解决，其权益遭受重大损害，请求解散凯莱公司。被告凯莱公司及戴晓明辩称：凯莱公司及其下属分公司运营状态良好，不符合公司解散的条件，戴晓明与林方清的矛盾有其他解决途径，不应通过司法程序强制解散公司。

法院经审理查明，从 2006 年 6 月 1 日起，凯莱公司未召开过股东会。江苏常熟服装城管理委员会证明凯莱公司至今经营尚属正常，并于 2009 年 12 月 15

---

① 本案根据江苏省苏州市中级人民法院（2006）苏中民二初字第 0277 号、江苏省高级人民法院（2010）苏商终字第 0043 号判决书改编，最高人民法院发布第二批指导性案例 8 号。

日、16日两次组织双方进行调解,但均未成功。

【问题】

林方清的诉讼请求有何依据?

法院应否支持林方清的诉讼请求?

【观点】

在公司存续期间,发生严重内部矛盾导致公司不能正常运作,危及股东利益时,即为公司僵局。按《公司法》规定,当公司陷入僵局,允许持有10%以上股权的股东,向人民法院诉请解散公司。人民法院依法判决解散公司,被称为公司的法院裁判解散(judicial dissolution)。

【分析】

1. 法律适用

按《公司法》第181条第5项规定,公司可以通过"人民法院依照本法第183条的规定予以解散"。本项规定即为股东申请法院解散公司的法律依据。按《公司法》第183条"公司经营管理发生严重困难,继续存续会使股东利益受到重大损失,通过其他途径不能解决的,持有公司全部股东表决权10%以上的股东,可以请求人民法院解散公司"规定的目的在于解决公司僵局。① 按该条规定,当公司出现股东无力解决的不得已事由,公司股东或其他高管人员的行为危及公司存亡,或当公司业务遇到显著困难,公司的财产有遭受重大损失之虞时,持有10%以上股权的股东有权请求通过司法途径解散公司。此即为本案中林方清诉讼请求的法律依据。

但股东通过司法途径请求法院解散公司亦非无所限制。一般而言,须满足以下条件:(1) 公司僵局之出现,可能发生在股东会层面,也可能发生在董事会层面。② 但无论何种情形,均可能导致公司经营管理发生严重困难,继续存续会使股东利益受到重大损失。(2) 通过其他途径不能解决该种僵局。无论如何,解散公司都是一种无可奈何的最后出路,如果能够通过其他途径走出公司僵局,较之解散公司,公司的存续当然是一种更好的选择。(3) 向法院提出解散公司的股东本身,具有严格限制,即须满足持有公司全部股东表决权的10%以上方可提出请求。(4) 须以诉讼方式为之。至于法院裁判解散与否,则由法院自由裁量。

本案中,林方清持有凯莱公司50%的股份,符合公司法关于提起公司解散

---

① 参见施天涛:《公司法论》(第二版),法律出版社2006年版,第576—578页。
② 参见赵旭东等:《公司法实例与法理》,法律出版社2007年版,第412—417页。

诉讼的股东须持有公司10%以上股份的条件。

就公司解散的实质构成要件来看,首先,凯莱公司的经营管理已经发生了严重困难,这种困难的侧重点在于公司管理方面存有严重障碍,例如股东会机制失灵、无法就公司的经营管理进行决策等,不应片面理解为公司资金缺乏、严重亏损等经营性困难。凯莱公司仅有戴晓明与林方清两名股东,两人各占50%的股份,凯莱公司章程规定"股东会的决议须经代表1/2以上表决权的股东通过",且各方当事人一致认可该"1/2以上"不包括本数。因此,只要两名股东的意见存有分歧、互不配合,就无法形成有效表决,显然影响公司的运营。凯莱公司已持续4年未召开股东会,无法形成有效股东会决议,也就无法通过股东会决议的方式管理公司,股东会机制已经失灵。执行董事戴晓明作为互有矛盾的两名股东之一,其管理公司的行为,已无法贯彻股东会的决议。林方清作为公司监事不能正常行使监事职权,无法发挥监督作用。由于凯莱公司的内部机制已无法正常运行、无法对公司的经营作出决策,即使尚未处于亏损状况,也不能改变该公司的经营管理已发生严重困难的事实。其次,由于凯莱公司的内部运营机制早已失灵,林方清的股东权、监事权长期处于无法行使的状态,其投资凯莱公司的目的无法实现,利益受到重大损失,且凯莱公司的僵局通过其他途径长期无法解决。本案中,林方清在提起公司解散诉讼之前,已通过其他途径试图化解与戴晓明之间的矛盾,服装城管委会也曾组织双方当事人调解,但双方仍不能达成一致意见。两审法院也基于慎用司法手段强制解散公司的考虑,积极进行调解,但均未成功。

因此,凯莱公司已符合公司法所规定的股东提起解散公司之诉的条件。二审法院从充分保护股东合法权益,合理规范公司治理结构,促进市场经济健康有序发展的角度出发,依法作出了准予凯莱公司解散的判决。

2. 制度展望

依司法途径解散公司,主要需要解决两个问题,即谁可以申请?在什么情形下可以申请?考察不同国家的法律规定,一般而言,公司本身、公司股东和公司债权人可能就公司僵局提起解散之诉。如日本商法典及我国台湾地区的公司法中,均有关于公司陷入僵局后股东通过司法途径解散的立法例[①];在《美国商事公司示范法》对此也有规定[②],甚至允许债权人也可以诉请解散公司。

[①] 参见王保树主编:《最新日本公司法》,法律出版社2006年版,第334页;又见王文宇:《公司法论》,中国政法大学出版社2004年版,第15页;又见范健、王建文:《公司法》,法律出版社2006年版,第371页。

[②] 参见沈四宝:《西方国家公司法原理》,法律出版社2006年版,第354页。

我国旧《公司法》未就法院判决解散公司作出规范,但 2005 年通过对《公司法》进行修正,正式在第 183 条作出明确规定。并且,在《公司法解释(二)》中,就公司解散诉讼的管辖和受理、解散诉讼的当事人、对解散诉讼中当事人清算请求的处理、解散诉讼中当事人的财产保全和证据保全、解散诉讼中的调解、解散判决的效力和执行等,作出了详细规定。

案例分析九:某贸易公司诉某工贸公司清算组损害赔偿纠纷案[①]

【案情】

某工贸公司(股份制)因市场发生重大变化,经股东大会决议,自行解散公司。股东大会选任公司董事刘某、肖某、高某、陶某和佟某五人组成清算组。清算组成立后 10 日内,将公司解散及清算事项分别通知了公司债权人,并在报纸上进行了公告。

清算组在清算过程中发现,工贸公司尚欠某贸易公司货款 58 万元,但按合同约定,其付款期限还有 6 个月才到期。同时双方另有一份供货合同尚未履行完毕,按该合同规定,工贸公司应向贸易公司提供机械产品 20 套,已履行 10 套,就履行部分货款两清;剩下 10 套已届履行期限,共计价款 28 万元。

贸易公司在工贸公司的清算公告期内申报了债权,同时要求解除供货合同中未履行部分,理由为既然工贸公司已进入清算期,在法律上已丧失履约主体资格。

在清算过程中,对如何处理与贸易公司的债权债务,清算组成员发生意见分歧,刘某、肖某主张:10 套机械仍按原约定发货,同时要求对方支付价款;至于所欠 58 万元债务,虽未到期,但既然公司已经解散并进入清算期,为使贸易公司利益免受损失,可予提前清偿;在价款和欠款抵消后,应向对方支付 30 万元。但高某、陶某和佟某则主张,贸易公司既主张解除合同,则工贸公司可以置之不理;而所欠货款 58 万元既未到期,亦无须提前清偿。后按多数意见,清算组决定将 10 套机械发货给贸易公司,剩余 30 万元货款则不予列入清算方案中清偿。

4 个月后,工贸公司清算完毕,办理了公司注销登记。

贸易公司虽然最终接受了 10 套机械,但仍有 30 万元货款未能得到清偿,故以清算组全体成员为被告,请求法院判定赔偿其损失。

[①] 案例来源参见江平、李国光主编:《最新公司法案例评析》,人民法院出版社 2006 年版,第 582—587 页。

【问题】

1. 工贸公司可否自行决定解散公司？
2. 工贸公司解散后，对于清算组未予列入清算方案的贸易公司货款 30 万元，应如何处理？

【观点】

股东会或者股东大会可以决议解散公司；对于未届清偿期的债务，应列入清算方案，可提前进行清偿。

【分析】

1. 公司解散作为公司存续的最后一个环节，于公司法实务而言，其重要性不言自明。公司解散(dissolution)，是指已经成立的公司，基于一定事由的发生，致使公司人格发生消灭的原因性行为和程序。公司解散一般包括强制解散和自愿解散两种方式。就强制解散(compulsory dissolution)而言，又包括法定解散(statutory dissolution)、行政解散(administrative dissolution)和裁判解散等。而自愿解散(voluntary dissolution)则指基于公司本身的意志解散公司，通常包括基于公司章程规定或者股东会决议而解散公司。

按《公司法》第 181 条第二项规定，股东会或者股东大会可以决议解散公司。因此，本案中工贸公司自行决定解散并无不妥。

2. 公司清算(winding up / liquidation)，又称公司清盘，是指公司解散后，处分公司财产以及了结各种法律关系并最终消灭公司法律人格的行为和程序。公司解散本身并不意味着公司的立即终止或消灭，而只是导致其营业能力的丧失，但其法人资格仍然存在。在清算过程中，由清算组代表公司行使权力①，对内执行清算业务，对外代表清算中公司参加诉讼或履行未完合同等。

按我国《公司法》第 184 条规定，股东会或者股东大会可以决议解散公司的，应当在解散事由出现之日起 15 日内成立清算组，开始清算。其中，股份有限公司的清算组由董事或者股东大会确定的人员组成。所以，本案中清算组的成立时间及组成人员亦为合法。但根据《公司法》第 185 条规定，清算组在清算期间应处理与清算有关的公司未了结的业务，并清理债权、债务，因此，本案中清算组继续履行与贸易公司的合同亦并无不妥；但是未将贸易公司的 30 万元货款列入清偿范围则违反了相关规定。根据《公司法》第 190 条规定，清算组成员因故意或者重大过失给债权人造成损失的，应当承担赔偿责任，所以，对贸易公司的

---

① 亦有学者认为，清算组相对于清算中公司而言，并非代表人，而是委任关系，参见施天涛：《公司法论》，法律出版社 2006 年版，第 586 页。

30万元货款,清算组应当承担赔偿责任,但因该责任为过错责任,而清算组成员刘某、肖某在处理相关事项中曾明确表示异义,在主观上并无过错,故不应承担赔偿责任,而其余3人则应该对相关事项负责,故3人应当共同承担贸易公司的经济损失30万元。

案例分析十:用人单位与劳动者约定社会保险费自行缴纳是否有效?

【案情】

赵某系外地赴京务工人员。2005年6月,赵某被聘为甲公司员工。根据双方签订的劳动合同,约定劳动期限为两年半,自2005年7月1日起至2008年1月31日止;赵某每月工资3000元,社会保险费由赵某自己缴纳。2008年1月31日,劳动合同到期,双方不再打算续订劳动合同。2008年2月1日,赵某向劳动争议仲裁委员会申请仲裁,要求甲公司支付自己在甲公司工作期间的社会保险费用。甲公司辩称,按双方签订的劳动合同约定,社会保险费应由赵某自己缴纳,赵某无权要求公司承担。[①]

【问题】

用人单位与劳动者约定社会保险费自行缴纳是否有效?

【观点】

为了构建和谐社会,必须强化企业的社会责任。企业的社会责任首先体现在以人为本,按《公司法》《劳动法》和《劳动合同法》及相关规定,即公司必须保护职工的合法权益,依法与职工签订劳动合同,参加社会保险,加强劳动保护,实现安全生产。

【分析】

本案为《公司法》与社会保障法的交叉领域案例,最终判决虽主要适用《劳动法》《劳动合同法》及相关规定,但从《公司法》角度而言,亦不失为实现公司社会责任的一个典型案例。

按传统公司法规则,公司只应对股东利益最大化承担责任,即"股东至上";但是随着社会经济发展,公司所有权与控制权日趋分离,公司的权力集中在管理者手中,公司对社会的支配力量日趋扩大,从而使公司能够对社会各方面产生实

[①] 案例来源参见刘玉民主编:《中华人民共和国劳动合同法案例精解》,人民法院出版社2007年版,第97页。

质性影响。① 人们逐渐认为,基于现代公司的地位,公司应当承担更多的责任,而不仅仅作为股东赚钱的工具。20世纪30年代,经济危机后逐步重建经济秩序的美国发生了一场关于公司社会责任(Corporate social responsibility)的持续争论②,赞成公司社会责任的观点认为,公司不仅仅应当对股东利益最大化承担责任,而且还应对股东之外的人尤其是员工,及消费者、债权人、中小竞争者、社区、社会弱势群体及其他利益相关者承担责任;反对的观点则坚持公司只需以传统的公司法则作为责任标准。

经过更广泛的讨论,关于公司社会责任的论战逐渐转为实际行动。到20世纪60—70年代,公司的社会责任已经成为美国经济环境中的社会时尚。此后,公司的社会责任理论和运动逐渐在世界范围内得到发展,在西方市场经济国家如德国、荷兰、瑞典和挪威等国,公司社会责任逐渐成为其公司制度的一大特色。③ 2005年,我国新修订的《公司法》第5条也对此进行了规定,公司从事经营活动,必须遵守法律、行政法规,遵守社会公德、商业道德,诚实守信,接受政府和社会公众的监督,承担社会责任。

根据我国现行《公司法》及相关法律法规,我国公司的社会责任体系主要包括:(1)内部责任,如根据《劳动法》《劳动合同法》等相关社会保障法对员工利益进行保护,并根据《公司法》关于吸收职工参与公司管理和决策帮助职工实现其公司内部的民主权利;(2)外部责任,如根据《环境保护法》《科学技术进步法》《就业促进法》等法律规定,就自然环境保护、科学技术进步、就业促进等方面作出更大贡献。

本案中,根据《公司法》《劳动法》和《劳动合同法》相关规定,赵某与甲公司所签订的劳动合同中,就社会保险费全部由赵某自行缴纳的相关约定,因违反相关法律的强行规定,应予认定为无效,故法院最后判决,甲公司须向赵某支付相关费用。

【点评】

学习企业法律制度,思维不能局限于企业法本身,亦应考虑企业法与相关法律如行政法、社会法之联系,以期对中国法之体系有更为全面的掌握,并对将来

---

① 根据安德森和卡瓦那研究结论表明,在世界上最大的经济一百强中,51个是公司,国家只占49个。例如,丰田公司经理实力强于挪威,通用公司则强于丹麦。随之而来的是,公司经济力量的集中进一步加深了从公司扩张活动中受益的人群与非受益者之间的不平等。See Sarah Anderson & John Cavanagh, "The Top 200—The Rise of Global Corporate Power", *Institute for Policy Studies*, 25 December 1996.

② 参见施天涛:《公司法论》,法律出版社2006年版,第51页。

③ 参见刘俊海:《强化公司社会责任的法理思考与立法建议》,载 http://www.civillaw.com.cn/article/default.asp?id=31758,登陆时间:2008-01-31。

应对法律实务打下坚实的基础。

案例分析十一：何宏平、李俊林诉刘长松合伙纠纷案①

【案情】

2000年2月，何宏平、李俊林与刘长松合伙开办了清水坪料石场，后又开办了多宝寺料石场，专门加工料石用于湖北省长阳土家族自治县公路段维修王渔油路和高家岭至三口堰的路段，但均未签订书面合伙协议，也未办理工商登记。合作期间，由刘长松负责与长阳土家族自治县公路段联系业务，办理账项结算手续；由何宏平、李俊林负责租用场地、组织施工等管理、协调工作，其中原告李俊林还负责管理内部账务。

此后，因王渔油路维修停止、陆龙公路改建完工，何宏平、李俊林与刘长松三人于2001年1月16日就合伙经营期间的投入、支出、收入、往来账项等进行了结算，经结算，合伙经营期间共亏损14800元，三人各承担了4930元的亏损额。

2001年10月19日，刘长松在长阳土家族自治县公路段领取了王渔油路遗留款40000元，其中缴纳税费2348元，实际领取的王渔油路遗留款为37652元。之后，因刘长松未将领取的王渔油路遗留款分给何宏平、李俊林，故引起诉争。

【问题】

1. 未签订书面合伙协议亦未办理工商登记的合伙关系如何处理？
2. 合伙关系结束后所得的合伙经营期间遗留收益应如何处理？

【观点】

虽然新的《合伙企业法》规定，订立书面的合伙协议是合伙企业成立的基础，但《民法通则》并不排斥事实上的个人合伙。但不管是合伙企业还是个人合伙，在法律利益分配和法律责任的承担上，均以共同经营、共享收益、共担风险为原则。

【分析】

合伙，是指两个或两个以上的民事主体，互约出资，共同经营、共享收益、共担风险的自愿联合，是通过合伙协议建立起来的一种追求共同目的的共同法律关系。② 按我国现行法律，事实上已经形成了民法上的个人合伙和商法上的合

---

① 根据李昌海：《何宏平、李俊林与刘长松合伙协议案》改编，载 http://www.52law.org/461/024981.html，登陆时间：2008-01-29。
② 参见张玉敏主编：《民法》，中国人民大学出版社2007年版，第102页；又见马俊驹、余延满：《民法原论》，法律出版社2005年版，第145页。

伙企业之分。① 一般情形下，若满足《合伙企业法》规定的合伙企业设立条件，则为商事法上的合伙企业(erterprise of partnership)；否则得依《民法通则》认定为事实上的个人合伙。

按《合伙企业法》规定，合伙企业的成立，需要有两个以上的合伙人，要形成书面的合伙协议，有认缴或实缴的出资，有合伙企业的名称和生产经营场所，并应当向企业登记机关提交登记申请。合伙企业的成立，以营业执照签发为准。② 就本案而言，当事人之间没有签订书面的合伙协议，但根据原告何宏平、李俊林所提供的证据，就三人之间合伙经营料石场的事实，有共同出资、出力经营为证，且三人对 2001 年 1 月 16 日所结算出来的经营期间的亏损是平均承担的，故足以认定三人之间形成事实上的个人合伙关系③，虽难以援引《合伙企业法》的相关规范，但仍可依照《民法通则》第 30—35 条之规定，就其债权债务关系进行分配。

既然本案当事人之间已经形成事实上的个人合伙关系，则可按照《民法通则》相关规定，在共同承担合伙期间的共同债务之后，应以相同比例分享合伙期间的遗留款收益 37652 元。

案例分析十二：个人独资企业转让后原债务应由谁承担？④

【案情】

徐州水泵厂系个人独资企业，在 2000 年至 2002 年间多次向沛县东光铸造有限责任公司(以下简称东光公司)购买配件。2002 年 6 月，双方结欠货款 57259 元，在支付 2 万元后，徐州水泵厂投资人李传营以水泵厂名义和东光公司于 2002 年 8 月达成还款计划，约定余款于 2003 年 5 月前还清。

2002 年 11 月 8 日，李传营(甲方)与王传沛(乙方)达成转让协议，决定将徐州水泵厂转让给王传沛，协议约定：(1) 自转让之日起徐州水泵厂的债权债务全部由乙方承担；(2) 乙方自双方签字之日方能有自主经营权；(3) 本协议自签字之日起生效。协议签订当日，徐州水泵厂即在工商部门办理了个人独资企业投

---

① 改革开放以来，我国的企业结构主要表现为三种形式，即公司制企业、独资企业和合伙企业；参见魏振瀛：《民法》，北京大学出版社、高等教育出版社 2007 年版，第 101 页。
② 参见史际春等著：《企业和公司法》，中国人民大学出版社 2001 年版，第 426—429 页。
③ 类似案件及其裁判结果可参见：《已形成事实上合伙关系的个人合伙合法有效》，载 http://www.cnlawyer.cn/minshi/gongmin/123.html，登陆时间：2008-01-30。
④ 本案根据邵德全《个人独资企业投资人变更后债务谁担》改编，原案载 http://anli.lawtime.cn/jjf-grdzqyf/2006102649218.html，登陆时间：2008-01-30。

资人变更登记。

后东光公司依还款计划要求徐州水泵厂偿还到期债务,但徐州水泵厂以投资人变更为由拒绝偿还。东光公司诉至沛县人民法院,要求徐州水泵厂承担到期债务的清偿责任。在审理期间,法院依原告申请追加李传营为被告。被告徐州水泵厂辩称,徐州水泵厂为个人独资企业,原厂负责人是李传营,2002年11月6日变更为王传沛,并办理了工商变更登记,依据协议的约定,转让前的债务应由李传营承担,请求驳回原告对徐州水泵厂的诉讼请求。被告李传营则辩称徐州水泵厂负责人的变更不能影响债务的承担方式,故应由企业承担清偿责任。

【问题】

个人独资企业投资人变更后的债务由谁承担?

【观点】

个人独资企业有自己的名称,且必须以企业名义对外活动。因此,个人独资企业在法律人格上具有相对独立性,对企业债务的承担亦应具有相对独立性,亦即,在对外债务承担上,应先以其独立的企业财产承担责任,在企业财产不足偿还的情况下再由投资人偿还。

【分析】

个人独资企业(enterprise of sole proprietorship),是指依法在中国境内设立,由一个自然人投资,财产为投资人个人所有,投资人以其个人财产对企业债务承担无限责任的经营实体。其典型特征是个人出资、个人经营,个人自负盈亏和自担风险。设立个人独资企业应当具备下列条件:(1) 投资人为一个自然人;(2) 有合法的企业名称;(3) 有投资人申报的出资;(4) 有固定的生产经营场所和必要的生产经营条件;(5) 有相对满足其经营业务的从业人员。设立个人独资企业,须经工商登记;取得营业执照之时,为企业成立之日。在责任承担上,当个人独资企业财产不足以清偿债务的,投资人应当以其个人的其他财产予以清偿。

近年来,个人独资企业的出售和转让行为大量出现,但《个人独资企业法》对此并无明确规定。因此,个人独资企业的营业转让成为一个较为复杂的法律问题。① 个人独资企业的营业转让不同于单纯的财产转让,因为单纯的财产转让不涉及出让方对外负债一并转移的事实;而个人独资企业中,投资人的财产与企业名号浑然一体,企业债务在根本上属于投资人的个人债务,投资人转让企业时,原企业所负债务是否一并转移,在实践中有不同的处理意见:

---

① 有关个人独资企业的营业转让,可参见史际春等著:《企业和公司法》,中国人民大学出版社2001年版,第442—443页,又见甘培忠:《企业与公司法学》,北京大学出版社2006年版,第61—63页。

第一种意见认为,投资人将个人独资企业整体出让给他人,企业形式虽未改变,但由于个人独资企业的设立从根本上说应认为是原投资人的个人行为,因此投资主体发生变更,应视为原企业的消灭,其承继企业应按新企业处理。所以,原个人独资企业在转让前以企业名义经营所形成的债权、债务应归属于原投资人。

第二种意见认为,个人独资企业虽然在法律上应被视为投资人的个人财产,且投资人应以其个人财产对企业债务承担无限责任,但个人独资企业的法律人格具有相对独立性,对其债务的承担上亦具有相对独立性,即应先以其独立的自身财产承担责任,而不是既可由企业承担,亦可由投资人承担。就本案而言,徐州水泵厂所负债务应首先由该企业以企业财产偿还,企业财产不足偿还时,东光公司方有权请求现在的投资人王某以其个人的其他财产偿还。若因此导致王某的利益受损,王某可依转让协议向李某追偿,但东光公司不能直接向原投资人李传营追讨本案所涉债务。

第三种意见认为,上述第二种意见中对个人独资企业的性质和其债务应首先由企业承担,但是,原投资人不能因企业转让而免除所有责任,故本案中李传营应对现投资人王传沛的补充责任承担连带责任。

从保护债权人利益和市场交易安全之角度,本书主张按转让协议处理。在本案中,因李传营与王传沛所达成的转让协议中曾有约定,自转让之日起由受让人承担原徐州水泵厂的所有债权债务,亦即采纳上述第二种意见。

案例分析十三:未经主管部门审核、批准的集体企业产权转让是否合法有效?
——上海威斯瑞公司诉上海金珠公司集体企业产权转让案①

【案情】

上海市金山肉类食品厂(以下简称食品厂)系于1989年11月10日设立的集体所有制企业,由爱建第二商业行业分公司、爱建金山县分公司、金山县食品工业公司、朱泾乡工业公司共同出资50万元人民币设立;其中朱泾乡工业公司出资15万元,后于1996年1月24日工商行政管理部门核准,其债权债务由上海金珠公司承继。

1999年5月19日,上海威斯瑞公司与上海金珠公司签订了一份股权转让协议书,约定金珠公司作为食品厂股东,将其持有的食品厂30%股权转让25%给

---

① 本案根据上海市金山区人民法院(1999)金经初字第745号民事判决书,及上海市第一中级人民法院(2000)沪一中经再终字第14号判决书改编。

威斯瑞公司,双方商定转让价格为275万元,分期支付。在股权转让协议签订之前,金珠公司曾向食品厂董事会提出转让事项,经食品厂董事会讨论,全体董事一致同意金珠公司的转让计划。此外,金珠公司还向威斯瑞公司郑重陈述了食品厂资产负债以及既往经营情况,威斯瑞公司经审查未发现有任何重大遗漏或虚假内容。协议还约定,由上海帝威斯公司作为担保人,在转让协议担保栏签章。

协议订立后,威斯瑞公司未向金珠公司足额支付股权转让金,帝威斯公司亦未履行保证责任。于是金珠公司向法院起诉,要求威斯瑞公司承担违约责任,帝威斯公司承担保证责任。

一审法院认为,股权转让协议系双方真实意思表示,应严格执行。故判决威斯瑞公司向金珠公司支付约定价金,并由帝威斯公司承担连带责任。

威斯瑞公司不服一审判决,向上海市第一中级人民法院提起上诉,诉称金珠公司不具备签订股权转让协议的主体资格,因为食品厂系非公司制的集体企业,并不存在可以转让的公司股权;本案的转让标的并非股权,而是集体企业的产权。由于双方在转让集体企业产权的过程中未遵照法律强制规定的程序,因此协议书中的集体企业产权转让不能发生效力。

【问题】

未经主管部门审核、批准的集体企业产权转让是否合法有效?

【观点】

集体所有制企业在性质上虽然是以营利为目的的商事组织,但是其日常运作、管理及产权变更等事项,与一般企业制度相比具有特殊性,故不能只援引基本的公司和企业法律制度以适用于集体企业。

【分析】

我国是社会主义市场经济国家,公有制经济在整个国民经济体系中占有主导地位。传统公有制经济依产权关系之不同,可划分为全民所有和集体所有两类。其中,集体经济是生产资料由部分劳动群众集体所有的经济形态。①集体企业在集体经济中占有重要地位。所谓集体企业,亦即生产资料属于劳动群众集体或集体性的经济组织所有,实行共同劳动,按劳分配(部分企业实行按劳分配与按资分配相结合),自主经营、自负盈亏、独立核算并具有法人资格或其他营业资格的经济组织。②集体所有制企业一般又分为城镇集体企业和乡村集体企

---

① 参见史际春:"论集体所有权的概念",载《探求经济和法互动的真谛》,法律出版社2002年版,第368—376页。

② 参见甘培忠:《企业与公司法学》,北京大学出版社2006年版,第120页。

业两种类型。除按照《宪法》和《民法通则》的基本规定,国务院还就集体企业专门发布了《城镇集体所有制企业条例》和《乡村集体所有制企业条例》及相关规定,分别予以施行。

根据《城镇集体所有制企业条例》第 69 条之规定,各省、自治区、直辖市人民政府和国务院各行业主管部门,可以根据本条例并结合本地区、本行业的具体情况,制定本条例的实施细则。据此,上海市人民政府制定了《上海市产权交易管理办法》。根据该《办法》第 4 条规定,本市所辖国有、集体产权的交易,应当在上海产权交易所(以下简称产交所)进行;并据《办法》第 15 条、第 16 条规定,出让方与受让方达成产权转让意向后,应当签订产权交易合同;进入产交所进行产权交易而订立产权交易合同,经出让方和受让方签字、盖章后,由产交所审核并出具产权交易凭证方可生效。本案中,由于食品厂确属上海市集体所有制非公司企业,其产权转让应当按照上述规定进行;由于双方当事人没有依照相关程序,故其所签协议不能生效,不具有法律约束力,不能产生当事人所预期的法律后果,以故上海市第一中级人民法院二审判决撤销一审判决内容,被上诉人的原诉讼请求不予支持。

【点评】

虽然在现代企业制度体系中,主要以公司为市场经济主体;但就实务操作而言,对于某些特殊性质的企业,如国有企业、集体企业及涉外企业,需要我们在掌握其一般规则的同时,了解其特殊性,进而更加全面地把握企业法律制度体系。当然,在现代企业制度建设过程中,部分集体企业逐渐改制①,这也需要我们有所关注并依法进行分析研判。

案例分析十四:有联营合同但未进行工商登记的联营行为如何处理?
——广州陆仕水产企业有限公司诉广州鹭业
水产有限公司联营合同纠纷案②

【案情】

2001 年,广州陆仕水产企业有限公司(以下简称陆仕公司)与广州鹭业水产有限公司(以下简称鹭业公司)签订了一份《饲料厂合作合同》,约定:(1) 双方

---

① 产权制度改革是集体所有制企业改革和发展的核心和关键,进一步的论述可参阅张士元主编:《企业法》,法律出版社 2005 年版,第 363—366 页。
② 本案根据广州市花都区人民法院(2004)花法民二初字第 427 号判决书及广州市中级人民法院(2005)穗中法民二终字第 1950 号判决书改编。

合作期由 2002 年 1 月 1 日起至 2007 年 12 月 31 日止。(2) 陆仕公司将位于炭步镇社岗村陆仕路 1 号的自有饲料厂生产车间厂房、设备与鹭业公司合作经营,作生产饲料用;同时提供自有饲料厂内的 25 亩土地给鹭业公司,在 2002 年 1 月 1 日前一并交付使用。(3) 陆仕公司在 2002 年 3 月 15 日前将 500 万元无息借予鹭业公司作生产经营专用;鹭业公司开具借据为凭。该笔款项在饲料厂盈利后先行归还陆仕公司,最迟在 2005 年 1 月 15 日前全部归还。(4) 饲料厂实行内部独立核算,独立建账,其中安全生产由鹭业公司负责,鹭业公司以自己名义生产、销售饲料,以自己名义纳税。(5) 合作期间,陆仕公司向鹭业公司派驻监督员 2 名,分别担任会计和出纳,负责监督饲料厂的生产经营和资金使用情况,其工资由陆仕公司、鹭业公司支付。(6) 合作期间,每年 1 月由双方共同委托会计师事务所对饲料厂上一年度的生产经营进行审计,税后利润除优先返还陆仕公司的 500 万元借款外,原则上按鹭业公司 80% 陆仕公司 20% 的比例分配;但自 500 万元借款归还完毕后,按上年鹭业公司 60% 陆仕公司 40% 的比例分配税后利润。(7) 若鹭业公司不能如期归还 500 万元,则陆仕公司有权单方面解除合同。

双方在该份协议签字盖章后,开始逐渐履行协议。陆仕公司陆续移交了厂房、设备、土地及借款等,鹭业公司均出具单据。

在经营过程中,该饲料厂未办理工商登记手续,对外经营均以鹭业公司名义进行。

后陆仕公司与鹭业公司发生争议。陆仕公司向法院起诉,请求判决鹭业公司归还借款 500 万元及利息并厂房设备及土地等;解散饲料厂;分配已经产生的利润。

经法院查明,至纠纷发生时,饲料厂共盈利 96 万元。

【问题】
1. 陆仕公司与鹭业公司所签订的《饲料厂合作合同》属于什么性质?
2. 陆仕公司提供的 500 万借款的性质及效力如何?
3. 饲料厂应否解散并清算?所生利益如何分配?

【观点】
根据我国法律的规定,企业之间的借贷行为无效,故鹭业公司应返还陆仕公司所借款项。除借款条款外,《饲料厂合作合同》实际上形成联营合同,但因联营双方未对饲料厂进行工商登记,故联营行为亦应解除;至于联营期间所产生利益,应按约定自行分配;所生债务则由各自承担。

【分析】

企业联营(joint operation),亦即企业联合经营,是指两个以上的企业或其他组织体,因共同需求而合作,对某些商业活动共同参与经营、共同投资、共享利益和共担风险的行为。[①] 联营既是国家实现宏观经济政策的一个手段,也是市场经济主体之间扩展经营的一种有效途径。按《民法通则》第51、52、53条之规定,联营一般分为三种形式,即法人型联营、非法人型联营和合作型联营。[②] 其中,企业之间或者企业、事业单位之间联营,组成新的经济实体,独立承担民事责任,具备法人条件的,经主管机关核准登记,取得法人资格。企业之间或者企业、事业单位之间联营,共同经营、不具备法人条件的,由联营各方按照出资比例或者协议的约定,以各自所有的或者经营管理的财产承担民事责任。依照法律的规定或者协议的约定负连带责任的,承担连带责任。企业之间或者企业、事业单位之间联营,按照合同的约定各自独立经营的,它的权利和义务由合同约定,各自承担民事责任。此外,最高人民法院还发布了《关于审理联营合同纠纷案件若干问题的解答》等相关文件予以具体规范。据此:

1. 本案中陆仕公司与鹭业公司所签订的《饲料厂合作合同》在性质上形成联营型合同,但因未进行工商登记,故没能形成联营实体,属于合作性联营。

2. 陆仕公司提供的500万借款属于企业之间的借贷行为,但按我国金融法的规定,企业之间的借贷行为无效,故鹭业公司应返还陆仕公司所借款项,但不必支付利息。

3. 因为陆仕公司与鹭业公司并未形成联营实体,则饲料厂本身并不具备独立的民事主体资格,故并不存在联营体的债权债务清偿问题,也不存在清算问题。根据相关规定,其对外所负债务首先按其所使用的名义自行承担,之后再按联营合同的出资比例或协议分担债务和分配利润。至于饲料厂本身,因并未进行工商登记,且争议双方并无继续合作的意思表示,故法院判决解除《饲料厂合作合同》,解散饲料厂,所有生产设备厂房土地等各自返还即可。

[①] 参见甘培忠:《企业与公司法学》,北京大学出版社2006年版,第149页。
[②] 分别对应国务院关于联合经营的三种形式即"可以是紧密性的、半紧密性的,也可以是松散型的",参见国务院《关于进一步推动横向经济联合若干问题的规定》(1986年3月23日发布)。

案例思考题

思考题一：公司解散诉讼案

【案情】

甲与乙分别出资60万元和240万元共同设立新雨开发有限公司(下称新雨公司),由乙任执行董事并负责公司经营管理,甲任监事。乙同时为其个人投资的东风有限责任公司(下称东风公司)的总经理,该公司欠白云公司货款50万元未还。乙与白云公司达成协议约定:若3个月后仍不能还款,乙将其在新雨公司的股权转让20%给白云公司,并表示愿就此设定股权质押。届期,东风公司未还款,白云公司请求乙履行协议,乙以"此事尚未与股东甲商量"为由搪塞,白云公司遂拟通过诉讼来解决问题。

东风公司需要租用仓库,乙擅自决定将新雨公司的一处房屋以低廉的价格出租给东风公司。

乙的好友丙因向某银行借款需要担保,找到乙。乙以新雨公司的名义向该银行出具了一份保函,允诺若到期丙不能还款则由新雨公司负责清偿,该银行接受了保函且未提出异议。

甲知悉上述情况后,向乙提议召开一次股东会以解决问题,乙以业务太忙为由迟迟未答应开会。

公司成立三年,一次红利也未分过,目前亏损严重。甲向乙提出解散公司,但乙不同意。甲决定转让股权,退出公司,但一时未找到受让人。(2007年国家司法考试试卷四第5题)

【问题】

1. 白云公司如想通过诉讼解决与东风公司之间的纠纷,应如何提出诉讼请求?
2. 白云公司如想实现股权质权,需要证明哪些事实?
3. 针对乙将新雨公司的房屋低价出租给东风公司的行为,甲可以采取什么法律措施维护自身权益?
4. 乙以新雨公司的名义单方向某银行出具的保函的性质和效力如何?为什么?
5. 针对乙不同意解散公司和甲退出公司又找不到受让人的情况,甲可采取什么法律对策?

思考题二：公司设立及破产清偿问题

【案情】

甲公司签发金额为1000万元、到期日为2006年5月30日、付款人为大满公司的汇票一张，向乙公司购买A楼房。甲乙双方同时约定：汇票承兑前，A楼房不过户。

其后，甲公司以A楼房作价1000万元、丙公司以现金1000万元出资共同设立丁有限公司。某会计师事务所将未过户的A楼房作为甲公司对丁公司的出资予以验资。丁公司成立后占有使用A楼房。

2005年9月，丙公司欲退出丁公司。经甲公司、丙公司协商达成协议：丙公司从丁公司取得退款1000万元后退出丁公司；但顾及公司的稳定性，丙公司仍为丁公司名义上的股东，其原持有丁公司50%的股份，名义上仍由丙公司持有40%，其余10%由丁公司总经理贾某持有，贾某暂付200万元给丙公司以获得上述10%的股权。丙公司依此协议获款后退出，据此，丁公司变更登记为：甲公司、丙公司、贾某分别持有50%、40%和10%的股权；注册资本仍为2000万元。

丙公司退出后，甲公司要求丁公司为其贷款提供担保，在丙公司代表未到会、贾某反对的情况下，丁公司股东会通过了该担保议案。丁公司遂为甲公司从B银行借款500万元提供了连带责任保证担保，同时，乙公司亦将其持有的上述1000万元汇票背书转让给陈某。陈某要求丁公司提供担保，丁公司在汇票上签注："同意担保，但A楼房应过户到本公司。"陈某向大满公司提示承兑该汇票时，大满公司在汇票上批注："承兑，到期丁公司不垮则付款。"

2006年6月5日，丁公司向法院申请破产获受理并被宣告破产。债权申报期间，陈某以汇票未获兑付为由、贾某以替丁公司代垫了200万元退股款为由向清算组申报债权，B银行也以丁公司应负担保责任为由申报债权并要求对A楼房行使优先受偿权。同时乙公司就A楼房向清算组申请行使取回权。（2006年国家司法考试试卷四第2题）

【问题】

1. 丁公司的设立是否有效？为什么？
2. 丙退出丁公司的做法是否合法？为什么？
3. 丁公司股东会关于为甲公司提供担保的决议是否有效？为什么？
4. 陈某和贾某所申报的债权是否构成破产债权？为什么？
5. B银行和乙公司的请求是否应当支持？为什么？
6. 各债权人若在破产程序中得不到完全清偿，还可以向谁追索？他们各自应承担什么责任？

第十章 市场中介组织法律制度

本章要点

1. 核心内容

市场中介组织,是指依法设立,在国家机关与市场主体之间以及市场主体相互之间从事经济运行的中间服务事业的自治性社会组织。包括行业协会、商会、消费者协会、律师机构、会计机构、社会审计机构、公证机构、资产与信用评估机构、认证机构、检验鉴定机构、保险公估机构、代理机构、经纪机构、职业介绍机构、拍卖企业、信息咨询服务机构、交易所等等。

市场中介组织属于社会自治性组织,自治性包括不可分割的两个方面:自主性和自律性。市场中介组织可以分为营利性市场中介组织和非营利性市场中介组织,行业性市场中介组织和非行业性市场中介组织,评价性市场中介组织和非评价性市场中介组织,专业服务性市场中介组织和非专业服务性市场中介组织。尤其需要重点掌握的是行业性市场中介组织和专业服务性市场中介组织。

行业中介组织的法律定位:(1) 行业中介组织的基本法律人格是社会团体和社会团体法人;(2) 行业中介组织具有经济法主体资格;(3) 行业中介组织依法享有与国家机关协商的权利,同时负有依法服从国家经济管理机关协调、管理的义务;(4) 行业中介组织依法具有一定范围的经济管理职能;(5) 行业中介组织负有依法自律的权利和义务。

专业服务中介组织是指依法设立,由一定专业资格的人员组成,并以提供专业技术性中间服务为经营手段的中介组织。专业中介组织具有如下几个特征:专业法定性、社会评价性、企业经营性。

2. 主要制度

行业中介组织的义务:(1) 依章程从事对外活动的义务;(2) 维护与行业有关的公平竞争秩序的义务;(3) 忠实履行对外社会公共职能的义务。

申请设立、变更、终止专业服务中介组织,必须按照规定权限和程序,申请省级或者省级以上政府有关主管机关或者国家授权的机构审查批准。设立外商投资专业服务组织还必须得到商务部的批准。对设立专业服务组织的申请还实行资质审查制度。专业服务组织必须在政府主管机关批准并经登记机关核准的业务范围内从事经营业务。变更业务范围必须经原设立机构审批。

3. 实务提示

运用经济法主体的基本原理,分析市场中介组织的权利、义务、责任的配置是否适当,是否履行了相应的义务。

相关法律、法规、规章、司法解释

1. 法律

《中华人民共和国证券法》(全国人大常委会,1998年12月29日制定,2004年8月28日第一次修正,2005年10月27日第二次修正)

《中华人民共和国银行业监督管理法》(全国人大常委会,2003年12月27日通过,2006年10月31日修正)

《中华人民共和国对外贸易法》(全国人大常委会,1994年5月12日通过,2004年4月6日修订)

《中华人民共和国农业法》(全国人大常委会,1993年7月2日通过,2002年12月28日修订)

《中华人民共和国中小企业促进法》(全国人大常委会,2002年6月29日通过)

《中华人民共和国注册会计师法》(全国人大常委会,1993年10月31日通过)

《中华人民共和国拍卖法》(全国人大常委会,1996年7月5日通过,2004年8月28日修订)

《中华人民共和国进出口商品检验法》(全国人大常委会,1989年2月21日通过,2002年4月28日修订)

2. 行政法规

《基金会管理条例》(国务院,2004年2月11日通过)

《认证认可条例》(国务院,2003年8月20日通过)
《社会团体登记管理条例》(国务院,1998年9月25通过)
《民办非企业单位登记管理暂行条例》(国务院,1998年10月25日发布)
《事业单位登记管理暂行条例》(国务院,1998年10月25日发布,2004年6月27日修订)
《公司登记管理条例》(国务院,1994年6月24日公布,2005年12月18日修订)

3. 行政规章、地方性法规

《银行业协会工作指引》(中国银行业监督管理委员会,2005年2月2日公布)
《行业协会工作暂行办法》(国务院国有资产监督管理委员会,2004年8月30日公布)
《关于加强保险行业协会建设的指导意见》(中国保险监督管理委员会,2004年3月9日公布)
《保险公估机构监管规定》(中国保险监督管理委员会,2009年9月18日公布)
《保险专业代理机构监管规定》(中国保险监督管理委员会,2009年9月18日公布)
《保险经纪机构监管规定》(中国保险监督管理委员会,2009年9月18日公布)
《认证机构及认证培训、咨询机构审批登记与监督管理办法》(国家认证认可监督委员会,2002年4月2日公布)
《资产评估机构审批和监督管理办法》(中华人民共和国财政部,2011年8月11日公布)

案例分析

案例分析一:全美投资者关系协会

【案情】

全美投资者关系协会(National Investor Relations Institute, NIRI)是世界上第

一家全国性的投资者关系协会,成立于 1969 年。目前,NIRI 是由企业管理者和投资者关系顾问组成,是企业管理层、投资公众和金融界之间交流沟通的专业性协会。它主要通过定期举行讲座和研讨会,发行关于投资者关系的出版物,提供无偿咨询网络,跟踪监管部门的监管动态,建立投资者关系人才库和组织分会的日常活动来开展工作。NIRI 在美国共有 33 家分会和 5000 多成员。NIRI 的使命为致力于提高投资者关系操作水准和成员的专业水平。

NIRI 于 1998 年发布了《投资者关系操作标准》(Standards of Practice for Investor Relations)第 1 版,由于 NIRI 的权威性,使得该标准对全球范围的投资者关系都有指导性。2001 年 1 月,NIRI 根据美国证监会(SEC)2000 年 10 月颁布的《公平信息披露监管条例》,更新发布了更为完备的《投资者关系操作标准》第 2 版。2004 年 1 月,发布了《投资者关系操作标准》第 3 版。该最新版主要包括以下部分:(1)公司投资者关系官员的职责;(2)公司信息披露问题;(3)投资者关系顾问的作用;(4)公司披露的标准和指引;(5)发行人和分析师/投资者关系指引。并有 4 个附件:"公司披露政策范例""常见问题(FAQ)""提高收益披露的质量指引"和"NIRI 职业操守"。

【问题】

1. NIRI 在性质是一个什么样的组织,是否属于行业中介组织?
2. NIRI 发挥了什么样的职能和作用?

【观点】

NIRI 在性质是一个市场中介组织,属于行业中介组织。NIRI 发挥了公共服务的职能和作用。

【分析】

按照中国证监会《上市公司与投资者关系工作指引》(2005 年)中的定义,投资者关系工作是指公司通过信息披露与交流,加强与投资者及潜在投资者之间的沟通,增进投资者对公司的了解和认同,提升公司治理水平,以实现公司整体利益最大化和保护投资者合法权益的重要工作。

在国内外的上市公司中,大都设有投资者关系部门。在国内外上市公司的网站上,大都有投资者关系(Investor Relations)栏目。对于上市公司的董事长和总经理来说,和投资者见面、沟通,是其工作的重要内容。对于上市公司的董事会秘书来说,做好投资者关系是其最重要的工作职责。

为做好投资者关系工作,在国外,各国纷纷成立了投资者关系协会。全美投资者关系协会(NIRI)是世界上第一家全国性的投资者关系协会。

NIRI 在性质是一个市场中介组织,属于行业中介组织。所谓行业中介组织,是指依法设立,由同一行业或者具有同一特征的成员自愿组成,并以促进行业或者一定集合群体的公共利益为目的的非营利性中介组织。NIRI 是由企业管理者和投资者关系顾问组成,是企业管理层、投资公众和金融界之间交流沟通的专业性协会。NIRI 的使命为致力于提高投资者关系操作水准和成员的专业水平。符合行业中介组织的特征。

NIRI 主要通过定期举行讲座和研讨会,发行关于投资者关系的出版物,提供无偿咨询网络,跟踪监管部门的监管动态,建立投资者关系人才库和组织分会的日常活动来开展工作。NIRI 的《投资者关系操作标准》对全球范围的投资者关系都有指导性。由此可见,NIRI 发挥了公共服务的职能和作用。

【点评】

早在 2002 年,天相投资顾问有限公司在其《中国证券市场投资者关系报告》中就提出要成立我国的投资者关系协会,以推动我国投资者关系事业的发展。但时至今日,中国投资者关系协会还未成立。

案例分析二:中国银行业协会的组织机构

【案情】

中国银行业协会(以下简称协会),是全国性银行业自律组织。凡经中国银监会批准设立的、具有独立法人资格的全国性银行业金融机构以及在华外资金融机构,承认本章程,均可申请加入协会,成为会员。凡经银行业监督管理机构批准,在民政部门登记注册的各省(自治区、直辖市)银行业协会,承认本章程,均可申请加入协会,成为准会员。

协会的最高权力机构为会员大会(或会员代表大会)。会员大会由全体会员组成,每个会员享有一个投票权。会员大会行使下列职责:(一)制定和修改协会章程;(二)审议批准理事会、监事会的工作报告和协会财务收支报告;(三)审议批准协会的工作计划;(四)选举和罢免协会理事、监事;(五)选举和罢免会长、专职副会长、副会长、监事长;(六)审议取消会员资格的处理决定;(七)审议通过会费的缴纳标准;(八)审议决定协会的解散和清算等有关终止事项;(九)审议批准需经会员大会决定的其他事项。

协会设理事会。理事会为会员大会的执行机构,对会员大会负责。理事会在会员大会闭会期间负责领导协会开展日常工作。理事会行使下列职责:(一)负责召集会员大会,并向会员大会报告工作和财务收支情况;(二)执行会员大会的决议;(三)对会员遵守协会章程及行业自律制度情况进行监督,对违

第十章 市场中介组织法律制度

反协会章程及行业自律制度的会员进行处分,其中,取消会员资格的处分应报会员大会决定;(四)制订年度工作计划;(五)制定年度财务预算、决算方案;(六)决定会员的入会;(七)审查批准会员的自愿退会;(八)拟订行业自律制度;(九)决定协会内部机构的设置;(十)选举、任免协会秘书长;(十一)决定聘任协会副秘书长及各专业委员会主要负责人;(十二)建议召开临时会员大会;(十三)制定协会的内部重要规章制度;(十四)其他需经理事会审议的重大事项。

协会设常务理事会。理事会闭会期间,常务理事会行使理事会职责。常务理事会由会长、专职副会长、副会长、秘书长组成,监事长列席会议。

协会设监事会,由监事长一名、监事若干名组成,理事不得兼任监事,监事由会员大会选举产生,每届任期二年,连选可以连任。监事会的主要职责:(一)向会员大会报告工作;(二)列席理事会会议;(三)监督协会会费的收取以及财务预决算的执行情况;(四)监督协会的各项业务活动;(五)监督会员履行会员义务;(六)负责组织对会员投诉进行调查取证,也可委托秘书处办理;(七)监督协会依照章程开展工作;(八)提议召开理事会临时会议。

协会根据工作需要可设立顾问委员会,聘请顾问。

协会根据需要,可设立若干专业委员会,经中国银监会审核,报民政部备案。专业委员会主任可由协会副秘书长兼任。

协会设秘书处,为协会日常办事机构。秘书处根据工作需要可设置若干内部工作机构。

协会的会长、专职副会长、副会长、监事长由会员大会选举产生,经中国银监会审查同意后报民政部审批、登记。

协会设会长一名、专职副会长一名、副会长若干名,监事长一名。会长为协会的法定代表人。

【问题】
通过中国银行业协会这一个案分析行业中介组织的组织机构。

【观点】
中国银行业协会的基本组织结构包括会员结构、权力机构、执行机构和常设机构、负责人、专门委员会、监察和权力制衡机构等。

【分析】
行业中介组织的基本组织结构包括会员结构、权力机构、执行机构和常设机构、负责人、专门委员会、监察和权力制衡机构。

会员结构:凡经中国银监会批准设立的、具有独立法人资格的全国性银行业金融机构以及在华外资金融机构,承认本章程,均可申请加入协会,成为会员。凡经银行业监督管理机构批准,在民政部门登记注册的各省(自治区、直辖市)银行业协会,承认本章程,均可申请加入协会,成为准会员。可见,中国银行业协会属于单纯的团体会员制。个人不得加入协会。

权力机构:协会的最高权力机构为会员大会(或会员代表大会)。会员大会由全体会员组成。它是协会章程所规定的重大事项的决策机构。

执行机构:理事会为会员大会的执行机构,对会员大会负责。理事会在会员大会闭会期间负责领导协会开展日常工作。

常设机构:协会设常务理事会。理事会闭会期间,常务理事会行使理事会职责。协会设秘书处,为协会日常办事机构。

负责人:会长为协会的法定代表人。

专门委员会:协会根据需要,可设立若干专业委员会,经中国银监会审核,报民政部备案。

监督机构(监察和权力制衡机构):协会设监事会,由监事长一名、监事若干名组成,理事不得兼任监事。

此外,协会还可根据需要设立顾问机构。

【点评】

中国银行业协会的组织机构比较健全,我们可以通过这个案例学习市场中介组织的组织结构。

案例分析三:北京上市公司协会

【案情】

2004年5月,北京上市公司协会成立。它是经北京市民政局社会团体管理办公室和中国证监会北京监管局的批准,由北京辖区89家上市公司(包括5家H股公司)作为会员单位和由中国证券报、上海证券报和证券时报作为特别会员单位自愿组成的自律性组织,是按照《社会团体登记管理条例》的有关规定设立的非营利性社会团体法人。协会的宗旨是:遵守国家规范性文件规定,加强会员的自律管理;发挥政府监管部门与会员间的传导和桥梁作用,促进会员间相互交流,为会员服务;维护会员合法权益;促进会员诚实守信、规范运作,坚持规范、诚信、发展,促进证券市场和北京辖区上市公司的持续、稳定、健康发展。北京上市公司协会设立企业家沙龙、董事会秘书委员会、独立董事委员会、监事委员会和拟发行公司俱乐部等机构,将通过各种组织形式的运作平台,通过网站、会刊等形成的信息交流平台,积极发挥协会自律、传导、服务等多项功能,并配合北京证监局开展工作,在规范自律、培训教育和增进交流等方面开展多层次多类型活动,促进上市公司健康发展。目前,协会出版有双月刊《公司之友》。

【问题】

1. 北京市上市公司协会的案例说明,非营利性市场中介组织在法律适用上有何特点?

2. 请通过北京市上市公司协会的案例说明行业中介组织的基本组织结构。

【观点】

北京市上市公司协会是按照《社会团体登记管理条例》的有关规定设立的非营利性社会团体法人。其活动规则、监督管理适用上市公司本行业的专门法律,如公司法、证券法等。在本案中,我们可以看到北京市上市公司协会的会员结构和内设专门机构。

【分析】

非营利性市场中介组织在法律适用上有以下特点:

第一,有关市场中介组织的法律资格的确定适用相关民事、经济法律。

第二,非营利性市场中介组织的设立适用有关社会团体、事业单位审批和登记的规定。关于设立的一般条件和审批登记程序,目前主要是适用《社会团体登记管理条例》《民办非企业单位登记管理条例》《事业单位登记管理暂行条例》和《基金会管理条例》等。

第三,关于市场中介组织的活动规则、监督管理适用有关市场中介组织本行业的专门法律规定。

北京市上市公司协会是按照《社会团体登记管理条例》的有关规定设立的非营利性社会团体法人。其活动规则、监督管理适用上市公司本行业的专门法律,如公司法、证券法等。

行业中介组织的基本组织结构包括会员结构、权力机构、执行机构、负责人、专门委员会、监察和权力制衡机构。在本案中,我们可以看到北京市上市公司协会的会员结构和内设专门机构。

北京市上市公司由北京辖区的89家上市公司(包括5家H股公司)作为会员单位和由中国证券报、上海证券报和证券时报作为特别会员单位自愿组成,这是北京市上市公司协会的会员结构。

北京上市公司协会设立企业家沙龙、董事会秘书委员会、独立董事委员会、监事委员会和拟发行公司俱乐部等机构,这是北京市上市公司协会的内设专门机构。

【点评】

北京上市公司协会是一个典型的行业性、非营利性市场中介组织,属于社会团体法人。

案例分析四:全国牙防组违法进行认证案

【案情】

2005年8月4日,清华大学法学博士李刚以全国牙病防治指导组(以下简称牙防组)未经批准、擅自从事牙膏等产品的非法认证活动为由向国务院认证认可监督委员会(以下简称认监委)投诉,请求查处牙防组,但认监委一直没作回应。

2005年9月26日,李刚向北京市朝阳区人民法院提起诉讼,起诉卫生部、乐天公司和物美卖场。起诉理由为,牙防组对乐天口香糖的认证有欺诈消费者之嫌。法院不予受理。

2005年9月28日,李刚将卫生部改为牙防组,起诉于北京市西城区人民法院。法院立案。

2005年11月8日,西城区法院作出裁决,以牙防组不具有独立法人资格,不能独立承担民事权利和义务为由,驳回相关起诉内容,余案移交朝阳区法院。

2006年2月17日,上海律师陈江以牙防组等4方为被告起诉至上海市闵行区法院,理由是:牙防组对乐天木糖醇口香糖作出的认证涉嫌欺诈消费者、误导宣传。

2006年8月22日,朝阳区法院驳回了李刚的起诉,但仅仅一个月之后又向认监委和卫生部发出司法建议函,建议对牙防组对外开展的认证活动进行审查,并对违法认证行为展开调查、依法作出处理。

2007年4月30日,卫生部公告指出,随着近年来政府公共服务职能的不断强化和行业民间组织的快速发展,牙防组已难以适应卫生事业发展的要求,卫生部决定予以撤销。

2007年5月10日,卫生部召开新闻发布会,发言人针对撤销牙防组一事表示,牙防组在认证以及经济方面存在的问题,有关部门正在调查处理。

2007年5月22日,牙防组财务问题初步查明:从2002年到2005年,违规认证获取的利益至少218.5万元;牙防组违规借用牙防基金会的账户,进行了诸多违规操作;牙防组成员,特别是领导层从牙防组获取了大量个人收益。

第十章 市场中介组织法律制度

【问题】
从牙防组事件中可以吸取哪些教训？

【观点】
1. 市场中介组织的地位应该是独立的社会中间层。
2. 应该增强法律意识，依法从事认证活动。

【分析】
1. 市场中介组织的地位应该是独立的社会中间层。

牙防组成立于1988年8月。当年，因世界卫生组织开办了一个培训班，全国各地的口腔专家集聚北京。鉴于当时中国牙病的严峻形势，口腔专家们向卫生部提议，增设一个牙病防治的专门机构。专家们的提议引起卫生部高度重视，但由于当时正在进行政府机构精简，于是就变通了一下，成立了牙防组，挂靠在北京口腔医院，接受卫生部领导，历届组长都由卫生部医政司司长担任。但牙防组只是一个咨询机构，它没有行政编制，自然也没有政府的财政拨款，所以从诞生之日起，资金问题就是一个很大的困扰。牙防组成立之初，是由牙膏工业协会提供资金赞助的。

为解决资金问题，成立了中国牙防基金会。在认证过程中，除了检测和试验等发生费用，全国牙防组不收取任何资金，但认证过程中的试验费用，需要企业来出，试验费少则数千，多则上百万元。同时，因为牙防组不是独立法人，没有账号，相关企业的认证费用如检测资金和试验资金，也是由企业打入中国牙防基金会的账号，然后由牙防组统一使用。

牙防基金会的2005年度财务报告显示，该基金会用于工资福利及办公支出占了总支出的73.42%，这与《基金会管理条例》规定的低于10%的要求，成明显倒挂之势。

《基金会管理条例》明确规定：设立基金会必须"有规范的名称、章程、组织机构以及与其开展活动相适应的专职工作人员"。然而，牙防基金会与全国牙防组的人员交叉率竟然"高达50%以上"。

2007年4月30日，在撤销牙防组的同时，卫生部宣布将在疾病预防控制局成立口腔卫生处，负责全国牙病防治管理工作。经济学家梁小民曾对此提出质疑：许多病都要防治，如果照这个逻辑，是不是卫生部要设眼防处、艾防处等数不清的正处级单位？这样下去，作为政府机构的卫生部下面要有多少单位要有多少编制？

由此看来，市场中介组织及其立法从牙防组事件中可以吸取的教训是，市场中介组织的地位应该是独立的社会中间层，是非政府的，要与政府脱钩。不能像牙防组这样打着政府的旗号,利用政府的资源却进行商业化运作,所得营利中饱部分官员的私囊。

2. 应该增强法律意识,依法从事认证活动。

1992年,牙防组开始对口腔保健用品进行认可和推荐,并为此成立了一个专家评审委员会。经过认证的企业,可以在其产品上添加带有牙防组盖章认证的标志。佳洁士、两面针、乐天木糖醇等数十种知名品牌口腔保健品都曾经得到过牙防组的认证。

2001年8月29日,国家认监委成立,负责统一管理、监督和综合协调全国认证认可工作。2003年9月,国务院颁布了《中华人民共和国认证认可条例》。其中第9条明确规定:设立认证机构,应当经国务院认证认可监督管理部门批准,并依法取得法人资格后,方可从事批准范围内的认证活动。牙防组并没有按照认证认可条例取得认证资格,却仍然从事着认证活动。

牙防组不具有对外开展产品检测和对产品质量进行认证的权力却继续从事认证活动,违反了《中华人民共和国认证认可条例》的规定,损害了国家卫生行政管理部门的权威和形象,在社会上造成了不良影响。

牙防组所开展的口腔保健品认证活动是有关部门依据行政职责推动的认证活动,是认证认可条例实施前认证工作多头管理、政出多门所产生的问题,在条例实施后,应顺应政府职能转变的需要,依据条例进行调整、规范和完善。可是,卫生部并没有对牙防组依据条例进行调整、规范和完善。

由此看来,各方面应该增强法律意识,依法从事认证活动。

【点评】

鉴于"牙防组"事件的发生,2007年5月13日,国务院下发《关于加快推进行业协会商会改革和发展的若干意见》,明确要求实行政会分开,行业协会要严格依照法律法规和章程独立自主地开展活动,切实解决行政化倾向严重以及依赖政府等问题。要从职能、机构、工作人员、财务等方面与政府及其部门、企事业单位彻底分开。现职公务员不得在行业协会、商会兼任领导职务,确需兼任的要严格按有关规定审批。

案例分析五:印尼消费者基金会要求政府制定更严格的烟草法

【案情】

印度尼西亚的一个著名消费者组织——印尼消费者基金会曾给政府施加压力,要求政府发布更严格的法规,以防止儿童和被动吸烟者受到卷烟的消极

第十章 市场中介组织法律制度

影响。

2007年6月18日,印度尼西亚消费者基金会说,如果政府不制定更为严格的尤其是保护儿童免受卷烟影响的法律,它将提起对政府的集体诉讼。

印度尼西亚消费者基金会协调员 Tulus Abadi 在一次媒体会议上说:"如果政府到今年年底时还不采取任何措施来加强关于烟草的法规,印度尼西亚消费者基金会将对政府提起集体诉讼。被忽视的儿童需要更实质性的保护。"

他说:"政府不愿意执行全面的综合法规。他们把重点放在了经济因素上,而不是放在烟草消费的健康因素上。"

他补充说,卷烟广告在有数百万儿童观看的地方电视台节目的黄金时间仍然十分普遍,使得儿童成为烟草的目标市场。

"卷烟制造商希望让孩子们在小的时候就对卷烟上瘾,这样,孩子们就会更忠于他们生产的品牌。"

根据印度尼西亚消费者基金会收集的,同时也得到印度尼西亚全国儿童保护委员会支持的2004年数据,78%的吸烟者在19岁以前开始尝试第一支卷烟。5岁至9岁之间尝试吸烟的儿童比例也一直在提高,从2001年的0.35%提高到了2004年的1.65%。

印度尼西亚消费者基金会要求印尼政府加强与烟草有关的法律,批准第一个控制烟草消费的国际公约《烟草控制框架公约》。

Tulus 说,这个已经得到印度、巴西和中国等烟草制造大国批准的公约,在未曾不可挽回地损害社会、经济与烟草业劳动方面,为相关利益方提供了一个双赢的解决方案。

印度尼西亚人口与发展国会议员论坛副主席 Hakim Sorimuda Pohan 说,尽管印度尼西亚在批准这个公约方面晚了,但它仍然可以按照国际法律,通过"添加"程序加入该公约。

Pohan 说:"印度尼西亚为自己的历史感到难堪,因为它拥有的动物健康保护法律要好于对人的健康保护法律。因此,印尼需要尽快制定出更好的烟草法律。"

【问题】
市场中介组织与政府应该保持一种什么样的关系?

【观点】
市场中介组织应该独立于政府,不能隶属于政府。行业中介组织可以利用社会力量、舆论压力对国家机关的不正当或不合理行为起到制衡和抑制作用。

【分析】
市场中介组织具有自治性。自治性包括自主性和自律性两个方面。自主性强调市场中介组织有自身的权利来源,其独立法律人格应当受到政府和其他组织的尊重和维护,更不受非法干预。市场中介组织应该独立于政府,不能隶属于政府。印尼消费者基金会在性质上是市场中介组织,应该具有自治性。

印尼消费者基金会在性质上是市场中介组织,在类别上属于行业中介组织。行业中介组织依法享有与国家机关协商的权利,同时负有依法服从国家经济管理机关协调、管理的义务。

与国家协商权,主要包括对影响一定行业的经济立法和国家机关经济管理决策的事项的知情权、建议权、对话权以及请求调整权。

行业中介组织可以利用社会力量、舆论压力对国家机关的不正当或不合理行为起到制衡和抑制作用。在本案中,印尼消费者基金会就是通过对话和舆论压力对国家机关进行施压,要求政府发布更严格的法规,以防止儿童和被动吸烟者受到卷烟的消极影响。此外,印度尼西亚消费者基金会还声言,如果政府不制定更为严格的尤其是保护儿童免受卷烟影响的法律,它将提起对政府的集体诉讼。提起公益诉讼也成了行业中介组织向政府施压的手段。

【点评】

赋予行业中介组织以公益诉讼的提起权,是行业中介组织发挥其应有作用的行之有效的途径。

案例思考题

消费者协会调解纠纷案

【案情】

2007年3月24日,某地方消费者协会十里牌分会接到覃某的投诉,反映其于2006年6月6日花4.7万元在某物资有限公司购买的一台装载机存在漏油严重、乱挡等质量问题,他曾多次电话与该公司联系,但毫无结果。为了使问题得到解决,覃某不远数百公里,经过十多个小时长途跋涉,终于将装载机开到了消费者协会,要求帮忙解决问题。

"群众利益无小事",考虑到投诉人是弱势群体,又是外地人,人生地不熟,该消费者协会决定加班处理此投诉。为了将问题尽快处理好,该消费者协会立即通知经销商到场了解情况,通过了解得知:该装载机的销售最低价应为5.5万

第十章 市场中介组织法律制度

元,由于覃某所在地离经销商所在地比较远,售后服务不方便,双方通过协商,覃某接受了不做售后服务的条件,花4.7万元购买了一台装载机。谁知覃某将装载机运回家,试用几天后,发现该装载机在当地不适用,眼看着几万元的财产马上会变成一堆废铁,他就想到了退机,于是便以漏油、乱挡、有质量问题为由要求该办事处退机。

针对这一情况,为了维护消费者的合法权益,通过与双方的协商,最后达成了一致意见,由覃某承担2200元的折旧费,装载机由该办事处返厂处理。调解完后,覃某非常感动,称消协组织真是我们的贴心人。

【问题】
消费者协会作为社会中介组织在该案中扮演了什么样的角色?

【提示】
社会中介组织所从事的事业是经济运行过程中的各种中间服务,包括:(1)信息传导服务;(2)协调管理服务;(3)维护权益服务;(4)交易促进服务。

第三编

市场监管法

第十一章 市场监管法的一般原理

▌本章要点

1. 核心内容

市场监管法是调整在国家进行市场监督管理过程中发生的经济关系的法律规范的总称。市场监管法是经济法的部门法,在经济法体系内与宏观调控法平行,属于公法范畴。

根据"行为—社会关系"范式划分的市场监管法律体系包括反垄断法律制度和反不正当竞争法律制度。虽然在法的体系上不存在并列关系,但从外观而言,反垄断法律制度、反不正当竞争法律制度在特殊性较强的市场中综合运用,形成特殊市场监管制度。

从公平、效率、秩序三个方面考察市场监管法的价值,可以看出,市场监管法的公平价值侧重于实质公平、结果公平;市场监管法的效率价值体现为其在提高资源配置效率、促进技术进步和增进社会整体福利等方面的有用性;市场监管法的秩序价值体现为其在恢复、维护和增进市场秩序方面的有用性。

法律宗旨是指其所欲实现的目标。市场监管法初级宗旨主要是:通过调整市场监管关系,恢复和维护公平竞争机制,提高市场配置资源的效率,保护经营者和消费者的权利和利益。市场监管法的终极宗旨主要是:通过初级宗旨的达成,不断解决个体营利性和社会公益性的矛盾,克服市场失灵,保障社会公益和基本人权,促进经济的稳定增长,实现经济和社会的良性互动和协调发展。

市场监管法基本原则包括:监管法定原则、监管公平原则、监管绩效原则和监管适度原则。

市场监管法主体包括市场监管主体和市场监管对象。市场监管主体,是市场监管行为的施动者,其客观形态包括相关国家机关,特别是政府。市场监管对象,是市场监管行为的受动者,在实践中主要是指市场竞争行为的主体,特别是其中的垄断行为的主体和不正当竞争行为的主体,其客观表现主要有经营者及其利益的代表者。

市场监管主体享有市场监管权,具有法定性和一定的强制性,集实体和程序于一体,相应地,其应当履行依法监管的义务。市场监管对象享有市场经营权,非依法律的规定不受限制或剥夺,同时履行依法经营的义务。

违反市场监管法的法律责任形式,可分为财产性责任和非财产性责任两类。财产责任主要包括赔偿和财产罚(罚款、罚金、没收非法所得);非财产责任主要包括声誉罚、自由罚、资格罚等。

2. 主要制度

市场监管法律制度主要分为反垄断法律制度和反不正当竞争法律制度。其中,反垄断法律制度可进一步划分为垄断协议行为监管法、滥用市场支配地位行为监管法、经营者集中行为监管法和滥用行政权力排除、限制竞争行为监管法;反不正当竞争法律制度则可细分为:欺骗性标示行为监管法、侵犯商业秘密监管法、诋毁商誉行为监管法、商业贿赂行为监管法和不当附奖赠促销行为监管法。

与此同时,反垄断法律制度和反不正当竞争法律制度在特殊市场中综合运用,形成特殊市场监管制度,主要包括消费品市场、广告市场、金融市场、城市房地产市场、自然垄断市场(固定电话市场、轨道交通市场、电力市场、管道煤气市场等)、食品药品市场、医疗市场监管制度等等。

3. 实务提示

通过学习市场监管法的基本原理,明确监管行为介入市场的前提,从而更好地把握市场竞争行为的边界,有助于在实务中超脱于繁琐的案件事实,准确判断法律行为实质,为正确运用法律规范奠定学理基础。

案例分析

案例分析一:市场监管法在发达资本主义国家的产生

【案情】

1861年至1865年的南北战争使得美国的一小部分人利用战争迅速聚集起了巨额财富,在战后重建中他们通过兼并扩张等手段建立起一批在国内乃至世界上都具有举足轻重地位的产业王国。当时最具有代表性的企业就是卡耐基钢铁集团和约翰—洛克菲勒名下的标准石油公司(即美孚石油)。在这个疯狂兼并扩张的浪潮中,这些产业大亨们使用最广泛的手段就是"托拉斯"。起初,托拉斯只是以区域性联合的形式出现,以后逐渐形成了具有强大操控能力的全国性托拉斯。这些托拉斯将相互竞争的公司合并在一起,固定价格,分割市场。到了19世纪八九十年代,美国公众对这些经济怪物极为不安。当时,人们以超范围经营或不正当竞争为由,针对大型托拉斯发起了各种诉讼。部分地出于对美国法院运用普通法限制垄断行为措施不得力失望的缘故,在以参议员谢尔曼为首的一批国会成员推动下,1890年美国国会制定并通过了美国历史上第一部成文反垄断法——《1890年谢尔曼反托拉斯法》(简称《谢尔曼法》)。对以垄断为目的的联合行为进行禁止是《谢尔曼法》的核心内容,该法的颁布也成为现代竞争法产生的重要标志。

同一时期的欧洲,市场规则的作用渐渐式微,不正当竞争行为急剧泛滥,而传统的民法中有关侵权的规定并不能完全解决这些问题。1896年德国制定了世界上第一部《反不正当竞争法》,并确立了一项基本原则:行为人在商业交易中以竞争为目的而违背善良风俗的,可向其请求停止行为和损害赔偿。随后,1900年《保护工业产权巴黎公约》的修订本作为国际公约和国际立法第一次对反不正当竞争作出了明确的规定。

与此同时,在自由资本主义向垄断资本主义过渡的19世纪末20世纪初,一方面先进的生产技术和细微的专业化分工使得消费者越来越难以判断自己消费行为的合理性和产品的真实性;另一方面,垄断资本集团利用市场优势控制市场的行为频频发生,如抬高价格、虚假广告、缩减生产以维持高额利润以及直接以假冒伪劣产品进行出售等,对消费者利益形成了巨大的威胁。1891年美国纽约市首先成立消费者协会,随后声势浩大的消费者运动在全美展开,并迅速波及其他国家。消费者运动得到了各国政府的重视,美国、英国、瑞典、澳大利亚等国纷纷通过立法保护消费者权益。

【问题】
结合上述案例,分析市场监管法产生的原因及其价值。

【观点】
传统的"市场失灵"观点对于市场监管法产生原因的解释过于笼统,因其引发的主要是国家干预,而市场监管法的产生与市场主体的僭越行为直接相关,其规制的主要是市场主体不遵守市场规则的现象,规制的目的是维护良好的市场竞争秩序。

【分析】

市场监管法调整的是国家在市场监督管理中发生的经济关系，其产生与国家介入市场经济并进行监督管理的背景直接相关。市场失灵的主要原因是个体理性与集体理性产生了偏差，导致资源不合理配置，它反叛的是自由资本主义经济理念下国家作为"守夜人"的角色安排，是国家必须介入市场经济运用"有形的手"进行干预的经典解释，这种干预可以是宏观调控的方式，也可以表现为对具体市场行为的规制，但其作为市场监管产生的原因仍然过于笼统。

实际上，市场经济中的竞争是优劣并存的，我们从案例中可以看到，市场竞争的优胜者在市场份额得到扩大、市场支配地位得到提升后，其中部分优胜者在与实力相差悬殊的交易相对方进行交易时，不再愿意受主体平等、意思自治等交易规范的制约，试图利用自身的经济优势决定交易的关键条件，强制交易相对方服从，以此获取远高于平均利润率以上的利润，挤压竞争对手的利润空间，不断提高自身的市场支配地位。我们还常常看到，虽然有一些经营者并不一定具备较高的市场支配地位，但他们通过共谋、协议或者其他协调一致的方式，或通过股份、业务和人事控制的办法，或干脆合并，直接或间接地提高他们对其他经营者的影响力和对消费者的控制力。其目的和结果都是牟取远超过市场平均利润率以上的利润。我们更经常地看到，市场中防不胜防的假冒伪劣、坑蒙拐骗、尔虞我诈，使消费者不放心消费甚至不敢消费，破坏了产供销经济链，从而既妨碍交易公平又危害市场效率。正是市场主体这些不遵循市场规则、有意破坏市场秩序特别是公平交易这一核心原则的行为，催生了市场监管，否则，市场无法自我清除这些行为，其结果必然是市场机制崩溃，失去资源合理配置的效用。

市场主体产生这些行为的原因主要有四点：一是市场主体的逐利本性。在现实生活中，市场主体缺乏足够的自我约束力，在经济利益的驱动下往往会僭越市场规则谋求巨额的非法利益。马克思曾一针见血地指出：只要有 300% 的利润，资本家就不怕冒上断头台的危险。二是市场交易的信息不对称。公平交易的实现必须以对称的信息内容为基础，但是现实生活中，市场交易信息更多地只掌握在一方手中，使其存在隐瞒不利信息、夸大有利信息的倾向，只有采取强制披露的措施，促进信息尽可能对称，才能保障公平交易的进行。三是交易主体地位不平等。等价交换的前提是交易双方具有平等的法律地位和对等的谈判能力，现实中由于交易主体经济力量的差异，如果没有第三方监管，以大欺小、恃强凌弱的现象就很难避免。四是市场交易的外部性问题。负外部性的存在使得市场主体的行为后果不完全由自身承担，如果没有相应的管制就会放纵市场主体的僭越行为，而实践证明，只有政府才能适应这一管制角色的要求。

法律与社会之间具有互动性,而经济法对于经济社会的发展更具有敏感性与回应性,配合市场监管需求的产生,市场监管法也应运而生了,并且根据所调整的竞争监管关系的不同,分别形成反垄断法、反不正当竞争法、消费者权益保护法等。

从市场监管法产生的背景可以看出,对于市场竞争有效性的维护是市场监管法的重要功能,由此,市场监管法主要是通过增进经济公平来促进社会公平的实现,尤其是对实质公平、结果公平的维护。例如,反垄断法中的垄断协议行为监管制度、滥用市场支配地位行为监管制度、经营者集中行为监管制度以及滥用行政权力排除、限制竞争行为监管制度,其主导性价值就是回复或构建公平交易的平台。反不正当竞争法中的五大类监管制度,更是直观地将公平交易制度的恢复作为直接目标。垄断行为和不正当竞争对市场秩序的危害是最突出的弊害之一,规范垄断行为和不正当竞争行为的目的和功用之一,就是恢复、维护和增进市场秩序,这正是市场监管法秩序价值的重要体现,其主要不着眼于秩序从无到有的构建,而更看重对秩序从坏到好的改造与修复。此外,市场监管法在提高资源配置效率、促进技术进步和增进社会总体福利方面也有着重要价值。

【点评】

市场监管法的产生有着非常复杂的经济社会背景,并且体现出鲜明的现代性特征。这些因素决定了市场监管法的经济法归属,也决定了其在价值取向上对实质公平、总体效率以及良好市场秩序的追求。

案例分析二:行业协会的角色定位

【案情】

2011年4月中旬,方便面、啤酒和日化用品等多个领域的消费品掀起涨价潮,为了确保价格总体稳定,国家发改委价格司再次会同国家发改委经贸司、商务部市场运行司约谈饮料、奶业、糖业、酒业等17家行业协会,召开了重要消费品行业协会座谈会,强调维护价格稳定,劝其承担社会责任暂缓涨价。这一事实使得行业协会的特殊地位再次成为关注焦点。

自改革开放以来,行业协会作为一种典型的社会中介组织,在我国已发展三十多年,对于经济社会发展起到了重要的推动作用。其在价格领域的职能主要体现在价格咨询、价格协调与价格监督等方面。行业协会通过制定"行规行约",发挥价格职能作用,在市场划分、销售价格、竞争手段等方面进行协调,这些手段能够有效地规范该领域经营者的竞争行为。与此同时,行业协会还通过制定本行业的质量标准、进行业内企业信用建设等方式对领域内产品质量及经营者行为进行监管。这种事实上的监管作用使得有些人认为行业协会已经成为新的市场监管主体。

【问题】

行业协会是不是市场监管主体？

【观点】

行业协会对协会成员的市场竞争行为事实上所发挥的监管作用，是基于政府的授权代政府行使的市场监管权，行业协会本身不是市场监管的主体。相反，行业协会在多种情形下是监管对象。

【分析】

行业协会作为经济法主体，这是毫无疑问的。至于行业协会是否属于市场监管主体，学界存在着不同的观点。赞成者认为，行业协会，对作为协会成员的经营者的市场竞争行为事实上发挥着监管作用，对于补充国家、政府监管和市场调节之不足具有不可替代的作用。这种观点是值得商榷的。

市场监管主体是指市场监管行为的施动者。也就是说，所有依法为市场监管的行为人，都是市场监管法规范中的监管主体。在部分发达资本主义国家，市场结构呈现出政府、企业以及介于政府和企业之间的行业协会的三元结构，行业协会也成为重要的监管主体，这是与该国家市场经济发展阶段、国民素质以及政府历史地位等因素分不开的。例如在美国，行业协会是主导性的市场监管力量，政府的作用次之，与此相对应的正是美国"大市场、小政府"的市场经济体制、公民强烈的自治意识以及对政府不够信任的心态。在这种社会价值观下，美国的行业协会不仅数量众多而且力量强大，在行业准入、行业标准制定、违背行业规范的惩罚、行业竞争秩序的维护等方面都发挥着重要的监管作用。

在我国情况则有所不同，国家是市场监管的唯一主体，具体职能由各级政府部门承担。这是由我国的国情、历史和现实决定的。一方面，据全球最大的独立公关公司——爱德曼公司2005年发布的年度信任度调查报告披露，中国人对政府的信任度较高，这为政府作为独立于市场交易双方的第三方主体进行监管提供了信任基础。另一方面，我国行业协会目前缺乏独立性和权威性，在市场中没有足够的公信力与影响力，因此在制止恶性竞争、控制市场准入、维护市场秩序方面仍然力不从心。因此，行业协会成为独立的市场监管主体在我国缺乏根基。与此同时，在法治之下，市场监管行为必须有明确的法律授权，以及明确的法律程序和实体界定，而我国法律并没有对行业协会的市场监管主体地位予以确认。

目前，行业协会对协会成员的市场竞争行为事实上所发挥的监管作用，是基于政府的授权代政府行使的市场监管权,行业协会本身不是市场监管的主体。相反,行业协会在多种情形下是监管对象,如行业协会实施或者协助其成员实施垄断行为中的垄断协议行为和各种不正当竞争行为时,便成为市场监管行为的受体,并依法应承担相应的法律责任。2007年,方便面、洗车和网吧等行业集体涨价的事件也说明了我国行业协会实际上成为经营者利益代表者的状态,对此,2008年国家发改委在《价格违法行为行政处罚规定》的修订中,加入了对行业协会的价格违法行为的处罚规定。

【点评】

行业协会介于经营者和政府之间的角色定位十分复杂,而我国目前并没有专门的行业协会立法进行规定,使得行业协会在现实生活中并没有发挥出应有的自律和服务功能,这正是下一步加强行业协会监管、促进行业协会发展的重要目标。

案例思考题

电信、联通遭遇反垄断调查

【案情】

2011年11月9日,中央电视台《新闻30分》播出消息称,相关部委已就宽带接入问题对中国电信、中国联通展开反垄断调查,并有可能对两家企业进行反垄断处罚。2011年上半年,国家发改委价格监督检查与反垄断局接到举报后,立刻启动了对中国电信、中国联通涉嫌价格垄断案的调查,调查的主要内容是中国电信、中国联通在宽带接入及网间结算领域是否利用其自身具有的市场支配地位,阻碍影响其他经营者进入市场等行为。

此前国家信息化专家委员会发布的一份报告显示,截止到2010年,我国宽带上网平均速率位列全球71位,不及美国英国日本等三十几个经济合作组织国家平均水平的1/10。但是,平均一兆每秒的接入费用却是发达国家平均水平的3—4倍。

国家发改委价格监督检查与反垄断局副局长李青在接受采访时表示,目前已经基本查明了中国电信和中国联通两家企业是在互联网接入这个市场上占有2/3以上的市场份额,具有市场支配地位。如果他们利用这种市场支配地位,对与自己有竞争关系的企业给出高价,对没有竞争关系的企业给予优惠,那么这种行为在反垄断法上称之为"价格歧视"。如果事实成立,定性准确,中国电信、中国联通将被处以上一年度营业额的1%—10%的罚款,可能高达数十亿元。

据有关部门的初步估算,如果能够推动市场上形成有效竞争,未来5年可以促使上网价格下降27%—38%,至少为消费者节约上网费用100—150亿元。

【问题】

以《反垄断法》的规定为例,分析市场监管法所体现的公平价值取向。

【提示】

《反垄断法》列举了几种主要的垄断行为,并对其进行规制,这些规定主要是矫正被垄断行为扰乱的市场秩序,恢复公平竞争的环境,其所体现的公平价值,更侧重于实质公平、结果公平。

第十二章 竞争法律制度

本章要点

1. 核心内容

竞争法,是指在反对垄断或限制竞争和反对不正当竞争过程中发生的市场监管关系的法律规范的总称。为确立和维护竞争秩序,竞争法以效率优先、兼顾公平为政策目标,旨在形成有效竞争、有序竞争,维护消费者的利益和维护社会经济秩序,促进社会总福利水平的提高。竞争法的调整对象是在反对垄断或限制竞争和反对不正当竞争过程中发生的市场监管关系,简称竞争监管关系,它不同于竞争关系。

我国采用分立式的竞争法立法模式,即将垄断行为或限制竞争行为和不正当竞争行为区别开来分别立法,形成反不正当竞争法与反垄断法并行的格局,二者相互配合、相互补充,共同规范经营者竞争行为,维护市场秩序,构成市场监管法的核心。

反不正当竞争法的法律规范主要是禁止经营者在市场交易活动和在提供商品或服务的经营活动中,违背诚实信用的原则和公认的商业道德,损害其他经营者合法权益,扰乱社会经济秩序的行为。《中华人民共和国反不正当竞争法》禁止的不正当竞争行为主要包括:采用欺骗性标志从事交易的行为,强制性交易行为,滥用行政权力限制竞争的行为,商业贿赂行为,虚假宣传行为,侵犯商业秘密的行为,压价排挤竞争对手的行为,搭售和附加不合理交易条件的行为,不当有奖销售行为,诋毁商誉的行为,串通勾结投标行为。其中强制性交易行为、滥用行政权力限制竞争的行为、压价排挤竞争对手的行为、搭售和附加不合理交易条件的行为、串通投标的行为不同程度地具有垄断性质。

反垄断法是调整在反对垄断或限制竞争过程中发生的市场监管关系的法律规范的总称。反垄断法有两个重要原则——本身违法原则与合理原则,后者是对前者的修正与补充,表明在垄断行为合法性的判断中,后者具有非常重要的地位。我国《反垄断法》于2007年8月颁布,其立法宗旨是:预防和制止垄断行为,保护市场公平竞争,提高经济运行效率,维护消费者利益和社会公共利益,促进社会主义市场经济健康发展。《反垄断法》规定的予以预防和制止的垄断行为包括:经营者达成垄断协议,经营者滥用市场支配地位,具有或者可能具有排除、限制竞争效果的经营者集中。同时,《反垄断法》还规定,行政机关和法律、法规授权的具有管理公共事务的组织不得滥用行政权力,排除、限制竞争。我国《反垄断法》的执法采用的是二元执法体制,即分别设立反垄断委员会和反垄断法执法机构。在适用范围上,我国《反垄断法》第2条规定:"中华人民共和国境内经济活动中的垄断行为,适用该法;中华人民共和国境外的垄断行为,对境内市场竞争产生排除、限制影响的,适用本法。"

2. 主要制度

反不正当竞争法领域的主要制度包括:禁止采用欺骗性标志从事交易的制度,禁止假冒他人注册商标的制度,禁止仿冒知名商品的其他标志的制度,禁止仿冒他人企业名称或姓名的制度,禁止在商品上使用质量虚假标志的制度;禁止商业贿赂的制度;禁止虚假宣传的制度;禁止侵犯商业秘密的制度;禁止不当有奖销售的制度;禁止诋毁商誉的制度。

反垄断法领域的主要制度包括:垄断协议制度、滥用市场支配地位制度、经营者集中制度和行政性垄断制度。

3. 实务提示

反不正当竞争法与消费者权益保护法、产品质量法同属市场监管法范畴,关系较为密切,在立法规范上也多有重合,在实践中如发生法条竞合的情形,本着特别法优于一般法的原则,优先适用消费者权益保护法或者产品质量法。此外,反不正当竞争法在一定程度上对知识产权法有补充作用,在实务中,有不少涉及知识产权领域的不正当竞争案件,因此要注重对知识产权法的学习。随着经济的发展,不正当竞争行为的具体形态会有不断更新,因此,在实务中除了法律中明文规定的十一种情形以外,当一些新的不正当竞争手段出现时,要注意运用原则性规定。

相关法律、法规、规章、司法解释

1. 法律

《中华人民共和国反不正当竞争法》(全国人大常委会,1993年9月2日通过)

《中华人民共和国反垄断法》(全国人大常委会,2007年8月30日发布)

2. 行政法规

《关于国务院反垄断委员会主要职责和组成人员的通知》(国务院办公厅,2008年7月28日发布)

《关于经营者集中申报标准的规定》(国务院,2008年8月3日发布)

3. 行政规章、地方性法规

(1) 反不正当竞争法

《国家工商行政管理总局关于对〈反不正当竞争法〉第五条第(四)项所列举的行为之外的虚假表示行为如何定性处理问题的答复》(国家工商行政管理总局,2007年10月17日发布)

《国家工商行政管理局关于〈反不正当竞争法〉第二十三条和第三十条"质次价高"、"滥收费用"及"违法所得"认定问题的答复》(国家工商行政管理总局,1999年12月1日发布)

《国家工商行政管理局关于有奖促销中不正当竞争行为认定问题的答复》(国家工商行政管理总局,1999年4月5日发布)

《国家工商行政管理局关于进一步贯彻实施〈反不正当竞争法〉的若干意见》(国家工商行政管理总局,1995年9月6日发布)

《国家工商行政管理局关于不正当竞争行为违法所得计算方法问题的通知》(国家工商行政管理总局,1994年6月29日发布)

(2) 反垄断法

《未依法申报经营者集中调查处理暂行办法》(商务部,2011年12月30日发布)

《工商行政管理机关禁止垄断协议行为的规定》(国家工商行政管理总局,2010年12月31日发布)

《工商行政管理机关禁止滥用市场支配地位行为的规定》(国家工商行政管理总局,2010年12月31日发布)

《关于实施经营者集中资产或业务剥离的暂行规定》(商务部,2010 年 7 月 5 日发布)

《经营者集中审查办法》(商务部,2009 年 11 月 24 日发布)

《经营者集中申报办法》(商务部,2009 年 11 月 21 日发布)

《金融业经营者集中申报营业额计算办法》(商务部,2009 年 7 月 15 日发布)

《工商行政管理机关查处垄断协议、滥用市场支配地位案件程序规定》(国家工商行政管理总局,2009 年 5 月 26 日发布)

案例分析

案例分析一:美国施乐公司滥用市场支配地位案[①]

【案情】

施乐公司和 MS 公司分别是两家制造用于施乐牌彩色相变打印机的替换固体油墨棒的公司。这种替换固体油墨棒与施乐牌彩色相变打印机是唯一兼容的。

2006 年 6 月 23 日,原告施乐公司起诉称被告 MS 公司生产、使用和销售用于施乐牌彩色相变打印机的替换固体油墨棒侵犯了其多项专利。2007 年 1 月 16 日,MS 公司基于《谢尔曼法》第 2 条对施乐公司提起反垄断反诉。MS 公司的反垄断指控如下:(1) 施乐公司是美国彩色相变打印机的唯一销售商,同时也是用于这种打印机的替换固体油墨棒的主要供应商,其市场份额高达 90% 以上。由于这种替换固体油墨棒与施乐牌彩色相变打印机是唯一相互兼容的,MS 公司认为这种用于施乐牌彩色相变打印机的替换固体油墨棒市场为相关市场,而施乐公司在该相关市场具有垄断势力。(2) 施乐公司为了获得和保持其在替换固体油墨棒市场中的垄断地位,实施了以下反竞争行为:首先,施乐公司重新设计了其彩色相变打印机的喷墨嘴,以阻止 MS 公司销售替换固体油墨棒给这些新款打印机用户。其后,施乐申请并获得这种新的喷墨嘴和相应的替换固体油墨棒的专利保护,从而阻止 MS 公司修改替换固体油墨棒并使之与新款打印机相

---

① 案例内容基于 Lexis 英文数据库翻译、整理。案例名称:XEROX CORPORATION V. MEDIA SCIENCES INTERNATIONAL, INC. and MEDIA SCIENCES, INC,案例数据库编号:511 F. Supp. 2d 372; 2007 U.S. Dist. LEXIS 68081; 2007-2 Trade Cas. (CCH) pp.75,965.

匹配。(3)施乐公司散播有关 MS 公司的虚假和诋毁性的言论。(4)施乐提供"忠诚回扣"给那些同意不销售 MS 公司生产的替代固体油墨棒的经销商、代理商和批发商。

原告施乐公司主张 MS 公司反垄断反诉缺乏必要理由,包括:有效的反垄断损害、有效的相关市场界定以及被禁止的反竞争行为。施乐公司称,根据《克莱顿法》的相关常设要求,MS 公司需证明存在反垄断损害,并证明它是可以提起私人反垄断诉讼的适格当事人,而 MS 公司不能满足这些要求。施乐公司还主张法院拒绝 MS 公司声称的相关产品市场的定义,因为替代固体油墨棒只是用于施乐牌彩色相变打印机的替换固体油墨棒。这种替换固体油墨棒并不是单一品牌的产品,原被告都在制造销售它们。针对 MS 公司对其垄断势力的指控,施乐公司指出,即使在替换固体油墨棒市场占据垄断份额,自己也不具有垄断势力,因为在打印机市场不具备支配地位,更具体地说,施乐公司辩称它不可能提高其替代固体油墨棒的价格,因为这样做增加的利润会被减少打印机销量的利润损失所抵消。因而,施乐公司请求法院考虑将彩色打印机及其耗材作为整体进行垄断势力的考察。针对 MS 公司对其反竞争行为的指控,施乐公司称 MS 公司误解了反托拉斯法,以为不能引进新的产品和重新设计产品,并向法院寻求产品的专利保护。MS 公司则称其没有质疑该知识产权行为在一般意义上的合法性,但是施乐公司的反竞争目的和效果使得该行为不合法。MS 公司同时称施乐公司重新设计和申请专利的目的是全面掠夺,将 MS 公司排除出市场,并且使其他竞争者也无法进入,同时也没有提高产品质量。

该案最终于 2007 年 9 月 14 日经美国纽约南区地方法院判决,拒绝施乐公司关于驳回 MS 公司对其提起反垄断反诉的动议,准许 MS 公司根据施乐被指控的重新设计、申请专利和它的忠诚回扣行为提出索赔。

【问题】
1. 分析本案中对相关市场界定的方式。
2. 施乐公司哪些行为构成反垄断法所禁止的滥用市场支配地位的行为?

【观点】
本案中对相关市场界定的主要依据是可替代性原则,并从消费者的角度出发,认定同一品牌的产品也可以构成一个独立的市场。施乐公司的"忠诚回扣"实际上属于独家交易,其申请喷墨油嘴专利的行为属于利用专利权排除限制竞争,这两者均构成反垄断法所禁止的滥用市场支配地位的行为。

【分析】
滥用市场支配地位行为定性的逻辑起点是具有市场支配地位,而对市场支配地位的认定则需界定相关市场以及判断经营者在该相关市场的影响力。本案中法院认可了 MS 公司对于相关市场的界定,主要依据的是合理的可替代原则。根据该原则,产品或者服务的相关产品市场包括所有在性能和用途上具有合理可替代性的产品或者服务。由于用于施乐牌彩色相变打印机的替换固体油墨棒只能与此打印机相兼容,不能用于其他牌子的彩色相变打印机,也不能用于其他类型的打印机,因此相关产品只包括用于施乐牌彩色相变打印机的替换固体油墨棒。在界定相关市场时,本案具有较大争议的地方在于"同一品牌的产品是否能构成一个相关市场"。对此,美国法院早有判例,1992 年美国最高法院在对柯达公司案的判决中提到"相关市场的定义取决于选用柯达设备的用户。……在有些情况下,同一个品牌的产品也可以构成一个独立的市场"。也就是说,认定两个以上的产品或者服务是否属于同一产品市场,关键是看用户或者消费者的看法。对于使用施乐品牌彩色相变打印机的用户而言,可以替换的耗材只有固体油墨棒而已,因此固体油墨棒可以构成独立市场。

一般而言,市场支配地位可以由经营者在相关市场中占据较高市场份额来推定。但是本案存在特殊情况,即虽然施乐在替换固体油墨棒市场占据较高的份额,但当该固体油墨棒属于售后服务产品时,判断其是否具有垄断地位,还需考查与此有关的初级市场的产品,即该种售后服务产品的提价带来的利润能否被对应的初级产品的销量下降带来的利润损失抵消。美国最高法院在 1992 年的柯达案中对类似问题做了详细的分析,认为售后市场产品的提价很难影响到初级市场产品的销量。基于该分析,考虑到本案初级市场产品与售后市场产品的关系,法官倾向于确定施乐公司具有市场支配地位。

反垄断法并不直接规制市场支配地位,而是规制利用该市场支配地位所为的限制竞争的行为,如固定价格、掠夺性定价、拒绝交易、搭售、独家交易和差别待遇等。本案中构成反垄断法所禁止的滥用市场支配地位的行为包括施乐公司滥用专利权和独家交易的行为。

专利权是一种合法的独占,其目的在于保护技术进步。一般意义上行使专利权的行为不会受到反垄断法的规制,除非该项行为具有排除、限制竞争的目的。施乐公司重新设计喷墨嘴并不具有显著提高效率或者节约成本的合法理由,但该行为限制了 MS 公司生产的固体油墨棒的销售,也排除了其他竞争者进入该固体替换油墨棒市场,具有排除和限制固体油墨棒市场竞争的目的和效果,因而符合滥用市场支配地位行为的条件。

施乐公司提供"忠诚回扣"的行为从表面上看属于独家交易行为。所谓"独家交易",是指具有市场支配地位的经营者没有正当理由,限定交易相对人只与其进行交易或者只能与其指定的经营者进行交易的行为,美国《克莱顿法》第3条对此有明确的规定。施乐公司以提供"忠诚折扣"为条件,要求其经销商、代理商和批发商同意禁止销售其唯一竞争对手 MS 公司的固体油墨棒。它凭借自己的垄断势力,利用这个名义上是协商、实质上是要挟的行为,将 MS 的同类产品排挤出该市场,具有既减少了消费者的选择,又限制了竞争的目的和效果,因此这种独家交易行为符合滥用市场支配地位的条件。

由上面分析还可看出,滥用专利权和独家交易的行为是否应该构成滥用市场支配地位的行为适用合理原则,而非本身违法原则。本身违法原则,也称当然违法原则、自身违法原则,指对一旦发生即会对市场竞争造成损害的限制竞争行为,一旦确认该行为发生即认定其违法,而不再考虑其他因素。美国判例法和制定法,明确了几种适用本身违法原则的限制竞争行为,如固定价格、划分市场、联合抵制和限制转售价格等。而与此相对的合理原则,是指对市场竞争损害的发生与否和损害大小不确定的限制竞争行为,既要确认该行为是否发生,还要确认和考量行为人的市场地位、经济实力、行为的目的、方式和对市场竞争所造成的损害后果等诸多因素。本案中法官对施乐滥用专利权(重新设计和申请专利保护)行为和独家交易(忠诚回扣)行为,认定其是否属于滥用市场支配地位的行为,都进行了详细的合理性分析。法官认为,只有当滥用专利权和独家交易具有排除或者限制竞争的目的和效果时,才属于滥用市场支配地位的行为,才构成垄断。从 MS 指控的施乐滥用专利权和独家交易行为具有排除和限制固体油墨棒市场的目的和效果,因此基于合理原则认定其属于滥用市场支配地位的行为。

【点评】

专利权具有排他性,这是其最重要的法律特点之一。但是,作为合法的独占,专利权也并非全无限制。对其内部限制包括地域、时间上的限制,也包括专利侵权的例外制度和强制许可制度。对其外部限制指的是专利权行使上的限制,这种限制主要来源于反垄断法,也就是说,专利权的行使不得造成损害、限制竞争的后果,否则,仍然要受到反垄断法的规制。

案例分析二:微软公司滥用市场支配地位搭售案[①]

【案情】

美国微软公司是软件行业的最著名的企业,其研发的 Windows 操作系统在

---

① 案例来源:《从微软搭售案看美国反垄断法》,载《法制日报》2000年1月23日第3版。

全球市场占有90%以上的份额。20世纪90年代初，微软公司为了扩大其当时市场份额较低的网络浏览器软件IE(Internet Explorer)的市场份额，挤压其竞争性产品的市场空间，通过在Windows操作系统中强行捆绑、无偿配送和强行要求电脑硬件厂商安装等方式搭售IE，使IE在短短的一年内装机数量大增，市场份额提高2%，而它的竞争对手的市场份额则大大下降。1998年5月18日，美国联邦政府司法部与20个州的总检察官对微软公司提出反垄断诉讼，控告微软滥用其市场支配地位，妨碍其他软件厂商与其进行正当竞争，以保护并扩大其软件的垄断地位。美国哥伦比亚地方法院认为微软公司在个人电脑操作系统中滥用市场支配地位，其行为损害了消费者、电脑制造商和其他公司的利益。2000年6月7日，判决将微软公司一分为二。2000年6月13日，微软公司提起上诉。28日，上诉法院作出判决，基本确认微软公司采用非法和反竞争手段来维持它在电脑操作系统上的垄断地位；但是，否决了初审法院关于微软试图将垄断地位扩展到浏览器软件领域的认定，将微软将浏览器软件与Windows操作系统捆绑销售违反反垄断法的判决发回重审。11月6日，微软公司与司法部和原告中的9个州和解，政府不再坚持对微软拆分，微软公司则承诺给予电脑制造商更大灵活性，允许他们同时与微软公司竞争的软件开发商签订合同，把产品标识置于微软公司的Windows操作系统上，禁止微软公司对电脑生产商、软件开发商和其他选择竞争者产品的企业进行报复。但是原告中的9个州一致认为司法部和微软的协议不足以抑制微软的垄断倾向，难以保护消费者的利益，坚持将反垄断诉讼进行到底。

【问题】

何为搭售？反垄断法禁止搭售行为的法理依据何在？微软公司将其IE浏览器软件与其占据市场支配地位的Windows操作系统捆绑销售的行为是否构成滥用市场支配地位的搭售行为？

【观点】

搭售是指卖方在销售一种商品时，以买方同时购买另一种商品为条件。搭售行为，特别是滥用市场支配地位的搭售行为，严重损害公平竞争秩序、损害消费者利益，是反垄断法对其进行规制的主要原因。

【分析】

搭售，是指经营者违背交易相对人的意愿，在销售某种商品或提供某种服务要求时交易相对人购买另外的商品或接受另外的服务，并以此作为交易条件的行为，也称为附条件交易行为。① 搭售成立的先决调解在于搭售商品与被搭售

---

① 马忠勤：《公平交易执法教程》，法律出版社2004年版，第164页。

商品之间必须是性质上相互独立并且是完全不同的商品。原则上，发生在两个非独立商品间的销售行为不属于搭售范畴。考虑搭售商品与被搭售商品是否为两个独立商品应当考虑三方面因素：一是需求因素，即部分消费者是否希望分开、独立地购买；二是技术因素，即两种商品是否可以分离而不影响产品性能；三是创新因素，即两种商品的整合是否可以取得意想不到的积极效果。很显然，IE 浏览器与 Windows 系统仅仅只是简单的功能整合，没有达到技术创新的地步，不捆绑也不会影响任一者的效果，而许多消费者也渴望能够将他们对浏览器的选择同他们对操作系统的选择分开。因此，微软将 Windows 系统与 IE 浏览器捆绑销售属于搭售行为。

搭售是存在于商品交换中的一种不正常现象。无论是商品买卖还是技术贸易，其本身是一种合同行为，双方的交易关系应建立在自愿平等、等价有偿的原则基础上；而搭售却是卖方违背买方意愿，凭着优势地位强行搭配商品或者附其他不合理条件，它违背了商品交易的基本准则，是对自由贸易的一种限制，具有反竞争的性质。搭售可能获得的非法利益有：借机推销滞销产品；比分别销售减少成本；使搭售品的价格高于竞争价格；借此打击所搭售商品的竞争对手，谋求在该领域的垄断地位。而搭售使用户和消费者付出额外的代价购买自己所需要的产品，或者使其付出额外的代价接受不需要的产品，损害消费者的利益。不过，并非所有搭售行为都是违反反垄断法的，例如获得规模经济、逃避价格管制等，其反垄断违法性有待考量。只有滥用市场支配地位情形下的搭售行为，才能构成反垄断法所规制的对象。

对搭售行为违法性的判断经历了从本身违法原则到合理性原则的转变，目前各国反垄断在对搭售行为进行规制时基本都适用合理性原则。对微软公司搭售 IE 浏览器软件的行为进行分析可以发现：

第一，微软公司在搭售商品的操作系统上具有市场支配地位。微软公司的 Windows 操作系统在英特尔兼容 PC 操作系统市场中的份额超过了 90%，并且受到进入操作系统市场时的高壁垒保护，这种高壁垒表现在微软客户没有在商业上可行的替代品来取代 Windows 操作系统的地位。[1]

第二，微软公司获得被搭售商品浏览器市场支配地位的可能性较大。自从微软公司采取搭售及排他性安排等措施后，其竞争对手网景公司浏览器市场份额从 1996 年 1 月的 80% 以上跌至 1997 年 11 月的 55%，1998 年底再次跌至

---

[1] 该项事实是就该案件起诉和审判的时间阶段而言的，目前微软的 Windows 操作系统已经有许多其他的竞争对手，其市场优势有所减弱。

50%左右;与此同时微软公司 IE 浏览器的市场份额由 5% 上升至 30%,并进而升至 45% 到 50% 之间。在对新用户的争夺中,微软公司更占上风。

第三,微软公司的行为严重损害了消费者的利益,阻碍了技术创新。据美国消费者协议的统计,在搭售 IE 浏览器的过程中,微软大约掠夺了用户 100 亿美元之多。更为严重的是,微软所采取的抵制网景公司 NAVIGATOR 浏览器的行动,遏制了更具创新活力的浏览器打破应用程序壁垒、为消费者提供更多选择。

因此,微软公司捆绑销售 IE 浏览器的行为构成搭售,并且该种搭售行为属于滥用市场支配地位的搭售,应当受到反垄断法的制裁。

【点评】

2004 年欧盟委员会以微软公司滥用其市场支配地位,将自己的媒体播放软件 Media Player 与 Windows 操作系统捆绑销售,侵犯了其他厂商和消费者的权利为由,宣布对微软公司处以 4.97 亿欧元的罚款。相似案件处理结果的不同可能受到地方保护主义倾向的影响,但仍然可以看出,在对搭售问题的判断上,欧盟采取了比美国更为严格的标准。

案例分析三:苹果公司诉摩托罗拉公司滥用知识产权案[①]

【案情】

摩托罗拉公司是移动电话行业的佼佼者,拥有 1.7 万项专利和 6800 项专利应用,包括一些信息技术行业的关键标准化专利。这些专利中,2G 和 3G 无线技术对苹果公司而言至关重要。2012 年 2 月,美国和欧盟反垄断机构批准谷歌以 125 亿美元收购摩托罗拉移动,摩托罗拉移动则承诺将把其所持有的专利公平、合理和没有歧视性条件地授权给其他公司。此后,苹果公司向欧盟委员会提起诉讼,指控摩托罗拉移动滥用专利权,拒绝以合理价格向其竞争对手授权专利,并利用专利优势,收取过高的专利使用费;同时,谋求借助欧盟各国法院的判决,阻止 iPhone、iPad、Xbox 和视窗(Windows)系列产品的销售,影响了苹果公司旗下 iPhone、iPad 等产品的发售,从而使摩托罗拉移动的产品占据更高市场份额。摩托罗拉公司否认了这一指控,并表示,自 2007 年起,其便开始与苹果公司开展授权谈判,不存在拒绝授权的情形。

此外,在美国,苹果公司也以摩托罗拉公司违反专利授权承诺为由,向美国

---

① 案例内容基于 Lexis 英文数据库进行翻译、整理,数据库编号:2012 U. S. Dist. LEXIS 89960;104 U. S. P. Q. 2D (BNA) 1611.

威斯康星州麦迪逊联邦法院提起诉讼,认为摩托罗拉公司滥用市场支配地位,其专利授权行为不公平。初审中,法院裁决双方的专利纠纷实际上是"互不侵犯",在上诉审理中,美国联邦法院法官 Richard Posner 作出裁决,以其不能在联邦法庭上证明受到的专利侵害价值而驳回所有苹果公司对摩托罗拉公司的指控。

【问题】

滥用专利权行为是什么性质?反垄断法为何要对滥用知识产权行为进行规制?

【观点】

专利权滥用是知识产权领域中最典型的违法垄断行为。反垄断法对于滥用知识产权行为进行规制,不仅源于知识产权法不足以解决知识产权滥用问题,更是出于其保护合法竞争、维护市场秩序的立法目标。

【分析】

专利权是专利权人依法获得的一种垄断性权利,具有独占性。他人在一定范围内使用该专利需支付专利许可使用费。该专利许可使用费可以认为是一种垄断价格,但并不受到反垄断规制。专利权滥用是指专利权人或独占实施的被许可人不正当行使其权利,采取不实施专利或利用其优越地位,不正当地限制交易或采取不公正的交易方法,损害他人或社会公共利益的行为。通常,滥用专利权的行为需要具备以下四个条件:(1) 行为主体为专利权人或独占实施的被许可人;(2) 行为人主观上有实施滥用专利的故意;(3) 客观上采取不实施或不正当地限制交易或采取不公正的交易方法的行为;(4) 侵犯了他人或公众利益。[①]

专利权滥用是技术进步和市场竞争的一大障碍,无论发达国家还是发展中国家,都对其可能出现的后果予以高度警惕,并通过严格的立法对其予以抵制。从专利制度的实质看,它要求发明人将其发明公开,作为对价,国家允许发明人在一定期间内对其发明创造享有独占权,即对发明有权实施合法的垄断,但这并不意味着知识产权领域特别是专利领域就不存在反垄断问题。在专利实践中,专利权人在许可他人使用自己的专利时,附加限制是一个通常的做法,当限制减少了竞争或构成不公正交易或歧视时,反垄断法不能轻易判其违法并予以禁止。不过,当专利权行使所附加的限制'不合理'地损害了竞争时,仍然有受反垄断法谴责的危险。

基于知识产权法的私权属性,尤其鼓励创新的旨意所在,专利法只能从权利内容的外延上界定权利,而不能约束类型化的专利权的形式范围,也就是说,专

---

① 姚兵兵:《专利权正当行使与滥用的实证研究》,载《司法论坛》2009 年 7 月。

利权法最多从衡平的视角出发给予一般公众以不视为侵权使用、强制许可等权利,但是却不能在此之外明确规定权利人如何行使权利。授权法而非限权法的属性使得专利法在滥用专利权行为规制方面存在天然的缺陷,而这正是反垄断法可以大有作为的空间。虽然各国反垄断法事先为知识产权预留一定的空间,但这种豁免是有限度的,不能与反垄断法维护有效竞争、维护市场秩序的目标相冲突。事实上,在当今激烈的国际科技、经济竞争中,跨国公司凭借其在专利权拥有范围方面的先发优势,在我国市场上以保护知识产权的名义,实际上是通过滥用专利权来谋求垄断利益,限制中国民族科技企业与其进行合理竞争。为维护国内自由公平的竞争秩序,保护我国民族经济的健康发展,也有必要建立起有效的规制专利权滥用的反垄断法律体系。

我国学界一般从反垄断规制的角度讲滥用专利权的行为归入不同的领域,分别是:其一,滥用市场支配地位的行为,包括拒绝许可、搭售、价格歧视、收取过高使用费等;其二,知识产权许可中的联合限制竞争,包括横向限制和纵向限制;其三,企业结合中的知识产权控制行为。这种认知方式也从间接反映了反垄断在规制专利权滥用行为方面的基础作用。但是,知识产权领域中的反垄断问题在我国目前还处于理论研究的起步阶段,《反垄断法》仅仅只有原则性规定,并无相关细节规定。下一步要加强专利权滥用反垄断规制,不仅要从立法的角度完善相关的法律法规,更要从执法角度明确反垄断执法机构、细化其监管职责。

【点评】

本案中,上诉法院以证据不足驳回了原告的请求,但是案例中所提出的"滥用专利权"问题是值得思考的。专利权是有着垄断性质的权利,其垄断的属性是法律赋予的,在反垄断法上也享有一定的豁免权,但是这并不代表享有专利权的主体可以突破限度滥用权利,在行使权利的同时,同样需要有所限制,一旦突破合理限制,仍然要受到反垄断法的规制。

案例分析四:日本新潟市出租车行业拒绝交易案①

【案情】

日本新潟市政府官厅与新潟高科技通用乘车中心签订合同,授权其管理实施出租车的通用乘车卡,并由新潟高科技公共通用乘车券中心负责与各个出租车公司签订出租车通用乘车卡,其中21家出租车公司和2家低额运营的公司是

---

① 案例来源:日本公平交易委员会网站,http://www.jftc.go.jp/pressrelease/kankoku.html。

新泻高科技公共通用乘车券中心的控股股东。出租车乘客从新泻高科技公共通用乘车券中心购买通用乘车卡,并只能使用与新泻高科技公共通用乘车券中心有合同关系的出租车。但是,2006年8月,21家出租车公司联合恶意解散新泻高科技公共通用乘车券中心,同时设立"公共通用乘车券经营的三家公司",以"公共通用乘车券经营的三家公司"和"低额运营的公司"之间没有签订合同为由,从而使出租车乘客不能在"低额运营的公司"所属的出租车上使用通用乘车卡。

日本公正贸易委员会对新泻市所属的出租车行业,根据《不公正交易法》有关规定,进行审查后发现:2007年6月25日,这21家出租车公司,构成该法第19条第一款第二项的共同拒绝交易。基于此,日本公正交易委员会于2007年6月27日对21家出租车公司的行为作出了处理措施:

第一,禁止21家出租车公司共同通过控制"公共通用乘车券经营的三家公司",而不与"低价运营三家公司"不签订合同的行为。

第二,"公共通用乘车券经营的三家公司",必需就其改正措施和保证不再采取前项垄断行为向有关管理通用乘车卡行业的政府主管部门,企业等作出通知,通知必须提前得到日本公正贸易委员会的认可。

第三,21家出租车公司今后,在彼此之间,互相之间,或者是和同行业的其他经营者互相联合,在新泻交通圈(平成17年3月21日)没有正当的理由,不得限制以经营出租车行业的公司,特别是低价缔结运营的出租车公司订立通用乘车卡的相关拒绝交易类合同。

第四,21家公司必须分别对前几项要求作出承诺。其中,有17家公司的董事会必需分别进行决议。

【问题】

思考反垄断法规制拒绝交易行为的原因,并进一步分析本案中21家出租车公司是否构成反垄断法所禁止的拒绝交易行为。

【观点】

拒绝交易之所以受到反垄断法的规制,是因为其可能具有限制或者排除竞争的效果,这也奠定了反垄断法在认定拒绝交易行为时适用"合理性原则"的基础。21家出租车公司的行为构成联合限制竞争和滥用市场支配地位行为竞合,属于联合拒绝交易行为。

【分析】

拒绝交易是指拒绝向购买者,尤其是零售商或者批发商,销售商品的行为。市场经济中的市场主体有根据交易自愿原则选择交易对象和决定交易内容的权利,这是市场主体经营自主权的重要表现,同时也意味着市场主体在选择交易对象的过程中有拒绝交易的权利。我国《民法通则》第 4 条的规定,民事活动应当遵循自愿、公平、等价有偿、诚实信用原则。《合同法》第 3 条规定,合同当事人的法律地位平等,一方不得将自己的意志强加给另一方。第 4 条规定,当事人依法享有自愿订立合同的权利,任何单位和个人都不得非法干预。这些法律规定在确定市场交易平等和自愿原则同时,实际上也确认了市场主体的拒绝交易权。但是,市场主体行使拒绝交易权并非没有限制。

在竞争法领域,拒绝交易通常被认为是滥用市场支配地位的一种行为,受到反垄断法的规制。反垄断法并不一般性地给企业强行与其他市场主体合作的义务,毕竟市场经济条件下,合同自由是最基本的法律准则。但如果市场主体滥用合同资源原则,而对自由竞争造成损害的程度超过了合同本身受到限制的损害程度时,法律应当认可对合同的限制和制裁。

反垄断法通常适用"合理性原则"来考察拒绝交易行为是否受其规制,即只有拒绝交易所造成的损害超出其对市场的有利影响时,竞争法才课以责任,恢复竞争机制的有效性,反之则拒绝交易为合法。认定滥用市场支配地位的拒绝交易行为时,除了行为符合拒绝交易的一般表现之外,通常还需要考虑企业的市场力量、拒绝交易的理由以及由此造成对竞争的损害后果等。

拒绝交易之所以受到反垄断法的规制,是因为其限制、排除了竞争。从反垄断法的角度而言,其对拒绝交易的规制主要表现为:公用企业等具有自然垄断属性或者具有公益性的市场主体不得拒绝交易、具有市场支配地位或者拥有独占产品的市场主体不得拒绝交易、具有市场优势地位的市场主体拒绝交易应当受到限制、拥有知识产权的市场主体拒绝交易应当受到限制。

从世界各国的实践来看,拒绝交易的限制竞争行为主要有以下几种表现形式:

第一,拒绝交易以提高或者维持企业的市场力量。美国反托拉斯法将这种行为视为非法的独占,一方面考察拒绝交易产生的反竞争效果,一方面追问拒绝交易是否产生"创造或者维持垄断目的"。如果合作对于有效竞争必不可少,而行为者拒绝了与竞争对手进行交易,则构成非法的独占。

第二,"关键设施"或者"瓶颈"原则。如果被拒绝方能够证明(1)拒绝方控制了关键设施;(2)竞争者不能再建设同样的设施;(3)拒绝者利用了关键设施;(4)提供关键设施具备可能性;(5)拒绝交易的理由是不正当的。那么,拒绝交易者的行为即可被认定为非法。

第三,联合拒绝交易或称共同拒绝交易。联合拒绝交易是企业联合限制竞争行为与滥用市场支配地位行为的竞合。其构成要件包括几个方面：(1) 须有三方当事人，即联合拒绝交易协议的发起人、拒绝交易协议的参与人和第三人；(2) 发起人在相关市场具有市场优势地位，或者发起人与参与人共同拥有市场优势地位；(3) 主观上以损害特定第三人的利益为目的；(4) 拒绝协议发起人促使参与人拒绝交易；(5) 参与人拒绝交易是受发起人的影响；(6) 对竞争造成了损害。

案例中，日本新泻市 21 家出租车公司通过解散原有的出租车乘车卡发卡机构"新泻高科技公共通用乘车券中心"并成立新的发卡机构"公共通用乘车券经营的三家公司"的方式，拒绝将另外 2 家与自己存在竞争关系的低额运营的出租车公司纳入乘车卡发卡范围，其行为符合拒绝交易的一般特征。但是，要确定其是否属于反垄断法所规制的联合拒绝交易行为，还应当考察其市场地位、主观目的以及损害后果。

从日本新泻市出租车通用乘车卡的发放方式来看，政府将发卡权利授予某一特定机构，由消费者统一向该中心购买通用乘车卡，该机构在出租车市场具有独占的垄断地位。21 家出租车公司是该机构的控股股东，他们将 2 家低额运营公司撇出后新成立的"公共通用乘车券经营的三家公司"由于政府授权也当然具有这种垄断地位，并且这 21 家出租车公司对新成立的公司具有更纯粹的控制权。21 家出租车公司操纵"公共通用乘车券经营的三家公司"不与 2 家低额运营公司签订合同的目的在于排挤这 2 家低额运营公司，以维持自身的市场地位，并继续实施运营高价，其具有损害特定第三人、排除竞争的主观目的。由于 21 家出租车公司的行为，乘客无法在 2 家低额运营公司的出租车上使用通用乘车卡，限制甚至排除了 21 家出租车公司在这一领域与 2 家低额运营公司的竞争，也损害了消费者的选择权。因此，21 家出租车公司的行为构成反垄断法所规制的联合拒绝交易。

【点评】

值得注意的是，这 21 家出租车公司并非是通过直接签订协议拒绝与 2 家低额运营公司交易，而是通过联合行使其对另外一家公司的控制权而达到目的。日本公平交易委员会在适用《公平交易法》对 21 家出租车公司课以处罚时，并没有拘泥于形式上呈现的"公共通用乘车券经营的三家公司"拒绝交易，而是从行为的实质内容出发，直接认定并处罚该公司背后股东——21 家出租车公司的联合拒绝交易。

案例分析五：国美电器"零点利"销售空调案[①]

【案情】

在 2005 年 6 月 1 日的一个小型会议上，北京国美当着 20 余家空调厂商负责人的面宣布，将从今天起，以"一个月不赚钱"为代价，将京城空调的最低价格下拉近一半。

按照北京国美披露的"零点利"计划，国美将陆续对空调、冰箱、洗衣机、手机和数码产品实行总让利高达 1 亿元的优惠，其中空调产品的让利额度将不少于 2500 万元。北京国美总经理王辉文的口气很强硬："我们计划 6 月份在北京市场的空调销售额达到 2 亿元以上，单日销售量可能将突破 15000 套。国美的空调甚至可能以低于进价的价格出售。"

对于这笔巨额让利幅度的出售，王辉文解释说，今年上半年，国美与众多空调厂商签下了多达 108 亿元的巨额订单。5 月初，国美又秘密约见 200 余位家电厂商老总，签下了一份全新的战略联盟。另外，国美还投入 5 亿元，实施了买断、包销、定制等特别手段。"进价低自然售价低，国美的采购优势显然是无法比拟的。"他很骄傲地总结。

尽管国美此次优惠打着"联盟"的旗号，却仍像是一出"众星捧月"的独角戏。面对海尔、奥克斯、LG 等 20 多个空调厂商，王辉文的说辞存在明显矛盾。当宣称"国美不赚钱"时，他半开玩笑地告诉众厂商，"你们该赚的你们赚"；但当记者询问定制空调是否会与非定制同类产品"同门相争"时，他又郑重地声称："国美不是在单独行动，而是与厂家联手。"

有厂商代表向记者诉苦，年初以来，钢铁等原材料价格的节节攀升，已经对厂家形成成本威胁，常年同质化竞争的恶果，又导致部分旧型号产品滞留库中。处于双重煎熬之中的空调厂商，此前甚至曾结成"涨价联盟"，逼迫空调价格一度上涨 10% 至 15% 左右，但国美此举无异于浇灭了他们的希望。显然，国美又一次习惯性地动了上游厂家的"奶酪"。但面对这条"渠道为王"的巨鳄，厂商却乖乖地再次"交权"。海尔方面在评述与国美的合作时，意味深长地说了一句"国美的需求量非常大"。有数据显示，国内目前高位徘徊的空调库存量，今年将突破 1000 万套，而空调行业的总体生产规模已超过 6000 万套。

在库存减压与盈利需求间摇摆不定的态度，显然成为厂家被国美揪住的软肋。国美的一份书面材料成为这场棋局最好的注脚：国美"产品所需量对各家

[①] 案例来源：《国美空调垄断价格 "零点利"半价销售》，作者周健森，《北京日报》2005 年 6 月 2 日。

制造商来说,远非其他卖场所能相比。面对国美庞大的订单,家电制造商也不得不低价卖货,以争取靠销售数量扳回利润"。

【问题】

国美电器的行为是否构成掠夺性定价?

【观点】

国美电器利用其市场支配地位,实施掠夺性低价行为,造成了对竞争对手的打压和对生产者的利益损害,并将最终不利于家电行业的良性发展。

【分析】

国美电器在进行"零点利"销售空调时,我国《反垄断法》尚未颁布,不过,这并不妨碍我们从现行《反垄断法》的角度对国美电器的行为进行分析。

掠夺性定价是指在市场经济活动中,具有一定市场支配力的经营者以排挤竞争对手为目的,在特定的市场范围内暂时以低于成本的价格连续地销售产品或者提供劳务的行为。经济合作与发展组织和世界银行以及有些学者对掠夺性定价的界定并不相同,但是共同地包含了低于成本销售、排挤竞争对手、获得垄断利润的目的等要素,而这些要素也正是掠夺性定价行为的核心。因此,掠夺性定价实质上是企业的一种定价策略,是企业为了排挤竞争对手、谋求未来的利润而确定的低于成本的价格。这种策略行为的初始结果是市场价格的降低,直到不再充分覆盖竞争对手的成本为止。虽然在一定的时间范围内给消费者带来了福利,但是,从长远来看,市场主体进行掠夺性定价的根本目的还是获取或者巩固市场支配地位后,日后再提高价格,获取高额垄断利润。这也是反垄断法对掠夺性定价行为进行规制的原因所在。

我国《反垄断法》在滥用市场支配地位这一章节中对掠夺性定价进行了规定,第17条规定,禁止具有市场支配地位的经营者从事下列滥用市场支配地位的活动……没有正当理由,以低于成本的价格销售商品。由此可见,构成我国《反垄断法》上的掠夺性定价,应当满足三个条件:一是经营者具有市场支配地位;二是以低于成本的价格销售商品;三是没有正当理由。

一般来说,经营者的市场支配地位应主要依据经营者在相关市场占有市场份额、市场行为和市场行为标准,所经营商品的可替代程度和新的竞争者进入市场的难易程度进行判定。我国《反垄断法》第18条规定,认定经营者具有市场支配地位,应当依据下列因素:(1)该经营者在相关市场的市场份额,以及相关市场的竞争状况;(2)该经营者控制销售市场或者原材料采购市场的能力;(3)该经营者的财力和技术条件;(4)其他经营者对该经营者在交易上的依赖程度;(5)其他经营者进入相关市场的难易程度;(6)与认定该经营者市场支配地位有关的其他因素。第19条进一步从市场份额角度对经营者市场支配地位的推定作出了规定，认为有下列情形之一的，可以推定经营者具有市场支配地位：(1) 一个经营者在相关市场的市场份额达到1/2的；(2) 两个经营者在相关市场的市场份额合计达到2/3的；(3) 三个经营者在相关市场的市场份额合计达到3/4的。有前款第二项、第三项规定的情形，其中有的经营者市场份额不足1/10的，不应当推定该经营者具有市场支配地位。

市场份额是指经营者的生产量、销售量或生产能力占相关市场的比例。下图是家电连锁企业2005年的销售业绩，也就是国美电器"零点利"销售空调时的市场份额数据。根据该数据，国美电器已经占据了家电连锁销售企业的41%的市场份额。虽然未达到一半以上的市场份额，但国美电器作为国内家电企业龙头的地位已确定无疑，其行为对家电市场的价格有直接冲击作用。新闻报道显示，面对"渠道为王"的巨鳄国美，厂商乖乖地再次在价格上"交权"，表明国美电器控制市场的能力较强、厂商对其依赖程度较高。因此，我们基本可以断定，国美电器在我国家电销售市场具有市场支配地位。

国美	苏宁	永乐	三联商社	五星（百思买）
498亿	397亿	151亿	20多亿	146亿

在具有市场支配地位的情况下，国美巨额订单压低价格的行为显然符合了掠夺性定价的特征，并且没有合理理由予以豁免：一方面，对于家电销售市场而言，国美为了扩大自身市场份额或降低竞争对手的市场份额而以不合理的低价销售商品和提供服务；另一方面，作为具有市场支配地位的经营者，国美利用其市场支配地位，以远高于社会平均利润率的幅度确定其购买价格购买商品和服务。在钢铁等原材料价格的节节攀升的情况下，空调价格本应遵循市场规律上涨，但国美以其销售商的垄断地位迫使生产厂商低价出卖，损害了生产商的利益。

【点评】

对于掠夺性定价的规制，各国反垄断法的态度并不完全相同。有的国家认为低价销售对于增加消费者福祉、促进价格竞争具有一定的作用，特别是在特定市场进入壁垒并不高的情况下，低价销售阶段过去后，恢复正常价格或者采取垄断高价都会吸引潜在竞争者进入该市场，从而形成新的竞争格局。但是，大部分国家认为从长远来看，掠夺性定价对行业健康发展不利，对竞争的影响较大，将其纳入反垄断法规制的范围。

案例分析六:可口可乐收购汇源果汁案

【案情】

2008年9月3日,汇源果汁公告称,荷银将代表可口可乐公司全资附属公司以约179.2亿港元收购汇源果汁集团有限公司股本中的全部已发行股份及全部未行使可换股债券,可口可乐提出的每股现金作价为12.2港元,较汇源停牌前的收盘价4.14港元溢价1.95倍,涉及资金约179.2亿港元。[①]

可口可乐公司(Coca-Cola Company)成立于1892年,总部设在美国佐治亚州的亚特兰大,是全球最大的饮料公司,拥有全球48%市场占有率,在200个国家拥有160种饮料品牌,包括汽水、运动饮料、乳类饮品、果汁、茶和咖啡,亦是全球最大的果汁饮料经销商。北京汇源饮料食品集团有限公司1992年创立于山东省,并于1994年将总部迁至北京,是一家主营果蔬汁及果蔬汁饮料的大型现代化企业集团。至2008年,其已在全国建立了130多个经营实体,形成了几乎遍布全国的销售网络,成为公认的中国果汁行业第一品牌。

交易的一方是全球最大的碳酸饮料巨头,另一方则是中国大陆果汁饮料龙头企业,《反垄断法》甫一施行即迎来前所未有的关注,如果此项并购获批通过,将成为可口可乐历史上第二大收购案,也将成为中国截至当时最大的一笔外资并购案。2008年9月8日,多家企业欲联名上书商务部,理由为两家公司合并后将垄断一半以上渠道,而在普通民众中还产生了对民族品牌发展前景的普遍忧虑。2008年9月15日,知情人士透露,以牵手为首的国内饮料企业将向商务部提交三个替代方案:将汇源分拆出售由中国各大企业分别购买;把汇源资产与品牌分离,"把资产当猪卖,把品牌当人留";组织一个人民币基金共同购买。

2008年9月19日,可口可乐公司表示已经向商务部提交了申报材料,但商务部反垄断局审查后认为申报材料不合格,要求可口可乐公司提交补充材料。11月6日,商务部表示,可口可乐提交的申请材料尚未达到《反垄断法》第23条的要求,并购行为尚未立案。可口可乐最后一次根据要求提交补充材料是在11月19日。12月5日,商务部新闻处发表书面声明称,可口可乐收购汇源果汁案的整套申报材料已经达到《反垄断法》第23条的要求,根据《反垄断法》的规定,商务部决定予以受理,并通知了申报方。但具体立案日期以及结果何时揭晓均对外保密。根据收购要约,双方最初签订的收购协议有效期为200天,若超过

[①] 根据人民网《可口可乐公司宣布计划收购汇源果汁集团》整理,http://www.022net.com/2008/93/436263133071719.html,最后访问2013年4月5日。

200天(即到2009年3月22日)还没有得到商务部回复,协议将自动解除。由于此项集中规模较大、影响复杂,2008年12月20日,初步阶段审查工作结束后,商务部决定实施进一步审查,书面通知了可口可乐公司。2009年1月6日,可口可乐并购汇源案反垄断审查进入第二阶段。3月18日,商务部依据《反垄断法》作出了禁止可口可乐收购汇源的决定,这是《反垄断法》自2008年8月1日实施以来首个未获通过的案例。①

商务部在《关于禁止可口可乐公司收购中国汇源公司审查决定的公告》中指出:该项经营者集中将在以下几方面对竞争产生不利影响:其一,集中完成后,可口可乐公司有能力将其在碳酸饮料市场上的支配地位传导到果汁饮料市场,进而限制竞争,损害消费者利益;其二,集中后可口可乐公司对果汁市场控制力加强,进而会抬高潜在竞争对手进入果汁饮料市场的门槛;其三,集中会挤压中国国内中小型果汁企业的生存空间,不利于中国果汁行业的持续健康发展,因此,商务部决定禁止此项经营者集中。②

【问题】

运用所学的反垄断法知识,分析本案对经营者集中进行审查的各项因素,并进一步思考商务部审查的合法性与合理性。

【观点】

经营者集中的反垄断审查是一项系统且复杂的工程,需要大量搜集和处理相关数据及材料,在界定相关市场的基础上,计算市场份额和市场集中度,进而推断市场控制力和市场影响力,并考虑市场进入状况、效率以及符合社会公共利益等可豁免情况,最终通过利益权衡作出是否禁止的审查决定。商务部在可口可乐收购汇源案中的审查符合反垄断法相关规定,但是,在合理性上存在值得商榷之处。

【分析】

根据我国《反垄断法》第27条的规定,审查经营者集中,应当考虑下列因素:(一)参与集中的经营者在相关市场的市场份额及其对市场的控制力;(二)相关市场的市场集中度;(三)经营者集中对市场进入、技术进步的影响;(四)经营者集中对消费者和其他有关经营者的影响;(五)经营者集中对国民经济发展的影响;(六)国务院反垄断执法机构认为应当考虑的影响市场竞争的

---

① 根据新浪网专题报道《商务部禁止可口可乐收购汇源》整理,http://finance.sina.com.cn/focus/huiyuan_2009/,最后访问2013年4月5日。

② 详见商务部反垄断局网站http://fldj.mofcom.gov.cn/aarticle/ztxx/200903/20090306108494.htm,中华人民共和国商务部公告【2009】第22号。

其他因素。

界定相关市场是反垄断执法关键步骤，直接影响甚至决定着反垄断案件的处理结果。判定经营者的市场地位以及集中是否会造成排除、限制竞争的效果，都必须以界定相关市场为前提。界定相关市场的方法不是唯一的，可以基于商品的特征、用途、价格等因素进行需求替代分析，必要时进行供给替代分析。在经营者竞争的市场范围不够清晰或不易确定时，可以按照"假定垄断者测试"的分析思路来界定相关市场。

在本案中，将相关市场界定为饮料市场、非碳酸饮料市场、果汁市场，还是纯果汁饮料市场、中浓度果汁市场或低浓度果汁市场，对市场竞争影响的判断会产生截然不同的影响。相关市场范围越大，经营者所占市场份额越小，集中对竞争的影响就越小。

根据 AC 尼尔森的调查数据，以销售额计算，2007 年汇源果汁在中国果汁饮料市场占有率为 16.27%，纯果汁、中浓度果汁以及低浓度果汁市场占有率分别为 44.3%、39.7% 和 7%。在纯果汁市场上，前 9 名厂家的市场份额为 95%，其中汇源占 44.3%，第二名竞争对手的市场份额只有 12.1%。如果将相关市场界定为纯果汁市场，则集中会进一步拉开汇源与其他竞争对手的差距，形成一家独大的局面，可能对市场竞争造成不利影响，反垄断审查应予谨慎对待。中浓度果汁市场为双头寡占状态，汇源果汁占有 39.7% 的市场份额，它的一个竞争对手占 38.8% 的市场份额，而该市场前 7 名厂家所占市场份额达到 89%。如果将相关市场界定为中浓度果汁市场，集中会强化汇源的优势地位，但并不能改变双头寡占的市场竞争状态，是否应予以禁止则需进一步考察权衡。低浓度果汁市场前三名厂家的市场份额分别为 29.1%、26.4%、19.6%，汇源果汁只占据 7% 的市场份额，并不具有优势地位，如果将相关市场界定为低浓度果汁市场，集中对该市场竞争的影响较为有限。

可口可乐是全球最大软饮料制造商，其核心产品为碳酸类饮料。由于没有明确的统计口径，不同的咨询机构给出的结论并不相同，根据引用较多的欧睿国际信息咨询公司的数据，以销售额计算，2007 年，可口可乐占有中国软饮市场 15.5% 的份额，占有中国果汁市场 9.7% 的份额。商务部将本案的相关市场界定为果汁类饮料市场，理由是：果汁类饮料和碳酸类饮料之间替代性较低，且三种不同浓度果汁饮料之间存在很高的需求替代性和供给替代性。在这个相关市场上，可口可乐与汇源合并后的市场份额为 25.97%。我国现阶段并无判断市场控制力的可参照标准，这一市场份额是否会造成排除、限制竞争的效果很难作出明确回答。不过，《欧盟横向合并指南》第 18 条规定，如果参与集中的企业在共同体市场或者重大部分的市场份额不超过25%，在不影响适用条约第81条和第82条的前提下，集中特别被视为与共同体市场相协调。若以此为参考标准，可口可乐收购汇源刚好踩中受到规制的下限。

商务部以"传导效应"作为禁止集中的解释，其认为可口可乐公司占全国碳酸饮料市场份额为60.60%，且在资金、品牌、管理、营销等诸多方面已经取得竞争优势，因此可口可乐公司在碳酸软饮料市场占有市场支配地位。收购完成后，可口可乐公司有能力将其在碳酸软饮料市场上的支配地位传到至果汁市场，从而严重削弱甚至剥夺其他果汁类饮料生产商与其形成竞争的能力，最终使消费者被迫接受更高价格、更少种类的产品。① 同时，商务部认为，除了市场支配地位传导之外，可口可乐还存在品牌传导：由于消费者对现有品牌的忠诚度，说服零售商改变供应商十分困难，因此，品牌构成了饮料市场进入的主要障碍。此次交易完成后，可口可乐公司将独自拥有"美汁源"和"汇源"两个最具影响力的果汁品牌，对中国果汁饮料市场的控制力将明显增强，加之其在碳酸饮料市场已有的支配地位以及相应的传导效应，集中将使潜在竞争对手进入果汁饮料市场的障碍明显提高。

可口可乐公司在碳酸饮料市场占据市场支配地位并拥有较高的品牌忠诚度，这是毫无疑问的，但是是否能够导致商务部所说的"传导效应"，还应当考察相关市场的市场进入情况。如果进入相关市场非常容易，即使集中一方占据市场支配地位，也会受到市场潜在进入的威胁，而不敢轻易降低产量提高产品价格。退一步来说，如果收购成功后可口可乐确实将其市场支配地位和品牌效应传导至果汁市场，通过搭售、附加排他性条件和提高价格等方式获取垄断利润，反而会进一步刺激现有竞争者和潜在竞争者及时、有效、充分地进入果汁市场，来分享可口可乐公司在此市场上的超额利润。考虑到果汁市场并不存在法律和技术壁垒，进入相对容易，商务部以此禁止该收购，具有说理上的不足。

商务部对本案的审查，从程序上看，立案受理、初步审查、进一步审查到最后作出决定和公布均符合反垄断法的相关规定；从实体上看，作出否定裁决也未超出自由裁量权范围。因此，从合法性角度看，商务部的行为无可挑剔。但是，从其否决理由和相关表述来看，其合理性值得商榷。此外，商务部掌握了大量相关数据和材料，而面对公众关注，却只作了简单的陈述和说理，也容易引发人们对其信息披露的诟病。反垄断法的保密要求并不是信息披露不充分的理由，商务

---

① 详见商务部反垄断局网站 http://fldj.mofcom.gov.cn/aarticle/ztxx/200903/20090306108494.htm，中华人民共和国商务部公告【2009】第22号。

部可以对不涉及商业秘密的相关内容予以公布,以接受社会公众的监督。

【点评】

造成商务部审查决定合理性缺失的原因,一方面可能来源于我国政府机构由来已久的行政作风和习惯,工作人员并不擅长对相关决定作理性推理和分析,特别是将这种分析过程公之于众;另一方面也可能更来源于我国反垄断法规则的模糊性和程序缺失。反垄断执法合理性缺失,在本质上反映的是我国公平有效的竞争制度的缺失。公平竞争制度意味着必须摒弃内外有别、不同所有制有别的歧视性竞争体系;有效竞争制度则意味着应更多关注集中的效率优势和本身的商业逻辑,更少关注其象征意义和出售者的动机。

案例分析七:希捷科技公司收购三星电子有限公司硬盘驱动器业务反垄断审查案①

【案情】

目前市场上生产电脑硬盘的厂商只有5家,即希捷、西部数据、日立、东芝和三星电子,其市场份额依次为33%、29%、18%、10%和10%。②

2011年5月19日,希捷向商务部反垄断局提出了经营者集中申报,其收购的目标公司是三星公司专门用于硬盘研发、生产和销售的所有厂房、设备和其他资产,商务部在初步审查认定集中对硬盘市场可能具有排除、限制竞争效果的基础上,对申报进行了进一步审查,并一度延长了审查期限。最终,商务部于2011年12月12日作出了附加限制性条件批准的决定。

商务部对这起案件的审查的决定大体如下:

一是对市场竞争的分析。(1)硬盘市场构成单独的相关市场,其相关地域市场为全球市场。(2)硬盘市场集中度高;产品同质化明显;市场透明度高;主要客户是大型电脑生产商。(3)大型电脑厂商的采购模式为不公开竞价,最终采购按照竞价结果依一定比例在硬盘生产商间分配。因此维持这种采购模式对维护市场竞争至关重要。(4)硬盘行业产能利用率高。(5)创新对硬盘行业影响重大,硬盘市场的竞争是维持产品创新的重要前提,排除或限制竞争行为将显著降低硬盘生产商的创新意愿和创新速度。(6)分销商议价能力较弱,大型电脑厂商因为可以将成本转嫁给消费者因此不具有议价意愿,因此消费者较易受

---

① 案例来源:中华人民共和国商务部网站 http://www.mofcom.gov.cn/aarticle/b/c/201112/20111207874295.html。
② 数据来自商务部反垄断局。

到垄断定价的损害。(7)知识产权、技术、规模经济等对硬盘行业影响巨大,进入壁垒很高。(8)此项合并减少了5个竞争者中的1个,从而减小了上面的采购模式带来的竞争压力;高市场透明度下此项集中也进一步增加了市场竞争者通过协调从事排除、限制竞争行为的可能性;中国是全球最大的个人电脑消费国之一,此项集中将对中国消费者利益造成不利影响。综上,商务部认为此项集中将对硬盘市场产生排除、限制竞争的效果。

二是审查决定。具体包括:(1)在相关市场上维持三星硬盘作为一个独立竞争者而存在。希捷组建独立的子公司,负责对原三星公司生产线生产的硬盘产品独立定价,并以三星品牌独立销售。(2)审查决定作出后6个月内希捷继续维持和扩大三星产品产能。(3)集中完成后,希捷不得实质性改变当前的商业模式,强制或变相强制客户从上述公司公司排他性地采购其硬盘产品。不得迫使东电化(中国)投资有限公司(以下简称东电化)排他性地向希捷或任何其他受希捷控制的公司供应硬盘磁头,或限制东电化向其他硬盘生产商供应磁头的数量。(4)希捷在完成集中后三年内每年投资至少8亿美元作为研发资金。(5)根据商务部《关于实施经营者集中资产或业务剥离的暂行规定》(商务部公告2010年第41号),希捷委托独立的监督受托人对两公司履行上述义务的情况进行监督。商务部有权通过监督受托人或自行检查、监督两公司的行为并对违反上述义务的行为依据《中华人民共和国反垄断法》处理。决定实施12个月后,希捷可以向商务部提出解除上述第(一)、(二)项义务(即维持三星硬盘独立竞争者地位和根据市场需求状况合理确定产能产量)。

【问题】

商务部在希捷收购三星硬盘的市场竞争分析中认为,这一经营者集中将产生"排除、限制竞争的效果",但最终却将其豁免,其豁免的法律依据何在,豁免理由是否充分?

【观点】

商务部豁免希捷收购三星硬盘的法律依据是《反垄断法》第28条的规定,经营者能够证明该集中对竞争产生的有利影响明显大于不利影响,或者符合社会公共利益的,国务院反垄断执法机构可以作出对经营者集中不予禁止的决定。虽然商务部在公告中并未对此作出详细说明,但从该案情况进行分析,商务部的审查决定是合理的。

【分析】

从商务部反垄断局的公告来看,主要是对经营者集中的一些事实和对事实的简单判断按照反垄断法和相关规章的规定作了罗列,对于判断两起经营者集中会产生"排除、限制竞争的效果"的分析也较为充分。但是,商务部反垄断局依据《反垄断法》第 28 条的但书——经营者能够证明该集中对竞争产生的有利影响明显大于不利影响,或者符合社会公共利益的,国务院反垄断执法机构可以作出对经营者集中不予禁止的决定——作出对该项经营者集中予以豁免的决定,却并未列举充分的证据和进行说理,而是直接开始列举附条件批准的具体内容。应该说,这种做法是不太恰当的,因为附条件批准和禁止的本质区别就在于其对竞争的有利影响较大或符合社会公共利益,在公告中省略这一部分的说理,便使得反垄断法对附条件批准公开的规定失去了意义,公众仅从结果也无从得知商务部豁免的理由。

虽然基于保护商业秘密的原因,商务部反垄断局不会公开企业所提供的相关资料,但从目前得到的信息来看,商务部作出的决定结果应该是较为合理的,这种豁免符合《反垄断法》的相关规定。

从效率来看,希捷与三星硬盘的集中有利于显著提高硬盘行业的经济效率。规模经济是 IT 行业的重要特征之一,从集中前硬盘市场仅有五家厂商的事实也可得以证明。其重要原因在于 IT 行业沉没成本(如科技投入)很高,只有形成规模经济,企业才能生存并做强。事实上,在之前的五强格局中,日立和东芝现有的硬盘业务也分别是通过收购 IBM 和富士通的硬盘业务整合而来的。

从社会总体经济利益的损益看,现阶段希捷与三星硬盘业务的集中可能得不偿失。有数据表明,随着平板电脑和智能手机的普及,个人电脑市场的发展正逐步放缓,硬盘市场也受到波及。希捷公司尽管占有很大的市场份额,但财务状况不容乐观,而日立、东芝和三星的该项业务盈利有限,三家企业对该业务热情不高。然而,短时间内由于闪存技术能提供的容量有限且成本较高,对传统硬盘的替代性较弱,一旦希捷硬盘出现大的经营问题,必将产生极大的市场动荡,并影响硬盘产品的供应,对需要大量硬盘的企业级电脑、超级计算机的拥护打击尤大。而通过经营者集中,一方面整合了生产资源,提高了企业的经济效率和抗风险能力;另一方面则使三星获得大量资金用于其他产业,从而改善了资源配置。因此,总的来看,希捷与三星硬盘的集中将会给社会带来较大的经济利益。

对于消费者而言,希捷和三星硬盘的集中将会给他们带来更多的福利。一方面,集中有助于研发能力的提升,从而进一步提升硬盘产品性能;另一方面,"大众"产品具有获取容易以及售后服务完善的便利。

虽然希捷收购三星硬盘的确具有妨害竞争的可能性,但从收购发生的时间看,这种集中是希捷公司为了更好地提高竞争力而与西部数据进行短期博弈的结果。同一时期,西部数据收购日立硬盘业务也获得了商务部的批准。集中的后果是希捷与西部数据两家的市场份额依然大致相当,竞争可能越发激烈,在规模经济扩大的条件下还可能出现产品进一步降价的情形。尽管双方也可能联合限制竞争,但从IT行业的创新特质和监管的力度看,这种可能性并不是很高。

因此,尽管几乎没有在公告中说明理由,但商务部反垄断局作出附条件批准的决定还是比较合理的。

【点评】

2012年3月12日商务部作出了附条件允许西部数据收购日立的审查决定,但是所附条件的期限为24个月,比希捷多出了12个月。尽管没有具体说明,但我们仍然可以推知商务部审慎比较和衡量的情况。一方面,收购完成后,西部数据市场份额达到了47%,而希捷为43%,西部数据的优势地位更为明显,滥用市场优势地位的可能性更大;另一方面,西部数据的经营状况较希捷更好,这也意味着西部数据在依靠市场优势地位实施垄断行为和不正当竞争行为上具有更大的优势和便利,对其规定更长的观察期限是合理的。

案例分析八:美国苹果公司和五大出版商垄断协议(固定价格)案

【案情】

亚马逊(Amazon)公司曾占据美国电子书市场近90%的市场份额,其最成功的销售策略是采取了电子书定价的"批发模式",即以折扣价格从出版商处购买书籍,再以亚马逊所定价格9.99美元通过其电子阅读器Kindle销售给读者。这一模式引发了美国部分出版商的不满,他们一直试图提高电子图书的零售价格,以谋取更多利润。

2010年1月,在苹果(Apple)公司发布ipad前夕,五家大型出版商①与苹果公司达成协议,改变传统的"批发模式",转而采取"经销商模式",即出版商们不再将书卖给零售经销商,而是将书以统一价格直接卖给读者,经销商只抽取每笔交易的交易费。这一协议的主要内容如下:第一,出版商采用经销商模式在苹果公司的ibookstore上销售电子书,苹果公司抽取每笔交易的30%的交易费。第二,最惠国(most-favored nation,简称MFN)条款,即苹果公司ibookstore上的电子书价格不会高于其他零售网站的价格;否则将自动降价为与其他零售网站价格一致。第三,建立价格阶梯(pricing tiers),将新书和畅销书电子书价格和纸质书

---

① 这五家出版商分别是:CBS公司旗下的西蒙与舒斯特公司、Lagardere SCA旗下的阿歇特图书出版集团培生集团旗下的企鹅出版集团(美国)、霍尔茨布林克出版集团旗下的麦克米伦集团和新闻集团旗下的哈珀柯林斯出版集团。

价格挂钩,这样大部分新书和畅销书电子书的价格都将是12.99美元或者14.99美元。

这一做法对图书出版业和销售业带来极大冲击,出版商们同时迫使其他电子书零售渠道签订经销商协定提高价格,直接使零售商失去了以9.99美元或更低价格销售的能力,而亚马逊公司最终也被迫接受了这一模式,将大部分电子书的定价提高到12.99美元或者14.99美元。此后,亚马逊公司的市场份额一路下跌,至2012年降至60%,紧随其后的是巴诺电子书店,约占25%,苹果电子书店约占10%至15%。

美国司法部和联邦贸易委员会认为,零售价格控制权使出版商限制了行业竞争,包括其他价格和非价格竞争也被非法排除,有损于读者的利益,于2012年4月对苹果公司以及五家出版社提起了反垄断诉讼,指控它们涉嫌联手合谋操纵电子书定价,违反了美国联邦和各州的多项反垄断法律。美国司法部称,从2008年9月开始,几个被告出版商的高管就开始通过一系列的会议、电话谈话和其他沟通方式互换商业信息,商议联合采取办法应对亚马逊,消除亚马逊的威胁。2009年夏季,他们联合采取一系列措施迫使亚马逊提高价格,包括虚假联合投资、违背自身经济利益的短期行为等。最终,被告出版商和苹果联合起来提高和固定了电子书零售价格,被告之间的协议和密谋已经超过了合法竞争的必要。根据此前美国司法部和联邦贸易委员会的反垄断调查显示,苹果公司与其他出版商涉嫌操纵价格已导致电子书价格平均被抬高2到3美元,严重损害了读者利益。本案审理法院最终认可了美国司法部颁布的调解法令,具体针对苹果公司和出版商的行为作出如下处罚决定:第一,结束当前已经生效的苹果公司和出版商之间的协议;第二,恢复因为这种合谋而消除了的市场竞争;第三,禁止零售价格限制两年和最惠国条款五年。

目前,已有三家出版商——阿歇特出版公司、哈珀柯林斯公司和西蒙—舒斯特出版公司与司法部达成和解协议,向近期购买了畅销电子书的消费者作出总计6900万美元的赔偿。而苹果公司、麦克米伦出版公司、企鹅出版集团则因拒绝和解将于2013年6月进行审判。

【问题】
苹果公司和五家出版商签订的协议是否属于固定价格的垄断协议?
【观点】
从主体、主观方面和客观方面的构成要件来看,苹果公司和五家出版商签订的协议均符合固定价格的垄断协议特征,应当受到反垄断法律的规制。

【分析】

　　垄断协议,也称限制竞争协议,指两个或两个以上的行为人以协议、决议或者其他协同方式实施的限制竞争行为。垄断协议又分为横向垄断协议和纵向垄断协议。固定价格是垄断协议的常见类型,指具有竞争关系的行为人通过协议、决议或者协同行为,确定、维持或者改变价格的行为。对固定价格的垄断协议予以规制的原因在于,在市场经济条件下,竞争主要通过价格竞争来体现,并且,价格应反映供需关系,并通过充分的竞争来形成,人为地通过协议来固定或变革价格,实际上就是排除价格竞争,是违反市场经济的基本原理和基本规则的。[1]

　　根据美国相关反垄断法律的规定,构成固定价格的垄断协议需要具备三个要件,一是主体要件,依据《谢尔曼法》第1条,在法律上具有人格的一切自然人和组织都可以成为该行为的主体。二是主观要件,美国的司法实践中,一般将排除或者限制竞争合意作为该行为的主观要件,除了排除或限制竞争的主观目的和企图外,多个主体之间的合谋与合意也是必要条件。因此,单方强加的价格限制或者单纯的价格追随并不构成该行为。三是客观要件,即构成固定价格的垄断协议的客观事实特征,包括协议内容、表现形式及损害后果等。

　　本案所涉及的出版商占据了美国六大出版商的五家,他们之间原本存在竞争关系,而苹果公司则是美国市值最大的公司,具有较大的市场势力。

　　从主观方面来看,五大出版商和苹果公司在签订协议前,进行了频繁的会面、邮件交流和电话会议,并且明确表示单独行动不能成功,是联合及共谋的一种表现。他们与苹果公司签订的协议中约定采取经销商模式销售电子书,由出版商统一定价,并且规定出版商不得与其他经销商签订更低的价格。这表明,五大出版商具有统一的目的,即通过苹果公司的平台与出版商的影响力抬高电子书的价格,以反击亚马逊的低价营销策略,获取更多的利润。这一目的具有明显的排除、限制竞争的意图。

　　从客观方面来看,五大出版商和苹果公司协议中约定的经销商模式是典型的垂直价格限制(vertical price restraints),也称维持转售价格(resale price maintenance),是纵向固定价格协议的一种形式。出版商不允许经销商自主定价,这剥夺了经销商自由定价进行竞争的权限,具有明显的限制竞争的效果。与苹果公司协议签订后的4个月内,几乎所有经销商都被迫与五大出版商达成了采取经销商模式的协议。由于五大出版商占市场的大部分份额,最初拒绝的亚马逊公司也因为出版商不再供书而不得不接受这一模式。最惠国(MFN)条款要求

---

[1] 张守文:《经济法学》,中国人民大学出版社2008年版,第304页。

出版商保证苹果公司 ibookstore 的电子书销售价格始终不高于其他经销商的最低价格,这条协定使苹果不用再与其他经销商进行价格竞争,这并非是苹果公司辩称的"提高了竞争能力",而是排除市场竞争的行为。五大出版商将所有图书统一定价在 12.99 美元或者 14.99 美元,一方面,该价格比亚马逊 9.99 美元的定价高出不少,损害了消费者的利益;另一方面,这种定价方式同时与五大出版商的纸质书价格挂钩,实际上也限制了出版商之间在电子书和纸质书领域的价格竞争。

因此,五大出版商与苹果公司的协议完全符合固定价格的垄断协议的三大要件,无论横向还是纵向都构成固定价格的垄断协议,应当受到反垄断法的规制。

【点评】

本案中,有三家出版商与美国司法部达成和解协议。反垄断执法和解,是指在反垄断执法过程中,为达到有效制止涉嫌垄断的行为并消除该行为对市场竞争不利影响的目的,反垄断执法机构与涉嫌垄断的经营者相互让步并缔结和解契约,以快速解决反垄断争议的执法制度。在反垄断法的实施中,和解制度运用十分广泛,这主要是因为和解制度特别适合反垄断法的自身特点,存在明显的积极功能。和解制度在我国反垄断法中被称为"经营者承诺制度",实践中,协商和解过程一般依循非正式程序进行,为防止执法机构滥用公权力,必须重视对和解契约的监督。

案例分析九:北京锐邦涌和科贸有限公司诉强生(上海)医疗器材有限公司等垄断协议纠纷案[①]

【案情】

北京锐邦涌和科贸有限公司是强生(上海)医疗器材有限公司和强生(中国)医疗器材有限公司在北京地区从事缝合器及缝线产品销售业务的经销商,双方之间有着长达 15 年的合作,经销合同每年一签。2008 年 1 月 2 日,强生(上海)医疗器材有限公司和强生(中国)医疗器材有限公司与北京锐邦涌和科贸有限公司签订经销合同,约定北京锐邦涌和科贸有限公司在指定的相关区域销售爱惜康缝线部门的产品,期限自 2008 年 1 月 1 日至同年 12 月 25 日。合同附件七中对北京锐邦涌和科贸有限公司的经销区域以及经销指标作出了明确的

---

① 案例来源北大法宝——中国司法案例数据库,法宝引证码 CLI.C.851905。

规定;合同附件五第2条规定,北京锐邦涌和科贸有限公司不得低于合同规定的产品价格进行销售。经销合同签订后,强生(上海)医疗器材有限公司分别于2008年1月1日、3月15日、6月30日向北京锐邦涌和科贸有限公司出具授权区域证明书,证明北京锐邦涌和科贸有限公司可以在包括人民医院在内的相关区域负责销售强生产品。

2008年7月1日,强生(上海)医疗器材有限公司致函北京锐邦涌和有限公司,以北京锐邦涌和科贸有限公司于2008年3月在人民医院的竞标中,私自降低销售价格,获取非授权区域的经销权为由,扣除北京锐邦涌和科贸有限公司保证金人民币2万元,并取消北京锐邦涌和科贸有限公司在北京阜外医院、北京整形医院的销售权。其后北京锐邦涌和科贸有限公司与强生公司(上海)协商未果。2008年8月15日,北京锐邦涌和科贸有限公司向强生公司(上海)发出订单要求发货,但强生公司直至合同期满,再也没有给锐邦涌和公司发货。

2010年8月26日,北京锐邦涌和科贸有限公司向上海市第一中级人民法院提起诉讼,以强生(上海)医疗器材有限公司和强生(中国)医疗器材有限公司的购销合同中存在"限定转售价格"条款、违反了我国《反垄断法》第14条规定为由,要求强生公司赔偿经济损失并承担诉讼费用。

上海市第一中级人民法院于2012年5月28日审结该案。以北京锐邦涌和科贸有限公司所提供证据不足以充分证明《反垄断法》第50条规定的垄断行为、损害结果以及垄断行为与损害结果之间的因果关系为由,判决驳回了锐邦涌和公司的全部诉讼请求。判决书中特别指出,判断某一行为是否构成《反垄断法》第14条第一项中"固定向第三人的转售价格"的垄断协议行为,应当同时考虑该行为是否具有排除、限制竞争的效果。北京锐邦涌和科贸有限公司未提起上诉。该案是我国《反垄断法》实施以来首例涉及纵向垄断协议的诉讼案件。

【问题】

结合本案案情,分析转售价格限制的纵向垄断协议应当适用"本身违法原则"还是"合理性原则"来判断其违法性?

【观点】

本身违法原则与合理性原则的"斗争"在反垄断法领域由来已久,在纵向垄断协议的适用上更是出现多重反复。但是,转售价格限制在我国是较为普遍的商业现象,其对竞争是否产生实质损害尚需结合具体案例分析,因此,适用合理性原则更为适宜。

【分析】

在锐邦涌和公司诉强生公司垄断协议纠纷案一审宣判之后,2013年2月22

日,贵州省物价局和四川省发改委以茅台和五粮液公司对旗下经销商发布最低限价令为由,对两家公司开出了总计4.49亿元的罚单。① 虽然发改委和物价局未对处罚情况作出具体说明,但我们可以大致推知发改委在处罚中适用的应当是"本身违法原则",也就是说,发改委认为,转售价格限制的纵向垄断协议行为本身是反竞争的,经营者只要从事了该行为,就构成违法,应当接受反垄断处罚。与此相反的是,从上海市一中院的判决理由来看,锐邦涌和公司败诉的原因在于,其举证的强生公司限制最低转售价格条款并不一定具有限制竞争效果。换言之,上海市一中院认为,原告必须就转售价格限制具有限制竞争效果进行举证和分析,在作出结论前必须全面考量下列因素:供应商在相关产品市场的份额、相关市场上下游的竞争水平、限定转售价格条款对供货数量和价格的影响等。可以看出,其对转售价格限制的纵向垄断协议适用的是"合理性原则"。

由于我国《反垄断法》实施时间不长,理论界和实务界对于反垄断法所规定的垄断行为究竟应当使用本身违法原则还是合理性原则存在争议,这种争议突出表现为同类案件的不同处理方式。

事实上,本身违法原则与合理性原则的"斗争"不仅在中国,在国外法律界也没有停止过。例如,美国在1911年通过Dr. Miles案确立了转售价格限制本身违法原则,但是,该项本身违法原则在2007年被Leegin案确立的合理性原则所取代。Leegin案之所以会采取合理分析原则,是因为该案的法庭通过审理分析认为,转售价格限制有时对于竞争并非坏事。虽然,转售价格限制会降低同一个品牌的经营者之间的竞争,使得生产商、经销商、零售商在固定、有序的价位上运营,但是,这种做法可以鼓励一些经营者,比如零售商对有形和无形的服务或推销努力加大投入,从而帮助该产品的生产厂家与其他生产相类似的产品的生产厂家进行竞争。也就是说,转售价格限制能够加剧不同品牌之间的竞争。此外,转售价格限制还会增加消费者在低价低服务、高价高服务以及中间价中间服务等不同品牌之间的选择余地。欧盟的《纵向限制指南》(Guidelines on Vertical Restraints)基本呼应了Leegin案中的合理性原则,对于大多数纵向协议,只有当该协议涉及的贸易环节中有一个或多个缺乏充分的竞争,即供应商或买方或双方在各自的市场中具有一定的市场控制力时,才会产生竞争方面的担忧。通常

---

① 2012年年底,茅台对旗下经销商发出最低限价令,要求经销商不得擅自降低销售价格。2013年1月,三家经销商由于低价和跨区域销售被处以暂停执行茅台酒合同计划,并扣减20%保证金,以及提出黄牌警告。五粮液紧随其后,发布营销督查处理通报,对12家降价或窜货的经销商进行通报处罚。具体情况详见新华每日电讯网站:《茅台五粮液收到4.49亿元罚单》,http://news.xinhuanet.com/mrdx/2013-02/20/c_132180044.htm。

来说,如果供应商和买方在各自市场份额均不超过30%,则它们之间的纵向协议不太可能被视为具有不利于竞争的效果。

合理性原则在我国《反垄断法》中也得到了确认,第15条中关于垄断协议例外情形的规定就是该原则的体现。但是,对于限制转售价格的纵向协议,是否可以突破第15条中罗列的情形,以是否影响竞争的实质效果来作为判断其是否违法的标准,《反垄断法》本身并没有给出明确的答案。最高人民法院知识产权庭负责人在答记者问中指出:"对于大多数纵向协议,只有在品牌间竞争不充分的情况下才会产生竞争问题。也就是说,只有在供应商层面或购买商层面或这两个层面同时存在特定水平的市场势力的情况下才可能对竞争有消极影响。"上述回答以及上海一中院的判决反映了司法机关对于"限制转售价格"等纵向协议应当适用合理性原则的态度。

在司法机关谨慎适用合理性原则对纵向垄断协议进行判断的同时,发改委直接适用本身违法原则的做法似乎显得激进了一些。转售价格限制在中国仍然是较为普遍的商业现象,其对竞争的影响还有待进行评估,从这个角度而言,适用合理性原则进行个案分析而不是"一竿子打死"似乎更符合实际。

【点评】

本案是国内首例纵向垄断协议纠纷案件,也是也是全国首例原告终审判决胜诉的垄断纠纷案件,在我国反垄断审判发展中具有里程碑意义。该案涉及对限制最低转售价格行为进行反垄断分析的一系列重大问题,该案二审判决对限制最低转售价格行为的法律评价原则、举证责任分配、分析评价因素等问题进行了探索和尝试,其分析方法与结论对推进我国反垄断案件审判和反垄断法实施具有重要意义。

案例分析十:北京四家防伪企业诉中国国家质量监督检验检疫总局行政性垄断案①

【案情】

2008年8月1日,《反垄断法》正式生效,同一天,北京四家防伪企业以涉嫌行政垄断为由将国家质检总局诉至北京市第一中级人民法院。9月2日,防伪企业的代理律师收到法院的裁定书,该案不予受理。率先向法院递交诉状的四

---

① 案例来源:《国家质检总局遭遇反垄断第一案》,http://tech.sina.com.cn/it/2008-08-03/14072368046.shtml。

家公司是北京兆信、东方惠科、恒信数码、中社网盟四家防伪技术企业。随后,深圳市倍诺通讯技术有限公司、贵阳高新华美龙技术有限公司、上海中商网络有限公司、江苏南大数码科技有限公司等更多的防伪企业也加入到原告的队伍中来。

原告称,自 2005 年 4 月,国家质检总局开始推广中国产品质量电子监管网业务,要求生产企业在产品包装上加印监管码。该电子监管网为每件产品赋予唯一的电子监管码,实现"一件一码"管理,每件产品的物流信息将实时送回中央数据库,消费者购买赋码商品后,拨打查询电话或者通过互联网以及设在商场超市等销售店的查询终端查询商品上的电子监管码,可获悉所购商品的所有信息,包括产品是否由正规厂家生产、产品名称、出厂日期、是否超过保质期等。原告认为:"电子监管网实质上就是一套数码防伪系统,监管码实质上就是一组防伪码。"

负责经营中国产品质量电子监管网和监管码的是中信国检信息技术有限公司(以下简称"中信国检"),国家质检总局信息中心是其股东,它的营利主要有两项来源:一是向入网企业收取每年 600 元的会员管理费;二是收取查询费用。

原告认为,北京兆信信息技术有限公司等防伪企业有十几年的技术和经验积累,相比中信国检这个 2005 年才成立的新企业,他们在相关的技术和操作层面都要优于后者,但国家质检总局运用行政指定而非招投标的方式确定了这项业务的合作者。2007 年 12 月,质检总局发布"582 号文",要求从 2008 年 7 月 1 日起,食品等 9 大类 69 种产品必须在包装上使用监管码后,才能生产和销售,这意味着,所有这 9 大类产品都必须纳入电子监管网防伪范围,否则产品将不得上市销售。迫于这一限令,企业纷纷转投电子监管网,短时间内,入网企业大幅度增加。原告认为,这事实上是利用国家行政权力强行推广中信国检的电子监管网,限制了企业的公平竞争。国家质检总局的做法造成的后果是,短短几个月内,防伪企业的业务量锐减,甚至只有原来的 20%—30%,小企业因为客户群原本就较窄,经此一击,无法生存而大量倒闭,大企业虽然勉强维持,但因为身处不公平的竞争地位,长此以往也必定会被挤出防伪行业。另外,并非所有的企业都有进行电子防伪的必要,因为造假的成本考虑决定了被仿冒的企业集中在中高档的产品的生产厂家,而小的食品企业因为本身品牌美誉度和市场占有份额的不足,造假者仿冒它们的产品的成本反而会高出假货的零售价格,国家质检总局利用行政手段强制推广电子监管网的做法剥夺了作为防伪业务消费者的这些中小企业的选择权,是对消费者权利的侵害。基于上述的原因,这些企业状告国家质检总局这一行政行为涉嫌行政垄断,要求法院判令被告立即停止违法行为并采取措施消除影响。

质检总局则表示,在电子监管网推进之初,征求过部分防伪企业的意见,欢迎防伪企业参加电子监管网建设。在推进电子监管网建设过程中,既不存在滥用行政权力的问题,也没有排除、限制竞争,而是一直对愿意参与电子监管网建设的企业尤其是防伪企业敞开大门。

【问题】

国家质检总局的行为是否构成行政性垄断?

【观点】

我国《反垄断法》第32条规定,行政机关和法律、法规授权的具有管理公共事务职能的组织不得滥用行政权力,限定或变相限定单位或个人经营、购买、使用其指定的经营者提供的商品。国家质监局的行为违反了该条规定,属于强制交易的行政垄断行为,应当受到《反垄断法》规制。

【分析】

行政性垄断是指地方政府、政府的经济行业主管部门或其他政府职能部门凭借其行政权力排斥、限制或妨碍企业之间合法竞争的行为。行政性垄断的主要特征包括行为主体的行政性、行为客体的供给不足性以及行政权力的滥用性。其中,行政权力的介入与滥用是行政性垄断与经济性垄断的本质区别。一般而言,行政性垄断的行为方式主要有三种:第一种是行政性强制交易,是指行政机关滥用行政权力,违反法律规定,限定或者变相限定经营者、消费者经营、购买、使用其指定的经营者提供的商品;第二种是行政性限制市场准入,是指行政机关滥用行政权力,违反法律规定,妨碍商品和服务在地区之间的自由流通,排除或者限制市场竞争行为;第三种是行政性强制经营者限制市场竞争,是指行政机关滥用行政权力,违反法律规定,强制经营者从事反垄断法所禁止的排除或者限制市场竞争的行为。我国《反垄断法》第五章对滥用行政权力排除、限制竞争作出了明确规定。

反垄断法所禁止的行政性垄断有三个构成要件:一是主体要件,即行为主体必须是政府行政主管部门,包括国务院各部门、直属机构和有行政权力的办事机构、直属事业单位;地方各级人民政府;地方各级人民政府各部门、直属机构和有行政权力的办事机构、直属事业单位;法律、法规授权的其他具有管理公共事务职能的组织。二是主观要件,即行政主体存在滥用行政权力、超越权限以及失职的情况,非法地干预了经济生活。三是客观要件,即行为对竞争造成了实质性的限制或者损害。

本案中,国家质检总局利用行政命令的形式强制推广电子监管网的行为构成滥用行政权力强制交易的行为。从主体要件来看,国家质检总局属于国务院部门,具有行政性;从主观方面来看,国家质检总局在推广电子监管业务的过程中,并不是采取公开招标的方式确定中信国检公司主办的电子监管网为合作对象,而是直接进行指定,存在滥用行政权力的情形。从客观方面来看,消费者有权自主选择购买或者使用某种商品或者服务,包括类型和经营者,有权对不同的经营者提供的商品和服务进行横向的比较,根据自己的喜好和利益的权衡来决定购买或者不购买,购买这一家或者另一家的商品和服务。而国家质检总局强制推广中信国检公司主办的电子监管网,并且规定食品等9类产品必须进行电子监管,事实上剥夺了食品企业是否选择使用电子防伪服务以及使用哪家经营者提供的服务的权力。国家质检总局利用公权力垄断了客户的选择权,使得食品等行业的企业作为电子防伪业务的相对人只能选择中信国检,从而排除了其他防伪企业的正当竞争的权利,而在这一过程中,中信国检公司获得了其他企业难以达到的竞争优势地位。这一做法实质损害了电子防伪市场的竞争秩序——短短几个月内,防伪企业的业务量锐减,甚至只有原来的20%—30%,小企业因为客户群原本就较窄,经此一击,无法生存而大量倒闭。

行政性垄断的弊害非常突出,表现为阻碍全国统一大市场的形成、阻碍科技创新与技术进步、损害市场主体的独立自主的经营权和消费者的利益、滋生腐败、阻碍有效竞争秩序形成、培养扶植经济性垄断等等。这也是各国反垄断法对行政性垄断进行规制的主要原因。我国《反垄断法》虽然意识到规制行政性垄断的必要性,但是法律规定过于原则,可操作性不强,尤其是涉及反垄断执法和司法领域,还需要进一步细化。

【点评】

行政垄断是我国长期计划经济体制遗留的产物,在建设社会主义市场经济的今天,它已经成为我们发展经济的一个桎梏。本案最终法院不予受理的裁定表明我国的法律在规制行政性垄断方面还存有缺憾,有必要进一步深化体制改革,加强立法,从根源上消除行政垄断,为市场创造公平有序的竞争环境。

案例分析十一:腾讯科技(深圳)有限公司等诉北京奇虎科技有限公司等不正当竞争纠纷案①

【案情】

腾讯公司是以QQ即时通讯软件为基础起家的网络公司,依靠其几乎人手

---

① 案例来源:据凤凰网专题报道整理,http://tech.ifeng.com/internet/special/360qqpk/。

一号的网络资源和较高的市场占有率,不断发展延伸至网络游戏、新闻门户、电子商务、电子邮件、影音、播放等互联网领域。奇虎360公司则以网络安全为主营方向,其360安全卫士永久免费的策略,使得其在很短的时间,占有了绝大多数安全市场份额,也成为继腾讯QQ之后第二大客户端软件。根据官方数据,腾讯即时通讯服务活跃账户数达6.1亿,360公司用户数量已超过3亿。

  2010年春节期间,腾讯强推QQ医生软件,其功能与360安全卫士极其相似,同时联合诺顿推出半年优惠礼包,以此来推广QQ医生。5月31日,腾讯将QQ医生升级并更名为"QQ电脑管家",新版软件增加了云查杀木马、清理插件等功能,涵盖了360安全卫士所有主流功能,用户体验与360极其类似。9月27日,360发布直接针对QQ的"隐私保护器"工具,宣称其能实时监测曝光QQ行为,并提示用户"某聊天软件"在未经用户许可的情况下偷窥用户个人隐私文件和数据,引起了网民对于QQ客户端的担忧和恐慌。10月14日,针对360隐私保护器曝光QQ偷窥用户隐私事件,腾讯正式宣布起诉360不正当竞争,要求奇虎及其关联公司停止侵权、公开道歉并作出赔偿,随后腾讯刊登了《反对360不正当竞争及加强行业自律的联合声明》,要求主管机构对360不正当的商业竞争行为进行坚决制止,对360恶意对用户进行恫吓、欺骗的行为进行彻底调查。11月3日,腾讯发布公告,在装有360软件的电脑上停止运行QQ软件。360随即推出了WebQQ的客户端,但腾讯随即关闭WebQQ服务,使客户端失效,事件仍在紧张发展。11月10日,在工信部等三部委的积极干预下,腾讯与360已经兼容。

  2011年4月26日,北京市朝阳区法院就腾讯起诉奇虎360不正当竞争案作出一审判决:北京奇虎、奇智软件以及三际无限的行为构成不正当竞争,判决三公司停止侵权;三家公司需要在判决生效起30天内在360网站的首页及《法制日报》上公开发表声明以消除影响,并赔偿原告腾讯经济损失40万元。2011年9月,北京市第二中级人民法院二审维持原判。

【问题】
从反不正当竞争法的角度对案例中双方的行为进行分析。

【观点】
奇虎360公司的行为构成反不正当竞争法上的多项不正当竞争行为,而在这场战争中,腾讯也并不超然,其行为也存在不合理、不正当之处。

【分析】
根据我国《反不正当竞争法》的规定,不正当竞争行为是指经营者违反反不正当竞争法的规定,损害其他经营者的合法权益,扰乱社会经济秩序的行为。双方具有竞争关系是判断腾讯和奇虎360的行为属于不正当竞争的前提条件。对于这一点,北京市二中院在判决中指出,由于腾讯和奇虎360都是网络服务运营商,经营方式都主要是增值服务收费加广告服务收费,因此,双方"在网络服务范围、用户市场、广告市场"方面具有竞争关系。在此基础上我们才能对腾讯和奇虎360的行为进行进一步分析与认定。

案例中奇虎360的不正当竞争行为主要表现在三个方面:

第一,不正当攻击其他经营者产品。360公司开发并上市"360隐私保护器",其检测对象直接针对腾讯QQ软件。360隐私保护器从性质上讲是一个网络安全检测保护软件,360公司作为一个安全软件商开发运行这种软件属于本职工作,并无不当之处,但每当消费者运行此隐私保护器时,就会弹出"建议打开QQ,五分钟内将会看到监测结果"的提示语。隐私保护器还在左上角最显著的位置提示用户:腾讯QQ运行后将自动监控,建议你一直开着隐私保护器,实时进行监控。这种明显的只针对竞争对手而专门开发的软件带有一定的攻击色彩,虽然此后360隐私保护器的监测对象又扩展到MSN等其他软件,但并不能因此否定360前期只针对特定竞争对手予以攻击行为的不正当性。该种行为在我国《反不正当竞争法》中并没有得以明确列举为不正当竞争的手段行为,但无疑该行为损害了腾讯公司的合法利益,扰乱了社会秩序,应受到《反不正当竞争法》的规制。

第二,搭便车,侵犯竞争对手经营自主权。奇虎360公司还开发并上市了"扣扣保镖"软件,该软件的性质也属于安全软件,具有两个特点:一是扣扣是QQ的谐音,能够借助腾讯6亿用户量来提升产品的知名度,是一种搭便车的行为,这样做会淡化腾讯商标,从而使自己的产品得到认可。搭便车行为是利用他人的工商业成就达成自己的商业目的,违背了诚实信用原则,属于不正当竞争的范畴。二是用户使用扣扣保镖后,腾讯QQ的很多功能都被禁用,并且不能下载、安装和正常使用。扣扣保镖的这一功能干涉了腾讯QQ的内部经营,侵犯了腾讯QQ的经营自主权。经营自主权是指相对人(主要是企业)在不违反国家法律的基础上所拥有的调配使用自己的人力、物力、财力,自行组织生产经营的权利。是企业依法享有的权利,任何单位和个人都不得非法干涉,否则要承担法律责任。

第三,诋毁商誉。在论坛公告中,360公司总裁齐向东称:"腾讯QQ这种窥视用户隐私的行为与流氓软件的完全一致。"《反不正当竞争法》第14条规定,经营者不得捏造、散布虚伪事实,损害竞争对手的商业信誉、商品声誉。奇虎360发布该公告后,腾讯公司的商业信誉受到显著冲击,许多用户选择了卸载腾讯 QQ 软件,给腾讯公司造成了较大损失。但在庭审过程中,奇虎 360 并不能提供充分证据证明腾讯 QQ 窥视了用户的隐私,这一做法是典型的诋毁商誉的不正当竞争行为。也正是基于此,法院判决 360 公司赔偿腾讯公司损失并公开致歉。

在这场大战中,虽然 360 公司首先出招并且构成了不正当竞争,但是腾讯公司也并不超然,其也存在利用优势地位打击竞争对手的不正当行为。腾讯公司于 2010 年 11 月 3 日宣布 QQ 软件与 360 软件不兼容运行,迫使用户作出选择,腾讯的此种做法违背了互联网的行业规则,是一种软件恶意排斥行为。所谓恶意排斥是指"某款软件在设计、安装、运行过程中,故意给其他合法软件设置障碍,妨碍用户安装或使用其他合法软件"。信息产品互相兼容是互联网的灵魂,只有这样才能取得利益的分享和用户利益的最大化,符合正常的社会经济秩序。而腾讯公司以自己 6 亿用户量的优势打击竞争对手的产品,损害了对方的合法权益,也应当受到《反不正当竞争法》的规制。

【点评】

3Q 大战引发了三场连环诉讼,腾讯公司起诉奇虎 360 不正当竞争只是其中一起。2013 年 3 月,广东省高院对奇虎 360 公司诉腾讯滥用市场支配地位案作出判决,认为奇虎 360 对于相关市场的界定过于狭窄,即时通讯软件与微博、社交网络等构成强竞争和替代关系,而且是全球性市场,充分竞争,腾讯公司不具备市场支配地位,因而也不构成滥用市场支配地位的垄断行为,据此驳回了奇虎 360 公司的诉讼请求。

无论是侵犯用户隐私的争论,还是不正当竞争与滥用市场支配地位的纠纷,都反映出我国互联网行业监管不到位和行业秩序亟待建立的现实。在虚拟环境下,建立制度和规则尤其重要。

案例分析十二:北京市海淀区人民检察院诉伍迪兵等侵犯商业秘密罪案[①]

【案情】

被告人伍迪兵在 2010 年担任珠海金山软件有限公司高级开发经理期间,为换取被告人李玉峰手中的其他游戏引擎,违反其与公司签订的保密合同约定,擅自将该公司享有著作权的网络游戏《剑侠世界》(该款网络游戏软件的著作权人系成都金山互动娱乐科技有限公司、珠海金山软件股份有限公司;出版商为北京

---

① 案例来源:(2012)海刑初字 03240 号刑事判决书。

金山数字娱乐科技有限公司,注册地为本市海淀区小营西路33号)的程序源代码通过QQ邮箱发送给被告人李玉峰。

2011年6月至10月间,被告人李玉峰通过他人将上述非法获取的游戏软件源代码编译成游戏《情缘剑侠》服务器终端程序,后伙同被告人孙笑天、宋明阳租用国外服务器运行该游戏,私自架设服务器(简称"私服")、制作并开设网站经营网络游戏《情缘剑侠》,招揽客户注册登录该私服游戏网站成为玩家或会员,后利用游戏中的充值项目,借助第三方交易平台收取客户的充值费以营利。经鉴定,《情缘剑侠》游戏程序的代码文件与金山公司合法所有并运营的《剑侠世界》游戏程序的代码文件内容完全一致。期间,被告人李玉峰负责服务器的架设及游戏的程序,被告人孙笑天负责制作网站、服务器的租用,被告人宋明阳负责与充值平台沟通、游戏的脚本修改。该私服游戏注册会员达1万余人,非法经营额人民币110余万元。

【问题】

何谓商业秘密?侵犯商业秘密的行为有哪些表现形式?

【观点】

《刑法》与《反不正当竞争法》对商业秘密采取了相同的定义,指不为公众所知悉、能为权利人带来经济利益、具有实用性并经权利人采取保密措施的技术信息和经营信息。侵犯商业秘密的行为有多种表现形式,根其行为严重程度的不同,分别受到《刑法》或者《反不正当竞争法》的规制。

【分析】

根据《反不正当竞争法》的规定,商业秘密是指不为公众所知悉,能为权利人带来经济利益,具有实用性并经权利人采取保密措施的技术信息和经营信息。商业秘密的内容较为宽泛,包括设计、程序、产品配方、制作工艺、制作方法、管理诀窍、客户名单、货源情况、产销策略、招标投标中的标底及标书内容等信息都可能成为商业秘密。

商业秘密应当符合四个要件:一是不为公众所知悉,即不为不特定的人所知的秘密性;二是能为权利人带来经济利益,即一定的经济价值性;三是具有实用性,即商业秘密一定要具有现实的使用价值,而不仅仅停留在理论的水平上;四是权利人必须采取保密措施,如果权利人不采取保密措施,说明他自己也未意识到其技术信息和经营信息是商业秘密,法律则更无法对其进行保护。

本案中,网络游戏《剑侠世界》的程序源代码属于商业秘密。此种程序源代码不为公众所知悉自不待言,其拥有者金山软件有限公司与员工签订保密合同正是权利人采取保密措施的具体体现;另一方面,该程序源代码具有较强的实用价值,并且能为权利人带来不菲的经济利益,案件中另一被告人李玉峰在获取该信息后,仅仅4个月就非法营利达到110余万元就是最有利的佐证。

《反不正当竞争法》第10条规定:经营者不得采用下列手段侵犯商业秘密:(1)以盗窃、利诱、胁迫或者其他不正当手段获取权利人的商业秘密;(2)披露、使用或者允许他人使用以前项手段获取的权利人的商业秘密;(3)违反约定或者违反权利人有关保守商业秘密的要求,披露、使用或者允许他人使用其所掌握的商业秘密。第三人明知或者应知前款所列违法行为,获取、使用或者披露他人的商业秘密,视为侵犯商业秘密。《刑法》第219条对侵犯商业秘密罪的手段规定与《反不正当竞争法》相同,就侵犯商业秘密的行为而言,违法和犯罪的界限在于后果的严重程度。对于第三人明知而获取、使用或披露他人商业秘密的,因其主观恶性较低、损害结果相对较轻,《刑法》未将其纳入规制范围,仅由《反不正当竞争法》规制。

本案中,被告人伍迪兵是权利人金山软件公司的职员,其获取程序源代码的方式是合法的,但其违反与公司签订的保密合同,将程序源代码发送给第三人李玉峰并允许其使用,其行为构成了"违反约定披露、使用或者允许他人使用其掌握的商业秘密",并且由于其给金山软件公司造成了较大损失,已经构成了侵犯商业秘密罪。被告人李玉峰并不是权利人金山软件公司的职员,作为保密合同之外的第三人,其在明知程序源代码是金山软件公司商业秘密的情况下,仍然使用该商业秘密牟利,其行为构成不正当竞争领域的侵犯商业秘密,应当承担相应的民事责任。

【点评】

侵犯商业秘密,是一种典型的不正当竞争行为。《反不正当竞争法》明确规定了商业秘密的构成要件和侵犯商业秘密的方式。在实践中要注意的是这些条文的具体应用和认定,比如,对某技术采取的措施是否构成了"保密",要做到何种程度才算是达到了"保密"的程度等等,这些都需要在具体案件中具体考查。此外,现代商业秘密的权利人为了工作的需要,不得不让他的雇员掌握和使用商业秘密。为避免商业秘密被泄露,法律允许权利人采取签订保密协议的方式对雇员进行约束,防止其泄露本公司的商业秘密。雇员无论是在职期间,还是调离以后,都应当按照约定保守秘密。

案例分析十三：华星酒业公司商业贿赂案①

【案情】

四川省西充县华星酒业有限责任公司(以下简称华星公司)为了推销自己经销的系列啤酒,于2004年4月22日与马某、贾某合伙经营的乡味楼火锅签订了《联合销售协议》,协议约定:从2004年4月29日起由乙方乡味楼火锅店专销甲方华星公司经营的啤酒(主要是山城和重庆系列啤酒),乙方只能用甲方所派促销员。乙方应按甲方的要求,购进甲方经营的商品,并放在显眼位置,主动积极销售,乙方应确保餐厅服务人员、工作人员不参与其他任何品牌的促销活动,合同有效期内甲方借给乙方展示柜台二台,柜内只能存放甲方经营的商品,若乙方遵守并实际履行本协议规定,甲方折扣给乙方(4月29日一次性付专场费25000元,以后每月付专场费2500元),若乙方在合同有效期内违反本协议任意条款,甲方有权终止合同。

2004年11月30日华星公司和何某经营的金口岸歌城签订《联合销售协议》,协议约定:从2004年12月1日至2006年6月1日乙方金口岸歌城专销甲方华星公司所经营的啤酒(主要是普通山城啤酒),并由甲方直接供货给乙方,乙方应按甲方的要求,购进甲方所经营的商品,并放在显眼位置,主动积极销售,乙方应确保歌城服务人员、工作人员及歌城不能进行甲方总代理之外任何品牌的促销活动,并不能上其他任何品牌的促销人员,甲方为乙方提供价值6500元的广告招牌,若乙方遵守并实际履行本协议规定,合同期满后招牌属乙方所有,如因乙方中途转业应按招牌价值款返还甲方。

《联合销售协议》签订后,乡味楼火锅店和金口岸歌城均按协议履行了约定义务,华星公司已支付乡味楼火锅店主一次性专场费25000元和9个月的月专场费22500元,给金口岸歌城何某提供价值6500元的招牌一个。

2005年7月5日西充县工商局在查明上述事实后,以华星公司违反了《中华人民共和国反不正当竞争法》第8条第1款:"经营者不得采用财物或其他手段进行贿赂以销售或者购买商品。在账外暗中给予对方单位或者个人回扣的,以行贿论处;对方单位或者个人在账外暗中收受回扣的,以受贿论处"之规定,认定华星公司的行为属商业贿赂,对其作出责令改正违法行为和罚款30000元的行政处罚决定。华星公司不服该处罚决定,于2005年8月10日起诉到西充县人民法院,要求撤销工商局行政处罚决定书。同年11月15日,西充县法院一审认

---

① 案例来源:《啤酒专场销售进场费问题引发行政诉讼》,载《民主与法制时报》2005年12月20日。

定,华星公司在每月销售金额不等情况下定期定额支付的专卖促销费并非返利费,其行为属商业贿赂行为。据此,法院判决维持西充县工商局的行政处罚决定。

【问题】

华星公司支付"专场费"的行为是否构成商业贿赂?

【观点】

华星公司的行为违反了《中华人民共和国反不正当竞争法》,构成商业贿赂的违法行为。

【分析】

商业贿赂是竞争法上的一个术语。根据我国《反不正当竞争法》第8条的规定:"经营者不得采用财物或者其他手段进行贿赂以销售或购买者商品。在账外暗中给予对方单位或者个人回扣的,以行贿论处;对方单位或者个人在账外暗中收受回扣的,以受贿论处。经营者销售或者购买商品,可以以明示方式给对方折扣,可以给中间人佣金。经营者给对方折扣、给中间人佣金的,必须如实入账。接受折扣、佣金的经营者必须如实入账。"可见,我国《反不正当竞争法》虽然没有正式使用商业贿赂这一术语,但对商业贿赂的基本内涵作了表述,明确了商业贿赂的不正当竞争性质。国家工商行政管理局于1996年11月又颁发了《关于禁止商业贿赂行为的暂行规定》,对商业贿赂这一法律术语作了规范性定义,即"经营者为销售或购买商品而采取财物或其他手段贿赂对方单位或个人的行为"。

关于华星公司支付"专场费"的行为是否构成商业贿赂存在一定的争议,有人认为不构成商业贿赂,理由在于:第一,根据《反不正当竞争法》的规定,商业贿赂是暗中给予对方的,而本案中华星公司给付"专场费"是在合同中明示;第二,《联合销售协议》中明确约定"专场费"是折扣费用,应属于第8条第2款所允许的折扣行为;第三,给付酒水"专场费"在酒类经销中是一种惯常做法,不违背商业道德。

从《反不正当竞争法》的立法目的以及商业贿赂概念的发展来看,上述理由并不充分。华星公司的行为构成商业贿赂,主要理由如下:

第一,华星公司签订《联合销售协议》属于不正当竞争行为。《反不正当竞争法》将损害其他经营者合法权益、扰乱社会经济秩序的行为定性为不正当竞争,不正当竞争行为的本质是破坏平等竞争秩序。《联合销售协议》明确约定"乙方只能上甲方所派促销员"、"乙方应确保餐厅服务人员、工作人员不参与其他任何品牌的促销活动"、"合同有效期内,甲方借给乙方展示柜二台,柜内只能存放甲方经营的商品",这些规定的目的在于排挤其他竞争对手,违反了自愿、平等、公平、诚实信用原则,属于不正当竞争行为。

第二,商业贿赂的表现形式并不局限于暗中给予交易对方财物的形式。当前经济生活中商业贿赂最主要的表现形式"回扣",就有着名目繁多的外在。包括:(1)现金回扣,即在交易完成之后,账外暗中给交易相对人一定数额的钱款。现金回扣体现复杂,如辛苦费、好处费、劳务费、手续费、茶水费、烟酒费、宣传费、促销费、合作费、广告费、质量跟踪费、临床试验费等。(2)实物回扣,如名贵字画、家电、古玩、金银物品等。(3)服务性的回扣,这一类的回扣则包括提供旅游、舞会、桑拿浴、出国"考察"、为子女提供学费,甚至出现了提供色情服务等性贿赂。可以看出,商业贿赂完全可以假借有关费用的名义公开、明示进行。

第三,"进场费"不构成明示折扣。明示折扣是《反不正当竞争法》所允许的竞争行为,其成立有三个条件:折扣以明示的方式进行、交易双方的折扣必须如实入账、不得限制其他经营者平等竞争的权利。"进场费"虽然以明示的方式给付,但其附加有限制竞争的合同条款,破坏了公平竞争的基础,不能构成明示折扣。

根据上述分析可以看出,不正当竞争的商业贿赂行为的本质在于用财物或者其他手段买通交易对方进行垄断性经营或者为其他经营者设置不平等的竞争条件,排挤竞争对手,扰乱市场秩序,而不在于给付财物是明示还是暗中。本案中华星公司以明示合同形式给予交易对方现金和财物并与其达成限制其他经营者平等竞争权利的协议,其行为符合商业贿赂的本质要件。

【点评】

本案案情并不复杂,但十分重要,其揭示了商业贿赂的本质特征,在对具体行为进行判断时,不应局限于外在表现形式,而应从实质出发探求其内在目的。这也要求大家对商业贿赂最常见的表现形式"回扣"的含义、构成非常了解,并进一步理清与回扣相关的概念"折扣"、"佣金"之间的区别与联系,从而整体把握"商业贿赂"的含义与构成。

案例分析十四:内蒙古蒙牛乳业(集团)股份有限公司诉河南安阳白雪公主乳业有限责任公司不正当竞争和商标侵权案[①]

【案情】

内蒙古蒙牛乳业(集团)股份有限公司(以下简称蒙牛集团)成立于1999年,至2006年其主营业务收入在全国乳制品企业中排名第二,其中UHT牛奶、液态奶、冰淇淋销量全国第一。2002年,"蒙牛"商标被国家工商总局认定为"中

---

① 案例来源:内蒙古高级人民法院网站,(2006)内高民三终字第7号民事判决书。

国驰名商标"。"酸酸乳"饮料是蒙牛公司研发定位为针对年轻消费群体的产品,推出后大获好评,有极高的市场知名度。2004年5月,蒙牛公司就"酸酸乳"饮料申请了带有"一个女孩背靠大树"的系列包装盒外观设计专利。2005年向国家工商局提交了标准字体和美术字体的"酸酸乳"文字商标申请。2005年6月内蒙古自治区工商行政管理局出具证明证实"酸酸乳"乳饮料产品为知名商品,"酸酸乳"为该产品的特有名称。

2005年12月12日,有消费者向蒙牛乳业集团举报称:内蒙古呼和浩特市市场中有与蒙牛集团瓶装"酸酸乳"乳饮料一样的饮料在销售。12月13日,在经市场走访对情况进行核实后,呼和浩特市新城区业主董建军的两家超市正在销售的由河南安阳白雪公主乳业有限公司(下称白雪公司)生产的"酸酸乳"乳饮料,进入了蒙牛集团维权人员的视线。同日,蒙牛集团向呼和浩特市新城区公证处申请办理证据保全公证。12月21日,蒙牛集团正式向呼和浩特市工商行政管理局(下称呼市工商局)进行了投诉。

经呼市工商局调查后发现:白雪公主集团生产、董建军销售的"酸酸乳"乳饮料外包装的文字颜色、塑料瓶外形与蒙牛集团瓶装"酸酸乳"乳饮料完全一致,而且外包装的背景画面也极为近似,并突出使用美术字体"酸酸乳"和"超级女声"字样。

据此,蒙牛集团向呼市中院提起了对白雪公司商标侵权及不正当竞争的诉讼。2006年10月16日,内蒙古高级人民法院二审判决认定白雪公司的行为构成不正当竞争,并且侵犯了蒙牛集团的商标权。

【问题】
从反不正当竞争法的角度分析白雪公司是否构成仿冒知名商品的不正当竞争行为。

【观点】
白雪公司的行为违反了《反不正当竞争法》第5条第2款的规定,构成仿冒知名商品的不正当竞争行为。

【分析】
我国《反不正当竞争法》第5条规定,经营者不得采用下列不正当手段从事市场交易,损害竞争对手:(1)假冒他人的注册商标;(2)擅自使用知名商品特有的名称、包装、装潢,或者使用与知名商品近似的名称、包装、装潢,造成和他人的知名商品相混淆,使购买者误认为是该知名商品;(3)擅自使用他人的企业名称或者姓名,引人误认为是他人的商品;(4)在商品上伪造或者冒用认证标志、名优标志等质量标志,伪造产地,对商品质量作引人误解的虚假表示。

判断某一行为是否属于仿冒知名商品的不正当竞争行为,需要具备三个要件:一是未经许可,擅自使用;二是被仿冒的对象属于"知名商品"的范围;三是造成购买者的误解。白雪公司并不是蒙牛集团指定的生产商,其使用与蒙牛集团"酸酸乳"饮料相似的外包装,并未得到蒙牛集团的许可,属于擅自使用。本案的关键在于判断蒙牛集团的"酸酸乳"是否为"知名产品"以及白雪公司的行为是否造成了消费者误解的后果。

国家工商行政管理局 1995 年 7 月 6 日发布《关于禁止仿冒知名商品特有的名称、包装、装潢的不正当竞争行为的若干规定》,对保护知名商品作出了全面细致的规定。所谓"知名商品",是指在市场上具有一定知名度,为相关公众所知悉的商品。知名商品特有的名称,是指知名商品独有的与通用名称有显著区别的商品名称。同时,根据《最高人民法院关于审理商标民事纠纷案件适用法律若干问题的解释》第 8 条的规定,相关公众是指与商标所标识的某类商品或者服务有关的消费者和与前述商品或者服务的营销有密切关系的其他经营者。反不正当竞争法所保护的商标,既包括注册商标,也包括未注册商标。商品特有的名称、包装、装潢是权利人创造性劳动的成果,在使用过程中,权利人投入一定的人力财力进行宣传,才使其由普通商品成为知名商品。有的经营者试图利用他人商业标记的巨大市场价值"搭便车",来推销自己的商品或服务,以牟取非法利益,这不但是对被仿冒者合法权利的侵害,也是对消费者的欺骗,对市场竞争规则的破坏。反不正当竞争法将此种行为作为严重违法行为予以禁止。

就"知名商品"的构成问题蒙牛集团向法院提供了以下证据:蒙牛集团在全国 15 个省级行政区建有 22 个生产基地,产品覆盖全国除台湾省以外的所有地区。2002 年,蒙牛集团的"蒙牛"商标被国家工商行政管理总局商标局认定为"中国驰名商标";液态奶(含乳饮料)荣获"中国名牌产品"称号,并被列为国家免检产品。2005 年初,蒙牛集团投入 1400 万元与湖南卫视共同举办"蒙牛酸酸乳超级女声"活动,并选定 2004 年超级女声季军张含韵作为"酸酸乳"乳饮料的形象代言人,演唱"酸酸甜甜就是我"的主题广告歌,该歌名同时也是"酸酸乳"的广告语,并被中国广告网评选为"2005 年度十大流行广告语"。这些证据表明,蒙牛"酸酸乳"在市场上具有一定的知名度,确属为相关公众所知悉的商品。在对"酸酸乳"包装、名称的开发、市场营销过程中,蒙牛集团也投入了不菲的成本。至今,一提到湖南卫视"超级女声"就能够使公众联想到蒙牛"酸酸乳"。可见,蒙牛"酸酸乳"拥有巨大的市场价值,并拥有显著的市场竞争优势。

厘清"知名商品"问题之后,尚需就白雪公司的行为后果进行考量。一般而言,仿冒行为发生在市场价值较小、知名度较低的企业与市场价值大、知名度高的企业之间,并且是前者仿冒后者,因为后者往往在消费者心目中具有良好的市场形象,更容易获得消费者的认可。本案就是这种情况。从行为方式上来说,白雪公司采取了与蒙牛"酸酸乳"相近的商业性标志,包括外包装文字颜色、塑料瓶形状以及外包装背景画面等,属于使用与知名商品近似的名称、包装、装潢。从仿冒方向来说,是市场占有率较低、产品知名度不高的白雪公司仿冒市场占有率高、产品知名度较高的蒙牛"酸酸乳",属于正向仿冒。从消费者的反馈和举报来看,白雪公司的产品足以诱使消费者错误识别,普通消费者施以一般注意力,很容易将其生产的"酸酸乳"产品误认为是蒙牛的"酸酸乳"产品。白雪公司公司试图分享蒙牛"酸酸乳"的商业利益,瓜分蒙牛的市场份额的目的显而易见。这种做法,将有可能淡化蒙牛"酸酸乳"的市场显著性,降低或者损害蒙牛"酸酸乳"的市场形象。

综上,白雪公司的行为符合仿冒知名商品的构成要件,应当受到《反不正当竞争法》的规制。

【点评】

一个商标驰名与否,包括一个产品是否"知名",在司法实践中,仅对判决中涉及的企业有效,对其他企业不发生法律约束力。这是因为,驰名或者知名与否是一种客观状态,而这种客观状态会随着时间的推移而发生变化,是一个动态的过程,并最终由市场来决定。因此,司法认定驰名商标或者知名商品仅仅对个案有效,不得推而广之。

第十三章 消费者权益保护法律制度

本章要点

1. 核心内容

消费是社会生产过程的一个重要环节,是生产、交换、分配的目的和归属,也是促进生产,交换、分配的主要手段。消费根据领域不同可以区分为生产消费和生活消费。从各国立法理论和实践来看,一般认为消费者权益保护法保护的是为生活需要而进行购买、使用商品和劳务的消费行为。消费者权益,是指符合消费者权益保护法规定的主体在特定消费过程中享有的权利集群。消费者权益保护法律制度,是调整在保护消费者权益的过程中发生的经济法律关系的法律规范的总称。狭义的消费者权益保护法律制度指的是《中华人民共和国消费者权益保护法》,广义的消费者权益保护法律制度还包括相关的法规、规章及司法解释等。

我国消费者权益保护法采取的是专门立法的体例,我国现行的《中华人民共和国消费者权益保护法》(以下简称《消费者权益保护法》)是1993年由第八届全国人民代表大会第四次会议通过的。自1994年1月1日起施行。根据2013年10月25日第十二届全国人大常委会第五次会议《关于修改〈中华人民共和国消费者权益保护法〉的决定》第二次修正,自2014年3月15日起施行。该法确立了经营者依法提供商品或服务;经营者与消费者之间交易自愿、平等、公平、诚实信用;国家保护和社会监督等四项基本原则。具体规定了消费者九项基本权利和经营者的八项基本义务,确立了民事、行政、刑事的救济途径,尤其是确立了惩罚性的赔偿制度和精神损害赔偿,加大了对消费者保护的力度。

2. 主要制度

本章的主要制度包括:《消费者权益保护法》的原则和适用范围;消费者的范围界定;消费者的权利及其行使要件;经营者的义务;法律责任等。

3. 实务提示

从《消费者权益保护法》的具体运用来看,在实务中出现问题最多和争议最大的主要集中在以下几个方面:(1)"消费者"含义的理解,涉及消费者主体的认定;(2)消费者在何种情况下可以请求惩罚性赔偿。(3)消费者在何种情况下可以请求精神损害赔偿。(4)《消费者权益保护法》与其他法律竞合的情况下,消费者如何申诉,更有利于保护自身权益。

 相关法律、法规、规章、司法解释

1. 法律

《中华人民共和国消费者权益保护法》(全国人大常委会,1993年10月31日发布;2013年10月25日第二次修正,2014年3月15日施行)

2. 行政规章

《国家工商行政管理总局关于处理侵害消费者权益行为的若干规定》(国家工商行政管理总局,2004年3月12日发布)

《关于消费者购买航空旅客人身意外保险注意事项的公告》(中国保险监督管理委员会,2003年3月4日发布)

《关于消费者购买机动车辆保险注意事项的公告》(中国保险监督管理委员会,2002年12月18日发布)

《欺诈消费者行为处罚办法》(国家工商行政管理总局,1996年3月15日发布)

《工商行政管理机关受理消费者申诉暂行办法》(国家工商行政管理总局,1998年12月3日修改)

《工商行政管理所处理消费者申诉实施办法》(国家工商行政管理总局,1997年3月15日发布)

《国家工商行政管理总局对消费者请求对企业处罚是否适用国家工商行政管理局51号令5日内答复问题的答复》(国家工商行政管理总局,2001年4月11日发布)

《国家工商行政管理局关于工商行政管理部门对消费者申诉能否作出赔偿决定问题的答复》(国家工商行政管理总局,1997年7月16日发布)

《国家工商行政管理局关于实施〈消费者权益保护法〉的若干意见》(国家工商行政管理总局,1995年2月25日)

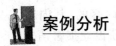
案例分析

案例分析一:"商品售出,概不退换"

【案情】

2009年秋某日,袁某和儿子到本区的百货商场电器柜台买收放机。袁某想买一个功能全质量好的收放机,但又不太懂这方面的知识,于是就请售货员帮助推荐一下。女售货员立即热情地拿出某牌收放机,说这种收放机功能全、音质好,价钱还不算太高,买的人很多。袁某信以为真,没有认真检查便付款买了一台售货员推荐的某牌收放机。回到家中,袁某的儿子便根据说明书的介绍开始用该收放机学习英语。使用中发现,该收放机缺少自动倒带功能,而且有个按钮刚用上一天就已不太灵敏。看来,这台收放机的功能和质量同女售货员所介绍的不太一样。于是,袁某急匆匆赶到百货商场,找到那位女售货员要求退货。售货员往墙上一指说:"你看,我们商场墙上贴着告示,上面写着'商品售出,概不退换'。我没法给你退货!"一气之下,袁某便向法院提起诉讼,要讨个说法。

【问题】

经营者是否可以"店堂告示"的方式损害消费者利益、减轻自己应承担的民事责任。

【观点】

经营者作为市场主体,一定程度享有经营自主权;而消费者处于社会的弱势群体,在权利的设定和义务的配制方面,法律的天平偏向消费者。经营者如果存在以"店堂告示"的方式损害消费者利益、减轻自己应承担的民事责任的情况,法律应当认定无效。

【分析】

首先,法律不允许经营者在经营场所设立损害消费者权益的告示、声明、通知等。我们常在一些经营场所看到经营者悬挂、张贴的标语、标牌,告诉消费者在选购商品或者接受服务时应注意的事项或者其他商业用语。消费者在选购商品或接受服务时,一旦对这种商品或服务提出不同意见,经营者就以这些早已规定好的店堂告示、声明、通知等为理由推托责任。在这种情况下,许多消费者心里很窝火却不知该怎么办,最后常常是忍气吞声,不了了之。《消费者权益保护法》第24条规定:"经营者不得以格式合同、通知、声明、店堂告示等方式作出对消费者不公平、不合理的规定,或者减轻、免除其消费者合法权益应当承担的民事责任。格式合同、通知、声明、店堂告示等含有前款所列内容的,其内容无效。"从这一法律规定可以看出,法律不允许经营者在经营场所设立损害消费者权益的告示、声明、通知,即使设立了,其内容也是无效的,并不能免除经营者应承担的责任和义务。

其次,经营者提供商品或服务,消费者购买商品或接受服务,经营者和消费者之间就建立起一种合同关系。本案中的袁某在商场购买收放机,袁某与百货商场之间就形成一个收放机买卖合同关系。作为合同一方当事人的百货商场负有向买方袁某提供合乎合同约定的合格收放机的义务;袁某作为买方负有支付价款的义务。袁某依约定履行了义务,却没有按合同的约定支付符合约定的合格的收放机。在这里,百货商场违反了合同的约定,应当承担违约责任。袁某有权解除合同,把收放机还给商场,商场把价款退还给袁某并赔偿袁某的损失。但是,百货商场却以其店堂告示上明确规定"商品售出,概不退换"为理由,拒绝退货,实际上是自行免除其违反合同的民事责任。这种自我免责是违反公平和诚实守信原则的,也是违反法律的强制性规定,因此是不能成立的。经营者设置这种店堂告示的目的,是将该告示内容自动作为将要订立的合同的当然条款,消费者要订立合同就必须接受该条款;如果不接受该条款,经营者就不与你订立合同。这对消费者是不公平、不合理的,损害了消费者合法权益,因而《消费者权益保护法》明文规定这类告示、声明、通知是无效的,不能免除经营者应承担的责任和义务。

生活中,经营者自行设立的这类格式合同、通知、声明、店堂告示还是很多的,但并不是全部无效。判断其是否有效,需要依据民法通则和相关的法律规定加以分析。一般说来,这类声明、通知、店堂告示的内容大体可以分为两类:一类是关于经营情况的一般性告示,如"本店盘点暂不营业",这类告示一般不涉及消费者的权利和利益,也没有不公平、不合理之处,因而是有效的。另一类告示涉及交易的内容,如"商品售出,概不退换"等。这类告示涉及消费者与经营者之间的权利义务关系,如果该店堂告示的内容对消费者不公平、不合理,或者免除、减轻经营者损害消费者合法权益而应当承担的民事责任,这样的内容无效。

【点评】

《消费者权益保护法》属于经济法体系的重要组成部分,民法中意思自治原则并不必然适用于消费者的消费领域。即便经营者在消费者消费过程中明示了相关意思表示,但基于经济法的特性,如果该意思表示损害了消费者利益、减轻自己应承担的民事责任,法律仍认定无效。为保护社会弱者的权益,国家通过公权利的方式,一定程度阻碍了经营者的意思自由,强制其承担相关社会责任及法律责任。

案例分析二:"索尼"耳机双倍赔偿争议案

【案情】

某日,王海在北京隆福大厦二楼电讯商场,花170元买了两副标价85元一副的日本"索尼"耳机,后又在该商场加买了10副该种耳机。王海把这些"索尼"耳机拿到东城区工商局,经鉴定为假货。遂根据《消费者权益保护法》第49条的商品欺诈"双倍赔偿"的规定向隆福大厦索赔,但隆福大厦拒绝对全部的"索尼"耳机进行双倍赔偿,只同意退赔先买的两副"索尼"耳机,后10副"索尼"耳机属于"知假买假",所以只退不赔,考虑到对方耽误的时间和浪费的精力,同意给200余元补偿金。王海表示拒绝。此事后来被诸多媒体报道,王海随之成为新闻人物。时隔半年后,王海又在北京的其他十家商场买假进行双倍索赔获得成功,在一个月内获赔偿金近8000元。北京隆福大厦在拖延了8个月之后,同意加倍赔偿王海在隆福大厦购买的10副假冒"索尼"耳机。王海对商品欺诈进行的首次挑战,获得圆满的结局。

【问题】

双倍赔偿是对经营者的惩罚性规定,实践中应当如何认定经营者的赔偿义务?

【观点】

《消费者权益保护法》第49条明确规定:经营者提供商品或者服务有欺诈行为的,应当按照消费者的要求增加赔偿其受到的损失,增加赔偿的金额为消费者购买商品的价款或者接受服务的费用的一倍。隆福大厦以假充真的行为属于典型的欺诈行为,应当向消费者王海双倍赔偿。

【分析】

这个案件并没有进行诉讼,但是它确实是我国自《消费者权益保护法》施行以来第一个依据该法第49条主张双倍赔偿,向商品欺诈的经营者宣战的案件,在我国消费者维权运动中具有极为重大的意义。《消费者权益保护法》第49条规定:"经营者提供商品或者服务有欺诈行为的,应当按照消费者的要求增加赔偿其受到的损失,增加赔偿的金额为消费者购买商品的价款或者接受服务的费用的一倍。"设立这种惩罚性赔偿制度的目的,在于惩罚损害消费者的商品欺诈和服务欺诈行为人,鼓励消费者与这种欺诈行为进行斗争。王海行为的意义,就在于实践《消费者权益保护法》惩罚性赔偿金制度,以此向消费领域的欺诈行为宣战。在本案中,隆福大厦所销售的为假"索尼"耳机,存在欺诈行为,作为消费者的王海请求双倍赔偿其损失,既是消费者王海应有的权利,也是经营者隆福大厦应承担的义务。正因为如此,王海因打假索赔而成为获得中国保护消费者基金会设立的"消费者打假奖"(奖金5000元)第一人,"王海打假"也成为一种现象。

【点评】

尽管社会各界对"王海现象"提出很多质疑,认为不是为了自己生活消费购买商品就不属于《消费者权益保护法》第2条规定的消费者。我们认为,这属于道德调整的范畴,即使是王海式的打假者,只要他们从经营者处购买了商品或接受了服务,就应当是消费者,不能将其排斥在《消费者权益保护法》保护之外。

案例分析三:"此马非彼马"案

【案情】

何山于4月24日来到乐万达商行,这家商行里墨宝繁多,齐白石的画、徐悲鸿的马,都可以买到。基于一个书画爱好者的常识,何山意识到:这家商行批量出售的名人字画可能有诈。他挑出了徐悲鸿先生的两幅作品,一张独马,一张群马。群马标价2200元,独马未写明价格,售货员曲霞告诉他800元。第二天上午何山前来购画,双方就700元的价格成交。5月10日,何山又以2200元买下了那幅"群马"。商行开了发票,在发票的商品栏内分别填写了"卅三年暮春悲鸿独马"及"悲鸿群马"字样。5月13日,何山以"怀疑有假,特请保护"为由诉至北京市西城区法院。6月5日,西城区法院开庭审理了此案。8月2日,西城区法院作出民事判决,认定被告出售国画时有欺诈行为,判决被告退还原告购画款2900元,增加赔偿原告购画价款的一倍赔偿金2900元,并判决被告赔偿原告和代支付的诉讼费10元、律师代理费224元。案件受理费242元由被告承担。乐万达商行服从判决。何山将此次诉讼所获得的加倍部分的赔偿金捐献给了中国消费者协会,建立打假基金。

【问题】

该案例是涉及商品欺诈以及双倍赔偿的首例诉讼案。商品欺诈进入诉讼程序,消费者如何主张自身权益。通过司法实践,应该系统解释《消费者权益保护法》规定的欺诈行为包含哪些内容。

第十三章 消费者权益保护法律制度

【观点】

何山知假买假也是消费者。乐万达商行对所售国画为赝品未作说明,这构成对消费者的欺诈。按照《消费者权益保护法》第 49 条规定,乐万达商行应向何山承担双倍赔偿的法律责任。此外,乐万达商行的欺诈行为是产生该诉讼的原因,针对诉讼发生的相关费用,应由乐万达商行承担。

【分析】

何山作为消费者购买国画时,乐万达商行对所售国画为赝品未作说明,这也构成对消费者的欺诈,法院判决支持何山的诉讼请求,这不仅使得何山成为第一个疑假买假走上法庭而获胜诉的人,也是对广大消费者权利的肯定。何山胜诉、获得双倍赔偿,回击了"知假买假者不是消费者"的议论,明确了疑假买假者也是消费者,应当获得双倍赔偿。同时,在本案中,法院判决还支持了何山请求赔偿律师费、交通费的主张,确认经营者不仅要承担赔偿责任,还要对案件受理费、为打官司而支付的律师费、交通费等实际损失也应当予以全额赔偿。这既有利于保护消费者的合法权益,也有利于制裁制假售假的经营者。其实在本案发生之时,针对王海打假,社会上出现了"知假买假者不是消费者"的议论,作为"打假先锋"王海的支持者,何山从幕后声援走向前台践行,亲自疑假买假向法院提起双倍赔偿诉讼,也是对消费者打假的支持。何山案件的胜诉,昭示了消费者请求双倍赔偿不是商家的恩赐,而是消费者自身应有的法定权利,受到欺诈的消费者应当勇敢地行使自己的权利。

根据国家工商局第 50 号令(《欺诈消费者行为处罚办法》)的规定,欺诈消费者行为是指经营者在提供商品(以下所称商品包括服务)或者服务中,采取虚假或者其他不正当手段欺骗、误导消费者,使消费者的合法权益受到损害的行为。经营者在向消费者提供商品中,有下列情形之一的,属于欺诈消费者行为:(1) 销售掺杂、掺假,以假充真,以次充好的商品的;(2) 采取虚假或者其他不正当手段使销售的商品分量不足的;(3) 销售"处理品"、"残次品"、"等外品"等商品而谎称是正品的;(4) 以虚假的"清仓价"、"甩卖价"、"最低价"、"优惠价"或者其他欺骗性价格表示销售商品的;(5) 以虚假的商品说明、商品标准、实物样品等方式销售商品的;(6) 不以自己的真实名称和标记销售商品的;(7) 采取雇佣他人等方式进行欺骗性的销售诱导的;(8) 作虚假的现场演示和说明的;(9) 利用广播、电视、电影、报刊等大众传播媒介对商品作虚假宣传的;(10) 骗取消费者预付款的;(11) 利用邮购销售骗取价款而不提供或者不按照约定条件提供商品的;(12) 以虚假的"有奖销售""还本销售"等方式销售商品的;(13) 以其他虚假或者不正当手段欺诈消费者的行为。

【点评】

该案在当时被称为全国首例疑假买假诉讼案,因为此前王海打假的案件并未进入诉讼程序,只是王海与商家的交涉。而何山打假直接突入诉讼领域,向商品欺诈宣战,其意义重大。

案例分析四:消费者的消费自由权应当得到保障

【案情】

2008年4月22日、4月28日及5月1日,某咨询公司市场主管高彬在进入敦煌公司开办的酒吧时,酒吧工作人员因其"面容不太好,怕影响店中生意"而拒绝其入内。2008年7月,高彬向法院提起诉讼,认为酒吧工作人员的行为侵害了其人格尊严,给其造成极大精神伤害,要求被告赔偿精神损失费5万元及经济损失2847元,并公开赔礼道歉。一审法院判决被告向高彬书面赔礼道歉,赔偿交通费、复印费、咨询费403.5元、精神损失费4000元。被告不服判决,进行了上诉。二审法院审理后认为,敦煌公司的保安在拒绝高彬进入酒吧时具有容貌歧视的主观意识,构成了对高彬人格权的侵害。事发后高彬再次去酒吧,又被拒之于门外,使高彬自主选择服务经营者的权利受到侵害;但是敦煌公司的侵权行为情节轻微,赔礼道歉并负担高彬的合理支出已经足以抚慰其精神损害,所以撤销了一审中判赔的精神损失费。

【问题】

经营者是否有权对消费者的消费自由权利进行限制?如何在经营者的经营权和消费者的消费自由权之间寻找一个平衡点?此外,该案针对消费者主张的精神损害赔偿,一审和二审法院作出截然不同的判决,应如何看待。

【观点】

一方面,除非经营者通过合法途径获得并明确了经营范围,否则不能对消费者的消费自由权利加以限制。另一方面,消费者不能要求经营者提供其经营范围以外的商品或服务,比如消费者通常不能要求旅游公司提供教育服务;不符合经营者服务对象的消费者也不能要求经营者提供商品和服务,比如未成年人通常不能要求网吧经营者向其提供上网服务。除此以外,消费者有消费自由的权利,经营者不能自行设定限制消费者消费的权利。就此案消费者主张的精神损害赔偿,一审法院判决可资采纳,对经营者随意限制消费者消费自由的行为可示警戒。

【分析】

消费者享有消费自由权,这是从买卖自由的民法基本规则中引发出来的结论。而以相貌丑陋为由拒绝消费者消费,则侵害的是人格尊严。本案涉及三个关键问题:第一,作为消费者,高彬有权进入敦煌公司开设的酒吧。根据《消费者权益保护法》第9条关于消费者自主选择权的规定,消费者享有自主选择商品或者服务的权利,有权自主选择提供商品或者服务的经营者,自主选择商品品种或者服务方式,自主决定购买或者不购买任何一种商品、接受或不接受任何一项服务。这就是消费自由原则。因此,高彬进入被告的酒吧进行消费,是行使消费者自主选择服务权的正当行为,有权进入,而被告在正常的营业时间内拒绝高彬进入酒吧,是对高彬消费自由权的侵害。第二,被告在正常的营业时间内拒绝高彬进入酒吧的理由构成对消费者人格尊严的侵害。《消费者权益保护法》第14条规定:"消费者在购买、使用商品和接受服务时,享有其人格尊严、民族风俗习惯得到尊重的权利。"被告酒吧工作人员认为:正是因为高彬"面容不太好,怕进了店中影响生意",才拒绝高彬进入酒吧的。毫无疑问,被告对高彬实施了歧视性的差别待遇,这种行为对高彬是一种侮辱,使其内心受到伤害,人格受到贬损,侵害了高彬的人格尊严,应承担相应的民事法律责任。第三,高彬的诉讼请求确有法律依据。《消费者权益保护法》第43条规定:"经营者对消费者进行侮辱、诽谤,侵害消费者的人格尊严或者侵犯消费者人身自由的,应当停止侵害、恢复名誉、消除影响、赔礼道歉,并赔偿损失。"高彬要求被告赔礼道歉、赔偿经济损失和精神损失的诉讼请求,存在事实和法律依据,应予认可。

【点评】

本案二审法院最后撤销了一审判决的精神损害赔偿金,说明了我国司法机关对人格尊严保护的重要性的认识不够。既然构成侵权,受害人又提出了精神损害赔偿的请求,法院应予支持。

案例分析五:"央视女主持人沈旭华坠楼死亡索赔"案

【案情】

2002年8月1日晚,中央电视台《夕阳红》栏目的女主持人沈旭华和朋友们相约在安贞桥旁边的浙江大厦张生记餐饮有限公司吃饭。沈旭华亲自订了12号包间,该房间在二楼,邻近消防通道。当大家落座正要点菜之际,沈旭华的手机响起,即边接电话边走出包间,来到了包间斜对门三、四米处的木制消防通道门旁,后不见踪影。经寻找,发现沈旭华坠落楼下,经抢救无效身亡。经北京市公安局鉴定为高坠死亡。原告沈旭华家属起诉至北京市朝阳区人民法院,认为沈旭华坠楼身亡是由被告张生记餐饮有限公司和被告北京市京浙宾馆使用不合规范的工程且没有在危险地段设置警示标志而造成的。两者的违法行为严重损害了消费者的权益,主观上具有明显过错,因此负有不可推卸的责任。请求法院判令被告赔偿交通费、抚养费和精神损失费等246万元。一审法院经审理认为被告张生记公司作为餐饮行业的经营者,应向消费者提供符合保障人身安全的服务,但存在过错未尽安全保障义务;被告京浙宾馆的过错行为与沈旭华坠楼身亡事件存在因果关系。因此,二被告对沈旭华坠楼身亡的损害后果应承担赔偿责任。一审法院依据《消费者权益保护法》和《民法通则》的规定,判决二被告赔偿原告沈旭华家属法医鉴定费、丧葬费、交通费、民航机场管理建设费共计68439元,以及精神损害抚慰金18万元、赡养费72000元、抚育费67200元。

【问题】

该案涉及经营者未尽安全保障义务致害消费者的赔偿责任问题,该赔偿责任通常还包括精神损害赔偿。

【观点】

经营者的安全保障义务关系消费者的人身和财产安全,是经营者应履行的重要义务之一。安全保障义务的违反涉及消费者人身安全的,应承担相应的精神损害赔偿金。

【分析】

本案是一起典型的违反安全保障义务的侵权行为。在违反安全保障义务的侵权行为中,主要有三种类型,即设施设备违反安全保障义务的侵权行为、服务管理未尽安全保障义务的侵权行为和防范制止侵权行为未尽安全保障义务的侵权行为。本案是第一种类型的未尽安全保障的侵权行为。本案的受害人具有较高知名度,因此自发生之日起就引起了广泛的关注,在各种媒体上不断被予以报道,也扩大了案件的影响。安全保障义务,是经营商品或服务的经营者依法应当承担的保障接受服务的消费者在其经营场所内的安全的义务,消费者在购买、使用商品和接受服务时享有人身、财产安全不受损害的权利。《消费者权益保护法》第7条对此作了规定:"消费者在购买、使用商品和接受服务时享有人身、财产安全不受损害的权利。消费者有权要求经营者提供的商品和服务,符合保障人身、财产安全的要求。"沈旭华作为消费者进入被告的餐厅就餐,张生记公司作为经营者,对沈旭华的人身、财产负有合理限度内的安全保障义务,应当向消费者提供符合保障人身安全的服务,其中就包括设施设备的安全无危险。但是被告对本应预见对消费者人身构成危害的安全隐患未采取措施,未尽到合理限度内的安全保障义务,致使沈旭华坠落死亡,存在过错,构成设施设备未尽安全保障义务的侵权责任,应当对沈旭华坠楼身亡的损害后果承担全部赔偿责任。对于这种案件最高人民法院在人身损害赔偿司法解释中作了明确规定。

【点评】

本案的警示意义在于:一是消费者在进行消费的时候应当注意自身的安全,防止发生危险。二是经营者必须善尽安全保障义务,对消费者的人身和财产的安全提供保障,对经营场地存在的危险或者潜在危险负有消除和警示的义务,否则对造成的消费者损害,应当承担侵权责任。三是,消费者受到此类伤害,应请求法院判决经营者予以赔偿,依法维护自己的权利,获得应有的赔偿。

案例分析六:商品房买卖纠纷之双倍赔偿案

【案情】

2001年3月15日,鹤壁市一名消费者购买了当地一家建筑安装公司的一套住房,总价65780元。消费者交付了54800元房款,打了10980元的欠条,建筑公司出具了65780元的财务手续。消费者入住后不久,发现房子多处断裂,开始协商退房。随后,消费者又获悉,这套住房是开发商在1999年底未经规划部门批准擅自建设的,鹤壁市建委已经下发了拆除令,法院正在强制执行,而且整栋楼房的房产证又被抵押给了银行。消费者此前对这些毫不知情。2001年11月8日,消费者以欺诈销售商品房为由将这家公司告上法庭,要求依据"消法"双倍赔偿。2002年2月,鹤壁市山城区人民法院一审判决认定这家公司对消费者构成欺诈行为,判决消费者获得双倍赔偿,即这家公司退还消费者54800元之后,再另外赔偿消费者同等数额的款额。2002年5月29日,鹤壁市中级人民法院二审维持一审判决,这是终审判决。这家公司不服终审判决,提起申诉。2002年12月12日,法院驳回这家公司的申诉,维持终审判决。

【问题】

这是全国首例终审生效的商品房双倍赔偿案。涉及惩罚性赔偿制度在商品房交易中的适用问题。

【观点】

住房问题关系民生,与老百姓的生活息息相关,此外商品房价值大、开发商和消费者强弱对比明显等特点,决定了此类纠纷的处理应侧重保护消费者利益。因此,房地产市场更应该适用惩罚性赔偿制度。

【分析】

双倍赔偿属惩罚性损害赔偿之一种,惩罚性损害赔偿也称示范性的赔偿或报复性的赔偿,是指由法庭所作出的赔偿数额超过实际的损害数额的赔偿,它具有补偿受害人遭受的损失、惩罚和遏制不法行为等多重功能。《消费者权益保护法》第49规定:"经营者提供商品或者服务有欺诈行为的,应当按照消费者的要求增加赔偿其受到的损失,增加赔偿的金额为消费者购买商品的价格或者接受服务的费用的一倍。"该规定确立了惩罚性损害赔偿的民事责任,即"损一赔二"的民事责任,而且,它是中国第一个适用惩罚性赔偿的立法例。《合同法》第113条再一次重申了该项制度。按照该规定,经营者有欺诈行为的,消费者有权要求双倍赔偿。对商品房买卖合同能否适用惩罚性赔偿责任则是当前学术界和实务界争论的焦点,也是社会关注的热点问题。

反对者认为商品房买卖不适用《消费者权益保护法》第49条。理由有三:一是《消费者权益保护法》制定时,针对的是普通商品市场存在的假冒伪劣和缺斤短两问题,其适用范围不包括商品房。同时制定的《产品质量法》明文规定不包括建筑物,可作参考。二是商品房作为不动产与作为动产的普通商品有差异,商品房买卖合同上即使出卖人隐瞒了某项真实情况或捏造了某项虚假情况,与普通商品交易中的欺诈行为不能等量齐观,商品房质量问题通过瑕疵担保责任制度可以得到妥善处理。三是商品房买卖合同金额巨大,动辄数十上百万,如判决双赔,将导致双方利害关系的显失平衡,在一般人的社会生活经验看来很难说是合情合理合法的判决。

支持者认为购房也系商品买卖行为,房屋也作为一种商品成为《消费者权益保护法》第49条规范的范围,开发商若以欺诈行为提供质量不足的商品房时,应有《消费者权益保护法》第49条双倍赔偿的惩罚性赔偿金制度的适用。理由是:首先,就消费者权益保护立场而言,消费者于商品房的交易过程中仍属于经济上弱者的地位,且商品房之购买往往又需消费者一生积蓄,故对于《消费者权益保护法》中所规定消费者的权利,于商品房的交易中应有所适用,方才符合该法之立法目的;其次,就该法条文惩罚性赔偿金制度的立法目的而言,若将商品房交易纠纷排除于该条文的适用,而使实行欺诈行为的开发商毋庸负担双倍赔偿的民事责任者,将使得购买商品房的消费者无法得到合理的补偿与鼓励,且亦无法处罚、吓阻开发商的欺诈行为,而无法导正商品房的交易市场;最后,从法律适用上之解释来说,《消费者权益保护法》中所谓的"商品"系指为人们日常物质生活或文化生活所需且于市场上流通买卖的物品,而不论是动产或不动产,均可包括在内,故若消费者以生活消费之目的而购买商品房者,则该商品房应是本法所称的商品,且本法对于商品房并无明文规定加以排除适用,则商品房应该仍是消费之客体,适用本条文。

《最高人民法院关于审理商品房买卖合同纠纷案件适用法律若干问题的解释》(最高法院法释[2003]7号)第8条、第9条明确规定了商品房买卖合同中属于出卖人恶意违约和欺诈,致使买受人无法取得房屋的五种情形可以适用惩罚性赔偿原则。即:(1)商品房买卖合同订立后,出卖人未告知买受人又将该房屋抵押给第三人(又称"先卖后抵");(2)商品房买卖合同订立后,出卖人又将该房屋出卖给第三人(又称"一房二卖");(3)故意隐瞒没有取得商品房预售许可证明的事实或者提供虚假商品房预售许可证明;(4)故意隐瞒所售房屋已经抵押的事实(又称"先抵后卖");(5)故意隐瞒所售房屋已经出卖给第三人或者为拆迁补偿安置房屋的事实。在此五种情形下,买受人除可请求出卖人返还已付购房款及利息、赔偿损失外,并可以请求出卖人承担不超过已付购房款一倍的赔偿责任。当然,按照最高法院的规定,必须是在由此五种情形导致商品房买卖合同被确认无效或者被撤销、解除的前提下,买受人才可请求出卖人承担不超过已付购房款一倍的赔偿责任。该案审理结果符合最高院的以上规定,开发商的行为构成商品房买卖的欺诈行为,应当承担双倍赔偿责任。

【点评】

惩罚性损害赔偿原则在商品房交易中的适用既有社会生活的基础和司法实务上的先例,又有法规层面的支持,应是毋庸置疑的。而法律向房地产消费者保护倾斜的程度根本上取决于经济发展水平和房地产商品化程度。在我国当前住房改革制度还极不完善的情况下,最高院法释[2003]7号所规定的惩罚性赔偿责任既注意到依法维护买受人的合法权益,又考虑到商品房开发经营过程中的实际情况,是有利于促进房地产市场健康发展的。

案例分析七:李某某与某开发建设总公司商品房出售知情权纠纷案

【案情】

2010年9月9日,原告李某某以某开发建设总公司和某建设工程质量监督站为被告向某区人民法院提起民事诉讼称,其在被告某开发建设总公司开发的碧海小区购置住房一套,入住不到半年即发现房屋质量出现严重的"次、假、漏、裂",严重影响人身安全和住者的心理平衡。因原告本人从事建筑业,对房屋质量问题不陌生,故欲先摸清"事故成因"再求对策。原告走访某建设工程质量监督站、某开发建设总公司申请查阅该商品房的全部设计文件和施工阶段的原始记录,遭到拒绝,请求法院依法判令两被告在最短期限内提交碧海小区 16 幢 B 端建筑物的全部设计文件和施工验收的原始记录。某区人民法院审理认为,原告应按房屋买卖合同中的约定查阅相关资料,有权利知道开发商是否有开发建设资质及所购房屋使用说明书及质量保证书、所购房屋是否经相关部门验收合格可以进行交易等相关资料,而不能超越消费者应知情的权限,楼房的设计图纸和建设施工的原始记录涉及商业秘密,不属于消费者应知的范围,且这些资料已由建筑质量监督部门存档保管,属于档案资料,个人未经批准不得查阅。为此,依照《建设工程勘察设计管理条例》第 33 条、《商品房销售管理办法》第 7 条、第 16 条、第 19 条、《机关档案工作条例》第 21 条等的规定,判决驳回原告李某某的诉讼请求。李某某不服该民事判决,向某市中级人民法院提起上诉,二审以同样判案理由驳回上诉,维持原判。

【问题】

该案讼争的焦点是原告所称的消费者知情权是否应予以保护,换言之,该知情权是否系商品房购买者所享有的权利,原告是否有权查看所购房屋的设计文件和施工验收记录。

【观点】

1993 年颁布的《中华人民共和国消费者权益保护法》首次出现知情权概念,该法第 8 条规定:"消费者享有知悉其购买、使用的商品或者接受服务的真实情况的权利。"知情权的行使是保证消费者购买到符合心意的商品或服务的前提。法律需要在消费者知情权的行使与经营者商业秘密的保护之间寻找一个平衡点。

【分析】

知情权有广义与狭义之分。广义的知情权,是指公民、法人或其他组织依法享有的、要求义务人公开一定的信息的权利和在法律允许的范围内获取各类信息的自由,它既属于公法意义上的权利,又属于私法意义上的权利;既包括抽象的权利又包括具体的权利;既包括民主权利、政治权利也包括人身权利、财产权利等。狭义的知情权,就是公民针对政府工作、针对政府的政务公开的一项权利。司法作为最后一道屏障,必须使知情权成为司法上可诉的权利。本文所探讨的知情权主要是从私法意义上进行使用的。

1993 年颁布的《中华人民共和国消费者权益保护法》(以下简称《消法》)首次出现知情权概念,该法第 8 条规定:"消费者享有知悉其购买、使用的商品或者接受服务的真实情况的权利。"《消法》上的消费者是指为满足生活消费需要购买、使用商品或接受服务的、由国家专门法律确认其主体地位和保护其消费权益的个人。只有自然人才能成为最终消费的主体。《消法》规定的消费者7项权利应当完全适用于房地产消费者。这7项权利包括：获得真实信息的权利、自由选择的权利、人身健康和安全不受损害的权利、经济利益不受损害的权利、获得补救和赔偿的权利、进行社会监督的权利和受消费教育的权利。

  本案中，被告某开发建设总公司提出其作为商品房销售者的合同义务已履行完毕，但这并不能作为拒绝向消费者出示所购买商品房设计图纸和施工验收记录的依据。因为即便是机关档案，尚可以借阅，作为房地产开发企业不能以保护所谓商业秘密为由侵害购房人的知情权，这是对商业秘密不适当的扩大解释。根据《建设工程勘察设计管理条例》第33条第2款的规定，施工图设计文件未经审查批准的，不得使用。按照建设部《商品房销售管理办法》第19条第2款的规定，房屋交付时，套型要与设计图纸一致。根据建设部建房(1998)102号文的规定，《新建住宅质量保证书》、《新建住宅使用说明书》已经成为必要公示的内容，其目的保证购房者的知情权，那么同样值得购房者关注的设计规划图也应为其设定公示要求。整体布局规划、单项景观设计、辅助设施配套在项目规划时都已经规划部门及其他专业管理部门批准确定，同样这些也是开发商申请住宅小区住宅竣工验收所必须提供的文件，那么向购房者公示并不会造成开发商过多的负重。在利益衡量和价值取向上，也应当优先保护作为消费者的购房户，而不能以保护开发商的"商业秘密"而拒绝购房人的正当合理要求。更何况，如确系商业秘密，作为合同相对方的购房人也有保守其所知悉情况的义务，违反该义务，房地产开发商完全可以借助侵权法予以救济，其以商业秘密为由不予向特定的合同相对方——购房人提供设计图和施工记录等，于情于理于法都是说不过去的。

【点评】
  伴随近年房地产行业的飞速发展，开发商作为交易主体一方通常处于强势地位，消费者往往在不知情或者欲知情而苦于无法知情的尴尬处境下完成交易，导致纠纷增加。现有的相关法律法规对消费者的权益保护尚存不明确之处，亟须在消费者知情权和开发商商业秘密之间确定一条标准。

案例分析八：消费者酒吧消费挨打获精神损害赔偿

【案情】
  2008年2月26日晚，家住珠海市斗门区的李维与李权等3人，来到中山市石岐区某酒吧喝酒聊天，深夜12点多，他们进了卡拉OK房唱歌。刚唱了半个多小时，房内的电视机突然显不出图像，便叫来服务员。但该酒吧的工作人员发现电视机里有水，便怀疑是李维等人把啤酒倒入电视机内，导致电视机烧坏。随后，该酒吧的负责人阿强便进来要李维等人赔偿电视机。李维等人认为电视机不是他们弄坏的，双方遂发生争吵。期间，李维与李权在卡拉 OK 房内被人扇耳光、殴打。李维和李权即到医院进行治疗，均诊断为多处软组织挫伤，李维花费医疗费 126.7 元，李权花费 388 元。3 月 31 日，李维和李权将酒吧老板告到中山市人民法院石岐法庭，请求法院判令酒吧老板除赔偿医药费外，还要赔礼道歉，并支付每人 5 万元的精神损失费。酒吧老板认为，发生这件事的原因是两原告醉酒引起，而且他们是和酒吧其他顾客打架时受的伤，请求法院驳回原告精神损失费的诉讼请求。酒吧负责人阿强在警方问话时，承认打了李维、李权两人几个耳光。7 月 25 日，法院作出一审判决，两消费者不服判决，向中山市中级人民法院提起上诉。中山市中级人民法院判决酒吧的老板给予李维、李权每人各 5 万元的精神赔偿。

【问题】

以上案例中消费者应当选择何种法律规则维护自身权益？

【观点】

消费者既可以选择民法侵权行为法中的相关规定也可以选择《消费者权益保护法》的相关规定保护自身权益。生活中，消费者被搜包、搜身、人格尊严经常受辱，弱势的消费者大多选择忍气吞声。消费者应更好的使用法律手段保护自身权益不受侵犯。案由不同，审理时举证责任、归责原则、赔偿范围也不同，必然带来执法尺度的不同，造成各个案件在审理时存在一定差异。

【分析】

根据《中华人民共和国消费者权益保护法》第 25 条规定："经营者不得对消费者进行侮辱、诽谤，不得搜查消费者的身体及其携带的物品，不得侵犯消费者的人身自由。"两原告到酒吧消费，酒吧的工作人员却对原告实施打耳光等殴打行为，以暴力手段公然侮辱两原告，侵害了原告的人身安全和人格尊严。同时，依照《广东省实施〈中华人民共和国消费者权益保护法〉办法》第 31 条"经营者以暴力或者其他方法公然侮辱或捏造事实诽谤消费者，搜查消费者的身体及其携带物品，侵害消费者的人格尊严或者侵犯消费者人身自由的，应当停止侵害、恢复名誉、消除影响、赔礼道歉，并给予 5 万元以上的精神赔偿"的规定，该案终审判决酒吧老板给予李维、李权每人各 5 万元精神赔偿符合法律法规规定及相关立法精神。

需要说明的是，在适用《消费者权益保护法》时，应当依侵权审理还是依合同审理有待统一。消费者与经营者之间的纠纷源于合同关系，发生损害时应当就侵权和违约择一主张权利。但现实中消费者往往同时主张。为保护消费者，审理时往往订合同的案由，却依侵权审理，造成混乱。此外，《消费者权益保护法》实质追究的是侵权责任，归责上却采取无过错责任。此类纠纷，按照合同审理，归责原则为严格的无过错责任；按照侵权审理，追究的是过错责任。在审理中，难以把握。当然，如果在立法中作类似《广东省实施〈中华人民共和国消费者权益保护法〉办法》第31条的明确规定时，问题就能迎刃而解了。

【点评】

消费者权益保护领域的法律竞和问题需要在立法和实践中进一步研究和完善，以更有利于消费者保护自身权益和司法审判工作的开展。

案例思考题

思考题一

【案情】

钟萍的男友于2009年12月应征入伍，因钟萍与男友感情非常深厚，钟萍在送男友离家时，两人到县城"丽人"摄影厅拍了一张合影照。想不到，这竟是她们永别的纪念。钟萍的男友入伍后不到一年，在一次执行任务中光荣牺牲。而当钟萍执摄影单据去"丽人"摄影厅取照片时，发现该摄影厅已将他们的合影照片及底片全部丢失。钟萍世界上唯一爱着的人已离她而去，唯一的合影照片又被丢失，这使她十分悲痛，钟萍认为使她精神上受到了极大的伤害。因此，她决定追究"丽人"摄影厅的责任。

【问题】

1. 钟萍是否能以消费者的名义主张权利？
2. 摄影厅丢失照片的行为违反了《消费者权益保护法》规定的哪项义务？侵犯了消费者的哪项权益？
3. 钟萍是否可以要求摄影厅赔偿她因丢失照片所受到的精神损失？法院将如何判决？

【提示】

从上述案例来看，钟萍执摄影单据去取照片，是否说明钟萍与"丽人"摄影厅之间已形成了合法有效的照片加工制作的法律关系？进而结合《民法通则》

第106条、第111条以及《消费者权益保护法》第44条的规定对此案加以分析。此外,还需要考虑到照片对于钟萍本身的特殊性。

思考题二

【案情】

2009年8月3日,消费者李先生在克拉玛依市白碱滩区三环未来电器商行购买CD机一部,当时商家告知李先生此CD机系老款,并只此一部,愿以200元的价格处理给他。李先生感觉价格比较便宜,便买了下来。但拿回家后却发现无法充电,机子也就无法使用,于是找到商家要求退货,商家以处理商品为由不予退货。无奈,李先生投诉到白碱滩区消协请求帮助。

【问题】

1. 商家降价处理的行为本身是否可以说明CD机本身存在问题?

2. 商家未向消费者明示CD机充电模块存在质量问题这一事实是否违反了《消费者权益保护法》的规定?违反了哪条规定?

3. 消费者是否可以主张双倍赔偿?

【提示】

请结合《消费者权益保护法》第22条第1款、第49条、国家工商局第50号令(《欺诈消费者行为处罚办法》)中的相关规定加以分析。

第十四章 产品质量法律制度

本章要点

1. 核心内容

产品质量责任是商品经济发展的必然产物。商品从生产、分配、交换到消费这一过程的循环往复带来了商品经济的繁荣和社会的发展。随着以现代工业和现代科技为主要内容的商品经济高度发展,也产生了对消费者不利的若干因素。首先是产品日益复杂,消费者难以凭借自己的知识和经验对商品的质量和性能有全面了解。其次,现代商品一般都附以精美包装,无法当场打开。消费者只能根据广告宣传或包装上的说明,而不见商品本身来选择商品,对消费者选择商品的自由,构成了一种限制。再次是假冒伪劣商品的泛滥,使消费者防不胜防。最后是现代工业生产分工精细,合作生产范围大,销售层次、范围、环节多,产品质量出现问题对消费者的人身和财产安全造成损害时,往往通过消费者个人力量,无法弄清具体责任者,更难以索赔。因此,要对消费者利益予以保护,以维护社会的正常经济秩序,促进社会主义市场经济的健康发展,国家制定了一系列相应的法律、法规,规定了产品质量责任,给产品的用户和消费者以合法的权利。产品质量责任包括产品责任、民事责任、行政责任和刑事责任。我国现行的是1993年《产品质量法》,2000年全国人大常委会对《产品质量法》作出了相应的修改。《产品质量法》中的产品责任是指产品的生产者、销售者因生产或销售有缺陷的产品给购买者、使用者或其他相关的人造成人身伤害或者财产损失的,应当承担赔偿责任。产品责任只是民事责任的一种。对于违法行为性质恶劣,危害后果严重的,由司法机关追究刑事责任;对一般违法行为,构不成犯罪的,由行政机关追究行政责任;一般情况下,违法行为人承担刑事、行政责任的同时,不免除应承担的民事责任。《产品质量法》规定,生产者、销售者应当承担产品质量责任。

2. 主要制度

本章主要制度包括:产品、《产品质量法》的适用范围、产品标准和产品质量;产品质量责任的要件;产品质量监督管理;经营者的产品质量义务;产品质量责任等。

3. 实务提示

在与产品质量有关的法律事务中,需要关注的是有关产品责任的问题,产品责任在多数国家采取的是严格责任的归责原则,由生产者承担主要的举证责任。此外,还需要区分产品责任和产品责任法律制度上的其他责任。

 相关法律、法规、规章、司法解释

1. 法律

《中华人民共和国产品质量法》(全国人大常委会,2000年7月8日修正)

2. 行政法规

《中华人民共和国产品质量认证管理条例》(国务院,2003年8月20日发布)

《国务院关于加强食品等产品安全监督管理的特别规定》(国务院,2007年7月26日发布)

3. 行政规章

《国家产品质量监督检验中心授权管理办法》(国家认证认可监督管理委员会,2007年9月12日发布)

《国家质量技术监督局关于认真贯彻〈中华人民共和国产品质量法〉推进环保产品认证工作有关事项的通知》(国家质量技术监督局,2001年3月26日发布)

《国家质量技术监督局关于实施〈中华人民共和国产品质量法〉若干问题的意见》(国家质量技术监督局,2001年3月15日发布)

《产品质量申诉处理办法》(国家质量技术监督局,1998年3月12日发布)

《产品质量认证机构认可管理办法》(国家质量技术监督局,1995年4月13日发布)

第十四章 产品质量法律制度

案例分析

案例分析一:降价不能降质量

【案情】

原告华某为筹建一大型购物超市,在进行店面装潢过程中需要使用一批地面砖。2009年7月26日,华某与仇某经协商达成买卖地面砖的口头协议,由华某向仇某购买规格为50cm×50cm的地面砖469块,每块2.80元。后仇某派人将上述地面砖送至华某处,华某给付了部分货款,但是该批地面砖没有具体的生产厂名、厂址和产品合格证。同年8月初,华某将地面砖铺设完毕。8月5日,华某向仇某支付了其余货款。当日,仇某向华某出具收条一份,载明:收到华某瓷砖款1312元。同年8月中旬,华某购买的地面砖开始出现表面剥落和磨损等严重现象,华某遂与仇某进行交涉,仇某也到现场进行了察看,但双方对如何处理纠纷未能达成一致意见。

同年9月28日,华某向当地消费者协会投诉。此后,消协也多次组织双方进行协商,但未能达成一致协议。为此,华某一纸诉状将仇某送上了被告席。原告华某认为,因装修需要向仇某购买的地面砖在铺设后仅使用了半个月就出现了表面大面积磨损现象,严重影响了我店面的形象,向消费者协会投诉后,消协组织我们多次协商,但仇某拒绝作出相应的赔偿,导致调解未果,要求仇某双倍返还价款2624元、赔偿经济损失8722.75元。被告仇某辩称,华某所购买的地面砖是最便宜的,当时讲好了"一分钱、一分货",质量不能保证,出现地面砖表面磨损现象可能是走动太多的原因造成的,只同意赔偿2000元损失。

当地人民法院经审理后认为,华某与仇某达成的口头买卖协议合法有效。仇某作为地面砖的销售者,向华某提供不合格的地面砖,影响了华某店面的装潢环境,鉴于地面砖已经铺设无法更换或退货,华某主张赔偿损失,予法有据。仇某对其辩称理由未能充分举证,缺乏依据。法院遂依照《中华人民共和国合同法》和《中华人民共和国产品质量法》的有关规定,作出了上述判决。

【问题】

本案中当事人争议的焦点是,销售者出售产品的价格便宜,是否就不需要对售出的产品承担质量保证的义务。这实际上关系到法律所规定的公平交易的实现问题。

【观点】

即使销售者出售产品的价格便宜,也需要对售出的产品承担质量保证的义务,否则有悖公平交易。

【分析】

所谓公平交易,是指消费者与经营者进行交易时,双方应当本着公平的精神,充分体现各自的真实意思,使双方的交易目的都能得以有效实现。公平交易的核心主要表现在产品质量和价格合理两个方面,一方面消费者有权以合理价格购买到合格的产品,另一方面,销售者以合理价格出售产品时应当保障产品的质量。

销售者和消费者在进行交易过程中,一定要坚持自愿、公平、平等和诚实信用的基本原则,实现这两个核心的平衡,但前提必须是销售者要保证出售产品的质量符合有关的标准,这也是其必须履行的一项义务。《中华人民共和国消费者权益保障法》第16条第1款规定:"经营者向消费者提供商品或者服务,应当按照《中华人民共和国产品质量法》和其他有关法律、法规的规定履行义务。"

《中华人民共和国产品质量法》第33条规定:"销售者应当建立并执行进货检查验收制度,验明产品合格证明和其他标识。"第36条规定,"销售者销售的产品的标识应当符合本法第27条的规定",即必须要有产品质量检验合格证明,有中文标明的产品名称、生产厂厂名和厂址等内容。

因此,只要销售者一旦违反了法律所规定的产品质量保障义务,出售了不合格的产品,其就要依法承担相应的法律责任。但是,销售者在承担产品质量责任也有一个例外,我国《消费者权益保障法》在第22条作出了明确规定,即"经营者应当保证在正常使用商品或者接受服务的情况下其提供的商品或者服务应当具有的质量、性能、用途和有效期限;但消费者在购买该商品或者服务前已经知道其存在瑕疵的除外"。这也是我国现行法律规定销售者产品质量责任免责的唯一情形。本案中,被告仇某所出售的地面砖不仅不符合产品出售时所必须具备的基本条件,而且客观上在产品使用过程中也有了不合格的表现,因此应当为不合格产品,在其没有证据证明原告华某在购买时已经知道地面砖不合格的情况下,当然要对出售不合格产品承担相应的法律责任,其关于价格便宜就不能保证产品质量的辩称理由是缺乏法律据的,人民法院基于上述法律规定对本案所作出的判决应当是合法的。

【点评】

经营者在经营过程中,坚持诚信为本,依法经营,如果因低价格出售可能导致亏本或者利润相对较小时,可以理直气壮地加以拒绝,切不可为了赚取非法利润而以不合格产品冒充合格的产品;另一方面,消费者在购买产品时,一定要睁大"慧眼",不能只图价格便宜,必须要对产品进行认真的观察和研究,防止受骗上当。

案例分析二:产品责任的归责原则

【案情】

原告林某的亲属林志圻在乘坐被告生产的日本三菱吉普车时,因前挡风玻璃在行驶途中突然爆裂而被震伤致死,遂诉至法院请求判令被告汽车制造公司对林志圻之死承担责任,给原告赔偿丧葬费、误工费、差旅费、鉴定费、抚恤金、教育费、生活补助费等共计人民币50万元。被告辩称:经玻璃生产厂家两次鉴定和中华人民共和国国家建材局安全玻璃质量监督检验中心(以下简称国家质检中心)的分析测试,都认为事故车的挡风玻璃是在受到较大外力冲击的情况下爆破的。产品生产者对消费者承担赔偿责任,要同时具备两个严格的前提条件:第一,必须是产品存在缺陷;第二,必须是因产品存在的缺陷造成人身或财产损害。事实已经证明,发生事故的车辆不存在产品质量问题,也就是说不存在产品缺陷,因此谈不上因产品缺陷造成损害。原告的诉讼请求没有事实根据和法律依据,应当驳回。

一审法院经审理,对于被告提供的两份鉴定结论及原告申请的鉴定结论均予以认可,并认定该案查明的事实不能证明被告三菱公司在林志圻死亡问题上有过错,林志圻的死亡与三菱公司无必然的因果关系。据此判决:驳回原告要求被告三菱公司赔偿损失人民币50万元的诉讼请求。原告不服一审判决提起上诉。二审经审理,对于本案中玻璃生产厂家的两次鉴定,由于生产厂家不是法定的鉴定机构,且生产厂家与本案具有利害关系,该两份鉴定结论均不具法律效力。国家质检中心的鉴定是在前挡风玻璃从日本运回中国后已失去检验条件的情况下,仅凭照片和相当破碎的玻璃实物得出的推断性分析结论,并且没有说明致前挡风玻璃突然爆破的外力是什么,对本案事实没有证明力,故也不予采信。二审认定因产品缺陷致人身损害,生产者应承担无过错责任,消费者无需证明生产者有过错。此外产品是否存在缺陷的举证责任应由生产者承担。举证不能的败诉责任理应由三菱公司承担。据此,二审判决撤销一审判决;判令被上诉人(被告)于判决生效后30日内支付上诉人(原告)各项损失计496901.9元。

【问题】

本案涉及两方面的法律问题:一是产品质量责任的归责原则,即是实行过错责任还是无过错责任,但这并非本案的关键问题所在;二是举证责任的分配及证据的采信,这才是本案的核心问题。

【观点】

《产品质量法》规定的产品质量责任的归责原则为:对生产者实行严格责任制度,即无过错责任制度,也就是只要产品有缺陷,不论生产者主观上是否有故意或过失,都要承担法律责任,但是,有下列情形之一的除外:(1) 未将产品投入流通的;(2) 产品投入流通时引起损害的缺陷尚不存在的;(3) 将产品投入流通时的科学技术水平尚不能发现缺陷存在的,对销售者实行过错责任制度,即只有因销售者主观故意或过失而导致产品缺陷引起损害的,销售者才承担法律责任。此外,销售者不能指明缺陷产品的生产者和供货者的,推定为销售者有过错,对此应当承担法律责任。生产者和销售者对产品质量缺陷造成的损害依法承担连带赔偿责任,但是,不论最终责任应由谁承担,销售者对损害都负有先行赔偿的义务,在赔偿后,如属生产者的责任,销售者有追偿权。

【分析】

在产品质量责任的归责原则上,权威说认为是实行无过错责任,即不要求产品生产者对造成的损害具有过错,只要证明其生产的产品存在缺陷、有受损害事实且产品缺陷与损害事实之间有因果关系即可。一审法院认为根据《民法通则》第106条的规定,应适用过错责任明显有悖于此,也是该判决遭推翻的直接原因。但是这并不是本案的实质所在。本案一审判决之所以被推翻,更主要的原因在于举证责任的认定及证据的审查认定上。

从举证责任分配上分析,一审与二审不同之处在于:一审认为证明产品存在缺陷的责任应由原告承担,这一认定应该说是符合谁主张谁举证的法定举证责任分配原则的;二审则认为根据产品质量法的立法原意,在实行无过错责任的情形下,应由被告承担举证责任,证明其产品不存在缺陷,否则即认定其产品有缺陷。这一认定是根据举证责任倒置理论而来的。从举证责任倒置的理论及相关规定分析,法官可以根据案件的特殊情形,在考查双方当事人的举证能力、举证条件等因素的情形下决定举证责任倒置,将本应由一方当事人承担的举证责任分配给对方当事人。本案中,二审关于举证责任的分配是符合举证责任倒置理论的,但是该认定目前尚缺少相关法律规定的直接支持。

从证据的审查认定上分析,一审对于被告提供的两份鉴定结论及原告申请的鉴定结论均予以认可,并最终判决原告败诉。而二审则对该三份证据全部否定,并且,根据其所认定的举证责任最终判决由被告方承担举证不能的败诉责任。应该说,二审对证据的审查认定更合理或者说更具有社会妥当性和合理性。

当然，肯定二审的认定并不否认一审的认定也有其合理性。这反映出，在实行法官自由心证的证据审查制度下，证据的审查认定不可避免地带有很大的主观随意性。

【点评】

本案给我们的启示或许应当来自一审、二审判决的截然不同而又各述其理，司法的复杂性可见一斑。

案例分析三：产品质量存在问题顾客应向谁索赔

【案情】

居民甲在某商场购得一台"多功能食品加工机"，回家试用后发现该产品只有一种功能，遂向商场提出退货，商场答复："该产品说明书未就其性能作明确说明，这是厂家的责任，所以顾客应向厂家索赔，商场概不负责。"

【问题】

该案涉及几个法律知识点：其一，该产品是否属于瑕疵产品。其二，谁应对该产品负责。其三，居民甲有什么权利。

【观点】

该产品存在产品名称与实际性能不符的问题，侵害了消费者甲依法享有的知悉真情权和公平交易权，同时也损害了其他经营者的合法权益，扰乱了正常的市场秩序。商场、生产厂家都应对该产品负责，应由商场先行按照消费者甲的要求给予退货，然后商场可以向生产厂家追偿损失。

【分析】

该产品存在产品名称与实际性能不符的问题，即名为"多功能食品加工机"，但实际上只有一种功能，产品的实际质量状况完全不符合产品名称表明的质量状况。该产品的出卖系经营者隐瞒产品真实信息作虚假宣传导致消费者甲误解并购买的欺诈行为，直接违反了我国《产品质量法》第26条"产品质量应当符合下列要求……（三）符合在产品或者其包装上注明采用的产品标准，符合以产品说明、实物样品等方式表明的质量状况"和《消费者权益保护法》第19条"经营者应当向消费者提供有关商品或者服务的真实信息，不得作引人误解的虚假宣传"，第22条"经营者以广告、产品说明、实物样品或者其他方式表明商品或者服务的质量状况的，应当保证其提供的商品或者服务的实际质量与表明的质量状况相符"的规定，违反了《反不正当竞争法》第9条"经营者不得利用广告或者其他方法，对商品的质量、制作成分、性能、用途、生产者、有效期限、产地等作引人误解的虚假宣传"的规定,侵害了消费者甲依法享有的知悉真情权和公平交易权,同时也损害了其他经营者的合法权益,扰乱了正常的市场秩序。

关于责任主体。商场、生产厂家都应对该产品负责,应由商场先行按照消费者甲的要求给予退货,然后商场可以向生产厂家追偿损失。因为我国《产品质量法》第 40 条规定:"售出的产品有下列情形之一的,销售者应当负责修理、更换、退货;给购买产品的消费者造成损失的,销售者应当赔偿损失……(三) 不符合以产品说明、实物样品等方式表明的质量状况的。销售者依照前款规定负责修理、更换、退货、赔偿损失后,属于生产者的责任或者属于向销售者提供产品的其他销售者(以下简称供货者)的责任的,销售者有权向生产者、供货者追偿。"《消费者权益保护法》第 35 条第 1 款规定:"消费者在购买、使用商品时,其合法权益受到损害的,可以向销售者要求赔偿。销售者赔偿后,属于生产者的责任或者属于向销售者提供商品的其他销售者的责任的,销售者有权向生产者或者其他销售者追偿。"这里应注意的是,消费者甲及其他人并未因该产品所存在的瑕疵受到人身、财产的损害(这里财产损害不应包括往返车费),所以适用由销售者(商场)先行赔付的原则。如因该产品缺陷致使甲或其他人受到人身、财产损害,则应适用连带赔付的原则,即消费者可在销售者(商场)和生产者(厂家)中选择其一要求赔偿损失。因为我国《产品质量法》第 43 条规定:"因产品存在缺陷造成人身、他人财产损害的,受害人可以向产品的生产者要求赔偿,也可以向产品的销售者要求赔偿。属于产品的生产者的责任,产品的销售者赔偿的,产品的销售者有权向产品的生产者追偿。属于产品的销售者的责任,产品的生产者赔偿的,产品的生产者有权向产品的销售者追偿。"《消费者权益保护法》第 35 条第 2 款规定:"消费者或者其他受害人因商品缺陷造成人身、财产损害的,可以向销售者要求赔偿,也可以向生产者要求赔偿。属于生产者责任的,销售者赔偿后,有权向生产者追偿。属于销售者责任的,生产者赔偿后,有权向销售者追偿。"

关于居民甲的权利。作为消费者,甲的权利可分两方面的内容:(1) 甲对产品的知悉真情权和公平交易权,即甲依我国《消费者权益保护法》享有的知悉其欲购买的"多功能食品加工机"的用途、性能等真实情况的权利以及依此自主作出选择购买的权利。由于经营者提供虚假产品信息,并且未对产品性能作出明确说明,使甲基于误解而购买,故经营者侵犯了甲享有的上述权利。(2) 甲的合法权益受到侵害后享有要求商场退货和赔偿损失的权利。我国《产品质量法》第 40 条规定:"售出的产品有下列情形之一的,销售者应当负责修理、更换、退货;给购买产品的消费者造成损失的,销售者应当赔偿损失……(三) 不符合以产品说明、实物样品等方式表明的质量状况的。"《消费者权益保护法》第 49 条:"经营者提供商品或者服务有欺诈行为的,应当按照消费者的要求增加赔偿其受到的损失,增加赔偿的金额为消费者购买商品的价款或者接受服务的费用的一倍。"《反不正当竞争法》第 24 条规定:"经营者利用广告或者其他方法,对商品作引人误解的虚假宣传的,监督检查部门应当责令停止违法行为,消除影响,可以根据情节处以 1 万元以上 20 万元以下的罚款"。

【点评】

本案例中,厂家对其所提供的产品存在欺诈行为,主观上具有欺诈的故意,致使消费者甲因欺诈发生误解陷入认识上的错误,依据上述规定,消费者甲不仅有权退货,而且有权依上述规定要求商场给予赔偿损失。甲向商场提出退货被商场拒绝,商场的做法违反了《产品质量法》和《消费者权益保护法》规定的销售者义务,甲可请求消费者协会调解,也可请求产品质量监督部门或者工商行政管理部门责令商场改正、处以罚款,也可直接向人民法院提起诉讼(因未和商场达成仲裁协议不能申请仲裁)。

案例思考题

【案情】

B 公司是一家专业生产胶水的企业,Y 公司是一家制鞋厂,D 公司是一个销售企业,销售 B 公司的胶水给 Y 公司,王某是 Y 公司职员。

2010 年 5 月原告 Y 公司向法院诉称:被告 D 公司向其销售的 B 公司的胶水存在产品质量问题,导致其员工王某被鉴定为职业病,要求两被告承担检测费、鉴定费和医疗费。

王某自 2005 年起在原告 Y 公司工作,2009 年被疾病预防控制中心鉴定为职业病(苯中毒),原告不服,向市职业病鉴定委员会申请复议,花费卫生检测费 6000 元,鉴定书中称"尽管车间苯的检测浓度在国家标准以内,同工种 9 人血象检查未见异常,但是卫生中心检测到该工作车间的原材料胶水中含苯,故推断为职业病(苯中毒)。"

Y 公司还不服,又向省职业病鉴定委员会申请鉴定,花费鉴定费 7000 元,最终鉴定结果为"由于 Y 公司未能提供关于王某在该公司期间不接触苯的客观证明材料,经过综合分析,结论为职业病(苯中毒)"。据此,要求两被告承担上述费用13000元,以及王某今后的医疗费。

在疾病中心2009年检测车间原材料含苯后1个多月,被告B公司也向同一疾病预防中心委托检验同样产品,结论是产品不含苯,并且在职业病鉴定前(2008)年B公司曾向市计量质量检测研究院委托送样检验过该产品,未检测出该产品含苯,2010年B公司又向市分析测试中心送样检测,也没有发现产品含苯,同时2010年1月B公司该产品企业标准经市质量技术监督局备案,鉴于此,B公司认为自己的产品是合格产品,不存在缺陷,王某患职业病与产品之间没有因果关系。

D公司认为自己销售的产品都是经过质量检验的合格产品,危害结果与产品没有因果关系。

【问题】

1. 本案定性为产品质量侵权是否合适?侵权的受害主体如何认定?
2. Y公司的重新鉴定费用和卫生检测费是否属于侵权损失范围?
3. 如果产品质量侵权成立,对于将来职业病产生的医疗费应由谁负担?
4. 原告提供的证据是依据疾病预防中心的职业病诊断书中的职业接触史中的一段描述"该公司所用原材料胶水中苯含量为……"证据效力如何?被告委托检验的报告的证据效力如何?是否需要或者应当由哪方申请法院重新检测?法院应当如何判断该胶水中是否含苯?如何判断该产品是否存在缺陷?

【提示】

请结合我国《产品质量法》、《劳动法》及《职业病防治法》中的相关规定进行分析。

第十五章 广告法律制度

本章要点

1. 核心内容

广告法是指调整在广告活动中发生的经济关系的法律规范的总称,它是国家广告监督管理机关对广告实施监督管理的依据,是广告审查机关作出决定的标准,也是广告主、广告经营者和广告发布者进行广告活动的行为准则。我国《广告法》中的广告定义特指商业广告,具有营利性目的。

广告法的适用范围,从空间上讲,包括我国全部领域;从客体上讲,仅限于具有营利目的的商业广告活动;从主体上讲,包括广告监督管理机关、广告审查机关、广告主、广告经营者和广告发布者。

广告的基本准则包括:广告必须真实、广告必须合法、广告应当具有可识别性、广告应当遵循公平原则、广告应当遵循诚实信用原则。

广告的具体准则包括内容和形式两个方面,是各种广告应当遵循的具体标准和要求。涉及人体健康以及人身、财产安全的商业广告,比如药品、医疗器械、农药、烟草、食品、酒类、化妆品等,与一般的广告准则相比,有着更为严格的特殊要求。

广告法还对广告活动进行了规定。广告活动的形式包括广告合同、广告代理和户外广告。广告主体在广告活动中必须履行以下义务:一是禁止不正当竞争;二是不得经营、发布关于违禁商品或服务的广告;三是不得在广告中擅自使用他人的名义、形象;四是确保广告及其相关活动真实、合法、有效;五是建立健全内部管理制度;六是广告收费必须合理、公开。

广告监管也是广告法律制度的重要内容,它是指有关行政主管部门依法对广告活动进行监督管理行为的总称。广告监管是对广告活动的全方位、全过程的监督,包括对广告的设计、制作、发布、代理活动的监管,以及对从事广告活动的法人、其他经济组织和个人的监管。广告监督管理机关是县级以上人民政府工商行政管理部门。我国广告监管模式为政府主导,已经初步形成了以广告审查制度为事前预防,以广告监测制度为事中监督,以查处违法广告为事后救济的动态监管机制。

2. 主要制度

广告法的主要制度有:(1)广告准则,主要包括广告基本准则、一般准则和特殊准则,是指广告在内容和形式上应该遵循的具体要求;(2)广告监管,包括对广告设计、制作、发布、代理活动的监管制度,例如广告审查、广告监测制度,以及对从事广告活动的法人、其他经济组织和个人的监管制度,例如广告经营者资格检查、登记管理等。

3. 实务提示

广告活动受众多、影响大,法律对其内容和形式的规定一般较为严格,通过学习广告法律制度,掌握广告的一般准则、特殊准则和准入禁止条件,有助于在实务中作出准确判断,避免法律风险。

 相关法律、法规、规章、司法解释

1. 法律

《中华人民共和国广告法》(全国人大常委会,1994年10月27日通过,1995年2月1日起施行)

2. 行政法规

《广告管理条例》(国务院,1987年12月1日起施行)

3. 部门规章

《广告管理条例施行细则》(国家工商行政管理总局,1988年制定,2004年11月30日修订后于2005年1月1日起施行)

《国家工商行政管理局广告审查标准》(国家工商行政管理总局,1994年6月1日起施行)

《药品广告审查办法》(国家工商行政管理总局、国家食品药品监督管理局,1995年发布,2007年修订后于5月1日起施行)

《药品广告审查发布标准》(国家工商行政管理总局、国家食品药品监督管理局,1995年发布,2007年修订后于5月1日起施行)

《医疗器械广告审查办法》(卫生部、国家工商行政管理总局、国家食品药品监督管理局,2009年4月7日公布,2009年5月20日起施行)

《医疗器械广告审查发布标准》(卫生部、国家工商行政管理总局、国家食品药品监督管理局,2009年5月20日起施行)

《医疗广告管理办法》(国家工商行政管理总局、卫生部,2006年修订后于2007年1月1日起施行)

《广播电视广告播出管理办法》(国家广播电视总局,2010年10月1日起施行)

《农药广告审查办法》(国家工商行政管理总局、农业部,1995年公布,1998年修订)

《兽药广告审查办法》(国家工商行政管理总局、农业部,1995年公布,1998年修订)

《烟草广告管理暂行办法》(国家工商行政管理总局,1996年公布)

《专利广告暂行管理办法》(国家专利局,1998年公布)

《酒类广告管理办法》(国家工商行政管理总局,1996年1月1日实施,2005年修订)

《化妆品广告管理办法》(国家工商行政管理总局,1996年1月1日实施,2005年修订)

《广告经营者资格检查办法》(国家工商行政管理总局,1997年11月3日公布,1998年修订)

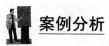

案例分析

案例分析一:欧典地板夸大企业形象对外宣传案

【案情】

"地板,2008元一平方米,全球同步上市!"从2004年7月开始,写有这样内容的绿色巨幅地板广告牌,出现在全国许多大中城市。这是一个在建材业反复被提及的装饰材料品牌,号称在德国拥有百年基业,广告宣传几乎家喻户晓。欧典地板专卖店销售人员称,欧典敢于卖出 2008 元一平方米的价格,除了德国制造、选材苛刻外,最主要的原因就是德国品牌。欧典企业提供的印制精美的宣传册上也写着:德国欧典创建于 1903 年,在欧洲拥有 1 个研发中心 5 个生产基地,产品行销全球 80 多个国家。此外,在德国巴伐利亚州罗森海姆市拥有占地超过 50 万平方米的办公和生产厂区。

然而,知情人士向央视"3·15"节目组提供了一个消息:德国欧典总部根本不存在。对此,欧典企业总裁闫培金予以否认,称欧典德国总部坐落在罗森海姆市。为弄清真相,央视驻德国记者专程前往该市进行调查。当地工商管理部门告知,在他们的登记资料中并没有一家叫欧典的企业。欧典宣称的所谓德国总部,其实是当地一家木产品企业汉姆贝格公司,但这家公司声明,与欧典也没有任何产权隶属关系。与此同时,央视记者在国内工商部门查询发现,国内也根本没有一家名叫欧典(中国)的公司注册。"百年欧典"到底是一家怎样的企业呢?实际上,欧典这个商标 2000 年才正式注册,注册人是 1998 年成立的北京欧德装饰材料有限责任公司。欧典还号称,在北京通州工业区建立了合资地板加工基地,但是记者在通州工业区唯一的地板生产企业——吉林森工北京分公司生产车间发现,欧典地板正在这里进行生产和包装,但产品标签上却没有标注真实的生产厂家吉林森工。

2006 年 3 月 15 日,央视"3·15"晚会对欧典事件进行曝光。3 月 16 日,"欧典"品牌拥有者北京欧德装饰材料有限责任公司(欧典地板)对外界作出回应,将事件解释为"欧典对企业形象宣传层面所出现的失误",但同时表示"欧典地板的 22 种产品通过了国家建筑材料测试中心的检测,质量是绝对值得信赖的,是符合国家产品质量标准的合格产品"。3 月 20 日,欧典企业总裁闫培金承认欧典地板"德国制造"的显赫身世不过是一个国际玩笑,"德国总部"根本不存在,曾在宣传手册中出现的两名"德国总部"负责人也是冒牌货,他郑重向全国消费者致歉。4 月 15 日,北京市工商局丰台分局对北京欧典木业有限公司下达处罚决定通知书:按照违反《广告法》和《反不正当竞争法》进行处罚,处以广告费 5 倍的罚款,罚金高达 7473776 元。

【问题】

欧典地板辩解所称"以夸大企业形象的事实对外宣传"是否属于《广告法》所禁止的"虚假宣传"情形,应当承担何种法律责任?质量合格的检测数据能否成为欧典的"出罪"理由?

【观点】

以夸大企业形象的事实对外宣传属于《广告法》所禁止虚假广告的情形。

质量检测数据与广告内容的对应性才是执法部门判断其支持力的准则,符合质量标准并不能直接否定广告的违法性。

【分析】

我国《广告法》中禁止虚假广告的制度是建立在广告真实性原则基础之上的,虽然法律并没有对"夸大企业形象的事实对外宣传"这一情形进行具体规定,但是衡量广告法的立法目的与价值准则,对法条进行逻辑解释,能够认定欧典地板的宣传行为属于虚假广告。

广告真实性,是指广告内容必须客观、准确地介绍商品、服务的情况,不能含有虚假不实、引人误解的内容,不能欺骗和误导消费者。广告真实性准则主要有两方面具体要求:一是广告不能含有虚假、夸大不实的内容。所谓虚假不实,是指捏造与商品内容不符的事实,从而使消费者形成与商品的实际情况不同的印象、认知。例如,对产品(含劳务、服务)的功能、功效、内在价值,对人的有用性进行夸大性虚假宣传;对产品的价格、用料、品牌、产地、产品质感进行虚假陈述等。这一点反映在《广告法》第9条规定之中,"广告中对商品的性能、产地、用途、质量、价格、生产者、有效期限、允诺或者对服务的内容、形式、质量、价格、允诺有表示的,应当清楚、明白。"二是广告不得引人误解。所谓引人误解,是指广告陈述内容并不一定虚假,但因为表达方式不当,或标示不全或未标示,而使消费者误认为商品的品质或规格等同或优胜于实际的商品。

欧典地板以虚拟的"德国欧典企业集团""欧典(中国)有限公司"及发展历史、生产经营规模、企业隶属关系等夸大企业形象的事实对外进行宣传,很明显违反了广告真实性原则,也符合《广告法》第9条规定的对商品的产地、质量、生产者表述不真实的情形,符合第37条虚假宣传的构成要件,应当承担相应的法律责任,也即一方面要承担停止发布、公开更正广告内容的羁束性责任,另一方面要承担罚款的经济性责任。至于是否停止广告业务或者承担刑事责任,依赖执法部门对于该种虚假宣传行为情节严重性包括后果的判断,从本案北京市工商局丰台分局的处罚决定来看,欧典地板的行为尚未达到情节严重的程度,也未构成犯罪。值得考虑的是,欧典地板的行为是否也同时违反了《广告法》第38条的规定,并应承担该法条项下的责任呢?显而易见,欧典地板夸大企业形象的宣传行为符合该法条"发布虚假广告,欺骗和误导消费者"的规定,但这是虚假宣传行为的构成要件,"使购买商品或者接受服务的消费者的合法权益受到损害"的情形才是该条项下民事赔偿责任承担的构成要件,而在具体责任分担的问题上,还需要结合消费者权益保护法的相关规定作出综合判断,这也是在欧典地板符合国家质量检验标准的背景下,消费者很难单纯就虚假广告的事实获得赔偿的重要法理所在。

由于工商部门公布的质检数据结果显示"产品质量符合国家标准",欧典地板经销商声称:"在工商出具的处罚决定中,已详细说明欧典地板质量本身没有问题,只是广告违反了有关规定,并已受到了经济处罚,因此没有质量问题就不再受理退货。"似乎质量检验合格数据导致了以下悖论:欧典公司广告活动违法,但不构成"虚假广告";欧典公司接受罚款的处罚决定,但"欧典地板的质量是绝对值得信赖的,这一点消费者可以放心"。果真如此吗?质量数据与广告违法性之间究竟是什么关系呢?

《广告法》第24条规定,广告主自行或者委托他人设计、制作、发布广告,应当具有或者提供真实、合法、有效的营业执照以及其他生产、经营资格的证明文件;质量检验机构对广告中有关商品质量内容出具的证明文件;确认广告内容真实性的其他证明文件。由此可见,营业执照以及其他生产、经营资格的证明文件是第一道防线,这些文件的真实、合法、有效,是确保后续广告真实、合法的先决条件,而质量检验机构对广告中有关商品质量内容出具的证明文件,则是政府介入确保广告真实、合法的第二道屏障。至于确认广告内容真实性的其他证明文件,是前述两道屏障的重要支撑。

在欧典地板案件中,第一道审查所涉及的"营业执照以及其他生产、经营资格的证明文件"的真实、合法、有效性本身可能并不存在问题,然而,其营业内容、经营范围等与广告内容不符是显而易见的,足以得出广告行为虚假、违法的判断。事实上,"质量检验机构对广告中有关商品质量内容出具的证明文件"所指的"有关商品质量内容",不应只是以"国家标准"为基准,还应当包括"对广告中有关商品质量内容"的证明文件。因此,质检机构的"结果显示产品质量符合国家标准"的证明文件,并不能为欧典公司的"广告中有关商品质量内容"的真实性提供足够的证明,换言之,质量检测数据与广告内容的对应性才是衡量这一数据支持力的标准。

【点评】

2006年9月22日,欧典地板将宣传资料中出现的"德国欧典创建于1903年"改为"欧典德国委托加工厂创建于1903年",这一做法符合法律规定,同时也起到了为品牌增加国外背景的宣传效果。现实生活中,为了吸引消费者眼球,广告主可谓"无所不用其极",但是,无论采取什么方式对广告进行技巧处理,都不能越过广告真实性原则这一红线,这是保障公平正当竞争、保护消费者权益的底线。

案例分析二：某食品公司利用广告贬低其他商品案

【案情】

润田公司生产、销售的主要产品"润田太空水"属饮用纯净水，由于包装新颖、质量过硬，产品销售量在当地同类产品中居于前列，市场占有率高居不下，还被推荐参加全省知名品牌竞选。当地另外一家公司华康食品厂为宣传自己生产的"华康活性水"，在《广播电视报》第8版刊登整版广告称：活性水是继矿泉水、太空水之后的新一代水饮料，是21世纪的普及型饮品。该广告在对活性水的优点进行全面宣传的同时，还对"纯净水"进行了评议，提出"纯净水并不等于健康水"。广告宣称，专家们指出：纯净水往往偏酸性，水分子集团大、无氧，不具备生命活力，难以被人体吸收，长期饮用易患骨质疏松和神经麻痹等症。还登载专家意见称：真正的好水，不仅仅纯净，还应赋予健康特性富氧、活性大、分子集团小，水的生理功能接近人体细胞水，这便是活性水。该广告刊出后，一些消费者和润田太空水的经销商即对润田太空水的质量提出疑问，认为润田太空水喝了会生病。一些润田太空水的经销商也要求修改与原告签订的销售润田太空水的合同，下调销售数量。润田公司在该广告词的冲击下，为消除客户和消费者对纯净水的疑虑，保持商品声誉，多次派人到外地或本地向"润田太空水"经销商做解释说明工作，并调整了部分销售数量。该广告刊出后，在客观上对原告生产经销"润田太空水"造成了不利影响。润田公司遂将华康公司诉至法院。

法院经审理查明，华康厂刊登的广告中"专家们指出……"一段用语，主要是依据北京爱迪曼生物研究所所长李复兴教授的学术观点，李复兴曾撰写《干净水≠健康水》一文，该文称：纯净水（又称离子水）往往偏酸性，人们经常饮用不含任何矿物质的去离子水不但影响人体正常渗透压，而且容易造成人体钙、钾的流失，造成人体发软、骨质疏松，肌肉痉挛、神经麻痹等。所以纯净水给老人、孕妇及儿童带来的危害更大。但是，《中国消费者报》《市场新讯》等报刊也曾载文对纯净水作了不少肯定的宣传，称纯净水是饮水革命，喝纯净水将成为一种保护健康的时尚。国内其他一些报刊对纯净水也作了不少肯定的宣传。目前，尚不见国家权威机构对纯净水的缺陷作出评价。"长期饮用纯净水容易造成人体发软、骨质疏松、肌肉痉挛、神经麻痹等症"的观点，也未见国家权威机构的肯定或反对意见。

【问题】

案例中的华康厂是否违反了《广告法》的规定？应当承担怎样的责任？

【观点】

这是一起典型的比较广告案例,华康厂的行为违反了《广告法》第 10 条和第 12 条的规定,依法应承担相应的民事责任与行政责任。

【分析】

比较广告是指广告主在发布的广告中将自己与他人在同一领域内经营的商品或提供的服务进行比较,说明自己商品或服务的优势而排斥他人的广告。从比较广告的表现形式看,比较广告可分为直接比较广告和间接比较广告两大类。直接比较广告,是指商品的经营者或者服务的提供者在其广告中"指名道姓"地与竞争对手的商品或者服务进行比较的广告。间接比较广告,是指商品的经营者或者服务的提供者在其广告中与不特定的同一行业的竞争对手的商品或者服务进行比较的广告。比较广告作为一种有效的广告表现手法,在各国都被广泛采用,但它也是一柄双刃剑,正确运用时可以促进竞争,而当广告主为追求自身效益的最大化不当使用比较广告时,完全可能给其他竞争对手造成损害甚至构成不正当竞争。世界上一些国家,如西班牙、德国、法国等,都明文禁止比较广告,而有些国家和地区则允许比较广告存在,只是在法律上给予了某些限制。

我国法律允许比较广告的存在,但要求其必须符合广告法律规范的调整要求,符合广告法的基本准则,特别是应符合公平、正当竞争的原则。1994 年《国家工商行政管理局广告审查标准》第四章就比较广告的原则、内容、依据作出了规定,并指出比较广告不得以直接或影射方式中伤、诽谤其他产品,不得以联想方式误导消费者,不得造成不使用该产品将会造成严重损失或不良后果的感觉(安全或劳保用品除外)。《广告法》第 12 条规定:广告不得贬低其他生产经营者的商品或者服务。

本案华康厂虽然并未对"润田太空水"指名道姓,但在宣传华康活性水优点的同时,借用"专家指出"的方式,对"纯净水"进行评价,属于间接比较广告的范畴,其目的是为了打开"华康活性水"的销路。广告对于纯净水采取了贬低式的评价,事实上影响到了润田产品的声誉和销量,给其他经营者造成了损害,违反了《广告法》第 12 条的规定。华康厂在刊登该广告时一方面并没有指出专家姓名、进行准确引用;另一方面,广告词中关于纯净水缺陷的论述,仅仅是某个学者的学术观点,这种学术观点尚未得到国家权威机构的评定和认同,广告词中关于经常饮用纯净水会导致某些疾病的见解,也未得到国家医疗机构的科学论证和临床证明。根据《广告法》第 10 条的规定,广告使用数据、统计资料、调查结果、文摘、引用语,应当真实、准确,并表明出处,由此可见,华康厂这种非常不严肃的广告宣传方式也违反了《广告法》第 10 条的规定。

《广告法》第47条规定了广告侵权行为应当承担相应的民事责任,据此,华康厂不仅要对润田公司赔礼道歉,消除不当比较广告的影响,还要就给润田公司造成的损失承担赔偿责任。此外,根据《广告法》第40条的规定,华康厂还需要为广告违法行为承担行政责任,具体包括停止发布、公开更正,没收广告费用以及罚款。

【点评】

虽然我国《反不正当竞争法》没有直接规定"比较广告"的内容,但根据"经营者在市场交易中,应当遵循自愿、平等、公平、诚实信用的原则,遵守公认的商业道德",本案中不当比较广告的行为也违反了《反不正当竞争法》,构成以虚假陈述、诋毁商誉为内容的不正当竞争。

案例分析三:"新兴妈妈回娘家"违法广告案

【案情】

2004年11月1日,网易新闻中心以"新兴妈妈回娘家,叫声妈妈好幸福"为题对北京新兴医院于2004年10月27日在北京海淀区公主坟新兴宾馆组织的联谊会"新兴妈妈回娘家"进行了详细报道。该文章描述了多位已成为准父母的不孕不育患者对新兴医院表达感激的场景,并以"绝处逢生路激情四射,一朝受礼遇泪花飞溅"、"让新兴妈妈们告诉你尽享天伦之乐不是梦"等极富煽动性的文字作为小标题。

2005年3月1日,中国教育电视台(一套)在新闻节目中也报道了这场"盛况"空前的"新兴妈妈回娘家"活动,视频显示:曾在新兴医院接受过治疗但已经成为准父母的不孕不育患者痛哭流涕地讲述自己被新兴医院治愈不孕症,表达感激之情……据了解,该段视频还在多家外地卫视进行播放。

曾经到过新兴医院看病的董女士在接受采访时说,她正是因为看到这一报道才去新兴医院的,但她对报道中患者抱着小孩向大夫感谢的场面很怀疑,觉得这可能是医院找的"托"。

"如果那些人真的是服药后怀孕,那说明药是具有疗效的,但我丈夫服用1万多元的药后,我还是没有怀孕,到北京妇产医院检查,精子的成活率仍是零。"她十分气愤地说。

2005年4月,国家工商总局公布一季度广告"黑榜""新兴妈妈回娘家"涉嫌严重广告违法,被责令停播。

【问题】

"新兴妈妈回娘家"的新闻报道违反了《广告法》的什么规定？

【观点】

"新兴妈妈回娘家"实际上是以新闻报道的形式做广告，在广告中以患者的名义和形象对医疗效果作证明，违反了《广告法》第13条和第14条的规定。

【分析】

广告形式是广告内容的外部表现，是广告内容的载体，我国广告法对广告形式也作出了一系列的限制，以确保广告的真实性。广告形式的具体准则包括两项：一是通过大众传播媒介发布的广告应当有广告标记。广告作为一种介绍商品或服务的形式，具有不同于其他信息传播方式的特点，广告必须具有可识别性，让消费者能够进行有效辨别，这就要求在广告中注上明显的广告标记，使其具有广告的特征，能与其他非广告信息相区别，而不致使消费者产生误解。二是大众传播媒介不得以新闻报道形式发布广告。所谓新闻广告，是指大众传播媒介以新闻报道的形式发布的商业广告。它利用消费者对新闻真实性、客观性的信赖，将广告信息通过新闻形式发布，使消费者误认为广告信息是对事实的客观陈述、介绍，从而毫无怀疑地接受了商品、服务的有利信息。这种形式之所以是违法的，在于它不具有广告的识别性。新闻广告不仅会削弱新闻单位的声誉，影响新闻事业的健康发展，而且将损害消费者的合法利益，对广告市场秩序造成一定的破坏。

根据这两项原则，《广告法》在第13条中规定，大众传播媒介不得以新闻报道形式发布广告。通过大众传播媒介发布的广告应当有广告标记，与其他非广告信息相区别，不得使消费者产生误解。本案中"新兴妈妈回娘家"的活动报道实际上是在为新兴医院打广告，以新闻报道的形式出现在大众媒介上的广告是违反法律规定的。

在一般原则之外，《广告法》还对涉及人体健康以及人身、财产安全的特殊领域商业广告作出了特殊规定，要求更为严格。该法第14条规定：药品、医疗器械广告不得利用医药科研单位、学术机构、医疗机构或者专家、医生、患者的名义和形象作证明。法律作出此项规定的原因在于：这类主体因其丰富的医学知识或拥有的亲身经历，容易使人们产生信赖感，而相信其说法。此类广告使虚假广告更具有欺骗性和隐蔽性，因此危害性很大，必须明文予以禁止。案例中新兴医院以患者陈述的方式进行广告，违反了广告法的规定，应当禁播，并承担相应的法律责任。

【点评】

新兴医院的行为固然违法,但值得注意的是,为其发布广告的大众媒介机构也难辞其咎。根据广告应当具有可识别性的原则,大众媒介机构对所报道的新闻内容有审查的义务,就"披着新闻外衣的广告",作为发布者的媒介机构也应当承担相应的行政责任,如果因此对他人造成了损害,还应当承担相应的民事责任。

案例分析四:某化妆品广告用语不当案

【案情】

在一则主打修护功能的化妆品广告里,蒋雯丽扮演的一位母亲和一位5岁左右活泼可爱的男孩进行对话:

孩子:"妈妈,长大了我要娶你做老婆。"(孩子很天真)

蒋雯丽:"什么?"(有点惊讶)

孩子:"我要娶你。"(孩子很认真)

蒋雯丽:"那爸爸呢?"(逗小孩)

孩子:"我长大了,爸爸就老了。"(两人很幸福拥抱在一起)

孩子:"妈妈永远也不会老!"(最后出现话外音:XXX修护系列产品让妈妈永远年轻。)

这则广告在CCTV-6播出后,引起了众多网友的批评,最主要的声音是认为该广告有乱伦嫌疑。对此,蒋雯丽解释,"其实小孩子不懂'娶'的意思,也不知道结婚的真正意义,我最初看到这个广告创意时,还觉得创意很不错的。因为我的儿子5岁了,大人逗他时都会问他:长大后想找什么样的对象啊?他就会说想跟妈妈结婚,但如果再进一步问他,什么叫结婚,他就不知道了。"蒋雯丽认为:"其实这个广告表现的就是一种母子之爱,所以希望网友们能宽容一点对待。"

【问题】

该广告是否违反《广告法》的规定?

【观点】

该广告违反了《广告法》第7条的规定,对广告内容进行审查时,应当从严。

【分析】

广告具有传播范围广、影响大的特点,这要求其在内容和形式上必须是正面导向。《广告法》第7条规定,广告内容应当有利于人民的身心健康,促进商品和服务质量的提高,保护消费者的合法权益,遵守社会公德和职业道德,维护国家的尊严和利益。在此基础上,进一步列举了禁止性的情形,包括:广告使用中华人民共和国国旗、国徽、国歌;使用国家机关和国家机关工作人员的名义;使用国家级、最高级、最佳等用语;妨碍社会安定和危害人身、财产安全,损害社会公共利益;妨碍社会公共秩序和违背社会良好风尚;含有淫秽、迷信、恐怖、暴力、丑恶的内容;含有民族、种族、宗教、性别歧视的内容;妨碍环境和自然资源保护;法律、行政法规禁止的其他情形。实践中,前八类是常见的违反广告法的情形,第九类作了概括的规定,以适应不断发展的广告可能出现的情形。

就这则广告而言,"娶妈妈"作为一个概念显然违背了社会伦理道德与善良风俗,即使是以"童言无忌"的形式表现。电视是大众媒体,在审查广告时尤其应当注意可能产生的影响。日常生活中的确会出现蒋雯丽所说的场景,甚至并不少见,但这并不能成为它进入电视广告、在公众场合播放的正当性理由,毕竟未成年人身心尚未发育成熟,缺乏起码的判断能力。表现母子的亲密完全可以用其他的方式,比如有的公益广告中出现孩子帮妈妈擦汗的情景,导向就非常积极正面。虽然这则广告并不是设计给未成年人的,但是他们没有辨别商业广告的能力,也没有选择看与不看的能力,对于可能会造成的负面影响,广告的制作者和发布者应当有预先判断,并予以避免。有人大代表曾指出,在广告中利用儿童的"无知、天真"本身就是不道德的行为。北京师范大学儿童心理研究所教授、博士生导师陈会昌接受采访时表示,心理学家的研究表明,对儿童来说,广告除了具有娱乐、丰富知识和审美教育功能之外,还可能产生各种副作用,缺乏儿童观的广告对儿童的成长影响尤为恶劣。

此外,本案的争议也反映出我国现行《广告法》的不足。现有的49个条文中,有关广告思想内容的规定只有第7条和第8条两条,而且过于原则、简略,缺乏具体、详细的规定,既不利于规范广告客户、广告经营者、广告发布者的广告活动,也不利于执法机关执法活动的实际执行,使执法人员在执法中难以操作,产生分歧时更是无所适从。从严审查、加强监管是改变不良广告泛滥的必要手段。在执法上对广告内容从严审查的理由在于:经营者逐利的本性会促使其采用更吸引眼球但缺乏道德良心的广告形式,媒介与广告主的利益依存关系使其并不能很好地担当社会责任。从立法角度加强监管,可以按照世贸组织规则和国际广告行业自律有关原则,进一步建立和完善中国广告管理法规及其体系,对广告经营单位的不正当竞争行为,从法律条款上作出详尽、明确、有针对性的规制,并将广告审查从严的价值取向作为原则性规定予以确定。

【点评】

判断这则广告是否违法并不是最终目的,更重要的是如何理解广告内容背后的合法性标准。

❓ 案例思考题

售房广告的效力问题

2010年2月,重庆市的李某在街上散步,一位在街上发宣传广告的女士递给李某几张售楼广告。回家后,李某认真看了一遍,其中有这样一段内容吸引了李某:其中楼的周围绿化面积达到2500平方米,楼前有一个面积1500平方米的水池,周围环境建设在购房者入住后半内竣工,并正常投入使用。

李某觉得这样的环境很是符合自己的购房标准,后来李某亲自去看房的时候虽然并没有看见2500平方米绿色的大草坪,也没有看见广告上所说的大水池。但是看到了楼周围圈起了约2500平方米的土地,上面还堆放了许多小绿草,许多工人正在种草,楼前工人也在挖大约有1500平方米的水池。这一切使李某相信房子周围的环境肯定会如广告上面所说那样,于是便和售楼方签订了一份购房合同,并两月后付清了房款。同年9月入住。

2011年9月,草坪的草因一开始就管理不当,死亡了大部分,剩下就只有1000平方米左右,其后也没有补种;水池是挖好了,但除了下雨后几天内有水外,其他时间都是干涸的。李某找到售楼方,说售楼方没有按照广告上宣传的去履行他们的承诺,要求退房并拿回自己的房款。售楼方说自己已经种了草,但草死亡是另外一回事,自己也修水池了,签合同的时候也并没有把广告上的内容写进合同当中去,所以广告上的内容对自己是起不到约束作用的,坚决不允许李某退房和要回房款。后经多次协商不成,2011年10月,李某将售楼方诉至法院。

【问题】

李某以未写入房屋买卖合同的售房广告中的内容要求售楼方承担民事责任能否获得法院支持?

【提示】

本案是一起典型的广告效力问题,同时涉及《广告法》与《合同法》的规定。根据《广告法》第37条的规定,售楼方承担民事责任的前提是存在虚假广告行为。而在《合同法》领域,售房广告的效力取决于其要约或者要约邀请的性质定位,依赖于对广告内容具体性的判断。

第十六章 城市房地产管理法律制度

本章要点

1. 核心内容

房地产,含有房产和地产的内容。在房地产业发展的历程中,人们不会忘记1993年以房地产开始的那场宏观调控。这场调控尤其对海南房地产影响较大。调控针对的是当时房地产市场投资计划管理失控、市场体系残缺不全、金融市场缺乏调控,抗风险能力低而进行的。这也从某个层面折射出当时房地产领域法规不健全,迫切需要相关法律的规范。1994年7月5日,第八届全国人大常委会第八次会议通过《中华人民共和国城市房地产管理法》,并于1995年1月1日起施行,共七章72条,对房地产开发用地的土地使用权的出让和划拨、房地产开发和交易、房地产权属登记管理等作出了规定,改变了房地产行业无法可依的局面,土地、开发、物业、评估、交易等各个子行业都有了可以遵循的法律规范,形成一个较为完善的房地产法律体系。

《城市房地产管理法》第一次明确规定了土地有偿出让是土地使用权取得的主要方式,并明确规定土地使用权人可以转让土地使用权;规定了商品房销售活动的一些基本准则;规定房产、地产分开管理;明确提出要扶持和发展居民住宅建设。明确规定房地产权利人应当遵守法律和行政法规,依法纳税。房地产权利人的合法权益受法律保护,任何单位和个人不得侵犯。在当时房地产热白炽化阶段颁布的这部法律,填补了我国房地产法律的空白,标志着我国房地产业发展进入了法制管理的新时期,为房地产市场运转提供了基本法律原则和制度。为保障城市拆迁有法可依,2007年8月30日,第十届全国人大常委会第二十九次会议表决通过关于修改城市房地产管理法的决定,修改后的《城市房地产管理法》增加"为了公共利益的需要,国家可以征收国有土地上单位和个人的房屋,并依法给予拆迁补偿,维护被征收人的合法权益;征收个人住宅的,还应当保障被征收人的居住条件",并授权国务院就征收国有土地上单位、个人房屋与拆迁补偿事宜先行制定行政法规,以期找到维护公共利益和私人利益的结合点与平衡点。

第十六章 城市房地产管理法律制度

2. 主要制度

本章的主要制度包括:房地产开发用地制度,包括土地使用权的出让和土地使用权的划拨;房地产开发制度,房地产交易制度,包括房地产的转让、房屋租赁、房屋抵押;房地产权属登记制度;房地产中介机构制度、物业管理、城市拆迁及补偿制度等。

3. 实务提示

处理房地产案件,在实践中主要注意以下几个方面的问题:首先,中国的房地产权属是建立在土地公有制的基础上,房地产的权属变更包括土地使用权和房屋所有权的变更。如此模式下的变更法律制度具有较强的复杂性,其转让的登记公示制度以及相应的物权行为和债权行为之间的剥离需要理论和实践不断完善和明确。其次,对房地产行业相关组织的进入标准需要进一步细化和规范,严格落实相关责任制度。与房地产行业相关的组织包括房地产开发商、销售者、中介组织等。最后,针对房地产行业新出现的问题,立法需要不断完善。比如针对房屋按揭、房屋预售、房屋拆迁等现象需要完善立法,强化房地产开发商、销售者、中介组织的责任,保护消费者的利益。

相关法律、法规、规章、司法解释

1. 法律

《中华人民共和国城市房地产管理法》(全国人大常委会,2007年8月30日修正)

2. 行政法规

《城市房地产开发经营管理条例》(国务院,1998年7月20日发布)

3. 行政规章

《城市房地产抵押管理办法》(建设部,2001年8月15日修正)
《城市房地产中介服务管理规定》(建设部,2001年8月15日修正)
《城市房地产转让管理规定》(建设部,2001年8月15日修正)

《最高人民法院、国土资源部、建设部关于依法规范人民法院执行和国土资源房地产管理部门协助执行若干问题的通知》(2004年2月10日发布)

《建设部关于贯彻〈城市房地产开发经营管理条例〉的通知》(建设部,1998年12月1日发布)

《国家税务总局关于外商投资企业征收城市房地产税若干问题的通知》(国家税务总局,2000年3月8日发布)

案例分析

案例分析一:琼海瀚海有限公司诉琼海市人民政府行政不作为案

【案情】

琼海瀚海有限公司(以下简称"原告")拥有的位于琼海市博鳌海滨酒店主、副楼各1栋,别墅10幢等房产,均在琼海市人民政府(以下简称"被告")处登记取得房产所有权证书,拥有合法的产权。2001年7月31日和8月7日,原告与恒生(香港)国际有限公司签订了《投资合作合同》和《抵押合同》,约定由原告提供自有的上述10幢别墅作为融进对方公司资金抵押物。合同签订后,原告8月29日向被告正式递交了申请办理10幢别墅抵押手续的相关文件。被告收到原告的申请文件后,以其收到某法院查封原琼海度假村143亩土地及其地上建筑物为由,不准许原告办理抵押登记手续。原告对被告提供的某法院《通知书》进行审阅,发现该《通知书》查封的标的与原告无关,且《通知书》不符合查封财产必须使用裁定形式的法定形式要件,属于非法查封文书,故被告不应给予协助执行。然而,被告无视《担保法》"关于依法查封的财产不得抵押"的规定,继续非法限制原告行使财产权利,迟迟不准原告办理抵押登记手续,也未给予书面答复。故请求判令被告履行其职责,准予原告办理位于博鳌海滨的自有房产的抵押、买卖等财产权利手续。被告琼海市政府及房地产办辩称:2001年6月11日,被告房地产办收到盐城中级法院(2001)盐中执通字第6-1号协助执行通知书,通知对原告申请办理抵押登记之房地产采取控制性措施,不得办理过户、抵押、变更登记等手续。因此,被告不予办理原告申请抵押登记之房产。原告因此向法院起诉。

【问题】

该案涉及《中华人民共和国城市房地产管理法》第6条:国务院建设行政主

管部门、土地管理部门依照国务院规定的职权划分,各司其职,密切配合,管理全国房地产工作。县级以上地方人民政府房产管理、土地管理部门的机构设置及其职权由省、自治区、直辖市人民政府确定。

【观点】

伴随房地产行业的蓬勃兴起,政府在房地产管理方面发挥非常重要的作用,如何将政府权力和义务配置好,是城市房地产管理法需要解决的重要问题之一。

【分析】

该案涉及两个法律要点:其一,执行通知书的标的是否符合执行要求;其二,即使执行通知书的标的符合执行要求,琼海市人民政府不给予办理,也未作任何书面答复的处理方式是否合法。

本案中,1992年12月18日,琼海县万泉河旅游开发总公司与海口瀚海公司签订了《合同书》,海口瀚海公司根据该合同取得了本案所涉的土地使用权,并在琼海成立了本案的原告琼海瀚海公司。1996年3月28日,琼海市土地局颁发了土地使用权证,证号为海国用(96)字第559号、第560号,将本案所涉及的土地使用权登记于原告瀚海公司名下。上述两证登记的土地使用权为143亩,其中第559号证登记50亩,并于1996年建成了本案申请抵押的10幢别墅。1997年10月6日,盐城市中级法院作出民事裁定(无案号)将上述143亩土地使用权确归琼海市太平洋旅游公司所有,由此而裁定将土地使用权作为被执行的财产予以拍卖,并要求土地管理部门协助执行过户给盐城市高峡经济发展有限公司。对此,本案原告不服向最高人民法院申诉,最高人民法院以(199)执监字第18号民事裁定书,撤销了盐城中院的上述裁定及该院(1996)法执字第91号、第128号协助执行通知书,将上述143亩土地使用权及地上附着物权属恢复到盐城中院过户前的状态。据此,被告琼海市人民政府、琼海市房地产管理办公室给原告瀚海公司颁发了上述10幢别墅的房产证,同时,土地管理部门也给原告瀚海公司颁发了上述土地的使用权证。2001年7月,盐城中级法院给被告房地产办送达了(2001)盐中执通字第6-1号《协助执行通知书》及其附件(最高人民法院执行工作办公室(1999)执监字第18-3号函复印件)。该通知书要求被告房地产办对上述土地上的附着物的所有权保持现状,不得办理过户、抵押、变更登记等处分手续。据此,被告房地产办对原告瀚海公司申请抵押的50亩土地上的10幢别墅未予办理登记手续,也未作书面答复。

本案所涉及的原告瀚海公司之土地使用权及房产权已经最高人民法院予以终审裁定,并经土地管理部门及被告房地产办登记颁发了土地使用权证及房产证,因此,原告瀚海公司依法享有上述房地产的处分、抵押、过户等完全的财产权利。根据《中华人民共和国城市房地产管理法》第6条规定,作为辖区范围内的房地产管理机构,被告房地产办负有该辖区范围内房地产管理的法定职责。被告房地产办在收到原告瀚海公司申请抵押登记申请书及其相关资料后,既未对原告瀚海公司的请求予以办理,也未作出书面答复,违反了其法定职责。原告诉其行政不作为,理由正当,应予支持。根据《中华人民共和国行政诉讼法》第11条第1款第5项、第54条第3项之规定,应判决被告琼海市房地产管理办公室于本判决生效之日起30日内对原告琼海瀚海公司请求办理房产抵押登记的申请给予书面答复。

【点评】

政府在房地产管理方面不能仅享受权力不履行法定义务,否则将承担行政不作为的法律责任。

案例分析二:民航海口航空大酒店诉海口市国土海洋资源局土地纠纷案

【案情】

海口市国土海洋资源局于1992年9月作出市土字(1992)1139号《关于依法出让土地给海口航空酒店使用的批复》,同意出让位于坡博村土地4966.667平方米给民航海口航空大酒店作为航空酒店建设用地。双方签订了《国有土地使用权协议出让合同书》,约定在该出让地块上的投资总额为500万元,土地使用年限为70年,民航海口航空大酒店必须在取得土地使用权后2年内投资开发,否则,海口市国土海洋资源局有权依法无偿收回土地使用权。同年10月,海口市人民政府给民航海口航空大酒店颁发了海口市国有(籍)字第J0019号《国有土地使用证》。在海口市处置闲置土地活动期间,海口市国土海洋资源局对该用地情况进行了调查,发现民航海口航空大酒店名下的这块土地现状为空地,至今投资总额不足投资总额的25%,土地闲置已达8年之久。海口市国土海洋资源局遂于2000年8月17日分别在《海南日报》和《海口晚报》刊登了《无偿收回国有土地使用权事先通知书》。并根据原告申请,举行了处置闲置土地听证会。后经报市政府批准,海口市国土海洋资源局于8月30日作出了《关于依法无偿收回海口航空酒店国有土地使用权的决定》,民航海口航空大酒店不服,向海口市人民政府申请复议。海口市人民政府以海府复决字(2001)第28号行政复议决定书维持了海口市国土海洋资源局的决定。民航海口航空大酒店不服,遂诉至一审法院。一审法院判决:维持海口市国土海洋资源局于2000年8月30日作出的市土海字(2000)032号《关于依法无偿收回海口航空酒店国有土地使

第十六章 城市房地产管理法律制度

用权的决定》。民航海口航空酒店不服上述判决,遂上诉至二审法院。

【问题】

该案涉及《中华人民共和国城市房地产管理法》第25条:以出让方式取得土地使用权进行房地产开发的,必须按照土地使用权出让合同约定的土地用途、动工开发期限开发土地。超过出让合同约定的动工开发日期满一年未动工开发的,可以征收相当于土地使用权出让金20%以下的土地闲置费;满2年未动工开发的,可以无偿收回土地使用权;但是,因不可抗力或者政府、政府有关部门的行为或者动工开发必需的前期工作造成动工开发迟延的除外。

【观点】

民航海口航空大酒店未按合同约定进行投资开发,该宗土地至今仍为空地。此外,民航海口航空大酒店在土地上的投资不足项目总投资额500万元的25%,已造成土地闲置超过2年的事实。根据《中华人民共和国城市房地产管理法》第25条的规定,满2年未动工开发的,可以无偿收回土地使用权。被告作出无偿收回国有土地使用权的决定,符合法律规定。

【分析】

该案上诉人诉称:一、上诉人已按合同交付了各项费用(包括"三通补偿费"),但被上诉人提供的土地不符合合同约定的"提供的土地应能够交付乙方(上诉人)顺利使用"的要求,该宗地当时连路都不通,至今仍有高压线占地,故应确认被上诉人严重违约;二、一审判决缺乏证据,以简单认定否认客观存在的事实;三、本案争议地已抵押给海南发展银行。依照惯例,抵押给银行的土地应是有偿收回,无偿收回土地显失公平。请求二审法院撤销原判,并撤销被上诉人所作出的市土海处字(2000)032号决定。被上诉人辩称:一、(2000)032号决定有充分事实根据。上诉人自1993年11月取得土地使用权后,不按照规定开发利用土地,至今投资总额不足总投资的25%,土地闲置已达8年之久。上诉人的行为已违反了《土地出让合同》及1139号用地批文的规定,属不履行行政合同义务的行为,并已符合国家的《闲置土地处理办法》中认定闲置土地的标准。二、上诉人闲置土地是自身原因造成,并非政府原因造成。上诉人称其无法开发建设土地是因为政府没有投资开发"五通一平",这一抗辩理由不成立。该用地实际上已具备开发条件。且《出让合同》中并没有约定政府必须投资开发"五通一平"作为被上诉人的义务和上诉人开发建设的前提条件。三、上诉人所称地上有高压线通过是致使土地无法开发建设及土地闲置的政府原因这一抗辩事由也不成立。用地上存在高压线的事由不属造成土地闲置的政府原因的范围。四、被上诉人所作032号决定程序合法,适用法律正确。

上诉人于1992年受让得到坡博村东边3391.246平方米的土地使用权后，未按合同约定投资开发，致使该土地长期闲置达8年之久，即未规划，也未报建，无意启动开发，其投资不足项目总投资额500万元的25%，闲置期间远远超过法律规定2年的期限。被上诉人依法作出无偿收回国有土地使用证的决定，于法有据。上诉人提出该块地上有高压线通过，造成不能开发政府有责任。然征地前就有高压线通过，如要开发建设移动高压线，先由土地使用权人将规划报规划部门审查同意后，再协调土地、供电等有关部门拿出方案，其费用当然由土地使用权人投资。移动高压线工作固然不易，但作为使用权人的海口航空酒店未启动任何程序，亦未请人作规划，根本无意开发，造成闲置的责任当然由权益人自己承担，并非政府行为。综上，一审判决认定事实清楚，适用法律、法规正确。上诉人的上诉理由不能成立。

【点评】

本案事实清楚，海口市国土海洋资源局依法作出无偿收回国有土地使用证的决定，于法有据，应予支持。

案例分析三：吴圣金诉澄迈县人民政府宅基地安置补偿纠纷案

【案情】

1979年，吴圣金在澄迈县金江镇"红土坡"购得二格宅基地。1986年2月8日，吴将二格宅基地申请办证，经澄迈县政府对该宅基地办证确认用地面积为410平方米。1987年2月澄迈县人民政府为修建金江镇文化路，依法征用吴宅基地410平方米，并划让一块161.50平方米的宅基地补偿原告，同时，对该宅基地办理了国有土地使用证。尚未安置的土地为248.50平方米。按照1988年2月23日《海南土地管理办法》的有关规定，所安置的建住宅用地161.50平方米已满足城乡居民个人住宅的需要。因此，吴尚未取得安置的248.50平方米的宅基地不能再另行安置。吴圣金不服，将澄迈县人民政府告上法院。法院认为根据公平、合理原则，尚未安置的宅基地应得到适当的经济补偿，况且澄迈县人民政府又不能提出不再予以补偿的有关证据。原告在取得410平方米宅基地共支付费用2237元，尚未安置的宅基地248.50平方米按比例计款为1356元。据此，依照《中华人民共和国民法通则》第4条、《中华人民共和国城市房地产管理法》第19条的规定，判决如下：被告澄迈县人民政府应补偿给原告吴圣金人民币1356元及利息(利率按中国人民银行同期流动资金贷款利率计算，计息时间从1987年2月1日起至付清补偿款之日止)。限在本判决发生法律效力后10日

第十六章 城市房地产管理法律制度

内履行完毕。诉讼费500元由原、被告均担。吴圣金不服上述判决,遂上诉至法院。上诉人诉称,澄迈县人民法院判决赔偿数额太低,没有维护上诉人合法权益,应按每平方300元,248.50平方共计74550元,补偿给我。因此,请求二审撤销原判,依法裁决。被上诉人辩称,上诉人的起诉已超过了诉讼时效。再者,按照1988年2月23日《海南土地管理办法》的有关规定,被上诉人给上诉人割让161.50平方米的宅基地已能满足城乡居民个人住宅的需要,不必再对248.50平方米的宅基地作出补偿。因此,请求二审撤销原判,驳回上诉的诉讼请求。

【问题】

该案涉及《中华人民共和国城市房地产管理法》第19条:国家对土地使用者依法取得的土地使用权,在出让合同约定的使用年限届满前不收回;在特殊情况下,根据社会公共利益的需要,可以依照法律程序提前收回,并根据土地使用者使用土地的实际年限和开发土地的实际情况给予相应的补偿。

【观点】

吴圣金通过合法方式获得土地使用权,政府征用,应根据土地使用者使用土地的实际年限和开发土地的实际情况给予相应的补偿。

【分析】

本案中,1979年,上诉人吴圣金向金江镇蔡宅村二队购买位于金江镇"红土坡"的两格宅基地共440平方米,价款为596元。1986年12月8日,上诉人向被上诉人申请办理了"广东省房产所有证登房证字00794号",该证确认了上诉人用地面积410平方米。1986年12月15日,上诉人向澄迈县人民政府办公室缴交地款1600元,同年12月17日又向澄迈县房产管理所缴交房产证款41元。因此,上诉人共支付2237元。1987年2月,澄迈县人民政府修建金江镇文化北路,征用上诉人在"红土坡"的两格宅基地。1991年11月20日,被上诉人在金江镇"土地岭"安置划出一块161.50平方米宅基地补偿上诉人,并给上诉人办理了"国有土地使用证金江国用(1999)字第857号"。1996年1月2日,澄迈县人民政府办公室书面报告要求政府再补偿给上诉人35000元,但政府对该报告至今未审批。起诉前,上诉人每年均要求政府解决补偿问题,但一直没有结果,因此,上诉人于2000年5月19日诉至澄迈县人民法院,要求被上诉人赔偿修建文化北路占用的其宅基地440平方米。在本院审理中,上诉人要求澄迈县政府按每平方米300元、248.50平方米计74550元给予补偿,但该政府以已补偿宅基地给上诉人,不同意再补偿。

上诉人在澄迈县金江镇"红土坡"取得二格宅基地,并经政府办证确认该宅基地为410平方米,上诉人取得该地的使用权是合法的。1987年2月,被上诉人因修建金江镇文化北路征用上诉人410平方米的宅基地,并以已按标准补偿宅基地161.50平方米给上诉人为由,主张对尚未安置的宅基地248.50平方米不再给予补偿,其证据不足,不应采纳。上诉人要求政府对尚未安置的宅基地248.50平方米给予其经济补偿的请求应予支持,但其要求补偿金额过高,且其又未能提供合法的补偿标准,政府对此也没有明确的规定,因此,补偿标准应以上诉人办理宅基地410平方米的全部费用,按比例计算补偿上诉人以赔偿数额低为由提出上诉,没有证据,不予采纳,其上诉人理由不成立,不予支持。原审法院认定事实清楚,适用法律正确。依照《中华人民共和国民法通则》第4条、《中华人民共和国房地产管理法》第19条、《中华人民共和国民事诉讼法》第153条第1款第1项的规定,二审法院应驳回上诉,维持原则。

【点评】

土地征用密切关系土地使用权人利益,政府在征用过程中应严格遵循公共利益原则和相应补偿原则。

案例分析四:海口国华实业发展公司诉陈嘉新等房屋买卖纠纷案

【案情】

1993年到1994年期间,被上诉人首力公司四次共向上诉人国华公司借款700万元,1999年底,被上诉人首力公司建成了位于海秀路19号首力大厦,但尚未办理房产证,1996年4月30日,上诉人与首力公司签订了两份《协议书》约定,首力公司以海口首力大厦7套房屋折价转让给上诉人,以抵偿首力公司所欠上诉人的借款本金6620254.2元,剩余借款本金379745.8元以协议签订时偿还,协议签订后,首力公司已将余款付清。同年9月16日,上诉人国华公司与被上诉人首力大厦签订了一份《首力大厦销售合同》,约定,上诉人认购位于海口市海秀路的首力大厦主楼7套房屋,总价款为6620254.2元。其中两套房屋为309.85平方米,价款为1865297元,同日,首力公司给上诉人出具了一张预售房产收据,写明收到上诉人的100%房款计6620254.2元。合同订立后的第二天,首力公司将上述房产交付给上诉人使用。同月26日,上诉人与首力公司到房管部门办理了房地产预售登记,同月27日对销售合同作了公证。1997年9月24日,首力公司与被上诉人陈嘉新签订了一份《首力大厦销售合同》,约定由陈嘉新购买首力大厦主楼第15层整层(包括已卖给国华公司的A2、B2两套房屋在内)及地下一层,共3540.35平方米,每平方米850元,总价款3009297.5元,签约当日,陈嘉新一次性付清了购房款3009297.5元。当日双方对销售合同作了公证并办理了预售登记。后因首力公司未依约向陈嘉新交付房屋及办理房产证，被上诉人陈嘉新便于1998年3月将首力公司诉至原审法院。该案经原审法院调解，于同年3月26日作出(1998)新民初字第164号民事调解书，首力公司自愿于调解书生效后10日内将陈嘉新所购买的首力大厦主楼第15层包括A2、D2两套房屋在内的整层及地下一层交付给陈嘉新。并在领取到首力大厦房屋产权所有权证总证后20日内，为陈嘉新办理上述房屋产权所有证。

2000年10月14日，因国华公司提出异议，被上诉人首力公司向原审法院去函称，首力大厦第15层的A2、D2两套房屋已于1996年9月卖给国华公司，后又卖给陈嘉新出现差错。要求对调解书纠正，将15层A2、B2两套房退回给国华公司。同月20日，上诉人国华公司和被上诉人首力公司以164号调解书侵害了国华公司的A2、B2两套房屋的合法财产权为由，向原审法院提出申诉，要求撤销该调解书，同月25日，陈嘉新办理了首力大厦15层D2号房的房产过户手续，领取了房屋所有权人为陈嘉新的房屋所有权证。后国华公司对陈嘉新申请办理首力大厦15层A2号房屋过户手续向市房产局提出异议，同年3月2日，市房产局驳回了国华公司的异议申请，并于同年3月3日给陈嘉新颁发了首力大厦第15层D2号房屋的房屋所有权证。2000年6月7日，原审法院驳回了国华公司和首力公司对调解书提出的申诉。2000年9月上诉人国华公司向原审法院提起诉讼，请求法院确认被上诉人陈嘉新与被上诉人首力公司签订购买首力大厦第15层A2、D2两套房屋的合同无效，确认上诉人与首力公司签订的合同有效。案经原审法院判决后，上诉人国华公司不服，提起上诉。

【问题】

该案涉及《中华人民共和国城市房地产管理法》第59条：国家实行土地使用权和房屋所有权登记发证制度。两个买主在均签署销售合同并交付房款的情况，获得房屋产权所有证一方可以对抗另一方。

【观点】

考虑到我国房地产管理采取登记对抗制度，利害关系方要取得房地产相关权益，除了签署有效合同以外，还应完成有关登记。否则，仅能获得债权法上的保护，不能获得物权法上的保护，也不能对抗第三人。

【分析】

房屋买卖通常通过两个法律事实完成：一个是房屋买卖合同。买卖双方协商订立买卖合同，明确双方权利和义务；另一个是房屋产权过户登记。两个法律事实共同组成房屋买卖行为。房屋买卖合同行为是产权发生变动的原因行为，而产权登记是产权发生变更的公示公信行为。根据《中华人民共和国城市房地产管理法》第59条：国家实行土地使用权和房屋所有权登记发证制度。第60条第3款规定：房地产转让或者变更时，应当向县级以上地方人民政府房产管理部门申请房产变更登记，并凭变更后的房屋所有权证书向同级人民政府土地管理部门申请土地使用权变更登记，经同级人民政府土地管理部门核实，由同级人民政府更换或者更改土地使用权证书。如果仅有合同行为发生，没有进行产权登记，产权没有发生变动，同时也无法让第三方知晓权利的现实情况，因此，不能仅因为签订了销售合同就能够最终获得房屋的产权。房屋属于不动产，其所有权的转移要求登记，这不同于动产所有权的随交付而转移，在买卖合同生效后到所有权登记转移期间，容易发生相关法律纠纷。

本案上诉人国华公司虽然先于被上诉人陈嘉新与被上诉人首力公司签订合同购买首力大厦第15层的A2、B2两套房屋，且办理了房地产预售登记，但我国实行的是房屋所有权登记发证制度，上诉人国华公司与首力公司签订房屋买卖合同后，由于双方未办理房屋所有权的过户手续，并未直接导致商品房所有权的转移，而被上诉人陈嘉新虽然在上诉人国华公司之后与首力公司就同一标的签订房屋销售合同，但陈嘉新在合同签订后，已经办理了房屋所有权登记，取得了房屋所有权证，该房屋的所有权已经转移归被上诉人陈嘉新所有，陈嘉新对该房屋依法享有占有、使用、收益和处分的权利。因此鉴于本案被上诉人陈嘉新已经办理登记取得了首力大厦第15层A2、D2两套房屋所有权证的具体情况，应认定被上诉人陈嘉新与被上诉人首力公司所订立的房屋销售合同有效，上诉人国华公司与首力公司所订立的买卖第15层A2、D2号房的合同无效。造成合同无效的过错在于首力公司，故被上诉人首力公司应当返还上诉人的购房款及利息。原审判决以被上诉人陈嘉新已经取得房屋所有权证的情况认定其合同有效，符合法律规定，所作判决认定事实清楚，处理恰当，应予维持。上诉人国华公司的上诉请求理由不能成立，应不予采纳。

【点评】

本案有两个法律点需要在将来的实践和立法中进一步明确：其一，上诉人国华公司与首力公司所订立的买卖第15层A2、D2号房的合同是否必然无效？实践审判中，存在有效认定的先例。如果无效，首力公司承担的是缔约过失责任；如果有效，首力公司承担的是违约责任，这存在法律责任性质上的区别，因此需要在立法和实践中进行统一。其二，预销售登记的效力如何认定，如果具有对抗效力，该案被上诉人陈嘉新并不当然取得房产所有权。因此，预销售登记的效力需要进一步明确。

第十六章 城市房地产管理法律制度

案例分析五：房屋拆迁纠纷案

【案情】

王某有祖传民宅一幢，该房产在社会主义改造中被充公。后经落实政策，该房产又发回王某。该房有两层，每层116平方米，还有房前128平方米和房后83平方米的两个院落。房屋土地权证完备。2003年12月该房屋被列入拆迁范围。拆迁人请评估事务所评估，评估事务所仅对房屋进行了评估，未对空地进行评估。拆迁人也不同意对空地进行补偿，双方未达成补偿安置协议。拆迁人遂向某市城市拆迁办公室申请裁决。拆迁办公室裁决对院落、空地不予补偿。被拆迁人王某不服，诉至法院。

【问题】

该案例的焦点在于对拆迁范围内的院落、空地是否应当予以补偿。对于这一问题，有两种不同的观点：一种观点认为，院落、空地具有使用价值，应当给予适当的补偿。另一种观点认为，《城市房屋拆迁管理条例》中没有规定对院落、空地给予补偿，所以不应补偿。

【观点】

笔者赞同第一种观点。

【分析】

对院落、空地进行补偿有充分的法律依据。首先，《土地管理法》中有对收回土地使用权的相关规定。《土地管理法》第58条规定："有下列情形之一的，由有关人民政府土地行政主管部门报经原批准用地的人民政府或者有批准权的人民政府批准，可以收回国有土地使用权：（一）为公共利益需要使用土地的；（二）为实施城市规划进行旧城区改建，需要调整使用土地的……依照前款第（一）、（二）项的规定收回国有土地使用权的，对土地使用权人应当给予适当补偿。"当前城市房屋拆迁大多数是政府为了公共利益收回土地或者为了实施旧城改造调整使用土地，这两种情况，均应补偿土地使用权人因土地使用权受到侵害而遭受的损失。《土地管理法》从法律上为拆迁中院落、空地的使用权人设定了享有补偿的权利，拆迁人在拆迁中应当按照法律的规定对被拆迁人的院落、空地予以补偿。

其次，《城市房屋拆迁管理条例》也隐含着相关的规定。《条例》第24条规定："货币补偿的金额，根据被拆迁房屋的区位、用途、建筑面积等因素，以房地产市场评估价格确定。"为了正确解读这一条，关键是要弄清"等因素"究竟应当包括哪些因素？过去，大家常常认为它包括被拆迁房屋的新旧程度、权益状况、建筑结构形式、使用率、楼层、朝向等。这些因素一般在具体的拆迁中被考虑了。但是,对于有无院落、空地这一因素争议却很大。笔者以为,既然货币补偿的金额,以"房地产市场评估价"来确定,那么,能够影响被拆迁房屋的市场价的因素均应被列入。因为,房地产市场评估活动应当坚持的一个重要的原则就是替代原则。该原则要求对房地产的估价结果不得明显偏离类似房地产在同等条件下的正常价格。类似房地产是指与估价对象处于同一供求范围内,区位、用途、建筑结构、使用面积等方面与估价对象相同或相近的房地产。那么,对带院落的房屋进行评估时亦应选择同样带院落的房屋的市场交易价作参考。在房地产评估时,不但要考虑房屋本身及占用的土地,还要考虑被拆迁人拥有的院落及拥有的附属设施。因此,《条例》第24条中的"等因素"应当包括对被拆迁房屋的价值产生重要影响的院落、空地。

【点评】

随着我国城市建设的发展,旧城改造的力度不断加大,房屋拆迁引发的纠纷也逐年增多。各方当事人常常在拆迁安置补偿标准、方式等问题上引起激烈的争议,其中不少涉及院落、空地的问题。虽然有的被拆迁户对其房前屋后的土地拥有完备的权利凭证,依法享有土地使用权,但是,这种权利在拆迁时却难以得到保护。在许多情况下,被拆迁人没有享受到对院落、空地的补偿。因此,应从以下两个方面来解决这个问题:(一)地方性法规或行政规章应明确规定被拆迁人享有对院落、空地进行补偿的权利。(二)制定对院落、空地进行补偿的标准。

案例思考题

思考题一

【案情】

2009年1月甲公司向市土地管理局提出计划新建一座水泥厂的用地申请。经审查研究,市土地管理局批准了该项申请,与甲公司签订了土地有偿使用合同,并依法办理了登记备案手续。同年5月,水泥厂正式投建,但后来在施工中发现主厂房处地面严重下沉,部分房屋开裂变形,迫使基建工程于10月初下马,未能如期完成建厂计划。适值此时,乙公司急于寻找场地建娱乐中心,甲、乙两公司经协商于同年12月签订了买卖水泥厂房屋财产合同,合同约定:(一)甲公司将水泥厂现有房屋10间、未建完围墙及场地等全部财产卖给乙公司;(二)甲公司在合同签订后15天内将上述房产和全部手续资料清点后移交乙公司,乙公司在接收上述房产和全部资料后将50万元价款一次性付清。次日,此事被他人举报到市土地管理局。

【问题】
1. 甲、乙两公司所签买卖水泥厂房屋财产合同是否违法?
2. 市土地管理局对此事应作何处理?

【提示】
请结合我国《土地管理法》中的相关规定进行分析。

思考题二

【案情】
2007年1月甲与某房地产开发公司(以下简称被告)签订一商品房预售合同,规定甲购买被告商品房30套共2000平方米,售价300万元,交付日期为2008年12月。合同签订后,甲支付了全部房价款,但合同签订时被告尚未交付土地使用权出让金,未取得建设工程规划许可证,开发建设资金尚未实际投入,未取得预售许可证,该预售合同亦未办理登记。2008年1月,被告又与乙签订了一商品房预售合同,由乙购买同一标的商品房,售价500万元,交付日期为2008年12月。合同签订后,乙按合同规定交付了定金及首期房款共200万元,此时,被告已交付了全部土地使用权出让金,建房投资已达50%,取得了预售许可证,并在有关部门办理了预售合同登记。2008年7月,被告在隐瞒了上述事实的情况下,又与丙签订了一商品房预售合同,由丙购买同一标的商品房,售价800万元,交付日期为2008年12月。合同签订后,丙按合同规定交付了定金100万元,被告通过弄虚作假的方法,办理了预售合同登记。2008年11月,三原告得知被告"一物卖三家"的做法后,均向被告主张权利,协商不成,三原告于2009年3月分别向法院起诉,法院决定合并审理。试分析:

【问题】
1. 本案三个合同的效力如何?
2. 本案应如何处理?

【提示】
结合我国《合同法》以及《城市房地产管理法》中的相关登记制度回答上述问题。

第十七章 银行业监管法律制度

本章要点

1. 核心内容

银行业监管,是指国家金融监管机构对银行业金融机构的组织及其业务活动进行监督和管理的总称。与其他行业相比,以银行业为主体的金融业从来都是各国管制最严格的行业,这主要是由金融业本身的特殊性及其在现代市场经济中的重要地位决定的。

银行业监管法是调整在国家金融监管机构对银行业金融机构的组织及其业务活动进行监督管理过程中发生的经济关系的法律规范的总称。世界各国有关银行业监管的法律规定一般散见于其中央银行法、商业银行法或其他的金融立法中。我国于2003年12月27日制定了专门性的《银行业监督管理法》,从法律上确立了国务院银行业监督管理机构——中国银监会的法律地位以及银行业的监管体制。

各国的银行业监管体制与其政治经济体制、宏观调控手段、金融体制、金融市场发育程度相适应。我国属于分业监管模式,中国银监会监管银行业,中国保监会监管保险业,中国证监会监管证券业,中国人民银行则负责货币政策的制定和实施,维护金融稳定和提供金融服务。

银行业监管的原则主要包括:依法、公开、公正和效率的原则,独立监管原则,审慎监管原则,协调监管原则和跨境合作监管原则。

2. 主要制度

银行业监管法的主要制度有:(1)对银行业金融机构的市场准入监管,包括银行业金融机构的股东资格审查、业务范围审批或备案、高级管理人员任职资格审查。(2)对银行业金融机构的审慎监管,包括资本充足率监管、风险监管、内部控制、资产质量、损失准备金、风险集中、关联交易、资产流动性等方面的监管。(3)对银行业金融机构的监管措施,包括现场监管、非现场检查、并表监管、强制性信息披露等持续性监管手段和及时纠正、接管、重组、撤销等处置措施。

3. 实务提示

银行业监管法的法律实务主要是对违反《银行业监督管理法》的行为的行政处罚,以及不服行政处罚所引起的行政复议和行政诉讼。在国外,也有对银行监管机构不作为的行政诉讼,但在国内,这样的诉讼还不多见。

 相关法律、法规、规章、司法解释

1. 法律

《中华人民共和国银行业监督管理法》(全国人大常委会,2003 年 12 月 27 日通过,2006 年 10 月 31 日修正)

《中华人民共和国商业银行法》(全国人大常委会,1995 年 5 月 10 日通过,2003 年 12 月 27 日修正)

2. 行政法规

《中华人民共和国金融机构撤销条例》(国务院,2001 年 11 月 23 日发布)

《中华人民共和国外资金融机构管理条例》(国务院,2002 年 12 月 12 日发布)

《金融违法行为处罚办法》(国务院,1999 年 2 月 22 日发布)

3. 行政规章、地方性法规

《外资金融机构驻华代表机构管理办法》(中国人民银行,2002 年 7 月 18 日发布)

《商业银行信息披露暂行办法》(中国人民银行,2002 年 5 月 15 日发布)

《商业银行与内部人和股东关联交易管理办法》(中国银行业监督管理委员会,2004 年 4 月 2 日发布)

《商业银行内部控制指引》(中国人民银行,2007 年 7 月 3 日发布)

《商业银行市场风险管理指引》(中国银行业监督管理委员会,2004 年 12 月 29 日发布)

《商业银行资本充足率管理办法》(中国银行业监督管理委员会,2004 年 2

月23日发布)

《商业银行集团客户授信业务风险管理指引》(中国银行业监督管理委员会,2003年10月23日公布实施,2007年7月3日修订)

《外资银行并表监管管理办法》(中国银行业监督管理委员会,2004年3月8日发布)

《贷款风险分类指导原则》(中国人民银行,2001年12月19日发布)

《金融机构高级管理人员任职资格管理办法》(中国人民银行,2000年3月24日发布)

《商业银行内部控制评价试行办法》(中国银行业监督管理委员会,2004年12月25日公布)

《股份制商业银行风险评级体系(暂行)》(中国银行业监督管理委员会,2004年2月5日发布)

4. 司法解释

《最高人民法院关于金融机构不履行其义务是否应但承担责任问题的复函》(法经函[1991]31号)

《最高人民法院关于在民事审判和执行工作中依法保护金融债权防止国有资产流失问题的通知》(法[2005]32号)

案例分析

案例分析一:中国银行纽约分行及王雪冰违规案

【案情】

2002年1月18日,美国财政部货币监理署与中国人民银行发布联合消息,认定:包括纽约分行在内的中国银行在美国的三家分行,于1991年至1999年间,被发现有不当行为,事情发生在王雪冰1988年到1993年担任中国银行纽约分行行长期间。美国货币监理署声称,这些行为包括:"一个欺骗性的信用证问题,一桩欺骗性贷款,未经授权的授信及刻意隐瞒和其他可疑行为。"美国货币监理署的最后处罚是:对中国银行纽约分行处以1000万美元的罚款、对中国银行总行处以1000万美元的罚款。

第十七章 银行业监管法律制度

2002年11月5日,中纪委公布对王雪冰的审查结果:"利用职务之便,贪污、受贿、收受贵重礼品折合人民币数百万元;生活腐化,道德败坏;在担任中国银行纽约分行总经理和中国银行行长期间,违反金融监管规定,工作严重失职,造成严重后果。"中纪委常委会议建议,撤销其第十五届中央委员会候补委员职务,给予其开除党籍处分;此前,王雪冰已经受到行政开除处分。鉴于王雪冰涉嫌犯罪,此案已移送司法机关依法查处。

2003年12月10日,北京市第二中级人民法院对王雪冰受贿一案作出一审判决,以受贿罪判处王雪冰有期徒刑12年。

法庭经审理查明,在1993年至2001年期间,王雪冰利用职务上的便利为华晨(中国)控股有限公司、北京再东方广告有限公司等企业谋取利益,并为此非法收受这些公司给予的钱款、艺术品、名牌手表等贵重礼品,共计折合人民币115.14万元。案发后赃款、赃物已全部追缴。法院认为,被告人王雪冰身为国家工作人员,利用职务上的便利,为有关公司谋取利益,非法收受有关公司人员给予的财物,其行为严重侵害了国家工作人员职务行为的廉洁性,损害了国有金融机构的声誉,已构成受贿罪,受贿数额特别巨大。鉴于被告人王雪冰具有自首情节,依法对其从轻处罚,遂作出以上判决。

【问题】

中美关于中国银行纽约分行一案的处罚有何不同?为什么会有这些不同?

【观点】

美国的处罚是对中国银行纽约分行和中国银行的巨额罚款,我国仅对王雪冰个人进行了处罚。之所以有此不同,原因尽管是多方面的,但国有银行的管理体制无疑是重要的原因之一。

【分析】

美国对中国银行纽约分行和中国银行的处罚是巨额罚款——对中国银行纽约分行处以1000万美元的罚款、对中国银行总行处以1000万美元的罚款。这2000万美元,在当时折合人民币约1.64亿元人民币。这对中国银行来说,是一笔不少的损失,也是对中国银行乃至中国银行业的一个不小的震慑。因为惧怕有这样的巨额罚款,中国银行乃至其他受美国货币监理署管辖的银行能不老老实实依法经营吗?这就是美国银行法能落到实处的原因。

我们不禁要问:如果是中国的监管当局,能开出这么高额的罚单吗?"一行三会"(中国人民银行、中国银监会、中国证监会、中国保监会)有这个胆量和权力吗?我们仅仅看到的是,前几年国内银行业大案、要案频繁爆发,我们却没有看到监管当局对案发银行进行过巨额处罚。受到惩处的,往往是相关责任人。

惩罚的手段往往是党纪处分、行政处分和刑事处罚。

这种现象,在银行法上叫"监管宽容"。对于监管宽容,有学者曾有精辟的分析,认为兼管宽容主要出于五大原因:监管者的一厢情愿的良好愿望、监管者欠缺严格执法的动机、系统性风险的制约、政治层面和业界的干预以及监管资源的不足。① 句句真言,切中要害。

但笔者认为,国有银行的管理体制是造成中美关于中国银行纽约分行一案处罚不同的根源。在股份制改制之前,四大国有商业银行是属于国家的。在完成了股份制改造和上市之后,国家仍然保持绝对控股地位。"家父式管理"的情结使"一行三会"不愿开出高额罚单。因此,真正起威慑作用的,仅剩下了对责任人的党纪处分、行政处分和刑事处罚了。

【点评】

经济体制是经济法制的基础,很多法律问题都可以从经济体制中找到答案。

案例分析二:中国农业银行包头分行重大违法经营案

【案情】

2005年3月24日,银监会公布,在银监会的统一部署下,内蒙古银监局严肃查处了中国农业银行包头分行重大违法经营案件,已查明涉案资金累计98笔、涉案金额11498.5万元,已有43人受到责任追究。

检查发现,从2003年7月2日到2004年6月4日,农业银行包头市汇通支行市府东路分理处、东河支行,包头市达茂旗农村信用社联社所辖部分信用社的人员与社会人员相互串通、勾结作案,挪用联行资金、虚开大额定期存单、办理假质押贷款、违规办理贴现、套取银行信贷资金,谋取高息。

内蒙古银监局依据《银行业监督管理法》等法律法规,对涉案机构进行了严肃查处,对农业银行包头市汇通支行、东河支行分别给予50万元、35万元的罚款,暂停农业银行包头市分行个人存单质押贷款业务和承兑汇票贴现业务;限制达茂旗联社所辖各信用社开办大额存款业务,暂停包头市郊区农村信用社联社办理银行承兑汇票业务。

【问题】

请分析内蒙古银监局对中国农业银行包头分行的处罚。

---

① 参见汪鑫:《健全我国银行监管制度的几点主张》,载漆多俊主编:《经济法论丛》第9卷,方正出版社2004年版。

第十七章 银行业监管法律制度

【观点】

内蒙古银监局的处罚分为罚款和暂停或限制部分业务。这是根据《银行业监督管理法》第44条、第45的条规定而作出的。

【分析】

《银行业监督管理法》第45条规定："银行业金融机构有下列情形之一,由国务院银行业监督管理机构责令改正,有违法所得的,没收违法所得,违法所得50万元以上的,并处违法所得1倍以上5倍以下罚款;没有违法所得或者违法所得不足50万元的,处50万元以上200万元以下罚款;情节特别严重或者逾期不改正的,可以责令停业整顿或者吊销其经营许可证;构成犯罪的,依法追究刑事责任……(四)违反规定提高或者降低存款利率、贷款利率的。"本案中,涉案机构有"谋取高息"的行为。

《银行业监督管理法》第46条规定："银行业金融机构有下列情形之一,由国务院银行业监督管理机构责令改正,并处20万元以上50万元以下罚款;情节特别严重或者逾期不改正的,可以责令停业整顿或者吊销其经营许可证;构成犯罪的,依法追究刑事责任……(五)严重违反审慎经营规则的。"本案中,涉案机构有严重违反审慎经营规则的行为。

因此,内蒙古银监局对农业银行包头市汇通支行、东河支行分别给予50万元、35万元的罚款。可见,这个罚款与前面案例中美国货币监理署对中国银行的2000万美元相比,悬殊太大了,震慑作用太小了。

《银行业监督管理法》第37条规定："银行业金融机构违反审慎经营规则的,国务院银行业监督管理机构或者其省一级派出机构应当责令限期改正;逾期未改正的,或者其行为严重危及该银行业金融机构的稳健运行、损害存款人和其他客户合法权益的,经国务院银行业监督管理机构或者其省一级派出机构负责人批准,可以区别情形,采取下列措施:(一)责令暂停部分业务、停止批准开办新业务……"显然,《银行业监督管理法》中所说的"银行业金融机构",不仅仅包括银行业金融机构的总部,还包括其分支机构。该案中,受到处罚的不是农业银行总行,而是农业银行包头市分行。因此,内蒙古银监局暂停了农业银行包头市分行的部分业务,这种处罚是有一定的震慑作用的。

【点评】

暂停部分业务属于及时纠正措施。

案例分析三:德勤会计师事务所起诉英格兰银行监管不力案

【案情】

2004年1月13日,德勤会计师事务所对英格兰银行向英国伦敦高等法院提起诉讼,指责英格兰银行官员当年对国际信贷商业银行从事洗钱、诈骗等犯罪活动,"知情不管,听之任之",结果导致该行倒闭,造成6000多名英国储户血本无归。为此,要求英格兰银行向英国受害的6000多个储户赔偿至少8.5亿英镑。这是英格兰银行成立300年来首次成为伦敦高等法院的被告。

德勤会计事务所是世界五大会计事务所之一,负责清理国际信贷商业银行资产。国际信贷商业银行成立于1972年,是一家资产达240亿美元的跨国银行,它的最主要营业部门都设在伦敦,在当地拥有雇员1000余人。国际信贷商业银行将普通储户的存款贷给少数无力还贷的投资者,导致该行于1991年7月倒闭。此外,该银行还涉嫌从事多项犯罪活动。9·11事件后,美国有关部门在追查恐怖资金来源时发现,国际信贷商业银行曾从事洗钱、财务诈骗、秘密军火交易、资助恐怖主义等犯罪活动。

德勤会计事务所控诉了英格兰银行的三大罪状:

罪状一:滥发许可证。1997年工党上台前,英格兰银行承担对银行的监督职能。当时,英格兰银行明明知道国际信贷商业银行运作混乱,高层领导缺乏诚信(美国银行监管机构负责人称该行创始人为"阴险虚伪的小职员"),却从所谓的政治上考虑,不愿得罪有钱的中东股东,于1980年发给了营业许可证。

罪状二:监管不力。律师称,一些保密文件显示,英格兰银行官员们多次被告知国际信贷商业银行进行洗钱活动,但他们置若罔闻,任由洗钱活动持续数年之久。

罪状三:拒不改错。律师指出,当国际信贷商业银行犯罪活动逐渐明显后,有人向英格兰银行提出两项建议:一是立即吊销该行的营业许可证;二是行使对该行的主要监管。然而,英格兰银行不愿认错,拒绝了这两项本可以挽救英国数千储户钱财的建议。

英国6000多储户认为,英格兰银行当时作为英国的中央银行,全面负责监管英国境内的金融业务,理应对国际信贷银行的破产负责,必须对储户进行赔偿。

【问题】

请从法律的视角对该案作一分析和预测。

【观点】

本案指控的是英国央行的不作为的具体行政行为,对此是可以提起诉讼的。

【分析】

金融监管是具体行政行为，对此可以提起诉讼。本案指控的是英国央行的不作为的具体行政行为。对不作为的具体行政行为，也是可以提起诉讼的。

行政诉讼一般实行举证责任倒置原则，即由行政机关负责举证其行为的合法性、合理性。此案的审理将主要通过调查英格兰银行大量内部文件的方式进行，法院要积极地进行证据调查。要告倒央行，必须有足够的、令人信服的证据。而作为原告，要想获得这些证据又谈何容易。因此，由行政机关负责举证以及法庭主动的调查证据是比较务实的，对于原告也是一种保护。

由于本案正在审理之中，截至我们撰文时，还没有终审判决，因此，现在断定谁胜谁负是没有什么意义的。但评论认为，要告倒英国中央银行绝非易事。用英国媒体的话说，央行对涉及玩忽职守、监管不力等指控一向具有"免疫力"，以前还从来没有人打赢过同央行的官司。要告倒央行，原告必须握有足够的、令人信服的证据。而要想获得这些证据又谈何容易。更主要的是，这桩官司还关系到央行的声誉。英国央行必然会竭尽全力予以反击。即使在司法独立性比较高的英国，要想告倒央行也是一件很不容易的事。

本案给我们的启示是，对于金融监管机关不采取及时纠正措施的不作为，是可以提起诉讼的。提起诉讼的方式，可以是集团诉讼或代表诉讼。举证上，应实行由行政机关负责举证以及法庭主动的调查证据相结合的原则。而我国在这些方面都存在着法律的漏洞：对行政不作为是否可以起诉，集团诉讼是否引入或代表诉讼如何完善以适应原告众多的赔偿请求，以及法庭不主动的调查证据时怎么制约，在法律上均找不到明确的答案。这些均阻碍着存款人通过诉讼监督金融监管机关的权利的实现。

申言之，金融监管机关在发现问题金融机构的风险时，应采取相应的及时纠正措施。尽管此时金融监管机关有一定的自由裁量权，但这决不意味着金融监管机关可以听之任之，置之不理。倘若果真如此，金融监管机关的行为则构成不作为，金融监管机关工作人员的行为则构成渎职。在此情况下，金融消费者应有监督权。监督的形式是多种多样的，诉讼监督是有效的监督形式之一。

【点评】

由此可见，通过诉讼手段对金融监管机构进行监督，即使在法制比较发达的国家，要让其真正有效，也是件不容易的事。

案例分析四:西部金融租赁有限公司遭银监会处罚案①

【案情】

西部金融租赁有限公司于2006年10月23日收到《中国银行业监督管理委员会甘肃监管局行政处罚决定书》(甘银监字【2006】2号文)。

处罚决定书指出,西部金融租赁有限公司存在擅自变更股东、关联交易金额大、发生频繁,且资产质量差,存在较大风险和到期债务偿还困难,存在支付风险的问题,违反《中华人民共和国银行业监督管理法》第45条规定"银行业金融机构未经批准变更、终止的,国务院银行业监督管理机构可以责令其停业整顿"和第46条规定"银行业金融机构严重违反审慎经营规则的,国务院银行业监督管理机构可以责令其停业整顿"。中国银行业监督管理委员会甘肃监管局作出了"责令西部金融租赁有限公司停业整顿,期限1年"的处罚决定。

【问题】

请分析西部金融租赁有限公司的违法行为和银监会甘肃监管局的处罚。

【观点】

金融租赁公司变更股东时,应经过中国银监会的批准。金融租赁公司严重违反审慎经营规则的,银监会有权责令改正,并处罚款;情节特别严重或者逾期不改正的,可以责令停业整顿或者吊销其经营许可证。

【分析】

金融租赁公司受银监会监管。《银行业监督管理法》第2条规定,国务院银行业监督管理机构负责对全国银行业金融机构及其业务活动监督管理的工作。本法所称银行业金融机构,是指在中华人民共和国境内设立的商业银行、城市信用合作社、农村信用合作社等吸收公众存款的金融机构以及政策性银行。对在中华人民共和国境内设立的金融资产管理公司、信托投资公司、财务公司、金融租赁公司以及经国务院银行业监督管理机构批准设立的其他金融机构的监督管理,适用本法对银行业金融机构监督管理的规定。因此,银监会有权对金融租赁公司进行监管和处罚。

银行业金融机构以及金融租赁公司变更股东时,应经过中国银监会的批准。《银行业监督管理法》第22条规定:"国务院银行业监督管理机构应当在规定的期限,对下列申请事项作出批准或者不批准的书面决定;决定不批准的,应当说明理由……(二)银行业金融机构的变更、终止,以及业务范围和增加业务范围

---

① 张喜玉、袁小可:《西部金融租赁有限公司遭银监会处罚》,载《上海证券报》2006年10月25日。

内的业务品种,自收到申请文件之日起3个月内……"金融租赁公司变更股东属于"银行业金融机构的变更"之一,应经过中国银监会的批准。否则,中国银监会有权依据《银行业监督管理法》第45条的规定进行相应的行政处罚。

《银行业监督管理法》第45条的规定是:"银行业金融机构有下列情形之一,由国务院银行业监督管理机构责令改正,有违法所得的,没收违法所得,违法所得50万元以上的,并处违法所得1倍以上5倍以下罚款;没有违法所得或者违法所得不足50万元的,处50万元以上200万元以下罚款;情节特别严重或者逾期不改正的,可以责令停业整顿或者吊销其经营许可证;构成犯罪的,依法追究刑事责任:(一)未经批准设立分支机构的;(二)未经批准变更、终止的……"

银行业金融机构以及金融租赁公司严重违反审慎经营规则的,银行业金融机构有权责令改正,并处20万元以上50万元以下罚款;情节特别严重或者逾期不改正的,可以责令停业整顿或者吊销其经营许可证;构成犯罪的,依法追究刑事责任。这是《银行业监督管理法》第46条的规定。西部金融租赁有限公司关联交易金额大,发生频繁,严重违反审慎经营规则,且资产质量差,存在较大风险和到期债务偿还困难,存在支付风险的问题,因此,中国银监会甘肃监管局作出了"责令西部金融租赁有限公司停业整顿,期限1年"的处罚决定。

【点评】

停业整顿是中国特有的法律制度。停业整顿不同于破产、重整,也不同于接管、托管,对停业整顿的类型化研究有待加强。

案例分析五:美联银行违规案

【案情】

美联银行作为美国第五大银行于1995年进入中国内地市场,设有北京、上海和广州三家代表处。2003年,监管部门在例行检查中发现,美联银行的上海、北京两家代表处有非法所得,违反有关规定开展了"支票托付"和"信用证项下的索汇"两项经营性业务。

按照《外资金融机构驻华代表机构管理办法》规定,外资金融机构"代表机构及其工作人员,不得与任何单位或自然人签订可能给代表机构或其代表的外资金融机构带来收入的协议或契约,不得从事任何形式的经营性活动",主要从事市场调查、信息收集、联络沟通等工作。为此,银监会向美联银行开出了罚单。依据银监会下发的《关于处罚美联银行北京上海两家代表处的通报》(银监通【2003】25号),两家代表处从事经营的非法所得22万美元被没收,并被课以等同于非法所得收入的罚款(22万美元),共计44万美元;同时,美联银行上海代表处5月份递交的升级为分行的申请也被驳回,其首席代表一年的任职资格也被取消。

【问题】

请分析银监会对美联银行进行处罚和驳回代表处升级为分行的申请的法律依据。

【观点】

银监会依据《外资金融机构驻华代表机构管理办法》和《金融违法行为处罚办法》对美联银行进行了处罚。

【分析】

根据《外资金融机构驻华代表机构管理办法》,外资金融机构代表机构(以下简称"代表机构"),包括外资金融机构在中国境内设立并从事咨询、联络和市场调查等非经营性活动的代表处、总代表处。代表处的主要负责人称首席代表,总代表处的主要负责人称总代表。

总代表处总代表以及代表处首席代表的任职资格适用核准制。国务院银行业监督管理机构负责核准或取消总代表处总代表、代表处首席代表的任职资格。

代表机构及其工作人员,不得与任何单位或自然人签订可能给代表机构或其代表的外资金融机构带来收入的协议或契约,不得从事任何形式的经营性活动。代表机构的主要任务是从事市场调查、信息收集、联络沟通等工作。代表机构总代表、首席代表任职期内不得兼任其他经营性组织的管理职务。

有下列情形之一的,国务院银行业监督管理机构可视情节轻重及后果,取消代表机构首席代表或总代表一定期限直至终身的任职资格:(一)代表机构或其工作人员从事金融业务活动或其他经营性活动……

代表机构及其工作人员违反《外资金融机构驻华代表机构管理办法》第15条规定从事金融业务活动的,由国务院银行业监督管理机构按《金融违法行为处罚办法》的有关规定给予处罚;从事金融业务以外的经营性活动,由国务院银行业监管管理机构给予警告,情节严重的,撤销该代表机构。

《金融违法行为处罚办法》第10条规定,金融机构的代表机构不得经营金融业务。金融机构的代表机构经营金融业务的,给予警告,没收违法所得,并处违法所得1倍以上3倍以下的罚款,没有违法所得的,处5万元以上30万元以下的罚款;对该金融机构直接负责的高级管理人员给予撤职直至开除的纪律处分,对其他直接负责的主管人员和直接责任人员给予降级直至开除的纪律处分;情节严重的,撤销该代表机构。

美联银行的上海、北京两家代表处违反上述规定,开展了"支票托付"和"信用证项下的索汇"两项经营性业务,因此,银监会作出了没收非法所得22万美元,并被课以非法所得收入1倍的罚款22万美元,取消其首席代表1年的任职资格。

由于美联银行上海、北京两家代表处有违法行为,因此,银监会有权以其自由裁量权驳回其代表处升级为分行的申请。

【点评】

外资金融机构的代表机构是不能从事经营性业务的。代表机构只能从事咨询、联络和市场调查等非经营性活动。

案例思考题

协和银行被银监会处罚[①]

【案情】

2004年6月,具有台资背景的协和银行收到了中国银监会开出的罚单。

2004年6月30日,中国银监会将处罚通知下达到银监会办公厅、银监会银行监管三部及宁波银监局。根据通知,协和银行犯有两大"罪状":其一,未按银监会整改意见实施整改;其二,在2002年底及2003年9月这两个时点上的关联授信比例过高,分别为51%和29%。据此,该行相继被处以人民币30万和60万的罚款,总计90万元。

【问题】

请分析中国银监会对协和银行的处罚。

【提示】

根据银监会有关规定,外资银行对企业及其关联企业的授信余额不得超过其资本的25%。

---

① 《银监会处罚协和银行,外资行遭遇"春天尴尬"》,载《中国证券报》2004年7月28日。

第十八章 证券监管法律制度

本章要点

1. 核心内容

证券是一个很广的概念。我国有关证券立法中的证券范围主要包括股票、债券、证券投资基金券以及国务院依法认定的证券。证券市场有证券发行市场和证券交易市场两部分组成。

证券监管,是指证券市场监督管理机构对证券市场主体及其行为进行监督和管理的总称。因为证券市场的风险和不稳定因素较大,因此,证券监管非常重要。保护投资者利益是证券监管的核心所在。

证券监管法是调整证券市场监管机构对证券市场主体及其行为进行监督和管理过程中发生的经济关系和法律规范的总称。

我国的证券监管体制的特点是:实行国家集中统一监管制,辅以证券业协会、证券交易所的自律管理。

我国于1998年12月29日制定了《中华人民共和国证券法》,2004年进行了一次小的修改,2005年10月27日进行了一次大修改。

尽管《证券法》已经制定,但《股票发行与管理暂行条例》并未完全失去法律效力。《股票发行与管理暂行条例》与《证券法》相抵触的内容失去法律效力,不相抵触的内容继续有效。

2. 主要制度

证券监管法的主要制度有:(1) 对证券发行的监管,包括证券发行的审核制度、证券发行的原则、证券发行的方式和条件;(2) 对证券交易的监管,包括证券上市监管、证券交易的限制与禁止、证券信息披露监管、上市公司收购监管等。

3. 实务提示

证券法律实务所包括的内容很多,主要有:证券上市法律实务(律师要出具法律意见书、律师工作报告,要参与上市方案的拟订和招股说明书的起草,要向中国证监会报送发行材料),证券上市后的规范运作和信息披露、投资者关系工作法律实务,对违反证券法的处罚,对证券监管机构行政行为不服的行政复议和行政诉讼,投资者对上市公司、中介机构提起的民事赔偿诉讼等。

 相关法律、法规、规章、司法解释

1. 法律

《中华人民共和国证券法》(全国人大常委会,1998年12月29日制定,2004年8月28日第一次修正,2005年10月27日第二次修正)

2. 行政法规

《股票发行与管理暂行条例》(国务院,1993年4月22日发布)

《国务院关于进一步加强在境外发行股票和上市管理的通知》(国务院,1997年6月20日发布)

《国务院关于股份有限公司境外募集股份及上市的特别规定》(国务院,1994年8月4日发布)

3. 有关行政规章、地方性法规

《上市公司证券发行管理办法》(中国证券监督管理委员会,2006年5月7日公布)

《首次公开发行股票并上市管理办法》(中国证券监督管理委员会,2006年5月17日通过)

《中国证券监督管理委员会发行审核委员会办法》(中国证券监督管理委员会,2006年5月8日发布,2009年5月13日修订)

《境内企业申请到香港主板上市审批与监管指引》(中国证券监督管理委员会,1999年9月6日发布)

《上市公司收购管理办法》(中国证券监督管理委员会,2002年9月28日发布,2008年8月27日修订)

4. 部分司法解释

《最高人民法院关于审理证券市场因虚假陈述引发的民事赔偿案件的若干

规定》(2003 年 1 月 9 日)

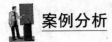
案例分析

案例分析一:中国工商银行 A+H 发行上市案

【案情】

中国工商银行成立于 1984 年 1 月 1 日,为国有独资商业银行。2005 年 10 月 28 日,中国工商银行整体改制为中国工商银行股份有限公司(以下简称工行),财政部和中央汇金投资有限公司共同作为发起人。

2006 年 6 月 15 日,国务院正式批准工行的上市方案。此次工行采取的是同时在上海证券交易所发售 A 股和香港交易所发售 H 股、两地统一定价、同日上市的"A+H"上市方案。

2006 年 8 月 30 日,工行 H 股向中国证监会国际部正式申报,A 股向中国证监会发行部正式申报。不久,中国证监会批准了工行的境外上市申请,并召开 A 股发审会,核准通过了工行的 A 股发行申请。

2006 年 10 月 20 日,工行 A 股与 H 股同步定价,A 股发行价为每股 3.12 元人民币,H 股发行价为每股 3.07 港元,汇率折合以后,两地价格一致。

2006 年 10 月 27 日,工行在上海证券交易所和香港交易所同时上市。

工行本次 A+H 发行的总规模为 556.5 亿股,占扩大后总股本的 16.7%。

工行首次公开发行(IPO)募集资金总额达 220 亿美元,打破了此前日本 NTT 电信于 1998 年创造的 184 亿美元的最高融资规模纪录,成为有史以来最大融资规模的 IPO,并创下了 20 多项世界之最和历史第一,被社会各界和境内外媒体誉为"世纪招股""完美 IPO"。

【问题】

1. 工行公开发行 A 股为什么要经中国证监会核准?未经核准,工行可否公开发行股份?

2. 工行在香港交易所上市为什么要经中国证监会批准?未经批准,工行可否在境外上市?

3. 工行本次 A+H 发行的总规模为 556.5 亿股,占扩大后总股本的 16.7%,公开发行的股份未达到公司股份总数的 25%以上,为什么还可以上市?

第十八章 证券监管法律制度

【观点】

公开发行证券，必须依法报经国务院证券监督管理机构或者国务院授权的部门核准；未经依法核准，任何单位和个人不得公开发行证券。境内企业直接或者间接到境外发行证券或者将其证券在境外上市交易，必须经国务院证券监督管理机构依照国务院的规定批准。股份有限公司申请股票上市，应当符合公开发行的股份达到公司股份总数的25%以上或者公司股本总额超过人民币4亿元的，公开发行股份的比例为10%以上的条件。

【分析】

《证券法》第10条规定："公开发行证券，必须符合法律、行政法规规定的条件，并依法报经国务院证券监督管理机构或者国务院授权的部门核准；未经依法核准，任何单位和个人不得公开发行证券。有下列情形之一的，为公开发行：(一)向不特定对象发行证券的；(二)向特定对象发行证券累计超过二百人的；(三)法律、行政法规规定的其他发行行为。"工行本次的A股发行，是向不特定对象发行，因此，须报经国务院证券监督管理机构——中国证监会的核准。中国证监会核准工行A股发行时，召开了发行审核委员会。

《证券法》第238条规定："境内企业直接或者间接到境外发行证券或者将其证券在境外上市交易，必须经国务院证券监督管理机构依照国务院的规定批准。"因此，工行发行H股并在香港交易所上市，须经中国证监会批准。

《证券法》第50条规定："股份有限公司申请股票上市，应当符合下列条件：(一)股票经国务院证券监督管理机构核准已公开发行；(二)公司股本总额不少于人民币3000万元；(三)公开发行的股份达到公司股份总数的25%以上；公司股本总额超过人民币四亿元的，公开发行股份的比例为10%以上；(四)公司最近三年无重大违法行为，财务会计报告无虚假记载。证券交易所可以规定高于前款规定的上市条件，并报国务院证券监督管理机构批准。"尽管工行本次A+H发行的总规模为556.5亿股，占扩大后总股本的16.7%，公开发行的股份未达到公司股份总数的25%以上，但工行的总股本超过了人民币4亿元，公开发行股份的比例达到10%以上即可上市。

【点评】

工行是首家进行A股和H股同时发行、在上海和香港两地同时上市的企业。工行的首次公开发行以及工行在资本市场上的卓越表现，获得了英国《银行家》杂志、《环球金融》《国际金融评论》《欧洲货币》《亚洲金融》《亚洲货币》《财资》中央电视台等国际国内知名媒体颁发的20多项IPO大奖，获奖数量及分量超过了以往国内任何一家公司的IPO项目。学习企业上市，深刻理解证券法,工行 IPO 是一个非常好的样本。

案例分析二:顾雏军证券市场禁入案[①]

【案情】

当事人:顾雏军,广东科龙电器时任董事、董事长。

经查明,科龙电器披露的 2002 年、2003 年、2004 年年度报告存在虚假记载、重大遗漏等违法事实:

一、2002 年至 2004 年,科龙电器采取虚构主营业务收入、少计坏账准备、少计诉讼赔偿金等手段编造虚假财务报告,导致其 2002 年年度报告虚增利润 11,996.31 万元,2003 年年度报告虚增利润 11,847.05 万元,2004 年年度报告虚增利润 14,875.91 万元。

二、科龙电器 2003 年年度报告现金流量表披露存在重大虚假记载。2003 年,科龙电器将产品在科龙电器及其子公司之间互相买卖,并以此贸易背景开具银行承兑票据和商业承兑票据到银行贴现,获取大量现金。科龙电器的现金流量汇总表并未如实反映上述现金流。经统计,科龙电器 2003 年年度报告合并现金流量表少计借款所收到的现金 302,550 万元,少计偿还债务所支付的现金 213,573 万元,多计经营活动产生的现金流量净额 88,976 万元。

三、科龙电器 2002 年至 2004 年未披露会计政策变更等重大事项,也未披露与关联方共同投资、购买商品等关联交易事项。

顾雏军在审议通过科龙电器 2002 年、2003 年、2004 年年度报告正文及摘要的董事会决议上签字。顾雏军在科龙电器 2002 年、2003 年、2004 年年度报告中作为企业负责人签字。顾雏军作为科龙电器时任董事长,组织、领导、策划、指挥了科龙电器上述全部违法行为。

2006 年 6 月 15 日,中国证监会决定:认定顾雏军为市场禁入者,自中国证监会宣布决定之日起,永久性不得担任任何上市公司和从事证券业务机构的高级管理人员职务。

[①] 案例来源:中国证监会《关于对顾雏军等人实施市场禁入的决定》(证监法律字[2006]4 号),中国证监会网站。

第十八章 证券监管法律制度

【问题】

1. 顾雏军违反了《证券法》的哪些规定？构成了什么样的证券违法行为？①
2. 中国证监会对顾雏军的处罚的法律依据是什么？

【观点】

顾雏军的上述行为违反了《证券法》第 63 条、第 68 条的规定,构成了虚假信息披露行为。中国证监会依据《证券法》第 233 条、《证券市场禁入暂行规定》第 4 条和第 5 条的规定认定顾雏军为市场禁入者。

【分析】

顾雏军的上述行为违反了《证券法》第 63 条的规定。《证券法》第 63 条规定:"发行人、上市公司依法披露的信息,必须真实、准确、完整,不得有虚假记载、误导性陈述或者重大遗漏。"第 68 条规定:"上市公司董事、高级管理人员应当对公司定期报告签署书面确认意见。上市公司监事会应当对董事会编制的公司定期报告进行审核并提出书面审核意见。上市公司董事、监事、高级管理人员应当保证上市公司所披露的信息真实、准确、完整。"

顾雏军的上述行为构成《证券法》第 193 条所述的"发行人、上市公司或者其他信息披露义务人未按照规定披露信息,或者所披露的信息有虚假记载、误导性陈述或者重大遗漏的"行为。中国证监会依据《证券法》第 193 条的规定,对各当事人作出了行政处罚决定。

《证券法》第 233 条规定:"违反法律、行政法规或者国务院证券监督管理机构的有关规定,情节严重的,国务院证券监督管理机构可以对有关责任人员采取证券市场禁入的措施。前款所称证券市场禁入,是指在一定期限内直至终身不得从事证券业务或者不得担任上市公司董事、监事、高级管理人员的制度。"《证券市场禁入暂行规定》第 4 条规定:"上市公司的董事、监事、经理和其他高级管理人员有下列行为之一或对该行为负有直接责任或直接领导责任的,除依法给予行政处罚外,中国证监会将视情节,认定其为市场禁入者……(二) 公司不履行信息披露义务或在信息披露时有虚假、严重误导性陈述或者重大遗漏的行为,严重损害投资者利益的……"第 5 条规定:"被认定为市场禁入者的上市公司董事、监事、经理及其他高级管理人员,自中国证监会宣布决定之日起 3 年至 10 年内不得担任任何上市公司和从事证券业务机构的高级管理人员职务,情节特别

---

① 我国《证券法》有两次修订,一次是在 2004 年 8 月 28 日,一次是在 2005 年 10 月 27 日。本章的案例,来源皆为真实案例,这些真实案例在法律适用上,是适用当时的《证券法》。但在编写此书时,编者对案情进行了删减,使之成为教学案例,在案例分析时则适用最新的《证券法》,以适应教学的需要。

严重的,永久性不得担任任何上市公司和从事证券业务机构的高级管理人员职务……"根据当事人违法行为的事实、性质、情节与社会危害程度,中国证监会决定:认定顾雏军为市场禁入者,自中国证监会宣布决定之日起,永久性不得担任任何上市公司和从事证券业务机构的高级管理人员职务。

【点评】

市场禁入是一种比较严厉的处罚措施,是一种资格罚。《证券法》第233条的规定为这种处罚提供了法律依据,有利于证券市场树立起诚信意识。

案例分析三:南方证券挪用客户交易结算资金案[①]

【案情】

经查明,南方证券股份有限公司(以下简称南方证券)及其下属营业部自成立之日起至2004年1月2日期间,挪用客户交易结算资金,用于非法自营业务、为客户融资买入证券、对外投资、拆借等,数额特别巨大。

上述事实,有相关当事人及证人的说明材料、当事人确认的财务报表、财务凭证、会计师事务所提供的专项审核报告、相关合同协议、账户开户资料、证券交易资料等证据在案证实,证据确实、充分,足以认定。

中国证监会认为,南方证券挪用客户交易结算资金数额特别巨大,情节恶劣,严重违反《证券法》的有关规定,并且挪用客户交易结算资金已无法归还,造成严重社会危害,已不再具备继续经营的条件。中国证监会决定,取消南方证券的证券业务许可。对南方证券上述违法行为相关责任人员的处理,以及其他违法行为及其相关责任人员的处理,将另行作出。

【问题】

1. 南方证券违反了《证券法》的哪些规定?构成了什么样的证券违法行为?
2. 中国证监会对南方证券处罚的法律依据是什么?
3. 中国证监会为什么不对南方证券处以没收违法所得或者罚款的行政处罚?

【观点】

南方证券的上述行为违反了《证券法》第79条的规定,构成了欺诈客户行为。中国证监会依据《证券法》第211条、第221条的规定取消南方证券的证券业务许可。

---

① 案例来源:《中国证监会行政处罚决定书(南方证券)》(证监罚字[2005]9号),中国证监会网站。

第十八章 证券监管法律制度

【分析】

南方证券的上述行为违反了《证券法》第79条的规定。《证券法》第79条规定:"禁止证券公司及其从业人员从事下列损害客户利益的欺诈行为:……挪用客户所委托买卖的证券或者客户账户上的资金……欺诈客户行为给客户造成损失的,行为人应当依法承担赔偿责任。"

《证券法》第211条规定:"证券公司、证券登记结算机构挪用客户的资金或者证券,或者未经客户的委托,擅自为客户买卖证券的,责令改正,没收违法所得,并处以违法所得1倍以上5倍以下的罚款;没有违法所得或者违法所得不足10万元的,处以10万元以上60万元以下的罚款;情节严重的,责令关闭或者撤销相关业务许可。对直接负责的主管人员和其他直接责任人员给予警告,撤销任职资格或者证券从业资格,并处以3万元以上30万元以下的罚款。"

第221条规定:"提交虚假证明文件或者采取其他欺诈手段隐瞒重要事实骗取证券业务许可的,或者证券公司在证券交易中有严重违法行为,不再具备经营资格的,由证券监督管理机构撤销证券业务许可。"

中国证监会认为,南方证券挪用客户交易结算资金数额特别巨大,情节恶劣,严重违反《证券法》第79条有关证券公司"严禁挪用客户交易结算资金"的规定,并且挪用客户交易结算资金已无法归还,造成严重社会危害,已不再具备继续经营的条件,根据《证券法》第221条"……证券公司在证券交易中有严重违法行为,不再具备经营资格的,由证券监督管理机构撤销证券业务许可"的规定,决定取消南方证券的证券业务许可。

由于南方证券挪用客户交易结算资金已无法归还,濒临破产境地,即使处以没收违法所得或者罚款的行政处罚,也难以执行,因此,中国证监会没有对南方证券处以没收违法所得或者罚款的行政处罚。

【点评】

南方证券最终被取消证券业务许可,并被责令关闭了。南方证券被关闭后,进入清算程序,中国人民银行对南方证券提供了再贷款,才使南方证券归还了挪用的客户交易结算资金。因此,即使中国证监会对南方证券处以没收违法所得或者罚款的行政处罚,也没有意义。

案例分析四:安徽省国际信托投资公司违法买卖"新宇软件"股票案[①]

【案情】

经查,安徽省国际信托投资公司于2000年3月20日至2002年5月14日期间,在中国银河证券有限责任公司合肥金城营业部、上海证券有限责任公司上海东方路营业部使用72个个人股票账户买卖"新宇软件"股票,盈利787.20万元。

另查明,安徽省国际信托投资公司已经歇业,其资产已于2000年前后并入安徽国元控股(集团)有限责任公司。

上述事实,有各证券营业部所提取的开户资料及交易记录、对有关人员的谈话笔录及安徽国元控股(集团)有限责任公司工商登记资料等证据在案佐证。证据确实、充分,足以认定。

基于以上事实,2004年12月31日,中国证监会决定向安徽国元控股(集团)有限责任公司追缴安徽省国际信托投资公司使用72个个人股票账户买卖"新宇软件"股票的违法所得787.20万元。

【问题】

1. 安徽省国际信托投资公司违反了《证券法》的哪些规定?构成了什么样的证券违法行为?

2. 中国证监会向安徽国元控股(集团)有限责任公司追缴安徽省国际信托投资公司使用72个个人股票账户买卖"新宇软件"股票的违法所得787.20万元的法律依据是什么?

【观点】

安徽省国际信托投资公司的上述行为违反了《证券法》第80条的规定,构成了非法利用他人账户从事证券交易的行为。中国证监会依据《证券法》第208条的规定作出了行政处罚。

【分析】

《证券法》第80条规定:"禁止法人非法利用他人账户从事证券交易;禁止法人出借自己或者他人的证券账户。"第208条规定:"违反本法规定,法人以他人名义设立账户或者利用他人账户买卖证券的,责令改正,没收违法所得,并处以违法所得1倍以上5倍以下的罚款;没有违法所得或者违法所得不足3万元的,处以3万元以上30万元以下的罚款。对直接负责的主管人员和其他直接责

---

① 案例来源:《中国证券监督管理委员会行政处罚决定书》(证监罚字[2004]48号),中国证监会网站。

任人员给予警告,并处以3万元以上10万元以下的罚款。"

安徽省国际信托投资公司以个人名义设立账户买卖证券的行为违反了《证券法》第80条"禁止法人非法利用他人账户从事证券交易"的规定,构成了《证券法》第208条所述"违反本法规定,法人以他人名义设立账户或者利用他人账户买卖证券的"行为。鉴于安徽省国际信托投资公司已经歇业,其资产已于2000年前后并入安徽国元控股(集团)有限责任公司,中国证监会决定向安徽国元控股(集团)有限责任公司追缴安徽省国际信托投资公司使用72个个人股票账户买卖"新宇软件"股票的违法所得787.20万元。

【点评】

证监会没有对违法者及其责任人进行罚款或警告处罚,这是本案的一个遗憾。因此,有不少学者指出,在中国,违法成本太低了。

案例分析五:向小云证券违法案①

【案情】

经查明,向小云存在以下两项违法行为:

(一)向小云于2001年5月11日当选为厦门建发股份有限公司(以下简称厦门建发)的董事,在任职期间未申报其持有的"厦门建发"股票的情况。向小云开立的A286297085股票账号分别于2001年7月20日卖出154股、2001年8月3日卖出5000股其持有的"厦门建发"股票。

(二)厦门建发于2001年7月28日发出召开董事会的通知,内容为定于8月7日召开董事会审议厦门建发2001年增发新股等事项。2001年8月3日,向小云卖出5000股(每股18元)其持有的"厦门建发"股票。2001年8月7日,厦门建发董事会通过增发股份的决议,向小云作为董事参加了董事会。2001年8月9日,厦门建发作出拟增发不超过9000万A股的公告。在2001年7月30日到8月9日前后,"厦门建发"股票价格急速下跌。

依据《股票发行与交易管理暂行条例》第74条和《证券法》第183条的规定,中国证监会决定如下:(一)对向小云持有本公司股票情况未报告及持股情况发生变化未报告的行为处以警告并罚款3万元;(二)对向小云的内幕交易行为罚款2万元。

---

① 案例来源:《中国证券监督管理委员会行政处罚决定书》(证监罚字[2004]17号),中国证监会网站。

【问题】

1. 向小云违反了《证券法》《股票发行与交易管理暂行条例》(以下简称《股票条例》)的哪些规定？构成了什么样的证券违法行为？
2. 中国证监会对向小云的行政处罚的法律依据是什么？

【观点】

向小云的上述行为违反了《证券法》第76条和《股票条例》第62条的规定，构成了内幕交易行为。中国证监会依据《证券法》第208条的规定作出了行政处罚。

【分析】

向小云未报告其持有本公司股票的情况及持股情况发生变化的行为违反了《股票条例》第62条的规定，即"上市公司的董事、监事和高级管理人员持有该公司普通股的，应当向证监会、证券交易场所和该公司报告其持股情况；持股情况发生变化的，应当自该变化发生之日起10个工作日内向证监会、证券交易场所和该公司作出报告"，构成了《股票条例》第74条第(八)项规定的"未按照规定履行有关文件和信息的报告、公开、公布义务"的行为。

厦门建发2001年7月28日发出的董事会通知的内容为《证券法》第75条规定的"证券交易活动中，涉及公司的经营、财务或者对该公司证券的市场价格有重大影响的尚未公开的信息，为内幕信息"，即内幕信息。向小云为《证券法》第76条规定的"知悉证券交易内幕信息的知情人员"。在该内幕信息公开之前，向小云于2001年8月3日卖出5000股其持有的"厦门建发"股票的行为，违反了《证券法》第76条的规定，即"证券交易内幕信息的知情人和非法获取内幕信息的人，在内幕信息公开前，不得买卖该公司的证券"，构成了内幕交易行为。

《证券法》第202条规定："证券交易内幕信息的知情人或者非法获取内幕信息的人，在涉及证券的发行、交易或者其他对证券的价格有重大影响的信息公开前，买卖该证券，或者泄露该信息，或者建议他人买卖该证券的，责令依法处理非法持有的证券，没收违法所得，并处以违法所得1倍以上5倍以下的罚款；没有违法所得或者违法所得不足3万元的，处以3万元以上60万元以下的罚款。单位从事内幕交易的，还应当对直接负责的主管人员和其他直接责任人员给予警告，并处以3万元以上30万元以下的罚款。证券监督管理机构工作人员进行内幕交易的，从重处罚。"

因此，中国证监会依据《股票条例》第74条和《证券法》第202条的规定，对向小云持有本公司股票情况未报告及持股情况发生变化未报告的行为处以警告并罚款3万元；对向小云的内幕交易行为罚款2万元。

【点评】

《股票条例》,1993年4月22日国务院令第112号发布,属于行政法规。《股票条例》在《证券法》施行之后,该条例中与《证券法》相抵触的内容便失去法律效力,不相抵触的内容继续有效。关于持股变动,中国证监会于2007年4月5日发布有《上市公司董事、监事和高级管理人员所持本公司股份及其变动管理规则》。

案例分析六:某股份有限公司证券违法案

【案情】

当事人某股份有限公司未在法定期限内披露2004年年报一案现已调查、审理终结。

经查明,当事人存在如下违法事实:

某股份公司应于2005年4月30日前公布其2004年年度报告,但该公司直到2005年8月15日才公布其年报。

经查,某股份公司于2005年2月委托深圳南方民和会计师事务所对公司2004年年度报告进行审计,并初步约定公告年报时间为2005年3月21日至2005年4月6日。在审计过程中,会计师要求某股份有限公司明确与各债权银行签订的相关债务重组协议,但某股份有限公司未能及时提供与各银行签订的债务重组协议正式文本,也未及时告知公司与各银行无法达成重组协议的情况,会计师未能在约定时间出具审计报告。2005年4月26日,某股份有限公司公告称"由于公司正在进行债务清理工作,公司2004年度财务审计报告不能在预定时间内完成,导致公司未能按法定期限及时披露2004年年度报告"。为此,公司股票2005年5月1日至7月1日被深圳证券交易所实施停牌。

依照《证券法》的有关规定,中国证监会决定对某股份有限公司处以30万元罚款。

【问题】

1. 某股份有限公司违反了《证券法》的哪些规定?
2. 中国证监会对某股份有限公司行政处罚的法律依据是什么?

【观点】

某股份有限公司的上述行为违反了《证券法》第66条的规定。中国证监会依据《证券法》第193条的规定作出了行政处罚。

【分析】

《证券法》第 66 条规定:"上市公司和公司债券上市交易的公司,应当在每一会计年度结束之日起四个月内,向国务院证券监督管理机构和证券交易所报送记载以下内容的年度报告,并予公告:(一) 公司概况;(二) 公司财务会计报告和经营情况;(三) 董事、监事、高级管理人员简介及其持股情况;(四) 已发行的股票、公司债券情况,包括持有公司股份最多的前十名股东的名单和持股数额;(五) 公司的实际控制人;(六) 国务院证券监督管理机构规定的其他事项。"

第 193 条规定:"发行人、上市公司或者其他信息披露义务人未按照规定披露信息,或者所披露的信息有虚假记载、误导性陈述或者重大遗漏的,责令改正,给予警告,并处以 30 万元以上 60 万元以下的罚款。对直接负责的主管人员和其他直接责任人员给予警告,并处以 3 万元以上 30 万元以下的罚款。发行人、上市公司或者其他信息披露义务人未按照规定报送有关报告,或者报送的报告有虚假记载、误导性陈述或者重大遗漏的,责令改正,给予警告,并处以 30 万元以上 60 万元以下的罚款。对直接负责的主管人员和其他直接责任人员给予警告,并处以 3 万元以上 30 万元以下的罚款。发行人、上市公司或者其他信息披露义务人的控股股东、实际控制人指使从事前两款违法行为的,依照前两款的规定处罚。"

某股份有限公司的上述行为违反了《证券法》第 66 条"股票或者公司债券上市交易的公司,应当在每一会计年度结束之日起四个月内,向国务院证券监督管理机构和证券交易所提交记载以下内容的年度报告,并予公告……"的规定,构成《证券法》第 193 条的"发行人、上市公司或者其他信息披露义务人未按照规定披露信息……"的行为。因此,依照《证券法》的有关规定,中国证监会决定对某股份有限公司处以 30 万元罚款。

【点评】

未及时披露年报的例子不多,本案例是少有的未及时披露年报被行政处罚的例子。

案例分析七:天歌科技证券违法案[①]

【案情】

2001 年 9 月 6 日,四川天歌科技集团股份有限公司(以下简称天歌科技)与中国民生银行深圳分行签署了《质押合同》,利用配股资金 1 亿元的定期存单为

---

① 案例来源:《中国证券监督管理委员会行政处罚决定书》(证监罚字[2004]17 号),中国证监会网站。

成都汇藏经贸有限公司9000万元借款(期限1个月)提供存单质押担保。对此,天歌科技未进行披露。对此直接负责的主管人员是原董事长邹昌浩。

2001年9月20日,天歌科技为天族金网向中国建设银行成都第七支行8000万元2年期贷款提供8000万元的存单质押。对此,天歌科技未进行披露。对此直接负责的主管人员是原董事长邹昌浩,其他直接责任人员有参加审议通过天歌科技2001、2002年年报的董事会会议并未明确表示反对意见的董事。

2002年9月28日,天歌科技为天族金网向中国建设银行成都第七支行7000万元半年期贷款提供8000万元的存单质押。对此,天歌科技未进行披露。对此直接负责的主管人员是原董事长邹昌浩,其他直接责任人员有参加审议通过上述事项董事会会议的董事韩本飞、李长征、史笃应、杨建、贺东东、李兴虎和钱舜尧,以及参加审议通过天歌科技2002年年报的董事会会议并未明确表示反对意见的董事。

依照《证券法》的有关规定,中国证监会决定如下:

一、对天歌科技处以60万元罚款;

二、对原董事长邹昌浩给予警告,并处30万元罚款;对原董事、财务总监李长征给予警告,并处20万元罚款;对董事总经理贺东东、董事、副总经理、董事会秘书史笃应、原董事、副总经理李兴虎、钱舜尧、原董事副总经理韩本飞分别给予警告,并处5万元罚款。

【问题】

1. 天歌科技违反了《证券法》的哪些规定?构成了什么样的证券违法行为?
2. 中国证监会对天歌科技行政处罚的法律依据是什么?

【观点】

天歌科技的上述行为违反了《证券法》第67条的规定,构成信息披露重大遗漏的行为。中国证监会依据《证券法》第193条的规定作出了行政处罚。

【分析】

《证券法》第67条规定:"发生可能对上市公司股票交易价格产生较大影响的重大事件,投资者尚未得知时,上市公司应当立即将有关该重大事件的情况向国务院证券监督管理机构和证券交易所报送临时报告,并予公告,说明事件的起因、目前的状态和可能产生的法律后果。下列情况为前款所称重大事件:(一)公司的经营方针和经营范围的重大变化;(二)公司的重大投资行为和重大的购置财产的决定;(三)公司订立重要合同,可能对公司的资产、负债、权益和经营成果产生重要影响;(四)公司发生重大债务和未能清偿到期重大债务的违约情况……"

第193条规定:"发行人、上市公司或者其他信息披露义务人未按照规定披露信息,或者所披露的信息有虚假记载、误导性陈述或者重大遗漏的,责令改正,给予警告,并处以30万元以上60万元以下的罚款。对直接负责的主管人员和其他直接责任人员给予警告,并处以3万元以上30万元以下的罚款。发行人、上市公司或者其他信息披露义务人未按照规定报送有关报告,或者报送的报告有虚假记载、误导性陈述或者重大遗漏的,责令改正,给予警告,并处以30万元以上60万元以下的罚款。对直接负责的主管人员和其他直接责任人员给予警告,并处以3万元以上30万元以下的罚款。发行人、上市公司或者其他信息披露义务人的控股股东、实际控制人指使从事前两款违法行为的,依照前两款的规定处罚。"

天歌科技上述信息披露存在重大遗漏的行为,违反了《证券法》第67条关于"发生可能对上市公司股票交易价格产生较大影响、而投资者尚未得知的重大事件时,上市公司应当立即将有关该重大事件的情况向国务院证券监督管理机构和证券交易所提交临时报告,并予公告,说明事件的实质"中第(三)项"公司订立重要合同,而该合同可能对公司的资产、负债、权益和经营成果产生重要影响"的规定。

天歌科技上述信息披露违法行为构成了《证券法》第193条所述"发行人、上市公司或者其他信息披露义务人未按照规定披露信息,或者所披露的信息有虚假记载、误导性陈述或者重大遗漏的"行为,根据该条"对发行人处以30万元以上60万元以下的罚款……对直接负责的主管人员和其他直接责任人员给予警告,并处以3万元以上30万元以下的罚款"的规定,中国证监会作出了上述处罚。

案例思考题

思考题一:证券公司对客户证券买卖收益违法承诺案

【案情】

2000年6月至9月,中国银河证券有限责任公司昆明白塔路证券营业部与客户签订代客理财协议23份,以5%—10%的年收益对客户证券买卖的收益作出承诺,涉及金额达10,685,097元人民币;2001年2月至4月,营业部以其出资设立并实际控制的云南义龙经贸有限责任公司的名义,与客户签订代客理财协议33份,以6%的年收益对客户证券买卖的收益作出承诺,涉及金额达4,548,840元人民币。

【问题】

中国银河证券有限责任公司昆明白塔路证券营业部的上述行为是否违反了证券法?如果违法,中国证监会应依据证券法的哪些条款对其作出什么种类的行政处罚?

【提示】

证券公司对客户证券买卖收益作出承诺是违法行为。股市有风险,盈亏需投资者自担。

思考题二:裕兴电脑绕道海外到香港创业板上市案

【案情】

北京金裕兴电子技术有限公司是一家在北京注册的公司,为了达到在香港创业板上市的目的,通过在境外设立公司和向境外转移股权的方式在香港创业板申请上市(红筹上市),而没有经过中国证监会的同意。

当时,发行人已经做完了路演、定价、收单等一系列工作,冻结资金80亿港元,一级市场国际配售获得19倍的超额认购,发行市盈率达到15倍,各项指标在香港创业板首批获准招股上市的企业中居于前列。

1999年12月8日,是原定股票发行的日期。投资者被告知,中国证监会发来通知,称这家上市公司未经中国证监会审批,直接到香港创业板上市是违规行为,正在考虑加以处理,上市日期被推迟。此前,保荐人也接到中国证监会的通知,要求裕兴电脑科技控股有限公司暂停上市、接受审查。

此后,中国证监会对为北京金裕兴电子技术有限公司间接在香港创业板上市出具法律意见的北京竟天律师事务所及其律师徐耀武作出通报批评,六个月内中国证监会不受理徐耀武律师出具的法律意见。

中国证监会认为,徐耀武律师明知北京金裕兴电子技术有限公司的做法属于逃避大陆监察院管部门监管的行为,而且中国证监会法律部当面向其明确指出中国证监会需对此事做进一步调查、了解,在调查了解期间律师不能出具法律意见的情况下,仍然为北京金裕兴电子技术有限公司出具了"不需中国任何政府机关批准"的法律意见,违反了我国有关法律法规的规定。

后来,在北京金裕兴电子技术有限公司及该公司的上市保荐人认识到逃避监管的错误性质并补办了有关手续后,中国证监会于2000年1月批准其在香港创业板上市。2000年1月31日裕兴电脑(8005)成功在香港创业板上市。

【问题】

中国证监会叫停裕兴电脑上市和对北京竞天律师事务所及其律师徐耀武作出处罚的法律依据何在?根据新的证券法,红筹上市为什么还要经过中国证监会的批准?

【提示】

红筹上市,是间接境外上市的一种方式,即境内企业到海外注册或购买壳公司,海外公司以收购、股权置换等方式取得境内资产的控股权,并以壳公司名义在海外证券市场上市筹资的方式。裕兴电脑科技控股有限公司是第一家正式获得中国证监会批准而在海外二板市场上市的企业,也是第一家正式招股后,等待在海外证券市场挂牌上市前被中国证监会叫停的申请上市企业。裕兴公司上市被叫停,标志着中国证监会对海外间接上市的监管进入到实质性阶段。具备条件到境外直接或间接上市的企业必须获得中国证监会的同意。

第十九章 保险监管法律制度

本章要点

1. 核心内容

保险监管,是指由法定的职能机构对保险业实施的监督和管理。依据金融监管的一般原理,对保险业的监管,不仅包括对整个保险行业的规模、运行等方面的监管,而且还包括对整个保险市场上的市场主体及其市场行为的监管。

保险监管法是调整在国家对保险业进行监督管理的过程中发生的经济关系的法律规范的总称。

我国保险监管方面的法律规范散见于《保险法》《中华人民共和国外资保险公司管理条例》《保险公司管理规定》《保险经纪机构管理规定》《保险代理机构管理规定》等法律、法规、规章之中。

保险监管的目标,是通过对整个保险业的监督管理,来防范和化解风险,保障保险业的安全和稳健运行,保护相关主体的合法权益,促进保险事业的有序发展。

1998年11月18日成立的中国保监会依法负责对保险业实施监督管理。中国保监会的监管职权可以分为:保险业发展规划权、保险业监管立法权、保险机构审批权、保险条款监管权、保险资金监管权、保险机构任职监管权、保险市场监控权等。

2. 主要制度

保险监管的主要制度包括:(1) 对保险公司的监管,包括对市场进出的"结构监管"、对经营管理与市场活动的"行为监管"和绩效监管;(2) 对保险中介机构的监管,包括对保险经纪机构和保险代理机构的设立、变更和终止的监管,保证金制度,人员资格监管,对其经营活动的监管、对保险中介机构的监督检查。

3. 实务提示

保险监管法的法律实务主要是对违反《保险法》的行为的行政处罚,以及不服行政处罚所引起的行政复议和行政诉讼。

 相关法律、法规、规章、司法解释

1. 法律

《中华人民共和国保险法》(全国人大常委会,1995年6月30日通过,2009年2月28日第七次修订)

2. 行政法规

《中华人民共和国外资保险公司管理条例》(国务院,2001年12月12日公布)

3. 行政规章、地方性法规

《保险公估机构管理规定》,(中国保险监督管理委员会,2001年11月16日公布)

《保险代理机构管理规定》(中国保险监督管理委员会,2004年12月1日公布)

《保险经纪机构管理规定》(中国保险监督管理委员会,2004年12月15日公布)

《保险公估机构监管规定》(中国保险监督管理委员会,2009年9月25日公布)

《保险专业代理机构监管规定》(中国保险监督管理委员会,2009年9月25日公布)

《保险经纪机构监管规定》(中国保险监督管理委员会,2009年9月15日公布)

《保险公司管理规定》(中国保险监督管理委员会,2009年9月25日公布)

《中华人民共和国外资保险公司管理条例实施细则》(中国保险监督管理委员会,2004年5月13日公布)

第十九章 保险监管法律制度

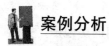
案例分析

案例分析一:新华人寿董事长关国亮违规运用保险资金案

【案情】

2006年12月27日上午,新华人寿保险公司(下称新华人寿)在中国保监会的召集下召开董事会。保监会有关负责人宣布:经保监会初步调查,新华人寿董事长关国亮违规运用保险资金投资房地产等领域。鉴于此行为违反了《保险法》等法律法规,根据《保险法》第110条的有关规定,保监会责令新华人寿调整关国亮的董事长等职务。对于上述问题,保监会将在进一步调查后,依法作出处理。

【问题】

关国亮违反了《保险法》的哪些规定?法律对保险公司的资金运用有什么特殊规定?

【观点】

关国亮违反了《保险法》(2002年修正)第105条的规定,属于违规运用保险资金的行为。《保险法》第105条对保险公司的资金运用作出了明确规定。

【分析】

现代保险业的重要特征是承保业务与资金运用业务并重,资金运用的收益直接影响到保险公司的偿付能力和经营的稳定性。各国政府基于经济环境和历史背景的差异,对保险资金运用采取了不同的监管态度。如英国对保险资金运用采取比较宽松的监管方式,美国则相对比较严格。我国目前对保险资金运用采取了较为严格的监管方式。《保险法》第105条规定:"保险公司的资金运用必须稳健,遵循安全性原则,并保证资产的保值增值。保险公司的资金运用,限于在银行存款、买卖政府债券、金融债券和国务院规定的其他资金运用形式。保险公司的资金不得用于设立证券经营机构,不得用于设立保险业以外的企业。保险公司运用的资金和具体项目的资金占其资金总额的具体比例,由保险监督管理机构规定。"

"国务院规定的其他资金运用形式"目前有:允许保险公司进入全国银行同业拆借市场,从事债券买卖业务;申请购买信用评级在AA+以上的中央企业债券;参加沪、深两家证券交易所债券交易;通过购买证券投资基金间接进入证券市场;投资于股票;投资于商业银行;投资于交通、通信、能源、市政、环境保护等国家级重点基础设施项目等。

但是,国务院并没有规定保险资金可以运用于投资非自用的房地产。关国亮将新华人寿的保险资金投资于房地产,违反了《保险法》第105条的规定。

《保险法》第110条规定:保险公司未按照本法规定提取或者结转各项准备金,或者未按照本法规定办理再保险,或者严重违反本法关于资金运用的规定的,由保险监督管理机构责令该保险公司采取下列措施限期改正:

(一)依法提取或者结转各项准备金;

(二)依法办理再保险;

(三)纠正违法运用资金的行为;

(四)调整负责人及有关管理人员。

因此,保监会责令新华人寿调整关国亮的董事长等职务。

这仅仅是保监会初步采取的措施,下一步,保监会还将进一步调查。

《保险法》第145条规定:违反本法规定,有下列行为之一的,由保险监督管理机构责令改正,并处以5万元以上30万元以下的罚款;情节严重的,可以限制业务范围、责令停止接受新业务或者吊销经营保险业务许可证:

(一)未按照规定提存保证金或者违反规定动用保证金的;

(二)未按照规定提取或者结转各项责任准备金或者未按照规定提取未决赔款准备金的;

(三)未按照规定提取保险保障基金、公积金的;

(四)未按照规定办理再保险分出业务的;

(五)违反规定运用保险公司资金的;

(六)未经批准设立分支机构或者代表机构的;

(七)未经批准分立、合并的;

(八)未按照规定将应当报送审批的险种的保险条款和保险费率报送审批的。

究竟保监会会将依据《保险法》第145条的规定采取何种处罚措施,将视调查的结果而定。

【点评】

违规运用保险资金运用的行为很多,本案仅仅是其中的一种违规形式。其他如违规炒股、违规借贷等。

案例分析二：上海泛益企业咨询有限公司违法从事保险代理业务案①

【案情】

2006年2月13日，中国保监会上海保监局对上海泛益企业咨询有限公司进行了行政处罚，作出了罚款。经调查核实，上海泛益企业咨询有限公司在未取得经营保险代理业务许可证的情况下，非法从事保险代理业务活动，严重违反《保险法》的有关规定。

【问题】

上海泛益企业咨询有限公司违反《保险法》的哪些规定？

【观点】

上海泛益企业咨询有限公司违反《保险法》第132条关于保险代理的规定，非法从事保险代理业务活动。

【分析】

《保险法》第6条规定："经营商业保险业务，必须是依照本法设立的保险公司。其他单位和个人不得经营商业保险业务。"

《保险法》第132条规定："保险代理人、保险经纪人应当具备保险监督管理机构规定的资格条件，并取得保险监督管理机构颁发的经营保险代理业务许可证或者经纪业务许可证，向工商行政管理机关办理登记，领取营业执照，并缴存保证金或者投保职业责任保险。"

可见，企业要想从事保险代理业务，必须具备保险监督管理机构规定的资格条件，并取得保险监督管理机构颁发的经营保险代理业务许可证或者经纪业务许可证，向工商行政管理机关办理登记，领取营业执照，并缴存保证金或者投保职业责任保险，否则就属于违法代理。

上海泛益企业咨询有限公司就违反了《保险法》第132条关于保险代理的规定，非法从事保险代理业务活动。

《保险法》第142条规定："违反本法规定，擅自设立保险公司或者非法从事商业保险业务活动的，由保险监督管理机构予以取缔；构成犯罪的，依法追究刑事责任；尚不构成犯罪的，由保险监督管理机构没收违法所得，并处以违法所得1倍以上5倍以下的罚款，没有违法所得或者违法所得不足20万元的，处以20万元以上100万元以下的罚款。"

因此，中国保监会上海保监局可依据《保险法》第142条规定，对上海泛益

---

① 案例来源：《中国证监会行政处罚决定书》（证监罚字[2005]3号），中国证监会网站。

企业咨询有限公司作出处罚。

【点评】
违法从事保险代理业务也是常见的保险违法行为,应予取缔和罚款。

案例分析三:建行上海第五支行违反《保险法》案

【案情】
2006年9月14日,中国保监会上海保监局对中国建设银行股份有限公司上海市分行第五支行(简称建行上海第五支行)实施行政处罚。

建行上海第五支行在中国保监会保险中介专项现场检查上海检查组对该行保险兼业代理业务的现场检查中,拒不提供相关业务资料。根据《保险法》的有关规定,上海保监局对建行上海第五支行依法予以30万元罚款的行政处罚。

【问题】
1. 建设银行属于商业银行,保监会为什么对商业银行进行监管?
2. 建行上海第五支行违反了《保险法》的哪些规定?

【观点】
建行兼业代理保险业务,应该受到保监会的监管。建行上海第五支行违反了《保险法》第147条的规定。

【分析】
《保险法》第9条规定:"国务院保险监督管理机构依照本法负责对保险业实施监督管理。"由于建行兼业代理保险业务,因此,应该受到保监会的监管。

《保险法》第147条规定:"违反本法规定,有下列行为之一,构成犯罪的,依法追究刑事责任;尚不构成犯罪的,由保险监督管理机构责令改正,处以10万元以上50万元以下的罚款;情节严重的,可以限制业务范围、责令停止接受新业务或者吊销经营保险业务许可证:(一)提供虚假的报告、报表、文件和资料的;(二)拒绝或者妨碍依法检查监督的。"

建行上海第五支行未能提供给专项小组要求提供的所有账本,保监会决定依据《保险法》第147条规定对建行上海第五支行处以30万元的罚款。

【点评】
从此案中可以看出,必须配合监管机构的检查,否则就有可能受到处罚。

案例分析四:大洋保险公估有限公司违法案

【案情】

上海大洋保险公估有限公司上报的2006年1季度保险公估机构监管报表出现重大差错,在社会上造成严重影响。根据《保险法》和《保险公估机构管理规定》,上海保监局决定对上海大洋保险公估有限公司处以2万元罚款,并对该公司董事长和经营管理层进行监管谈话。

【问题】

1. 上海保监局决定对上海大洋保险公估有限公司进行行政处罚的法律依据是什么?
2. 监管谈话的性质是什么?

【观点】

上海保监局决定对上海大洋保险公估有限公司进行行政处罚的法律依据是《保险法》第146条、《保险公估机构管理规定》第53条、第54条。

监管谈话在性质上是一种行政指导。

【分析】

保险公估机构是指依照《保险法》等有关法律、行政法规以及《保险公估机构管理规定》,经中国保险监督管理委员会批准设立的,接受保险当事人委托,专门从事保险标的的评估、勘验、鉴定、估损、理算等业务的单位。

保险公估机构从事保险标的的评估、勘验、鉴定、估损、理算等业务应当遵守法律、行政法规和中国保监会的有关规定,坚持客观、公正、公平的原则。

《保险公估机构管理规定》第53条、第54条规定:保险公估机构应当按规定及时向中国保监会报送有关报表、资料。报送的各类报表、资料应当有公司法定代表人或其授权人签名,并加盖公司印章。保险公估机构向中国保监会报送的各类报表、资料应当真实、准确、完整。

《保险公估机构管理规定》第72条规定:保险公估机构向监管部门提供虚假的或者隐瞒重要事实的财务报表、资料的,给予警告,处以10万元以上50万元以下的罚款;情节严重的,责令停业整顿或吊销《许可证》。

《保险法》第146条规定:违反本法规定,有下列行为之一的,由保险监督管理机构责令改正,逾期不改正的,处以1万元以上10万元以下的罚款:(一)未按照规定报送有关报告、报表、文件和资料的;(二)未按照规定将应当报送备案的险种的保险条款和保险费率报送备案的。

上海保监局决定对上海大洋保险公估有限公司处以2万元罚款,这显然是依据《保险法》第146条,而不是《保险公估机构管理规定》第72条。因为前者的罚款幅度为1万元以上10万元以下,而后者的罚款幅度为10万元以上50万元以下。

监管谈话是指监管机构为快速传递监管意向,对被监管机构的高级管理人员所实施的政策劝告、告诫和宣导等。监管谈话的目的是迅速解决出现的预兆性、倾向性违规问题和风险问题,增进被监管机构高级管理人员的依法合规经营意识,增强责任感,提高对政策法规的理解、掌握及执行水平,从而实现被监管机构稳健经营、规范操作。因此,监管谈话在性质上是一种行政指导。

【点评】

监管谈话是一种新型的监管措施,《银行业监督管理法》以及中国证监会和中国保监会的规定中都有监管谈话的规定。如《银行业监督管理法》第35条规定:"银行业监督管理机构根据履行职责的需要,可以与银行业金融机构董事、高级管理人员进行监督管理谈话,要求银行业金融机构董事、高级管理人员就银行业金融机构的业务活动和风险管理的重大事项作出说明。"此外,《上市公司收购管理办法》《证券发行与承销管理办法》《律师事务所从事证券法律业务管理办法》等,也有监管谈话的规定。

案例思考题

对拒绝监管谈话处罚案

【案情】

北京嘉城保险代理有限公司于2009年4月经批准设立。中国保监会北京办事处于2010年8月对该公司进行调研之后,认为有必要与其董事长就有关问题进行监管谈话。但其后近两个月的时间内,中国保监会北京办事处多次电话联系该公司及其董事长,甚至发出书面通知,要求其董事长到中国保监会北京办事处谈话,但直至中国保监会北京办事处下发《行政处罚事先告知书》之前,该公司董事长一直没有主动联系监管部门。中国保监会北京办事处遂对北京嘉信保险代理公司董事长拒绝监管谈话的行为处以10万元罚款的处罚,并进行了业内通报批评。

【问题】

北京嘉信保险代理公司董事长的上述行为是否违反法律法规?

【提示】

《保险法》第147条规定:"违反本法规定,有下列行为之一,构成犯罪的,依法追究刑事责任;尚不构成犯罪的,由保险监督管理机构责令改正,处以10万元以上50万元以下的罚款;情节严重的,可以限制业务范围、责令停止接受新业务或者吊销经营保险业务许可证:(一)提供虚假的报告、报表、文件和资料的;(二)拒绝或者妨碍依法检查监督的。"

第二十章　期货监管法律制度

本章要点

1. 核心内容

期货交易,是指期货交易双方在期货交易所通过买卖期货合约并根据合约条款的规定,约定在未来某一时间和地点,以某一特定价格买卖某一特定数量和质量的商品的交易活动。期货交易的最终目的是为了规避现货风险。期货交易分为商品期货交易和金融期货交易两大类。期货市场具有价格发现和套期保值两大功能。

期货监管是指期货市场监管机构对期货市场主体及其行为进行监督和管理的总称。由于期货市场的风险高,因此,期货监管非常必要。

期货监管法是调整期货市场监管机构对期货市场主体及其行为进行监督和管理过程中发生的经济关系的法律规范的总称。

在我国,中国证监会对期货市场实行国家集中统一监管,期货行业协会和期货交易所对其会员实行自律管理。

2. 主要制度

期货监管法的主要制度有:(1)期货交易所制度,包括期货交易所的设立制度、期货交易所组织制度、期货交易所的职能与行为规范等方面;(2)期货经纪公司制度,包括期货经纪公司的设立制度、期货经纪公司的变更和解散制度等;(3)对期货交易的监管制度,包括对期货交易品种及期货交易参加者的资格限制、期货经纪行为应遵守的规则、期货市场的风险管理制度、期货交易的结算和交割制度。

3. 实务提示

期货监管法的法律实务主要是对违反《期货交易管理条例》的行为的行政处罚,以及不服行政处罚所引起的行政复议和行政诉讼。

相关法律、法规、规章、司法解释

1. 行政法规

《期货交易管理条例》(国务院,2007年3月6日发布)

2. 行政规章、地方性法规

《期货交易所管理办法》(中国证券监督管理委员会,2007年4月9日发布)
《期货公司管理办法》(中国证券监督管理委员会,2007年4月9日发布)

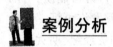 **案例分析**

案例分析一:港九期货违法案[①]

【案情】

经查明,重庆港九期货经纪有限公司(以下简称港九期货)存在如下行为:

(一)为合川钓鱼城旅游发展有限公司(以下称"钓鱼城公司")提供担保。2003年6月26日和7月24日,港九期货分别与交通银行重庆分行朝天门支行(以下称"交行朝支行")签订"朝支交银2003年质字007号"和"朝支交银2003年质字015号"质押合同,以定期存单为钓鱼城公司在交行朝支行的1610万元流动资金贷款提供担保,并在钓鱼城公司无力归还贷款的情况下履行了担保责任。

(二)为重庆宝特曼生物高科技股份有限公司提供担保。2003年6月28日,港九期货以重庆希尔顿酒店13层营业用房为重庆宝特曼生物高科技股份有限公司在中信实业银行沙坪坝支行500万元短期贷款提供抵押担保,到期日为2004年7月8日。截至2004年11月,贷款尚未归还,抵押尚未解除。

(三)为重庆成长实业有限公司提供担保。2003年11月26日、27日,港九期货以定期存单为重庆成长实业有限公司在中信实业银行沙坪坝支行两笔共计1000万元流动资金贷款提供质押担保。目前贷款已经归还,相应担保已经

[①] 案例来源:《中国证监会行政处罚决定书》(证监罚字[2005]3号),中国证监会网站。

解除。

上述担保事项未经港九期货董事会讨论决定,均由董事长廖宣东安排人员具体办理,公司董事兼董事会秘书王军对上述担保事项事先知晓并参与办理了部分担保事项。

【问题】
港九期货存在着哪些违法行为?

【观点】
港九期货违法对外担保。

【分析】
《期货交易管理条例》规定,期货公司是依照《中华人民共和国公司法》和本条例规定设立的经营期货业务的金融机构。期货公司业务实行许可制度,由国务院期货监督管理机构按照其商品期货、金融期货业务种类颁发许可证。期货公司除申请经营境内期货经纪业务外,还可以申请经营境外期货经纪、期货投资咨询以及国务院期货监督管理机构规定的其他期货业务。

期货公司不得从事与期货业务无关的活动,法律、行政法规或者国务院期货监督管理机构另有规定的除外。期货公司不得从事或者变相从事期货自营业务。期货公司不得为其股东、实际控制人或者其他关联人提供融资,不得对外担保(《期货交易管理条例》第17条)。

《期货交易管理条例》第70条规定:期货公司有下列行为之一的,责令改正,给予警告,没收违法所得,并处违法所得1倍以上3倍以下的罚款;没有违法所得或者违法所得不满10万元的,并处10万元以上30万元以下的罚款;情节严重的,责令停业整顿或者吊销期货业务许可证……(六)为其股东、实际控制人或者其他关联人提供融资,或者对外担保的……期货公司有前款所列行为之一的,对直接负责的主管人员和其他直接责任人员给予警告,并处1万元以上5万元以下的罚款;情节严重的,暂停或者撤销任职资格、期货从业人员资格。

港九期货上述担保行为违反了《期货交易管理条例》第17条关于期货公司不得对外提供担保的规定,构成《期货交易管理条例》第70条第1款第6项所述违规对外担保的行为。①

---

① 实际上,港九期货上述担保行为违反了《期货经纪公司管理办法》第47条关于"期货经纪公司不得对外提供担保"的规定,构成《期货交易管理暂行条例》第59条第1款第15项所述"违反中国证监会规定的其他行为"的行为。由于本书案例为教学案例,因此,新的《期货交易管理条例》出台后,本案例根据新的条例进行编写。

根据《期货交易管理条例》第 70 条的规定,中国证监会决定:

(一)责令港九期货改正违规行为,对港九期货给予警告,并处以 10 万元罚款;

(二)对直接负责的主管人员公司董事长廖宣东处以 5 万元罚款;对其他直接责任人员董事王军处以 1 万元罚款。

【点评】

期货经纪公司不同于一般行业的企业,它作为金融企业,其经营范围有严格的限定。

案例分析二:万向期货经纪有限公司违法案[①]

【案情】

当事人:上海万向期货经纪有限公司(2004 年 9 月 27 日更名为上海通联期货经纪有限公司,以下简称万向期货公司),住所上海市浦东新区银城东路 139 号,法定代表人韩又鸿。

冯勇,男,曾任万向期货公司总经理。

经查明,2001 年 11 月 13 日,北京元基投资管理有限公司(以下简称元基公司)在万向期货公司开户(资金账号 00089)并签订了期货经纪合同。自 2001 年 11 月 14 日至 2002 年 8 月 22 日,元基公司在万向期货公司进行期货交易。

2001 年 11 月 14 日,万向期货公司与元基公司签订了一份按 1:1.5 比例融资的协议,依此协议,自 2002 年 1 月 8 日至 2002 年 8 月 12 日,除 3 月 27 日、28 日外,万向期货公司均允许元基公司在保证金不足的情况下进行开新仓交易,保证金不足的最大金额为 2002 年 7 月 8 日的 11,424,543.75 元。

对万向期货公司上述行为直接负责的主管人员为原总经理冯勇。

【问题】

万向期货公司的上述行为是否违法?为什么?

【观点】

万向期货公司的上述行为违反了《期货交易管理条例》第 38 条规定的强行平仓制度,构成《期货交易管理条例》第 70 条第 4 项所述"允许客户在保证金不足的情况下进行期货交易的"行为。

---

① 案例来源:《中国证监会行政处罚决定书》(证监罚字[2005]2 号),中国证监会网站。

【分析】

《期货交易管理条例》第 38 条第 2 款规定:"客户保证金不足时,应当及时追加保证金或者自行平仓。客户未在期货公司规定的时间内及时追加保证金或者自行平仓的,期货公司应当将该客户的合约强行平仓,强行平仓的有关费用和发生的损失由该客户承担。"

《期货交易管理条例》第 70 条第 1 款规定:期货公司有下列行为之一的,责令改正,给予警告,没收违法所得,并处违法所得 1 倍以上 3 倍以下的罚款;没有违法所得或者违法所得不满 10 万元的,并处 10 万元以上 30 万元以下的罚款;情节严重的,责令停业整顿或者吊销期货业务许可证……(二) 允许客户在保证金不足的情况下进行期货交易的……

中国证监会认为,万向期货公司的上述行为,违反了《期货交易管理条例》第 38 条第 2 款的上述规定,构成《期货交易管理条例》第 70 条第 1 款第 4 项所述"允许客户在保证金不足的情况下进行期货交易的"行为。

据此,根据《期货交易管理条例》第 70 条"期货公司有下列行为之一的,责令改正,给予警告,没收违法所得,并处违法所得 1 倍以上 3 倍以下的罚款;没有违法所得或者违法所得不满 10 万元的,并处 10 万元以上 30 万元以下的罚款;情节严重的,责令停业整顿或者吊销期货业务许可证……期货公司有前款所列行为之一的,对直接负责的主管人员和其他直接责任人员给予警告,并处 1 万元以上 5 万元以下的罚款;情节严重的,暂停或者撤销任职资格、期货从业人员资格"的规定,经研究决定:

一、对万向期货公司给予警告、没收违法所得 118,546 元,并处 118,546 元罚款;

二、对冯勇处以 3 万元罚款。①

【点评】

强行平仓制度,是指交易所按有关规定对会员、投资者持仓实行强行平仓的一种强制性风险控制措施。具体是指在出现特殊情况时交易所对会员、期货公司对客户的持仓予以强制性对冲以了结部分或全部持仓的行为。强行平仓制度的实行,意在及时制止风险的扩大和蔓延。

---

① 本案例亦根据 2007 年《期货交易管理条例》编写。

案例分析三:陈平期货违法案①

【案情】

当事人:陈平,男,38岁,原海南昌洁期货经纪有限公司总经理。

经查明,当事人陈平存在如下行为:

1994年10月20日,陈平代表原海南昌洁期货经纪有限公司为客户谭敏开立期货交易账户。当时谭敏未以本人名义开户,而以其他人"申蓉"的名义在公司开立"2041"账户,并以此人名义由陈平为其进行期货交易。1994年11月7日,《期货经营机构从业人员管理暂行办法》发布后,陈平继续为谭敏以"申蓉"的名义进行期货交易。

以上事实有有关开户资料、申蓉本人在1996年5月30日在司法调查期间所作的关于其身份证遗失的证言、海口市人民检察院关于陈平笔迹的检察技术鉴定书、海口市新华区人民检察院关于2041账号的证明、相关期货交易资料等主要证据在案佐证。各项证据充分、确实,足以认定。

【问题】

陈平的上述行为是否违法?为什么?

【观点】

陈平的上述行为构成"用假名进行交易"的违法行为。

【分析】

中国证监会认为,陈平作为期货经营机构从业人员,其上述为谭敏以"申蓉"的名义进行期货交易的行为构成《期货经营机构从业人员管理暂行办法》第21条第(六)项规定的"用假名进行交易"的违法行为。根据《期货经营机构从业人员管理暂行办法》第21条之规定,中国证监会决定对陈平处以警告。

【点评】

期货交易中,不能用假名进行交易。在证券交易中同样如此。在办理存款和贷款时,也是实行实名制。实名制在金融领域中越来越广泛。这是防止洗钱、逃税、利益冲突、内幕交易等违法行为的需要。

---

① 案例来源:《中国证监会行政处罚决定书》(证监罚字[2004]35号),中国证监会网站。

案例分析四:恒丰期货违法案[①]

【案情】

经查明,云南恒丰期货经纪有限公司(以下简称"恒丰期货")存在如下违法行为:

(一)挪用客户保证金

2000年9月14日,恒丰期货账面显示应付客户保证金余额为434.51万元,扣除在各交易所结算准备金17.1万元及在各银行存款31.98万元,账面反映挪用客户保证金385.43万元。

(二)未经客户委托或者不按照客户委托范围,擅自进行期货交易

1998年9月15日,客户周强生与恒丰期货签订开户文件,恒丰期货职员杨中华接受客户全权委托,指使周强生在空白交易单上签字,造成损失。周强生起诉杨中华及恒丰期货,昆明市中级人民法院([2000]昆法经初字第138号)判决恒丰期货存在接受客户全权委托行为。

(三)未将客户交易指令下达到期货交易所内、向客户提供虚假成交回报

恒丰期货向其客户提供的客户交易账单显示,2000年6月15日其两客户平仓大连大豆,7月14日一客户平仓大连大豆。由于恒丰期货无大连期货交易所交易席位,其大连品种均通过河南中期期货经纪有限公司代理。经查,恒丰期货在河南中期期货经纪有限公司开设的交易账户2000年6月15日、7月14日均没有交易。

【问题】

请分析恒丰期货的上述违法行为。

【观点】

恒丰期货的上述行为分别构成《期货交易管理条例》第71条第1款第7项规定的"挪用客户保证金"的违法行为,第3项规定的"不按照规定接受客户委托或者不按照客户委托内容擅自进行期货交易"的违法行为,第5项规定的"向客户提供虚假成交回报"的违法行为和第6项"未将客户交易指令下达到期货交易所内"的违法行为。

【分析】

《期货交易管理条例》第25条规定:"期货公司接受客户委托为其进行期货交易,应当事先向客户出示风险说明书,经客户签字确认后,与客户签订书面合

[①] 案例来源:《中国证监会行政处罚决定书》(证监罚字[2003]24号),中国证监会网站。

同。期货公司不得未经客户委托或者不按照客户委托内容,擅自进行期货交易。期货公司不得向客户做获利保证;不得在经纪业务中与客户约定分享利益或者共担风险。"

第29条规定:"期货交易应当严格执行保证金制度。期货交易所向会员、期货公司向客户收取的保证金,不得低于国务院期货监督管理机构、期货交易所规定的标准,并应当与自有资金分开,专户存放。期货交易所向会员收取的保证金,属于会员所有,除用于会员的交易结算外,严禁挪作他用。期货公司向客户收取的保证金,属于客户所有,除下列可划转的情形外,严禁挪作他用:(一)依据客户的要求支付可用资金;(二)为客户交存保证金,支付手续费、税款;(三)国务院期货监督管理机构规定的其他情形。"

第71条规定:期货公司有下列欺诈客户行为之一的,责令改正,给予警告,没收违法所得,并处违法所得1倍以上5倍以下的罚款;没有违法所得或者违法所得不满10万元的,并处10万元以上50万元以下的罚款;情节严重的,责令停业整顿或者吊销期货业务许可证:

(一)向客户做获利保证或者不按照规定向客户出示风险说明书的;

(二)在经纪业务中与客户约定分享利益、共担风险的;

(三)不按照规定接受客户委托或者不按照客户委托内容擅自进行期货交易的;

(四)隐瞒重要事项或者使用其他不正当手段,诱骗客户发出交易指令的;

(五)向客户提供虚假成交回报的;

(六)未将客户交易指令下达到期货交易所的;

(七)挪用客户保证金的;

(八)不按照规定在期货保证金存管银行开立保证金账户,或者违规划转客户保证金的;

(九)国务院期货监督管理机构规定的其他欺诈客户的行为。

期货公司有前款所列行为之一的,对直接负责的主管人员和其他直接责任人员给予警告,并处1万元以上10万元以下的罚款;情节严重的,暂停或者撤销任职资格、期货从业人员资格。

任何单位或者个人编造并且传播有关期货交易的虚假信息,扰乱期货交易市场的,依照本条第一款、第二款的规定处罚。

中国证监会认为,当事人恒丰期货的上述行为违反了《期货交易管理条例》第25条和第29条的规定,构成《期货交易管理条例》第71条第1款第7项规定的"挪用客户保证金"的违法行为,第3项规定的"不按照规定接受客户委托或者不按照客户委托内容擅自进行期货交易"的违法行为,第 5 项规定的"向客户提供虚假成交回报"的违法行为和第 6 项"未将客户交易指令下达到期货交易所内"的违法行为。

当事人恒丰期货董事长罗江对其中第二项违法行为负有责任,总经理张占宁对其中第二、三项违法行为负有责任,属于《期货交易管理条例》第 71 条规定的"直接负责的主管人员"。同时,由于恒丰期货已经注销登记,中国证监会对其不再作出处罚。

根据《期货交易管理条例》第 71 条之规定,对当事人作出如下决定:
(一)对当事人罗江罚款 10 万元;
(二)对当事人张占宁罚款 9 万元。①

【点评】

恒丰期货的上述违法行为是期货公司最为常见的违法行为。同学们对这几种常见的违法行为应该熟悉掌握。

案例思考题

璐通期货公司违法案②

【案情】

经查明,璐通期货经纪有限公司(以下简称璐通期货)存在如下违规行为:

璐通期货交易二部客户罗文君、海金芳、赵建辉分别于 2002 年 9 月 9 日、9 月 24 日、9 月 23 日存入 150,000 元、88,500 元、60,000 元保证金开户从事期货交易。其后,三人又分别于 2002 年 12 月 31 日、2003 年 3 月 4 日、2003 年 1 月 4 日停止交易。期间,在无客户书面委托或其他合法授权的情况下,璐通期货通过人工电话报单方式为罗文君、海金芳和赵建辉等三人完成 69 笔、253 手交易。因上述 69 笔、253 手违规代理交易,璐通期货获得手续费净收入共计 10,758.82 元。

对上述行为直接负责的主管人员为璐通期货法定代表人兼公司总经理王一勤,其他直接责任人员为璐通期货交易二部原任经理罗锐和指令结算部部长

---

① 本案例亦根据新的《期货交易管理条例》编写。
② 案例来源:《中国证监会行政处罚决定书》(证监罚字[2005]4 号),中国证监会网站。

赵鑫。

【问题】

请分析璐通期货的上述违法行为。

【提示】

璐通期货未经客户委托和授权,代理客户进行交易的行为违反了《期货交易管理条例》。

第四编

宏观调控法

第四部

お茶間放送

第二十一章　宏观调控法的一般原理

本章要点

1. 核心内容

宏观调控法,是指调整在国家对国民经济总体活动运行进行调节和控制过程中发生的经济关系的法律规范的总称。在经济法体系中,宏观调控法是与市场监管法并列的部门法,属于公法范畴。

宏观调控有四大目标:总量均衡、结构优化、就业充分和国际收支平衡,宏观调控的手段主要包括财政调控、税收调控、金融调控和计划调控等。根据"行为—社会关系"范式划分的宏观调控法律体系包括财政调控法、税收调控法、金融调控法和计划法。

从公平、效率、秩序三个方面考察宏观调控法的价值,可以看出,宏观调控法的制定和实施,能够为经济和社会带来或增进公平;能够促进经济的持续增长,提高国家整体利益和个人利益;能够为经济和社会带来或增进秩序。

法律宗旨是指其所欲实现的目标。宏观调控法的初级宗旨可以概括为:规范和保障国家宏观调控行为,预防和克服市场失灵,实现国民经济总量的均衡和结构的优化,实现物价平稳、就业充分和国际收支平衡,促进国民经济的有序运行和持续增长。宏观调控法的终极宗旨可以概括为:在实现初级宗旨的基础上,协调和解决国家整体利益和经济个体利益的矛盾,实现经济和社会的良性互动和协调发展。

宏观调控法的基本原则可以提炼为四项:调控法定原则、调控公平原则、调控绩效原则和调控适度原则。

宏观调控法项下的调控主体,是宏观调控义务的承担者和宏观调控权力的享有者,在世界范围的法律实践中,宏观调控主体都是国家。宏观调控权包括宏观调控立法权和宏观调控执法权两类,宏观调控主体应当依宏观调控法所规定的权力、程序进行调控。

宏观调控法项下的调控受体是市场主体,包括经营者和消费者,特定情形下,经营者利益的代表者,如行业协会等,也成为宏观调控行为的受体。调控受体的权利,是自主和自由地从事市场经营活动的权利,可以统称为经营自由权。同时,调控受体应当依法接受国家调控。

2. 主要制度

宏观调控法律制度涉及宏观调控行为的方方面面,主要包括:计划和投资法律制度、产业法律制度、国有资产管理法律制度、自然资源法律制度、能源法律制度、财政法律制度、税收法律制度、金融法律制度、价格法律制度、会计和审计法律制度和对外贸易法律制度。

3. 实务提示

宏观经济形势的变化会以微观状态对个体的经济生活产生影响,通过对宏观调控法一般原理的学习,有助于加深对宏观经济状况的理解,尤其是在金融、税收、价格等与个体利益密切相关的方面,对总体形势的准确把握是作出正确决策的前提。

案例分析

案例分析一:从经济危机应对看宏观调控手段

【案情】

2008年全球性金融危机爆发,对中国经济造成了巨大的冲击。面对突如其来的经济下滑威胁,中央决定实施积极的财政政策和适度宽松的货币政策,改变了之前已实施多年的稳健的财政政策和适度从紧的货币政策。随后,4万亿财政刺激计划出炉,2009年发放共计9.56万亿历史罕见的贷款,一大批投资项目开始实施,旨在扩大国内需求、保障经济增长。这些措施对于应对金融危机起到了巨大作用,使得我国经济由2009年一季度下滑到最低点后迅速回升,也使得我国成为受金融危机冲击最小、经济复苏最快的国家。

2009年后半年特别是2010年以来,中国经济出现过热苗头。房地产市场泡沫泛起,住房价格非理性走高;资本市场炒作投机严重,风险凸显;农副产品市场罕见地也成为游资炒作的对象。生活必需品价格上涨较快,CPI指数不断攀高。面对热钱、流动性过剩、货币泛滥和通胀、投机炒作等,央行先后五次上调存款准备金率。从操作层面看,2010年开始,货币政策实质上已经由适度宽松转向稳健。与此同时,2010年末出台的稳定价格水平的措施中包括"必要时对重要的生活必需品和生产资料实行价格临时干预措施"。

进入2011年,货币泛滥、流动性过分充裕对经济的负面影响并未减弱;房地产过热、房价过高的状况也未得到根本改善;物价居高不下,通胀率仍有走高趋势;负利率现象仍在扩大。保稳定、调结构、控通胀成为经济工作重点,稳健的货币政策仍然是宏观调控的主基调,但也根据国内外经济金融形势变化,在力度和节奏上进行"预调微调"。

【问题】

运用宏观调控法的一般原理,分析宏观调控手段的运行及特点。

【观点】

宏观调控着眼于经济的宏观运行状况,对于保障国民经济持续、快速、健康发展具有重要作用。宏观调控手段立足"反周期"调控目标与市场经济背景,具有宏观性、间接性的特点,在具体运行上,体现出法定性、综合性的特点。

【分析】

市场经济条件下,宏观经济的周期性波动无法完全避免,经济危机则是这种波动的突出表现形式。必须发挥"有形的手"的调节作用,通过政府干预对市场失灵所带来的、在宏观经济总量和结构方面存在的失衡、失调、无序状况进行预防和克服,避免经济大起大落。为了实现这一目标,需要形成一套机制,一套由法律、法规和规章中相关法律规范所构成的宏观调控体系。

宏观调控的主体是国家,具体由国家立法机关、政府机关承担,作为政府干预经济的重要途径之一,其主要通过计划、财政、税收、金融等手段作用于宏观经济,实现"反周期"调控。对这些手段进行提炼,发现更能体现市场经济特征,更具宏观性、间接性的是财政政策和货币政策两大手段。宏观调控所着眼的经济宏观运行状况,无外乎过热、过冷和中性三类,进而,宏观调控手段的运行也就需要具有针对性:当总需求超过总供给,经济运行"过热"并出现通货膨胀趋势时,应采取压缩总需求,抑制经济"过热"和治理通货膨胀的政策;当总需求小于总供给,有效需求不足,出现通货紧缩趋势时,应采取扩大总需求,促进经济增长和结构调整,抑制通货紧缩的政策;当总需求与总供给大体相适应时,应采取稳定总需求,既防止通货膨胀又防止通货紧缩的政策。综合一些国家在宏观调控实践上的实证素材,有研究还将财政手段和货币手段在宏观调控中的具体运用概括为双紧型搭配、双松型搭配、双中型搭配、一松一紧型搭配、一松一中型搭配、一紧一中型搭配等类型。

　　问题在于,如何运行宏观调控手段？其宗旨和基本目标是什么？其运行的机制与程序何在？目前,我国虽然没有出台《宏观调控基本法》,但宏观调控领域的一些法律、法规对宏观调控的宗旨、目标、机制和程序等作过不同程度的规定。例如,在财政手段方面,1994 年通过的《中华人民共和国预算法》,就对预算的宗旨、职能机构的权限、编列和修订的程序、法律责任等作了系列规定。其中第 1 条明确规定了"加强国家宏观调控、保障经济和社会的健康发展"是该法律的宗旨之一。第 3 条将"各级预算应当做到收支平衡"作为预算法的基本原则之一,而这一原则在该法律中又通过若干法条具体化。同时,还通过规定第 9 条"经本级人民代表大会批准的预算,非经法定程序,不得改变"作为预算程序法定化的基本原则。在货币手段方面,《中国人民银行法》通过第 2 条和第 3 条规定,"中国人民银行作为中央银行,在国务院领导下制定和实施货币政策,防范和化解金融风险,维护金融稳定。货币政策目标是保持货币币值的稳定,并以此促进经济增长"。《外汇管理条例》第 1 条将"保持国际收支平衡、促进国民经济健康发展"确定为其立法宗旨。

　　在宗旨的统领下,宏观调控所追求的四大具体目标却并不总是统一的,甚至会出现矛盾,例如经济增长和抑制通胀所代表的就是不同的利益导向。宏观调控在多目标语境下可能面临的两难状况,增加了宏观调控主体对宏观调控手段选择与运用的难度。这就要求,国家宏观调控部门要着眼于保持国民经济稳定、较快增长的全局,一方面要超前把握宏观经济的发展方向,未雨绸缪;另一方面,也要针对总需求与总供给的消长变化和经济结构状况,适时调整宏观调控的方向和力度。也因此,各项宏观调控手段应当遵循法定程序,进行综合运用,国家宏观调控部门需要审时度势,及时调整和完善各项政策措施,以确保宏观调控成效。

　　应当说,针对危机时期国际经济环境严峻和国内有效需求不足的困难局面和后危机时期经济过热的苗头,国家宏观调控部门及时转变宏观调控方向、适度调整宏观调控手段,取得了较好的成果。可以看出,在经济危机背景下,市场需求严重衰退,利用积极的财政政策刺激投资、宽松的货币政策增加供给,能够有效扩大国内需求,遏制经济下滑趋势;而在经济状况并未明显向好,但流动性过剩现象凸显、通货膨胀趋势抬头的背景下,继续实施积极的财政政策就必须配合稳健甚至从紧的货币政策,以维持宏观经济状况的协调与平衡。针对复杂形势下稳定物价的目标,除了采取传统的财政政策与货币政策手段之外,还复合运用了行政政策手段。

第二十一章 宏观调控法的一般原理

【点评】

2011年前三季度我国经济增速持续放缓,分别为9.7%、9.5%和9.1%,增长方式转变成果开始显现,在这一背景下,实施稳健货币政策的大方向并未改变,但增强宏观调控的针对性、灵活性、有效性的需求增加,"预调微调"就是对这一需求的积极回应。这一阶段的宏观经济形势和宏观调控案例为我们提供了许多生动而深刻地宏观调控法案例,同时也凸显了宏观调控法对于促进国民经济稳定健康发展的重大功能。

案例分析二:各有千秋话限价

【案情】

2008年1月15日,国家发改委公布了《关于对部分重要商品及服务实行临时价格干预措施的实施办法》,规定对成品粮及粮食制品、食用植物油、猪肉和牛羊肉及其制品、牛奶、鸡蛋、液化石油气等重要商品实行提价申报和调价备案制度,企业若不执行价格干预措施,最高罚款100万元。限价令是在2007年全年CPI上涨的背景下出台的,当时,中国正在遭遇近二十年来最为严重的一次通货膨胀:2007年,全年居民消费价格上涨4.8%;2008年1月,中国消费者物价指数较上年同期上升7%。

在2003年的SARS疫情中,板蓝根、醋、金银花、口罩等防护产品价格被炒得上了天,波及面广,对居民心理产生了极大震动。2009年甲型HINI流感爆发时,广东省物价部门吸取了经验,疫情还没到,就已经公布了包括达菲、板蓝根在内144种主要抗病毒药品的最高零售价,并规定一律不得炒作。打开广东价格信息网首页,民众就可以查询到限价的144种抗病毒药品名称、规格、最高限价以及产品的相关信息。

2011年4月,位于北京市房山区长阳镇的"中铁建长阳国际城"项目01、08号地块上的1594套限价商品房在开盘当日就销售一空。这是全国第一个限价商品房项目,此后,上海、深圳等地区都纷纷推出了限价商品房项目。限价房,又称限房价、限地价的"两限"商品房。是一种限价格、限套型(面积)的商品房。与一般商品房不同的是,限价房在土地挂牌出让时就已被限定房屋价格、建设标准和销售对象,一般是比照周边同类商品房价格低20%—25%来限定价格范围。

【问题】

分析宏观调控行为的特征并指出上述列举的几种限价情形哪些属于宏观调

控的范畴,在此基础上,进一步思考宏观调控法的作用与市场监管法的功能的内在关系。

【观点】

以稳定物价总水平为目标的价格干预属于宏观调控范畴,具体可以表现为法律、经济、行政等手段。同属经济法的宏观调控法与市场监管法在逻辑上是并列关系,但基于两法分别调整的经济运行的宏观层次与微观层次之间相互联系相互影响的状况,在具体功能上,宏观调控法为市场监管法的运行提供宏观环境,而市场监管法为宏观调控法的效果提供微观保障。

【分析】

限价作为一种常用的价格干预手段,在日常生活中并不鲜见,有全国范围内的限价政策,也有针对局部地区某些特定商品的限价措施,虽然同属"限价",但是它们的背景与深层次的法律逻辑却并不完全相同。案例中列举的三种限价情形,有的属于宏观调控的范畴,有的则属于市场监管的范畴。

宏观调控是国家对国民经济总体活动进行调节和控制的行为,它具有几个鲜明的特征:一是国家主体性,也即宏观调控行为的主体是国家,并具体地由国家立法机关、政府机关等来承担;二是对象的宏观性,宏观调控作用于宏观经济或经济宏观运行;三是目的的宏观性,主要是为了预防和克服由市场失灵所带来的、在宏观经济总量和结构等宏观方面所存在的失衡、失调、无序状况,以促使经济的宏观状况朝着所预期的平衡、协调、有序的方向发展;四是方式的宏观性,这意味着宏观调控的着力点是"宏观的",具体包括财政调控方式、税收调控方式、金融调控方式和宏观经济计划等;五是依据的法定性,也即国家应当在法律所规定的权力、程序范围内实施宏观调控行为,不得越权调控。由此可见,与着眼微观市场经济行为的市场监管法不同,宏观调控法在主体、目标、调整对象、调整方式等方面都更为宏观,更注重全局。

案例中针对物价总水平的国家发改委限价措施很明显是属于宏观调控的范畴,其目的正是为了降低 CPI 指数,保障宏观经济的平稳运行。实际上,从 2008 年以来,以直接控制价格上涨为内容的限价手段被频繁地运用以调控物价水平、降低通货膨胀率,2010 年底国务院还出台了增加柴油供应、控制能源价格的措施,并承诺必要时将对重要的生活必需品和生产资料实行价格临时干预措施。与此相反,广东省物价部门针对抗病毒商品的限价措施,其目的主要是为了打击囤积居奇、牟取暴利的价格违法行为,其规制的对象是经营者不正当的竞争行为与违法的价格行为,从行为的主体、目的、调整对象与调整方式等方面来看,都不具有宏观性,因此属于市场监管法的范畴。比较困难的是限价房政策,虽然针对的是特殊市场,但是房地产市场对于宏观经济运行和人民群众的生活都有着非常重大的影响,对房地产市场的调控是宏观调控的重要方面,而限价房政策是诸多房地产调控手段中的一种,发挥着遏制高房价、控制房地产价格总水平的作用,因此也属于宏观调控的范畴。

宏观调控法与市场监管法分别调整的宏观调控关系和市场监管关系虽然是不同的经济关系,但同属于经济法所调整的国家协调关系,因此二者同属于经济法,在经济法体系中,居于并列地位。但是,这种逻辑上的并列关系,并不排除它们在客观表现上的密切联系。宏观调控关系和市场监管关系分别发生在经济运行的宏观层次和微观层次,而经济运行的宏观层次和微观层次之间又存在着千丝万缕的关系。比如,国家调整利率、汇率等的金融调控行为,往往同时需要辅之以对银行业市场的监管行为。再比如,国家针对房地产市场过热所进行的协调行为,往往既有金融调控、税收调控、财政调控和计划等调控行为,也有针对房地产市场的反垄断、反不正当竞争等市场监管行为。可见,国家在对市场经济进行干预时,宏观调控法与市场监管法的功能并不是完全割裂的,两者在各自的领域内共同发挥着对市场经济的调整、规制作用,并且相互影响、相互促进。具体而言,宏观调控行为市场监管行为提供宏观经济环境,而市场监管行为为宏观调控行为的效果提供微观保障,并由此形成宏观调控关系与市场监管关系之间、宏观调控法与市场监管法之间的关联。

【点评】

宏观调控法与市场监管法在客观表现上存在密切联系,在针对经济运行研究、拟订经济法对策时,往往需要同时从宏观调控法、市场监管法等多个方面思考。

案例思考题

十二五规划

【案情】

中国从1953年开始以五年一个时间段来做国家的中短期规划,第一个"五年计划",简称为"一五",以此类推。2011年3月14日,十一届全国人大第四次会议对《中华人民共和国国民经济和社会发展第十二个五年规划纲要》草案进行了审查,会议同意全国人大财经委的审查结果报告,决定批准这个规划纲要,3月16日,《纲要》全文正式发布,被称为"十二五规划",起止时间是2011年至2015年。十二五规划纲要全文共分16篇62章,从各个层面对国民经济发展作出了详细的计划,其中第一篇特别对规划目标与政策导向作了说明。

【问题】

结合"十二五规划"的具体内容,分析:计划作为宏观调控手段的一种,是如何发挥作用的?体现了宏观调控法的何种功能?

【提示】

在市场经济背景下,计划调节与市场调节都是国家调节经济运行的重要手段,计划调节作为宏观调控的重要手段,建立在市场调节基础之上,是市场调节的有益补充。

第二十二章 计划和投资法律制度

本章要点

1. 核心内容

计划法是调整在制定和实施国家计划的过程中所发生的社会关系的法律规范的总称。传统上,我国采取计划调节的方式,具体包括指令性计划和指导性计划。指令性计划对于企业的生产规模、销售额度等都要作出明确要求,而忽视企业自身生产状况和市场需求,从而制约了企业的活力和市场应对能力。1994年,我国作出建设社会主义市场经济体制的决定,自此计划调节与市场调节一同作为国家调节经济运行的重要手段,而且两者之间的关系也日益明确,即在市场调节基础之上的计划调节。作为国家宏观调控重要手段的计划,属于一种重大的国家权力,然而迄今尚无一部《计划法》对国家权力的运用加以规范。制定《计划法》不仅是权力机关进行宏观调控的依据,更是依法治国、建设社会主义法治国家的必然要求。

投资法是调整在国家对投资主体的直接投资活动进行调控过程中所发生的经济关系的法律规范的总称。投资、消费和出口是需求的重要组成部分,直接影响到供给。国家通过调控投资需求,影响需求与供给的平衡,从而达到宏观调控的目的。在投资上,传统上实行国家投资,在市场化改革不断深入的今天,国家投资、企业投资、个人投资都已经成为普遍现象。对于基础设施等关系国计民生的领域,一般实行国家投资,国家通过直接控制控制规模,控制需求,努力实现供给与需求的平衡。但是,对于企业投资、个人投资,乃至于外商投资等,一般是通过宏观调控措施加以间接影响,从而实现调控目的。

2. 主要制度

计划法包括计划实体法和计划程序法。其中,计划实体法主要包括计划管理体制、宏观调控目标体系、宏观调控政策体系、计划主体的实体权力和义务以及法律责任等。计划程序法主要包括计划的编制、审批、执行、调整、检查与监督等。

投资法的基本制度主要包括投资主体法律制度、投资管理法律制度、投资责任法律制度。特殊制度主要是指涉外投资法律制度,既包括外商投资我国的相关法律制度,也包括我国投资国外的相关法律制度。

3. 实务提示

主要涉及计划编制的主体、程序,以及计划执行过程中的调整等。在投资法方面,主要涉及投资主体和投资对象。投资主体主要包括国家、企业和个人;投资对象主要包括固定资产、无形资产和证券。

 相关法律、法规、规章、司法解释

1. 法律

《中华人民共和国宪法》第 62 条。该条规定:全国人民代表大会行使下列职权……(九) 审查和批准国民经济和社会发展计划和计划执行情况的报告。第 67 条规定:全国人民代表大会常务委员会行使下列职权……(五) 在全国人民代表大会闭会期间,审查和批准国民经济和社会发展计划、国家预算在执行过程中所必须作的部分调整方案。第 89 条规定国务院行使下列职权……(五) 编制和执行国民经济和社会发展计划和国家预算。(全国人民代表大会,1982 年 12 月 4 日公布,1988 年 4 月 12、1993 年 3 月 29 日、1999 年 3 月 15 日、2004 年 3 月 14 日四次修正)

《中华人民共和国建筑法》(全国人大常委会,1997 年 11 月 1 日公布)

《中华人民共和国中外合资经营企业法》(全国人大,1988 年 4 月 13 日公布,2011 年 4 月 22 日修正)

《中华人民共和国中外合作经营企业法》(全国人大常委会,1988 年 4 月 13 日公布,2000 年 10 月 31 日修正)

《中华人民共和国外资企业法》(全国人大常委会,1986 年 4 月 12 日颁布,2000 年 10 月 31 日修改)

2. 行政法规

《国务院关于投资体制改革的决定》(国务院,2004 年 7 月 16 日公布)

《指导外商投资方向规定》(国务院,2002 年 2 月 11 日公布)

《中华人民共和国中外合资经营企业法实施条例》(国务院,1983年9月20日公布,2001年7月22日修正)

3. 行政规章

《关于进一步规范中央企业投资管理的通知》(国务院国有资产监督管理委员会,2007年6月27日公布)

《中央企业投资监督管理暂行办法》(国务院国有资产监督管理委员会,2006年6月28日公布)

《中央企业投资监督管理暂行办法实施细则》(国务院国有资产监督管理委员会,2006年7月18日公布)

《关于加强中央企业重大投资项目管理有关问题的通知》(国务院国有资产监督管理委员会,2004年7月6日公布)

《国家重大建设项目稽察办法》(国家计委,2000年8月17日公布)

《中华人民共和国中外合作经营企业法实施细则》(对外贸易经济合作部,1995年9月4日公布)

《中华人民共和国外资企业法实施细则》(对外经济贸易部,1990年12月12日公布,2001年4月12日修正)

案例分析

案例分析一:十二五规划与国家宏观调控

【案情】

2010年10月18日,中共十七届五中全会审议通过了《中共中央关于制定国民经济和社会发展第十二个五年规划的建议》,作为编制"十二五规划"的纲领性文件。事实上,从2008年开始,国家发改委就已经着手"十二五"规划的前期研究工作,并且按照党的十七大的总体部署和深入贯彻落实科学发展观的要求,在充分讨论和广泛征求专家意见的基础上,提出了一个包含8个领域39个题目的《十二五规划前期重大问题选题指南》,为起草"十二五"规划纲要服务。《建议》出台后,国家发改委随即成立了"十二五"规划专家委员会,成员包括国内经济界、科技界和其他领域多位知名专家。2011年2月,全国人大财经委对

《纲要》草案进行了初步审查。3月14日,十一届全国人大第四次会议对《纲要》草案进行了审查,会议同意全国人大财经委的审查结果报告,决定批准这个规划纲要。3月16日,《纲要》全文正式发布。

【问题】

计划与规划有何不同？规划出台的程序是什么？

【观点】

计划一词的使用延续了计划经济体制的色彩,而且在性质上多体现为一种强制力的约束;规划则多体现为一种宏观设计,多体现为一种利益诱导机制。规划首先由党中央提出建议,然后国务院具体编制,编制的主要部门是发改委。在国务院形成草案之后,报全国人大审议通过。

【分析】

1994年,中共中央作出了《建立社会主义市场经济体制的决定》。自此,我国的经济体制逐渐由计划经济体制过渡到市场经济体制。在这种体制转型的过程中,计划的作用并没有消失,只是地位有所转变。此前,计划一枝独秀;此后,市场与计划并存,而且是在市场基础上的计划调节。这种调节方式,充分发挥了市场自发调节的作用,而且针对市场自发调节的缺陷,补之以国家计划,从而充分发挥市场与计划的优势,避免了两者的缺陷。市场是资源配置的手段,通过价格机制、竞争机制等引导资源最优配置。但是市场机制不可避免地具有自发性、盲目性、滞后性和微观性,因此难以保障宏观经济整体的稳定。所以,宏观经济整体的稳定需要通过国家的引导才能够实现。此外,与经济问题息息相关的还有社会问题。社会问题的解决,不仅为公民提供良好的生存空间和发展空间,也为经济发展提供良好的社会环境。但是,由于"经济人"追逐的是经济利益,对于他人利益,社区利益,社会整体利益等难以充分关注。所以,社会问题的解决是难以通过单个人的力量完成的,国家在担负解决社会问题上的责任是重大的。那么,究竟需要解决那些重大的经济问题和社会问题,便需要国家通过规划加以确定。

1982年的《宪法》将计划的名称由"国民经济计划"改为"国民经济发展计划",并且从1983年开始使用这一名称。名称的转变反映了计划调节范围的拓展,也反映了计划内容的变化。此后2006年第十届全国人大四次会议审查通过的十一五规划更前所未有的把"计划"改为"规划"。虽然只是一字之差,其意义却是非常深远的。这一变化表明,随着社会主义市场经济体制的初步建立,我国更加注重发挥市场对资源配置的基础性调节作用,更加注重规划的宏观性、战略性、前瞻性,是我国社会主义市场经济体制建设的又一个历史性标志。

规划的编制要严格依照法定程序进行。首先,由中国共产党提出制定国民经济和社会发展规划的建议。其后,国务院开始着手编制规划草案。具体编制程序是,由各级政府及其发改委根据国家确定的规划方针、目标和政策,起草本地区的规划,并上报国家发改委,国家发改委汇总、综合平衡之后,报国务院,最终形成国家正式的规划草案。国务院将国家的正式规划草案提交全国人大,由全国人大审议,并请全国政协委员提出建议,最后由全国人大通过。十二五规划在科学发展观的指引下,确立了十二五期间的经济社会发展的主要目标,即经济平稳较快发展、结构调整取得重大进展、科技教育水平明显提升、资源节约环境保护成效显著、人民生活持续改善。

鉴于计划(规划)调节是国家调节经济运行的重要方式,许多国家都制定了相应的计划法。比如说,匈牙利于1973年制定了《国民经济计划法》,前南斯拉夫于1976年制定了《社会经济体制基础和社会计划法》,罗马尼亚于1979年制定了《经济社会发展计划法》,法国1982年制定了《计划改革法》等。我国于1952年制定了《国民经济计划编制暂行办法》,1953年制定了《关于编制国民经济年度计划暂行办法(草案)》,1958年制定了《关于改进计划管理体制的规定》,1984年制定了《关于国家计划体制工作的若干暂行规定》,1993年制定了《国家指令性计划和国家订货的暂行规定》,2001年制定了《国家科技计划管理暂行规定》,2004年制定了《土地利用年度计划管理办法》等。由于我国已经由计划经济体制过渡到了市场经济体制,上述规范性文件多已废止。在旧法已经废止,新法尚未出台的情况下,国家权力的行使欠缺法律约束。鉴于计划调节牵涉国家重大权力的行使,应当制定一部计划(规划)法,对国家权力的实体内容和程序约束作出具体规定,以便符合权力法定、依法治国的要求。

【点评】

纯粹的自由市场经济是不存在的,或者说仅仅停留在经济学家的理论假设之中。虽然新自由主义经济学日益崛起,但是在实际经济运行中,不论是哪个国家,都必然同时采取市场调节和宏观调控相结合的方式,绝对的自由放任是不存在的。在国家调控的过程中,经常采取的手段是财政政策、货币政策和税收政策等,而国家计划(规划)则是在财政政策、货币政策和税收政策之上的调控手段。

案例分析二:"带资承包"为何被叫停?

【案情】

2005年下半年,南京地铁公司正式发布土建项目招标公告,宣布二号线元通站、所街—元通区间、所街—集庆门区间三个标段3400米长的试验段采用BT

模式(带资承包模式),预计投资约为5亿元。但是,由于一些建筑业企业以承诺带资承包作为竞争手段,承揽政府投资项目,扰乱了建筑市场的秩序,2006年1月,国家建设部、发展和改革委员会、财政部、中国人民银行出台了《关于严禁政府投资项目使用带资承包方式进行建设的通知》。通知规定,严禁政府投资的项目使用带资承包方式,也就是BT模式进行建设。因此,南京地铁二号线将仅在上述试验段采用BT模式。

【问题】

什么是BT模式?国家为什么会叫停BT模式?

【观点】

BT模式就是建设单位未能全额支付工程预付款或者未按工程进度按月支付工程款,而由建筑企业自行垫款施工的建筑模式。BT模式并不一定都违法,在法律法规没有明文禁止的情况下,可以采取BT模式。

【分析】

BT是英文Build-Transfer的缩写,翻译成中文就是"建设—移交"。近些年来,BT模式是一种非常流行的建筑模式,它缓解了建筑单位的资金周转困难,有利于建设项目的及时完工。但是,不可否认,这种模式也存在很大问题。因为这种模式多适用于一些地方政府的政府投资项目,因此在政府没有足够资金的情况下,依然能够通过建筑企业带资建设的方式,加快地方建筑项目的上马,因此严重扰乱了国家对固定资产投资的宏观调控,扰乱了建筑市场的秩序。此外,在建筑行业严重的供需不平衡的情况下,建筑企业往往会采取各种不正当的手段,争取建设项目,其中一项重要的手段就是承诺带资承包。这种方式也严重扰乱了市场竞争秩序,甚至违反了反不正当竞争法的规定。再有,建筑企业的资金规模也非常有限,尽管承诺带资建设,但是在建筑过程中往往发现资金缺口非常大,因此拖欠工人工资的现象就非常普遍,从而引发一定的社会问题。考虑到这些弊端,BT模式开始被国家叫停。

早在1996年6月4日,建设部、国家计委、财政部就发布了《关于严格禁止在工程建设中带资承包的通知》。通知要求,任何建设单位都不得以要求施工单位带资承包作为招标条件,更不得强行要求施工单位将此类内容写入工程承包合同……施工单位不得以带资承包作为竞争手段承揽工程。这一规定实际上是反对以承诺带资承包作为不正当竞争的手段。2003年6月5日,中国人民银行发布了《关于进一步加强房地产信贷业务管理的通知》。通知第3条规定,商业银行要严格防止建筑施工企业使用银行贷款垫资房地产开发项目。承建房地产建设项目的建筑施工企业只能将获得的流动资金贷款用于购买施工所必需的设备（如塔吊、挖土机、推土机等）。企业将贷款挪作他用的，经办银行应限期追回挪用资金，并向当地其他的商业银行通报该企业违规行为，各商业银行不应再对该企业提供相应的信贷支持。这一规定主要是为了防止自有资金不足的建筑企业从银行获得贷款，而且是把贷款用于工程施工而不是购买必需设备。换言之，对于自有资金充足的建筑企业进行带资承包并没有约束。不过，尽管有关部门发布了上述规范性文件，但违法的带资承包却明停暗不停，甚至许多政府投资项目也采取了BT模式，比如说案例中提到的南京地铁2号线。在这种情况下，2006年1月，建设部、发改委、财政部、中国人民银行又再次发布了《关于严禁政府投资项目使用带资承包方式进行建设的通知》。通知要求，各级政府的发改委以及有关审批部门都要作好工程建设项目的审核工作，不得批准建设资金来源不落实的政府投资项目；各商业银行要据实出具项目开工前的项目资金存款证明；各级财政部门要对工程建设过程中的资金进行监管；各级建设行政主管部门在发放施工许可证时要严格审验资金到位情况，对建设资金不落实的，不予发放施工许可证。通知所指的政府投资项目，是指使用各类政府投资资金，包括预算内资金、各类专项建设资金、国际金融组织和外国政府贷款的国家主权外债资金进行建设的项目。通知还规定，除采用BOT、BOOT、BOO方式①的政府投资项目之外，党政机关以及财政拨款的事业单位自筹资金建设的项目，都视为政府投资项目，都不得采用带资承包的方式。

带资承包真的罪不可赦吗？事实上，对于发展中国家而言，带资承包是一种非常普遍的建筑模式。据世界银行和联合国贸发会议统计，工程建筑业是发展中国家吸收外资的最大服务部门之一。除了少数国家的政府投资项目不需要带资承包之外，大多数项目都需要承包商以不同形式带资承包。所以，带资承包作为一种单纯的经营模式是不存在什么问题的。比如说传统的BOT模式，就属于带资承包。所以，单纯的对带资承包一棒子打死是不适当的。只是对于那些被错误运用的带资承包，比如说把带资承包作为竞争手段、在国家抑制固定资产投资的大背景下由地方政府违规允许的带资承包、地方政府与建筑单位之间形成的利益集团关系等。所以，只是对于那些变了质的带资承包才应予以禁止。实际上，对于带资承包，只要能够加以严格约束，充分发挥其积极作用，其也不失为一种良好的经营模式。

---

① 根据世界银行《1994年世界发展报告》报道，通常所说的BOT至少有三种具体形式，即BOT（Build-operate-transfer，建设—经营—转让），BOOT（Buildown-operate-transfer，建设—拥有—经营—转让），和BOO（Build-own-operate，建设—拥有—经营）。BOT模式适用于竞争性不强的行业，可以广泛应用于电站、公路、铁路、地铁、隧道、机场、码头、桥梁、供水、固体垃圾处理等多类项目。

【点评】

一种经营模式本身是不存在什么问题的,关键是在实践中要运用得合法、合理。否则,一项制度设计得再良好,如果在实践中被曲解,这项制度也会背上骂名,制度设计者的初衷也难以实现。正如亚里士多德所讲的法治:法律必须设计的良好,而且设计的良好的法律必须得到遵守。

案例分析三:合营合同为何不被批准?

【案情】

2009年年初,中方某化工厂与日本某公司达成了合资经营某洗涤用品公司的合作意向。后中方向其上级主管部门报送了项目建议书,双方报送了可行性研究报告。后经上级主管部门同意以及本市发展计划委员会批准,双方于2009年8月正式签订了合资合同。合同约定:双方共同投资设立洗涤用品公司;合营企业的注册资本为70万美元,投资总额为150万美元。中方出资55万美元,日方出资15万美元;双方须在营业执照签发之日起7个月内一次性缴清出资;双方如果发生争议,采用仲裁的方式解决,仲裁地点为伦敦国际仲裁院。后中方向审批机构报送了合营企业合同、章程以及其他法律文件。审批机构在审查后,作出了不予批准的决定。

【问题】

合营企业的设立程序是什么?审批机关为何拒绝批准合营企业的设立?

【观点】

合营企业的设立要遵循法定程序。首先,中方合营者向企业主管部门报送合营企业的项目建议书和初步可行性研究报告。然后,合营各方签订合营企业协议、合同以及章程等法律文件。接下来,中方合营者向审批机构报送申请材料,审批机构作出批准或者不予批准的决定。最后,合营企业办理工商登记,领取营业执照。审批机关之所以没有批准合营企业的设立,是因为本案中合营企业的投资总额与注册资本的比例超过法定限额,外方出资比例不足法定最低限额,而且出资期限不符合法律规定等原因。

【分析】

合营企业应当遵循以下程序。首先,中方合营者向企业主管部门报送合营企业的项目建议书(中国合营者对项目可行性的单方分析)以及初步可行性研究报告(合营各方对该项目的共同可行性的分析)。经中方合营者的上级主管部门同意后,报国家和地方各级发展计划委员会批准,以切实保障主管机关对合营企业的宏观经济管理权。然后，合营各方以可行性研究报告为基础，协商签订合营企业协议、合同以及章程等法律文件。接下来，中方合营者向审批机构报送申请材料，审批机构在接到申请之日起3个月内作出批准或者不予批准的决定。须经对外贸易经济合作部批准的，由其发给批准证书；按照法律规定，可以由国务院授权的省、自治区、直辖市人民政府或者国务院有关部门批准的，应当报对外经济贸易部备案，并由对外贸易经济合作部发给批准证书。最后，合营企业应当自收到批准证书后的1个月内依法办理工商登记，领取营业执照，合营企业自营业执照签发之日起宣告成立。

在本案中，合营合同存在着比较明显的法律问题，如投资总额与注册资本的比例超过法定限额，外方出资比例不足法定最低限额以及出资期限不符合法律规定等。

《国家工商行政管理局关于中外合资经营企业注册资本与投资总额比例的暂行规定》第3条对投资总额与注册资本的比例作出了明确要求。(1) 中外合资经营企业的投资总额在300万美元以下(含300万美元)的，其注册资本至少应占投资总额的7/10。(2) 中外合资经营企业的投资总额在300美元以上至1000万美元(含1000万美元)的，其注册资本至少应占投资总额的1/2，其中投资总额在420万美元以下的，注册资本不得低于210万美元。(3) 中外合资经营企业的投资总额在1000万美元以上至3000万美元(含3000万美元)的，其注册资本至少应占投资总额的2/5，其中投资总额在1250万美元以下的，注册资本不得低于500万美元。(4) 中外合资经营企业的投资总额在3000万美元以上的，其注册资本至少应占投资总额的1/3，其中投资总额在3600万美元以下的，注册资本不得低于1200万美元。在本案中，该企业的投资总额为150万美元，其注册资本至少应当占投资总额的7/10，所以其注册资本应当至少105万美元。在本案中，该合营企业的投资总额为150万美元，所以其注册资本至少应当为105万美元。所以该合营企业70万美元的注册资本不符合法律规定。此外，《合资经营企业法》第4条规定，外国合营者的投资比例一般不得低于注册资本的25%。而该案中，外国投资者15万美元的出资仅占70万美元注册资本的15/70，因而不符合法律规定。

《中外合资经营企业合营各方出资的若干规定》第4条规定，合营合同中规定一次缴清出资的，合营各方应当从营业执照签发之日起6个月内缴清。合营合同中规定分期缴付出资的，合营各方第一期出资，不得低于各自认缴出资额的15%，并且应当在营业执照签发之日起3个月内缴清。在本案中，合营双方约定在合营企业领取营业执照后的7个月内缴清出资是不符合法律规定的。

【点评】

为了确保外资企业有充足自有财产承担经营风险和债务风险,法律规定合营企业的注册资本与投资总额的比例必须符合法律规定。此外,由于我国给予合营企业许多政策上的优惠,因此为了确认企业的合营性质,法律要求外商投资占注册资本的比例必须符合法定标准。

案例思考题

招投标纠纷案

【案情】

某高校是一家市财政拨款的事业单位。在招生人数不断扩大的情况下,学校决定扩建学生宿舍、食堂、实验大楼等,预期投资100万元人民币。按照《招标投标法》的规定,学校决定通过招投标方式选择建设单位。在学校发出招标公告之后,一共有6家企业递交了投标文件。其中,A公司报价最低,但是不是很符合招标文件的要求;B公司报价次低,但是符合招标文件的要求。学校在认真审查之后,要求A公司予以说明并改进。但是,A公司在以后提供的补充资料中并没有实质改进。最终,学校决定选择B公司作为建筑单位。A公司不服,向法院提起诉讼,法院经审理查明:在不存在串标、围标等情况下,学校有权自行决定由谁中标。因此判决A公司败诉。

【问题】

学校应当采取何种方式选择建筑单位?

【提示】

按照《政府采购法》第2条的规定,实施政府采购的主体是各级国家机关、事业单位和团体组织,资金来源是财政性资金,采购对象是依法制定的集中采购目录以内的或者采购限额标准以上的货物、工程和服务的行为。本案中,学校属于市财政拨款的事业单位,使用财政资金进行扩建,采购对象为工程项目,因此适用《政府采购法》的规定。此外,按照该市的集中采购目录,工程采购数额达到50万元以上的应当纳入集中采购,达到60万元以上的,应当采取招投标的方式。本案中,学校进行工程项目采购的资金高达100万元,应当采取招投标的方式,适用《招标投标法》。按照规定,在符合法律规定的前提下,招标人有权自主决定选择中标人的权利。

第二十三章 产业法律制度

本章要点

1. 核心内容

产业法是调整国家产业政策制定和实施过程中发生的经济关系的法律规范的总称。产业法可以从不同角度加以划分,如果从产业结构上划分,可以分为农业、工业和第三产业。目前,国家正运用多种措施,比如财政、税收、金融等措施,支持农业的发展。从产业组织角度划分,可以分为促进同一产业内部企业之间合理竞争的措施,这与反不正当竞争法、反垄断法、企业合并法等都有着密切的联系;同一产业内部企业规模合理化的措施,比如说促进同一产业内部形成大型企业、中小型企业合理分配、合理竞争的关系;对产业保护的措施,比如说保护幼稚产业以及幼稚产业内部的企业,保护同一产业内部的中小企业,保护高科技型企业等。如果从产业技术方面划分,可以分为促进科学技术进步的措施,这与我国的科教兴国战略是一致的;促进技术创新的措施,事实证明,引进技术不如自我创新,鼓励国内技术创新是我国的一大战略;淘汰落后技术的措施,要由劳动力主导的生产模式转变为由先进技术主导的生产模式,淘汰落后技术便成为了题中应有之意;技术成果转化,比如说加强高校和科研院所与企业之间的合作,促进科技成果迅速转化为生产力,占领国内、国际市场。如果从区域经济发展角度划分,可以大体分为东部地区、西部、东北、中部等部分。在长期给予东部地区政策优惠的情况下,我国目前的政策主要是支持西部大开发、振兴东北老工业基地、促进中部地区崛起。

2. 主要制度

产业法的基本制度包括产业结构法、产业组织法、产业技术法、区域经济协调法。其中,产业结构法主要包括产业结构的长期构想,对战略产业的保护和扶植,对衰退产业的调整和援助等。产业组织法主要包括产业组织政策目标的确定、产业组织竞争合理化、产业组织规模合理化、产业组织保护等。产业技术法主要包括科学技术进步、产业技术创新、落后技术淘汰、技术成果转化、技术引进等。区域经济协调法主要包括区域经济发展总体规划、区域经济发展具体规划等。

3. 实务提示

把握国家最新经济动态。比如说,支持农业发展,取消农业税、减轻农民负担等;支持节能、环保产业的发展,抑制高污染、高耗能"双高"产业的发展;淘汰钢铁、铝等领域的落后产能;避免资源性产品出口,降低出口退税率;支持中小企业发展和科技创新,给予财政、税收、信贷等各方面的支持;配合国家西部大开发、振兴东北老工业基地、中部崛起等区域经济政策,具体实施财政、税收、金融等方面的经济政策。掌握产业法,对于把握我国宏观经济现状,预计宏观经济走势,具体到相关产业领域的企业的未来发展环境,都具有重要意义。

 相关法律、法规、规章、司法解释

1. 法律

《中小企业促进法》(全国人大常委会,2002 年 6 月 29 日公布)

《中华人民共和国科学技术进步法》(全国人大常委会,1993 年 7 月 2 日公布,2007 年 12 月 29 日修订)

2. 法规

《鼓励软件产业和集成电路产业发展的若干政策》(国务院,2000 年 6 月 24 日公布)

《进一步鼓励软件产业和集成电路产业发展若干政策》(国务院,2011 年 1 月 28 日公布)

《中共中央国务院关于加强技术创新发展高科技实现产业化的决定》(国务院,1999 年 8 月 20 日公布)

3. 行政规章

《关于发展高技术产业促进东北地区等老工业基地振兴指导意见的通知》(国务院发展与改革委员会,2005 年 11 月 1 日公布)

案例分析

案例分析一：中国产业政策与 WTO 协定的冲突①

【案情】

2004 年 3 月 18 日，美国贸易代表左拉克发表声明，美国已经就中国对集成电路实行歧视性增值税退税政策向 WTO 争端解决机构提起诉讼。这是第一起由 WTO 成员国向 WTO 争端解决机构提起的针对中国的诉讼。同日，美国向中国驻 WTO 代表团的孙振宇大使致信，请求与中国政府就此事进行正式磋商。按照 WTO 争端解决机制的规则，在美国提出磋商请求之后的 10 天内中国应当作出是否接受磋商请求的答复。如果中国在 10 天内表示愿意接受磋商，中美两国将有 60 天的磋商期。如果中美磋商失败，将会启动专家组程序。如果一方对专家组的报告存在疑问，可以上诉。上诉机构的报告一旦经过 WTO 争端解决机制的通过，当事人应当无条件接受，否则争端解决机构可以授权申请国采取补偿措施或者报复措施。3 月 26 日，中国政府表示愿意与美国进行磋商。4 月 27 日，中美双方在日内瓦进行了磋商。欧盟、日本、墨西哥作为第三方加入了磋商。5月 27 日、6 月 15 日、7 月 1 日和 7 月 2 日，中美分别在北京和华盛顿举行了三轮磋商，并于 7 月 2 日最终达成共识。7 月 14 日，中美正式签署了《中美关于中国集成电路增值税问题的谅解备忘录》。

《谅解备忘录》的主要内容包括：第一，中方将于 2004 年 11 月 1 日之前修改有关规定，调整国内集成电路产品增值税退税政策，取消"即征即退"的规定，并且在 2005 年 4 月 1 日正式实施；第二，在签署备忘录之前已经享受上述政策的企业及其产品可以继续执行"即征即退"政策，直至 2005 年 4 月 1 日；第三，中方将于 2004 年 9 月 1 日之前取消国内设计国外加工复进口的集成电路产品增值税退税政策，2004 年 10 月 1 日正式实施；第四，谅解备忘录不影响中国和美国在 WTO 项下的权利和义务。备忘录签订之后，双方向 WTO 履行了通报义务。美方表示撤回在 WTO 争端解决机制之下的申诉。至此，中美在 WTO 争端及解决机制之下正式解决了集成电路增值税争端。

【问题】

我国对国内企业的集成电路产品出口予以出口退税违反了 WTO 的什么原

---

① 案例参考刘剑文主编：《财税法学案例与法理研究》，高等教育出版社 2004 年版。

则？出口退税构成补贴吗？

【观点】

这种做法违反了WTO的国民待遇原则。出口退税不构成补贴。

【分析】

半导体产业属于我国鼓励发展的产业，为此国家先后颁布了一些规范性文件加以支持。其中最重要的规范性文件就是2000年6月国务院发布的《鼓励软件产业和集成电路产业发展的若干政策》。该《政策》第41条规定，对增值税一般纳税人销售其资产的集成电路产品（含单晶硅片），2010年前按照法定税率17%征收增值税，对实际税负超过6%的部分即征即退，由企业用于研究开发新的集成电路和扩大再生产。该《政策》进一步规定，对部分芯片企业实际税负超过3%的部分实行即征即退政策。政策还规定，国内设计并有自主知识产权的IC产品，国内无法生产的，允许到国外流片、加工，其进口环节增值税超过6%的，也实行即征即退。此后，财政部、国家税务总局和海关总署又依据国务院的政策颁布了具体的部门规章。比如，财政部、国家税务总局、海关总署发布的《关于鼓励软件产业和集成电路产业发展有关税收政策问题的通知》、国务院发布的《关于进一步完善软件产业和集成电路产业发展政策有关问题的复函》、财政部、国家税务总局《关于进一步鼓励软件产业和集成电路产业发展税收政策的通知》、财政部、国家税务总局《关于部分国内设计国外流片加工的集成电路产品进口税收政策的通知》、国家税务总局《关于享受税收优惠集成电路产品名录（第一批）的通知》等。不过，这些规章的内容主要是为了落实国务院《政策》的精神，因此在内容上并没有太多创新。

上述规范性文件体现出国家扶植半导体行业的产业政策导向。自上述规范性文件实施以来，大批国际资本被吸引到中国，并投资于半导体行业。据中国半导体协会统计，自2000年6月18日，政策颁布之日起至2004年6月的4年时间内，已经签署的合同（含意向）的投资额高达140亿美元，相当于过去20年总和的4倍，其中80%以上为外商投资。截至2003年，中国半导体行业的规模已经达到350亿元人民币，过去四年来的平均增长速度都超过了30%，高于全球半导体行业平均增长速度的3倍至4倍。但是，这种有利于中国半导体行业发展的产业政策却引起了欧美等国的诸多不满。2000年，美国半导体工业协会（SIA）致函中国外经贸部，认为中国的上述措施是对进口商的歧视。2001年12月，中国加入WTO之后不久，美国再次就中国半导体增值税退税问题提出质疑，认为上述措施与WTO国民待遇原则相违背。美方认为，中国尽管对国内的集成电路制造商征收增值税，但是一旦到了出口环节，以往征收的增值税一并予以退税,从而有利于国内制造商的出口,结果就是导致外国投资者竞相在中国投资设立集成电路企业;另一方面,中国对进口集成电路要征收高达17%的增值税,从而严重抑制集成电路产品的进口。出于以上考虑,美国向WTO争端解决机构提起了针对中国的诉讼。

中国的出口退税措施究竟是否违反了WTO规则?按照《关贸总协定》第3条所规定的国民待遇原则来判断,中国的措施违反了这一规定。第3.2规定,"任何缔约方领土的产品进口至任何其他缔约方领土时,不得对其直接或间接征收超过对同类国产品直接或间接征收的任何国内税及其他国内费用。"第3.4规定,"任何缔约方领土的产品进口至任何其他缔约方领土时,在有关应向其国内销售、标价出售、购买、运输、分销或使用的所有法律、法规和规定方面,所享受的待遇不得低于同类国产品所享受的待遇。"按照这些规定,我们可以看出,中国对国内集成电路产品出口与国外集成电路产品进口规定了不同待遇,从而违反了WTO第3条规定的国民待遇原则。

出口退税是否构成了出口补贴?按照WTO补贴与反补贴措施协定,只要是来自于政府的财政支持,或者其他非官方机构给予的财政支持,包括税收的减免、可得利益的放弃等,都被视为补贴。但是,不是所有补贴都被WTO所禁止。只有禁止性补贴和可诉性补贴才会被WTO视为违法。禁止性补贴包括出口补贴和进口替代补贴。① 可诉性补贴是指虽然不被禁止,但是不能免于质疑的补贴。判断一项补贴究竟是否属于可诉性补贴的标准就是,该项补贴是否依据公平原则进行。除了上述被视为违法的补贴之外,还有一类补贴并不被视为违法,即不可诉补贴。按照WTO《补贴与反补贴协定》第8条的规定,一项不可诉补贴必须符合三个条件:(1)对公司进行研究活动的援助,或者对高等教育机构或研究机构与公司签约进行研究活动的援助;(2)按照地区发展总体框架对成员领土内贫困地区的援助;(3)为促进现有设施适应法律或法规实行新的环境要求而提供的援助。那么,本案中的出口退税是否构成补贴?事实上,出口退税不是出口补贴而是一种国际通行惯例。早在1947年的《关贸总协定》中就对出口退税作出了豁免性规定。第6条第4款规定,"在任何缔约方领土的产品进口至任何其他缔约方领土时,不得由于此类产品被免除在原产国或出口国供消费的同

---

① 出口补贴(Export Subsidies),又叫作出口津贴,是指一国政府为了降低出口商品的价格,加强其在国外市场的竞争能力,在出口某种商品时给予出口厂商现金补贴或者财政上的优惠。出口补贴的方式有:第一,直接补贴(Direct Subsidies),即在出口某种商品时,直接给出口厂商以现金补贴;第二,间接补贴(Indirect Subsidies),即政府对某些出口商品给予财政上的优惠。进口替代补贴是指以使用国产货物为条件而给予的补贴。

类产品所负担的税费或由于退还此类税费而征收反倾销或反补贴税。"《关贸总协定》附件9《注释和补充规定》关于第16条解释,"对一出口产品免征其同类产品供国内消费时所负担的关税或国内税,或免除此类关税或国内税的数量不超过已增加的数量,不得视为一种补贴。"可见,关贸总协定与世界贸易组织明确把出口退税排除在不公平贸易的补贴与倾销行为之外。换言之,出口退税充分体现了世界贸易组织关于非歧视原则、公平贸易原则。各国实行出口退税早已成为一种国际惯例。出口退税是国际贸易的正常做法,已称不上是鼓励出口的政策,更与出口补贴无关。相反,不实行出口退税,则是对出口产品的歧视和价格扭曲,是不公平的。

【点评】

一国的产业政策是通过各种手段来实施的,比如说税收减免、利率优惠等。但是,如果对国内某一产业的企业予以产业政策的优惠,对国外同类产业的企业构成了歧视性待遇,在我国已经加入WTO的大背景下,就会违反WTO的国民待遇原则。所以,在我国实施产业政策,特别是这项产业政策会对国外企业构成影响时,应当考虑是不是符合WTO基本原则,这也是经济全球化的必然要求。

案例分析二:中小企业促进

【案情】

甲公司是一家中小型企业。2007年1月,公司接到了一份数额很大的订单,但是由于公司短期自由资金有限,生产资金不足,因此无法大规模投入生产。公司决定找银行贷款,但是走访了多家银行,都由于公司没有可以抵押的房产,仅有的可以用作抵押的固定资产也是机器设备,所以无法得到银行贷款的支持。最后,公司找到了本市的中小企业信用担保机构,信用担保机构在仔细审查公司经营状况之后,决定为公司提供担保。此后,甲公司找到了乙银行。乙银行再对该公司进行综合考察、分析之后,认为公司的生产经营正常,销售收入稳定增长,现金流充足,与国外客户有着长期稳定的交易记录,公司以及股东个人的信用记录也都良好。因此,乙银行认定,该公司作为民营科技型企业,具有良好的发展潜力,只要银行能够对公司的资金流进行有效监控,对该公司的信贷支持是可以控制风险的。乙银行为该公司制定了融资结算综合服务方案,该公司成功获得了首笔流动资金贷款300万元,解决了资金难题,成功地使企业进行了扩大生产。

【问题】

为什么要支持中小企业发展？支持的措施都有哪些？

【观点】

中小企业在竞争起点上比大型企业处于劣势,但是它们具有很强的发展潜力,只要给予它们充分的支持,就能够拥有很强的竞争力,从而带动整个市场进入良性竞争。支持中小企业发展的措施主要包括金融、财政、税收等方面。

【分析】

大型企业和中小型企业尽管面临相同的竞争机会,也会由于自身规模的不同而导致实质不平等的待遇。民商法解决的是企业之间的机会均等问题,但是由于大型企业和中小企业在起点就是不平等的,所以机会的平等也会导致最终结果的不平等。反垄断法和反不正当竞争法也对于大型企业滥用市场支配地位,或者众多企业合并成大型企业形成垄断进行审查,其目的是为了防止对中小企业的公平竞争环境构成侵害。但是,这种救济多是一种消极的救济,也就是在大型企业对中小企业构成侵害时的一种救济。中小企业促进法专门针对中小企业,为其提供税收、信贷、服务等各方面的支持,从而在实质上帮助中小企业不断发展自己,使其能够取得和大型企业同等竞争的平台,这多体现出一种社会正义。

在我国,中小企业是市场经济的重要主体,占据了国民经济的重要地位。目前,在我国进行工商登记的中小企业总数占据企业总数的99%;它们所创造的最终产品和服务的价值占据国内生产总值的60%;上缴税收占国家税收总额的55%;进出口总额占60%以上;提供的城镇就业机会高达75%;占据发明专利的65%、新产品开发项目的80%以上。可以说,中小企业在我国经济、社会中的重要地位是显而易见的。但是,我国长期对中小企业关注不足,导致中小企业难以获得一个有力的成长环境。在这种情况下,2002年通过的《中小企业促进法》为中小企业的发展提供了法律支持。此后,相关配套制度也纷纷建立。

对中小企业的支持,主要体现在融资、财政税收和社会服务等方面。

在我国,中小企业的融资途径非常有限。在中小企业的外部融资中,向金融机构的间接融资占据中小企业融资总额的99%,这也就意味着,绝大多数中小企业无法通过发行股票或者债券的方式进行直接融资。而且,尽管是进行间接融资,也会由于中小企业规模较小、资金较少、未来发展不确定等因素,而被银行等金融机构拒绝贷款或者要求支付很高的贷款利息。为了保障中小企业能够从商业银行获得贷款,《中小企业促进法》规定,要建立中小企业信用担保机构,对商业银行向中小企业的贷款提供担保,从而降低商业银行的贷款风险,鼓励商业银行向中小企业贷款。截至2006年年底,我国已经有各类中小企业信用担保机构3366家,累计担保企业38万家,累计担保总额7843亿元。2006年,国务院转发了发改委等五部门发布的《关于加强中小企业信用担保体系建设意见》。《意见》规定,要从资金、税收、保费、担保登记、信息共享和银担合作等方面加大支持力度。此外,对于中小企业贷款增幅比较大的商业银行,财政将给予相应的风险补偿。对此,浙江、江苏、广西和河北等四省和部分地市,已经相继建立了小企业贷款风险补偿基金。在直接融资上,自2004年5月深圳证券交易所开通中小企业板以来,一些符合条件的高成长性中小企业获得了上市融资的机会。截至2011年底已经有138家中小企业在深交所上市。此外,发改委、科技部等十部委联合发布了《创业投资企业管理暂行办法》,以支持中小企业投资公司的设立与发展。

财政税收的支持也是中小企业发展的强大动力。在许多发达国家,政府都在中央预算中设置中小企业科目,安排扶植中小企业发展的专项资金。在我国,比较可行的做法是,在预算中设立中小企业科目,由财政拨付专项资金,建立中小企业发展基金。基金主要用于中小企业的创业辅导和服务,为中小额信用担保提供资助,提供信息咨询和人员培训,支持技术创新和开拓国际市场等。此外,政府采购也为中小企业发展提供支持。按照《政府采购法》第9条的规定,政府采购应当有助于实现国家的经济和社会发展政策目标,包括保护环境,扶持不发达地区和少数民族地区,促进中小企业发展等。再有就是税收方面的支持。自2001年以来,国家发改委和税务总局对为中小企业提供融资担保的部分中小企业信用担保机构实行了免征营业税的政策,从而有力促进了中小企业信用担保机构的发展。

社会服务为中小企业发展提供了广阔平台。一方面,可以由政府投资设立中小企业服务中心,为中小企业提供公益服务;另一方面,鼓励社会中介组织、其他社会组织、科研机构、大专院校、律师事务所、会计师事务所等为中小企业提供专业服务。

【点评】

事实上,许多现在的大型企业都是由中小型企业发展起来的,比如说微软。在他们通过自由竞争获得市场支配地位之后,一些尚显弱小的中小企业就难以获得相对公平的发展空间。对于大型企业来讲,他们已经获得了一定的市场支配地位,从而缺乏创新动力;对于中小企业来讲,他们在大型企业的市场支配之下,难以取得平等的竞争优势,即使具有创新潜能,也会由于既有市场格局而被扼杀在萌芽状态。所以,为了破除市场支配,支持技术创新,不断促进市场竞争,应当采取多种措施有力促进中小企业的发展。

案例分析三：TD-SCDMA——自主创新之结晶

【案情】

TD-SCDMA是中国企业主导提出的3G国际技术标准。2002年,在发改委、信息产业部、科技部的支持下,由大唐、华为、中兴、中国普天、中电赛龙、联想、华立、南方高科八家企业共同发起的TD-SCDMA产业联盟正式成立。这些企业直接带动了西门子、阿尔卡特、爱立信、北电网络、三星电子、飞利浦、摩托罗拉等国际通信巨头以不同形式参加到产业发展中来。该产业链条形成了从芯片到核心软件,从系统设备到终端,从测试仪表到配套产品等环环相扣的完整布局。这是中国企业有史以来第一次提出的国际标准,这对于历来以"加工"为主的中国制造业而言,无疑是一场革命。TD-SCDMA是中国政府、通信界、科技界、学术界集体努力,坚持走自主创新之路的结果。

【问题】

为什么要自主创新？自主创新能够获得怎样的支持？

【观点】

自主创新是我国发展的必然之路,单纯的技术引进已经不能满足我国发展的需求。国家支持企业自主创新,并给予财政、税收、融资等各个方面的支持。

【分析】

我们经常见到的是"中国制造",这表明中国是一个制造大国。如果是在几十年前,这足以引起我们的自豪。但是现在,面临许多"美国设计"或者"日本设计",我们又会感到失落。因为,我们是一个制造大国,而不是一个设计大国。在技术设计主导的今天,我们只能处于被选择,处于被支配的地位。在以往实施的市场换技术的政策下,我国企业在与外资合作的过程中,的确换到了技术,但是这种技术往往是非先进技术,先进技术是处于高度保密状态。比如说,一些国家允许出口中国的技术是十几年甚至几十年前的技术,最新技术是坚决不会出口到中国的。再比如,日本一家顶级制造企业的数控产品分为三种颜色,即黄、橙、红。黄色是最新数控产品,不出口中国,卖给中国的,是经过"选择"的产品。在这种情况下,不论是通过外商直接投资的市场换技术,还是直接引进技术,我们都很难通过"拿来主义"获取最尖端技术。所以,技术的自我创新是刻不容缓的重大议题。2005年,党的十六届五中全会明确提出:必须提高自主创新能力,要把增强自主创新能力作为科学技术发展的战略基点和调整产业结构、转变增长方式的中心环节。"十二五规划"指出,坚持把科技进步和创新作为加快转变经济发展方式的重要支撑。增强自主创新能力,壮大创新人才队伍,推动发展向主要依靠科技进步、劳动者素质提高、管理创新转变，加快建设创新型国家。这意味着，在我国，自主创新已经从抽象的理念上升到国家战略层面上了。因此，如何设计与自主创新相关的各项法律、制度，以及配套措施，已经提上了议事日程。

为了配合国家"十二五规划"，国家发改委正在制定和完善一系列促进高技术产业发展的产业政策，比如说节能环保、新一代信息技术、生物、高端装备制造、新能源、新材料、新能源汽车等战略性新兴产业。

本例中，大唐移动的母公司大唐集团获得国家开发银行 300 亿元巨额贷款，用于大唐集团 TD-SCDMA 网络建设，华为公司和中兴通讯获得了国家进出口银行 6 亿和 5 亿美元的出口信贷。考虑到国家开发银行和国家进出口银行都是政策性银行，属于国家财政完全拨款的银行，所以，对于该项技术的支持，不仅是金融的支持，更是财政的支持。

【点评】

自主创新是我国发展的一个基本指导思想。人类社会经历了农业时代、工业时代，目前正处于信息时代，又叫做网络时代。在这一时代，技术是核心、关键。各国之间的产品竞争，除了一般的价格竞争之外，在很大程度上是技术竞争。通过主导型技术，主导行业发展态势，促使其他国家被动接受，从而难以取得主导地位；通过掌握核心技术，形成技术垄断，增加其他国家的准入成本，人为设置进入障碍；通过设置技术壁垒，遏制其他国家的产品进入本国市场。总而言之，在技术竞争日益激烈的今天，必须加强我国的自主研发能力，增强国家的竞争力。

案例分析四：振兴东北老工业基地

【案情】

东北拥有众多关系到国民经济命脉的战略产业和骨干企业，在我国国民经济中占有十分重要的地位。但是，在计划经济体制向市场经济体制转型的过程中，东北三省的产业结构、产品结构等诸多问题纷纷显现出来，导致东北三省工业经济发展缓慢，甚至下滑。2002 年，党的十六大报告提出"支持东北地区等老工业基地加快调整和改造，支持资源开采型城市发展接续产业"。2003 年 10 月，《中共中央、国务院关于实施东北地区等老工业基地振兴战略的若干意见》正式下发。2003 年 12 月，国务院振兴东北地区等老工业基地领导小组成立。2004 年 4 月，国务院成立了振兴东北地区等老工业基地办公室，全面启动了振兴战略。2004 年，国家支持东北老工业基地振兴的政策相继实施。2007 年 8 月

20日,振兴东北办公布了经国务院批复的《东北地区振兴规划》。根据规划,我国将经过10年到15年的努力,实现东北地区的全面振兴。

【问题】

振兴东北老工业基地属于产业法中的哪部分?振兴的措施都有哪些?

【观点】

属于产业法中的区域经济协调法。振兴的措施主要包括税收措施、信贷措施和外汇措施等。

【分析】

改革开放初期,我国对东部沿海地区实施了特别优惠措施,使得这些地区纷纷崛起,成为我国经济的先驱。但是,在东部地区崛起之后,与之相对的是东北、中部、西部等地区生产力的相对落后。在这种情况下,如何实现区域经济协调发展,构建和谐社会,便成为我国政治、经济、社会政策关注的重大经济社会问题。历史上,东北老工业基地为我国经济建设作出了非常大的贡献,但是,在当时高积累、低消费的指导方针下,个人、企业自身积累的财富并不多,因此在经济转型过程中,企业自有的资金非常有限,而且欠缺政策上的支持,导致东北老工业基地的企业发展缓慢。在这种情况下,便出台了振兴东北老工业基地的战略措施。

在中共中央、国务院作出振兴东北老工业基地的决策之后,相关的配套措施也纷纷实施。在信贷方面,国家对技术改造实行贷款贴息,支持老工业基地发展高新技术产业;尽可能多地把政策性银行贷款、国际金融组织和外国政府优惠贷款,安排东北老工业基地的项目。

在财政方面,国家设立老工业基地结构调整基金,用于国有骨干企业重大项目的资本金投入;减轻老工业基地的财政上缴比例、允许地方政府通过变现部分国有资产、转让土地等方式,筹集产业结构调整资金;把国债资金向东北老工业基地倾斜、允许东北老工业基地发行地方国债等。

在税收方面,2004年,财政部、税务总局发布了《东北地区扩大增值税抵扣范围若干问题的规定》《关于落实振兴东北老工业基地企业所得税优惠政策的通知》,以及《关于调整东北老工业基地部分矿山油田企业资源税税额的通知》等规范性文件。这些规范性文件的公布标志着对东北老工业基地的税收优惠措施正式启动。在增值税方面,从2004年7月1日起,允许东北地区经过认定的从事装备制造业、石油化工业、冶金业、船舶制造业、汽车制造业、农产品加工业的增值税一般纳税人,以及经财政部、国家税务总局批准的从事军品和高新技术产品生产的企业,可以按规定抵扣通过购进等方式取得的固定资产所含进项税金,实现由生产性增值税向消费型增值税的转型;在企业所得税方面,东北老工业基地的企业可以享受按规定提高固定资产折旧率,缩短无形资产摊销年限,计税工资税前扣除标准提高到 1200 元等税收优惠;在资源税方面,经省级人民政府批准,对低丰度油田和衰竭期矿山在不超过 30% 的幅度内降低资源税适用税额标准。

在外汇方面,2007 年,国家外汇管理局发布了《关于进一步支持东北老工业基地振兴外汇政策措施的批复》。其主要内容包括:第一,改进管理方式,企业可以在网上申请办理直接投资项下的核准业务,外汇指定银行可以办理直接投资项下外汇账户关闭业务,外商投资企业可以根据经营需要开立或者变更外汇资本账户;第二,扩大企业境外投资项下自主用汇,不设购汇额度限制;第三,鼓励境外上市公司采取上市股票认股期权和员工持股计划等激励机制;第四,放开保税监管区域企业的购汇限制,取消出口加工区企业经常项下资金结汇逐笔审批管理。

国家对东北老工业基地的支持还体现在其他许多方面。比如说,债转股、兼并破产、技改贴息、封闭贷款、上市等政策;加大对国有企业政策性破产的支持力度;对吸纳下岗职工的企业在税收上实行更加优惠的政策;设立东北地区各省小企业发展局,对中小企业进行金融扶持;给予职工劳动保障的优惠政策;加大对老工业基地分离企业办社会职能的财政转移支付力度等。

【点评】

"平衡"或者说"和谐"是经济发展所必须解决的问题。东部、西部、中部、东北等地区的区域经济发展失衡、城市和农村经济发展失衡、产业结构发展失衡、同一产业内部大型企业和中小型企业发展失衡等,都是严重制约我国经济发展的重大问题。在创建和谐社会的指导思想下,经济和谐也成为题中应有之意。

案例思考题

房地产业的宏观调控

【案情】

自 2003 年起,北京房地产价格居高不下,为此许多居民都怨声载道。针对这样一个严重的经济、社会问题,政府开始实施大规模的宏观调控。2003 年 4 月,央行颁布的《关于进一步加强房地产信贷业务管理的通知》,即 121 号文件;

2004年,国土资源部、监察部发出《严令各地须在当年8月31日前将协议出让土地中的遗留问题处理完毕》的通知,即8·31大限;2005年3月,国务院出台的《稳定房价八点意见》,即"国八条";2006年5月17日,国务院提出《促进房地产业健康发展的六项措施》,即国六条;2006年5月29日,国务院办公厅公布《关于调整住房供应结构稳定住房价格的意见》,即九部委"十五条";2006年5月31日,国税总局下发《关于加强住房营业税征收管理有关问题的通知》(国税发74号文件);2006年7月11日,建设部联合其他5部委下发171号文件《关于规范房地产市场外资准入和管理的意见》,被业内称为"外资限炒令"。2011年1月26日,国务院常务会议再次推出八条房地产市场调控措施,被称为新"国八条",随即各地纷纷推出住房限购令。加之中国人民银行不停歇的提高存款准备金率和存贷款基准利率,国家采取的各种调控手段可谓层出不穷。

【问题】
对于房地产业的宏观调控措施的有效性如何认识?

【提示】
宏观调控措施在很大程度上是通过给予利益或者剥夺利益来进行间接的引导,接受调控的企业或者个人就会从理性经济人角度出发,如果被给予的利益与他们不遵从所获得的利益相比较大,那么他们就会遵从;反之,就会不遵从。如果被剥夺的利益与他们不遵从所获得的利益相比较大,那么他们就会遵从;反之就会不遵从。

第二十四章 国有资产管理法律制度

本章要点

1. 核心内容

国有资产管理法是调整在国家对国有资产进行管理过程中所发生的经济关系的法律规范的总称。在国有资产这一称谓的发展过程中,曾经出现过"全民所有",之后形成的词汇才是"国有"。在"全民所有"的体制下,国家实际上是代理人;在国有的体制下,国家是完全的所有者。目前,在处理国有资产的时候,国家可以作为所有者而对国有资产行使完全的权利,即占有、使用、收益和处分。但是,国家也是一个虚位的主体,具体代表国家行使所有权的是政府,而政府也是一个虚位的主体,代表政府行使所有权的是国资委以及地方各级国资管理部门,而最终行使所有权的是政府官员。在这样一条层层代理的法律关系中,很容易出现经济学中所强调的代理成本问题。这也是国有资产在运营过程中,难以保值、增值,甚至流失的症结所在。尤其是在国有企业中,尽管最终由官员代表国家行使国有资产的所有权,但是由于他管理的并非自身财产,而从经济学角度,他不具有监督国有资产运用的积极性和主动性。所以,又会出现公司治理当中的"内部人控制"问题,在内部人的控制下,国有资产流失严重。对于这种问题,可以通过追究相关主体的法律责任加以救济。但是,法律责任落实不到位,从而难以形成有效制约。

国有资产管理是关系到国家权力运用以及国有资产保值增值的重要问题,目前,涉及国有资产管理的规范性文件主要有《宪法》和法律的相关规定;2008年全国人大常委会颁布的《企业国有资产法》;国务院颁布的《国有资产评估管理办法》《企业国有资产监督管理暂行条例》《企业国有资产产权登记管理办法》等规范性文件。尽管物权法对国有产权和私有产权作出了同等保护,但是国有资产的产权界定和管理具有自身的特殊性,物权法仅仅是作出了原则性规定,具体制度依然有必要出台《国有资产管理法》。

2. 主要制度

国有资产管理的基本法律制度主要包括国有资产的清产核资、国有资产的产权界定、国有资产的产权登记、国有资产评估、国有资产流失查处制度。国有资产分类管理法律制度主要包括企业国有资产管理、行政事业单位中的国有资产管理、资源性国有资产管理、境外国有资产管理。

3. 实务提示

主要涉及国有资产的清产核资、产权界定、产权登记、资产评估、国有资产的流失查处等问题。其中,国有资产流失问题比较严重,比如说企业财务管理不规范导致的国有资产流失、企业通过改制重组而导致的国有资产流失、企业经营决策失误、企业高级管理人员渎职等导致的国有资产流失等。

 相关法律、法规、规章、司法解释

1. 法律

《中华人民共和国企业国有资产法》(全国人大常委会,2008 年 10 月 28 日通过,2009 年 5 月 1 日施行)

2. 行政法规

《企业国有资产监督管理暂行条例》(国务院,2003 年 5 月 27 日公布)
《企业国有资产产权登记管理办法》(国务院,1996 年 1 月 25 日公布)
《国有资产评估管理办法》(国务院,1991 年 11 月 16 日公布)

3. 行政规章

《地方国有资产监管工作指导监督暂行办法》(国务院国有资产监督管理委员会,2006 年 4 月 7 日公布)

《企业国有资产评估管理暂行办法》(国务院国有资产监督管理委员会,2005 年 8 月 25 日公布)

《国有企业清产核资办法》(国务院国有资产监督管理委员会,2003 年 9 月 9 日公布)

《资产评估机构审批和监督管理办法》(财政部,2011年8月11日公布)

《国有资产评估违法行为处罚办法》(财政部,2001年12月31日公布)

《关于资产评估立项确认工作的暂行规定》(财政部,1999年3月2日公布)

《国家试点企业集团国有资本金管理暂行办法》(财政部,1998年12月9日)

《关于国有资产产权纠纷调处工作有关政策问题的通知》(国家国有资产管理局,1998年1月12日)

《股份有限公司国有股股东行使股权行为规范意见》(国家国有资产管理局、国家体改委,1997年3月24日)

《行政事业单位国有资产处置管理实施办法》(国家国有资产管理局,1995年9月5日公布)

《关于对上市公司国家股配股及股权转让等有关问题的通知》(国家国有资产管理局,1994年12月1日公布)

《股份有限公司国有股权管理暂行办法》(国家国有资产管理局、国家经济体制改革委员会,1994年11月3日公布)

《国有资产产权界定和产权纠纷处理暂行办法》(国家国有资产管理局,1993年12月21日公布)

《国有资产评估管理办法施行细则》(国家国有资产管理局,1992年7月18日公布)

《企业国有资产所有权界定的暂行规定》(国家国有资产管理局、财政部、国家工商行政管理总局,1991年3月26日公布)

4. 司法解释

《最高人民法院关于在民事审判和执行工作中依法保护金融债权防止国有资产流失问题的通知》(最高人民法院,2005年3月16日公布)

《最高人民法院关于国有资产产权管理行政案件管辖问题的解释》(最高人民法院,2001年1月10日)

《最高人民法院关于因政府调整划转企业国有资产引起的纠纷是否受理问题的批复》(最高人民法院,1996年4月2日公布)

第二十四章 国有资产管理法律制度

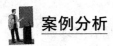
案例分析

案例分析一：国有资产管理、评估法律问题

【案情】

某冶金厂是一家大型的国有独资企业。2003年年底，该厂的国有资产监督管理部门，即该市的财政局按照国务院92号文件审核了该厂的固定资产。审核结果是，该冶金厂拥有固定资产2.3亿。2004年春，冶金厂召开全厂职工大会，讨论该厂改制问题。许多职工在没有看到改制文件的情况下，同意了改制方案。此后，冶金厂的固定资产全部卖给了一家外资公司。该外资公司在购买冶金厂的资产的同时，也承受了4000万元的债务。换言之，外资公司以4000万元购买了2.3亿元的资产。冶金厂出售本厂的价格依据是本市一家会计师事务所的资产评估报告。按照资产评估报告，冶金厂的固定资产（不含土地使用权价值）是1.2亿，其中冶金厂下属分厂的机器设备和厂房作家评估3000多万元，但是冶金厂却把这3000多万元的资产折抵为600多万，仅此一项就流失了2400多万元。此后，冶金厂以4000万元的价格出售了资产。冶金厂的职工认为厂领导贱卖了本厂的资产，导致了国有资产流失，主张该转让合同无效。

【问题】

国有资产转让的程序是什么？本案中，哪些程序违法？

【观点】

国有资产转让首先要由企业作出决议，报经国有资产监督管理机构决定，然后再由转让方组织清产核资。在清产核资的基础上，转让方委托资产评估机构进行资产评估。然后，公告产权转让交易，并采取拍卖或者招投标的方式进行交易。本案中，主要有以下程序违法：产权转让没有得到本级人民政府的批准；没有履行清产核资的程序；委托进行资产评估的主体是冶金厂本身；资产评估结果没有报主管部门核准或者备案；转让没有采取公告方式，没有采取拍卖或者招投标的方式。

【分析】

按照2003年12月31日国资委、财政部发布的《企业国有产权转让管理暂行办法》的规定，国有资产监督管理机构、持有国有资产的企业将所持有的企业国有产权转让给境内外法人、自然人或者其他组织均适用该办法。按照该办法

的规定,企业国有产权转让应当遵循以下程序:

首先,企业对产权转让作出书面决议,然后报经国有资产监督管理机构①决定,其中转让企业国有产权导致国家不再拥有控股地位的,应当报经本级人民政府批准。

其次,产权转让事宜经过决定或者批准之后,转让方应当组织转让标的企业按照有关规定进行清产核资,并根据清产核资的结果编制资产负债表和资产移交清册,并且委托会计师事务所进行全面审计。2003年,国务院国有资产监督管理委员会发布《关于印发中央企业清偿核资工作方案的通知》(国资评价[2003]58号)、2003年9月《国有企业清产核资办法》《关于印发国有企业资产损失认定工作规则的通知》(国资评价[2003]72号)《关于印发国有企业清产核资工作规程的通知》(国资评价[2003]73号)、《关于印发国有企业清产核资资金核实工作规定的通知》(国资评价[2003]74号)、《关于印发国有企业清产核资经济鉴证工作规则的通知》(国资评价[2003]78号)。这些规范性文件都对国有资产管理的清产核资,作出了具体规定。按照规定,国有企业产权转让导致控股权转移等重大产权变动需要清产核资的,应当由同级国有资产监督管理机构组织实施并且委托社会中介机构进行。

再次,在清产核资和审计的基础上,转让方委托资产评估机构依照国家有关规定进行资产评估。资产评估报告经过核准或者备案之后,作为确定企业国有产权转让价格的参考依据。但是,在产权交易过程中,如果交易价格低于评估结果的90%时,应当暂停交易,在获得相关产权转让批准机构的同意之后才可以继续进行。按照1991年国务院发布的《国有资产评估管理办法》第3条的规定,国有资产占有单位进行资产拍卖或者转让的应当进行资产评估。国有资产评估

---

① 长期以来,我国的国有资产管理呈现出"五龙治水"的局面,即资产权归财政部、投资权归计委(机构改革后为发改委)、日常运营归经贸委、人事权归中央企业工委、业务管理权归主管部委。这种管理权划分的结果就是,权力重叠,相互推诿,或者是权力冲突,相互争夺。2003年4月,国务院设立专门行使国有资产所有者权利的国有资产监督管理委员会。经国务院授权,国资委代表国家履行出资人职责,其监管范围是中央所属企业的国有资产,但是不包括金融类资产。

国资委划入了原经贸委的指导国有企业改革和管理的职责、原中央企业工委的职责、财政部有关国有资产管理的部门职责、劳动和社会保障部的拟定中央直属企业经营者收入分配政策、审核中央直属企业的工资总额和主要负责人的工资标准的职责。具体包括:根据国务院授权履行出资人职责;代表国家向部分大型企业派出监事会并负责监事会的日常工作;通过法定程序对企业负责人进行任免、考核并根据其经营业绩进行奖惩;建立符合社会主义市场经济体制和现代企业制度要求的选任、用人机制,完善经营者激励和约束制度;对所监管国有资产的保值增值情况进行监管;建立和完善国有资产保值增值指标体系,拟定考核标准;维护国有资产出资人的权利;起草国有资产管理的法律、行政法规,制定有关规章制度;依法对地方国有资产管理进行指导和监督;承办国务院交办的其他事项。

的具体流程如下:(1)国有资产占有单位经其主管部门审查同意后,向同级国有资产管理行政主管部门提交资产评估立项申请书,并附财产目录和有关会计报表等资料。经国有资产行政主管部门授权或者委托,占有单位的主管部门可以审批资产评估立项申请;(2)国有资产管理行政主管部门自收到资产评估立项申请书之日起10内进行审核,作出是否准予资产评估立项的决定,通知申请单位及其主管部门;(3)申请单位收到准予资产评估立项通知书后,可以委托具有法定资格的资产评估机构评估资产;(4)受占有单位委托的资产评估机构根据本办法规定,对委托单位被评估资产的价值进行评估和估算,并向委托单位提出资产评估结果报告书;(5)委托单位收到资产评估机构的资产评估结果报告书后,应当报其主管部门审查;主管部门审查同意后,报同级国有资产管理行政主管部门确认资产评估结果。经国有资产管理行政主管部门授权或者委托,占有单位的主管部门可以确认资产评估结果;(6)国有资产管理行政主管部门应当自收到占有单位报送的资产评估结果报告书之日起45日内组织审核、严整、协商、确认资产评估结果,并下达确认通知书。

最后,在确定转让价格之后,转让方将产权转让公告委托产权交易机构刊登在省级以上公开发行的经济或者金融类报刊,以及产权交易机构的网站上,公开披露有关企业国有产权转让的信息,广泛征集受让方,其中,公告期为20个工作日。经过公开征集产生2个以上受让方时,转让方应当与产权交易机构协商,根据转让标的的具体情况决定究竟是采取拍卖的方式或者招投标的方式。如果经过公开征集,只产生了一个受让方或者按照有关规定经国有资产监督管理机构批准的,可以采取协议转让的方式。

本案中,产权转让导致国家丧失了控股权,而被一家外资公司所拥有,那么此项转让应当取得本级人民政府的批准。但是在本案中,转让并没有取得任何国家机关的批准。此外,冶金厂没有履行清产核资的程序,而且委托进行资产评估的主体也应当是国有资产的转让方而不是冶金厂本身。还有,会计师事务所所进行的评估仅仅针对的是设备和厂房,而没有包括土地使用权,而且作价评估的价格要低很多。按照《评估管理办法》的规定,评估结果必须报经同级财政部门核准或者备案。最后,转让应当采取公告的方式,分别采取拍卖或者招投标的方式,只有在国有资产进度管理机构批准的情况下,才能采取协议转让的方式。所以,本案中的国有资产转让存在非常大的问题。

【点评】

在抓大放小的指导方针下,国有企业逐渐实行改制,在关系国计民生的经济领域,保留大型国有企业,在竞争性的经济领域,则实行国有企业改制,实现国有资产的退出。应当说,国有企业改制过程中所导致的国有资产转让本身是合法的,但是如果国有资产被低价转让,就会导致国有资产流失,就是违法。所以,在国有资产转让过程中,防止国有资产流失的重要前提,就是国有资产必须要合理作价,不能人为压价。

案例分析二:针对国有资产流失的公益诉讼

【案情】

芜湖县高强度螺栓厂等17家企业共欠中国农业银行芜湖县支行合计贷款本金5574万元,利息1000多万元。2000年5月,芜湖县支行将这些贷款作为不良资产,一次性剥离给中国长城资产管理公司合肥办事处。长城资产管理公司依照相关法律规定,在媒体上连续发出了债权催收公告,要求债务人尽快履行还款义务。此后,长城资产管理公司采取每年逐户上门的办法催收债务,但是都没有取得成效。2005年6月,17家企业所欠不良资产本息累计8748万元。长城资产管理公司在采取公告催收、上门催收、债务减让等手段仍无法达到追偿债务的结果后,先后对17家企业中的11家提起了诉讼,并得到了法院的支持。但是,到了执行阶段,这些企业又不具备还债的能力,导致长城资产管理公司的债权无法得到实现。按照国务院的要求,四大资产管理公司应当在2006年年底完成政策性不良资产的处置工作,各家资产管理公司纷纷加大了不良资产的处置力度。长城公司决定以竞价的方式将17家企业的8748万元的债权进行转让。转让前,长城资产管理公司分别聘请了2家会计师事务所对17家企业进行了偿债能力的评估。9月和10月,长城资产管理公司分别在本公司网站和《安徽商报》上发布了债权转让公告。芜湖融信公司等2家企业从媒体上获悉债权转让公告之后,在公告期限内进行了书面报价。经过公开竞争、择优选择、审批等程序,长城资产管理公司与出价最高的融信公司签订了债权转让协议,即融信公司出价550万元购买长城资产管理公司8748万元的不良资产。12月28日,融信公司在支付长城公司550万元后,正式受让了8748万元的债权。2006年1月16日,融信公司在取得债权之后,以债权人的身份向芜湖市中级人民法院提起诉讼,要求芜湖县高强度螺栓厂等12家企业全额偿付不良资产本息。随后,法院根据融信公司的"财产保全"申请,冻结了这些企业的账户。芜湖县高强度螺栓厂等9家企业对融信公司低价购买债权表示不满,认为长城资产管理公司与融信公司所签订的不良资产转让协议造成了国有资产流失,并向有关部门进行了反映。随后,纪委、监察、银监等部门介入事件调查,但是没有发现违规违纪现象。2006年3月20日,芜湖县高强度螺栓厂等9家企业以融信公司和长城公司签订的债权转让协议损害国家利益和社会公共利益为由,向融信公司所在地的繁昌县人民法院提起诉讼,要求法院判令两被告的债权转让协议无效。2006年6月19日,繁昌县人民法院开庭审理了此案。经过审理,芜湖市繁昌县法院作出一审判决,确认中国长城资产管理公司合肥办事处和芜湖融信工贸有限责任公司签订的《债权转让协议》无效。

【问题】
本案涉及的主要问题是,是否可以对国有资产流失提起公益诉讼?

【观点】
虽然2012年修改的《民事诉讼法》增加了公益诉讼的规定,但是法条内容比较概括,可操作性不强,在无相关司法解释进一步作出明确规定之前,公益诉讼在我国仍然步履维艰。

【分析】
目前,我国遏制国有资产流失的相关制度主要包括以下几个方面。首先,纪检部门可以对案件进行调查,如果案件涉嫌违法刑法,应当移送司法机关。其次,如果涉嫌职务犯罪,检察机关应当进行侦查,并对对犯罪嫌疑人提起公诉。再次,人大代表及人大机关可以对国有资产流失案进行个案监督。最后,检察机关可以对国有资产流失案件支持起诉。具体来讲,检察机关可以通过提供法律援助、帮助当事人收集证据、向法院递交《起诉意见书》,或者经当事人授权、充当委托代理人起诉等方式支持起诉。

在民事诉讼方面,按照现行规定,国有资产流失的被害人能够提出诉讼,但是现实情况并不尽如人意。在我国,国有资产所有者和管理者之间的关系大体如下:国家代表全民对资产进行管理,国家的代理人又代表国家具体行使国有资产的管理权。总之,这是一种层层代理的关系。代理层次越多,代理成本就越高。作为被害人的一方是国有企业,但是有时候国有企业是与侵害方串通在一起共同导致的国有资产流失,因此被害人本身也是侵害人;有时候被害人怠于追究侵害人的法律责任;有时候国有企业本身管理不善造成了国有资产流失。总之,现实中被害人对侵害人提起诉讼的情况比较少见。尽管存在被害人起诉侵害人的直接诉讼的法律依据,也有相应的诉讼救济、行政救济等途径,但是权利人不去行使也是一样的难以起到作用。因此,救济效果主要取决于两个方面的因素,一个是是否有充分的救济机制,另一个是救济机制是否能够得到充分运用。那么,以这两个标准来衡量,现有机制难以起到遏制国有资产流失的作用。所以,赋予一般国家机关、公民以公益诉讼的权利,将会成为遏制国有资产流失的重要举措。

2012年修订的《民事诉讼法》增加了关于公益诉讼的规定,"对污染环境、侵害众多消费者合法权益等损害社会公共利益的行为,法律规定的机关和有关组织可以向人民法院提起诉讼。"该法条采取列举加概括的方式对适用公益诉讼的情形进行了规定,但并未明确将"国有资产流失"纳入公益诉讼的范畴。此外,新民事诉讼法在提起公益诉讼的主体上也采取了较为保守的态度,仅准许"法律规定的机关和有关组织"提起公益诉讼,排除了个人。在此前的《民事诉讼法》修改建议稿中曾规定,任何人对公益诉讼案件的审理都可以提供材料和意见,人民法院不得拒绝,但该意见未得到采纳。

因此,国有资产流失是否可以提起公益诉讼,不是一个理论问题,而是一个实践问题,端看司法界是否倾向于用公益诉讼的方式来为国有资产流失问题提供相应的救济。

【点评】

如果说现有制度难以起到实效,一方面要考虑制度本身是否存在问题,另一方面考虑制度运行环境是否健全。如果是制度本身的问题,我们自然可以通过引入一项新制度去解决,比如这里的公益诉讼制度;但是如果是制度运行环境的问题,我们又如何能够保证公益诉讼制度不会成为一种摆设?不断完善制度固然重要,健全一种完善的制度运行环境更为重要。因为,有时候会因为制度环境的健全,而使得原先就已经存在的制度本身就能够取得良好成效。

案例分析三:股权转让协议哪里违法?

【案情】

甲公司是某市国有资产监督管理机构单独出资设立的国有独资公司。国有资产监督管理机构打算把自己持有的甲公司的60%的股权转让给乙公司。为此,双方签订了股份转让协议。协议要点如下:(1) 转让股份报本市国有资产监督管理机构批准;(2) 经批准后,由甲公司组织清产核资,并根据清产核资的结果编制资产负债表和资产移交清册,并委托会计师事务所进行全面审计;(3) 在清产核资的基础上,委托丙资产评估事务所进行资产评估,评估报告经核准或者备案后,按照评估结果的70%确定实际交易价格;(4) 乙公司采取分期付款的方式,首期付款不得低于总价款的20%,并在合同生效之日起10天内支付;其余款项按照银行同期存款利息,向甲公司支付延期付款期间的利息,付款期限不得超过3年;(5) 甲公司的产权转让收入,首先用于安置本公司职工,并偿还银行债务,其余部分由财政部门收归国库,用于弥补财政赤字;(6)产权转让完成后,甲公司首先向原产权登记机关申请办理产权变更登记,然后向工商部门申请办理变更登记。双方按照协议约定进行,后发现,丙资产评估事务所与委托人串通作弊,故意出具虚假的资产评估报告。

【问题】

本案中的协议要点符合法律规定吗?丙资产评估事务作出虚假评估,应当承担何种法律责任?

【观点】

不符合法律规定。资产评估事务所应当承担行政责任。

【分析】

首先,甲公司的国有产权转让报市国有资产监督管理机构批准不符合规定。按照规定,转让企业国有产权致使国家不再拥有控股地位的,应当报本级人民政府批准。第二,由甲公司组织清产核资不符合规定。按照规定,转让国有产权导致转让方不再拥有控股地位的,由同级国有资产监督管理机构组织清产核资。第三,按照评估结果的70%确定实际交易价格不符合规定。按照规定,在产权交易过程中,当交易价格低于评估结果的90%时,应当暂停交易,在获得相关产权转让批准机构同意后方可继续进行。第四,乙公司分期付款的支付期限不符合规定。按照规定,采取分期付款方式的,受让方首期付款不得低于总价款的30%,而非20%,并在合同生效之日起5个工作日支付,而不是10日;其余款项应当提供合法的担保,并应当按同期银行贷款利率,而不是存款利率,向转让方支付延期付款期间的利息,付款期限不得超过1年,而不是3年。第五,甲公司的产权转让收入用以弥补财政赤字不符合规定。按照规定,转让企业国有产权的净收益,应当首先安置本企业职工并偿还银行债务,其余部分由财政部门组织解缴本级人民政府国库,列入专门账户,专项用于支持结构调整或者补充需要扶持的国有企业资本金,不得用于经营性支出、弥补财政赤字、发放工资奖金。第六,甲公司申请变更登记的顺序不符合规定。按照规定,甲公司应当在向工商行政管理部门申请变更登记前,向原产权登记机关办理变动产权登记。

按照规定,资产评估机构与委托人串通作弊,故意出具虚假的资产评估报告的,没收违法所得,处以违法所得1到5倍的罚款,并予以暂停执业;给利害关系人造成重大经济损失或者产生恶劣社会影响的,吊销资产评估资格证书。

【点评】

国有股权的转让必须严格依照法定程序进行,否则会因为实体或者程序的违法而导致转让协议无效,从而无形中增加交易成本。所以,在进行股权转让之前,应当首先对相关规范性文件进行熟悉。

案例分析四:国有资产流失的郎顾之争

【案情】

格林柯尔是顾雏军一手创办的企业。1992年,格林柯尔股份有限公司在加拿大成立;2000年,格林柯尔在香港创业版上市;2001年至2004年,格林柯尔相继收购科龙、美菱、亚星客车和襄轴。2004年,郎咸平质疑格林柯尔的收购活动导致了国有资产流失,引发了轰动一时的郎顾之争。郎咸平指出,顾雏军先后收购了科龙、美菱、亚星客车以及ST襄轴等四家公司,号称投资41亿元,但实际只投入3亿多元。期间顾雏军采取了多种手法巧取豪夺,郎咸平将顾雏军的巧取豪夺归纳为"七大板斧"——安营扎寨、乘虚而入、反客为主、投桃报李、洗个大澡、相貌迎人以及借鸡生蛋。顾雏军收购四家公司时,均以公司大幅度亏损为由,压低收购价格。实际上,这些公司的大幅亏损都是顾雏军一手制造的。顾雏军在完成收购前,一般会提前进驻被收购企业、担任董事长,公司的大幅亏损报告都是在他任董事长之时出台的。比如,2002年5月,顾雏军完成对科龙的收购,但早在2001年11月左右,顾雏军就担任了科龙的董事长,在收购美菱、亚星、ST襄轴时,出现了同样的情况。顾雏军制造亏损的手法就是大幅提高企业运营费用。以收购科龙为例,科龙此前的运营费用为其营业额的10%左右,顾雏军当上董事长后就将其提高到20%。这些企业的利润率一般不过5%,大幅提高费用必然导致巨幅亏损。在完成收购后,顾雏军又将科龙的运营费用比例降到零,制造接手后即大幅扭亏的假相,强化了外界的"民企神话"。2005年,科龙因涉嫌证券违法而被证监会立案调查。2005年9月16日,顾雏军正式被捕。2006年3月23日,证监会召开了科龙电器涉嫌虚假陈述案公司及有关责任人的听证会。2006年7月,证监会依法对科龙电器原董事长顾雏军给予警告、30万元罚款,并实施永久性市场禁入。随后,佛山市检察院对顾雏军以涉嫌虚假出资罪、虚假财务报表罪、挪用资产罪、职务侵占罪四项罪名向佛山市中级人民法院提起公诉。

【问题】

顾雏军一案涉及多种经济犯罪,虚假出资、虚假财务报表、挪用资产、职务侵占等,必然要受到刑法的制裁。但是,我们更关注其中的国有资产流失,尤其是通过管理层收购(Management Buyout,MBO)这一似乎合法的手段所导致的国有资产流失。MBO一定违法吗?

第二十四章 国有资产管理法律制度

【观点】

MBO 是一种企业收购方式,兴起于美国 20 世纪 70 年代和 80 年代,但是目前在美国已经非常少见了。我国自 20 世纪 90 年代引入了 MBO 后,这种收购方式被视为挽救国有企业经营不善的一剂灵丹妙药。但是,在 MBO 的运作模式下,国有资产作价低,造成了国有资产流失。所以,目前国家叫停了国有大型企业的 MBO,仅允许小型国有企业进行 MBO,至于私营企业 MBO,完全可以进行。

【分析】

在谈到管理层收购,我们需要首先关注一下与此类似的杠杆收购(Leveraged Buyouts,LBOS)。杠杆收购是指,小公司通过高负债的方式去收购规模比自己大得多的公司,需要注意的是,小公司采取的是高负债融资的方式。这种高负债融资,可以是向银行贷款,也可以是发行股票或者公司债券。在筹集足够多的资金之后,就可以收购那些价值被低估的大公司的股票,从而取得对这些大公司的控制权,之后再把公司的经营状况作好,然后再卖出去。一般来讲,杠杆收购共有三个步骤:第一,集资;第二,购入;第三,重组、上市;第四,出售。管理层收购与杠杆收购存在很大不同。首先,杠杆收购是外部人收购公司,在不存在关联交易的情况下,一般能够确保转让价格的公正。但是,管理层收购却是内部人收购,因此,有人说,Management Buyout 不如叫做 Management Buyin。在我国,自 20 世纪 90 年代,开始借鉴美国的管理层收购。首先是,北京四通集团的产权改革标志着国内企业 MBO 的开始,此后 2003 年初,MBO 上升到前所未有的高度,在我国 1200 多家上市公司中,涉及国有资产的就有 900 多家,其中 200 多家正在积极探索管理层收购或者管理层持股模式,同样 MBO 也波及大量的非上市公司。据不完全统计,我国已经实施的管理层收购高达 100 多家。但是,MBO 的潜在问题非常明显。最突出的问题就是国有资产流失。在我国上市公司的股份分为流通股和非流通股,其中,非流通股高达 60% 以上,而且这部分股份是不能上市流通的,即使转让在很大程度上也是通过协议转让,那么这就为内部人操作、内部人确定股份转让价格创造了空间。另外的流通股数量较小,即使购买也难以取得企业的支配权,而且如果是通过证券市场转让,则会面临信息披露、收购成本等诸多问题。所以管理层收购所导致的国有资产流失在很大程度上是非流通股。针对这种现象,香港大学经济学家郎咸平提出了质疑,认为管理层收购造成了国有资产流失,从而引发了郎顾之争。鉴于此,2005 年 4 月 14 日,国务院国资委和财政部正式公布了《企业国有产权向管理层转让暂行规定》。规定指出,可以探索中小型国有及国有控股企业的国有产权向管理层转让。但是大型国有及国有控股企业的国有产权不向管理层转让,大型国有及国有控股企业所属从事该大型企业主营业务的重要全资或控股企业的国有产权也不向管理层转让。另外,企业国有产权向管理层转让必须进入经国有资产监督管理机构选择的产权交易机构公开进行。

【点评】

实际上,国有资产出售并不必然导致国有资产流失,关键是国有资产转让要公开、定价要合理。国有资产在很大程度上是通过关联交易流失的。在公正的交易条件下,关联交易是一种正常的交易行为。但是,由于关联交易是发生在具有关联关系的特定人之间的,因此在缺乏法律监控的情况之下,关联人很容易扭曲交易条件,以转移利润或者控制净资产收益率的方式谋求不正当的个人或者集团利益。定价合理,首先就要涉及国有资产的清产核资、作价评估,然后就会涉及评估中介机构的选择。当然,所有这些程序都要在国有资产监督管理部门的监督下进行。如果监管不力,国有资产的作价评估等就难以保证公正合理;由于代理成本的存在,监管力度显然是不足的。这里,仅着重强调如何确保国有资产清产核资和作价评估的公正性。

案例思考题

国有资产评估的委托人是谁?

【案情】

某空调公司是一家由某企业集团出资65%,汽车修理厂出资35%,共同设立的一家国有企业。空调公司设立之初,是为了向广州标致提供配套的空调制冷设备。但是,随着广州标致汽车公司的解体,该空调公司也失去了提供配套设备的主要对象,加上人才流失和经营管理上的问题,空调公司连续亏损,已经严重资不抵债。2009年,空调公司被有关主管部门实施关停。2010年,某企业集团纳入由市政府授权经营的某集团(授权集团),由该授权集团行使出资人的管理职责。某会计师事务所接受委托,审计了空调公司2011年4月30日的资产负债表,以及2011年1月至4月的利润及利润分配表,并出具了附条件的审计意见。某资产评估公司接受空调公司的资产评估委托,以2011年4月30日为基准日,出具了《空调公司资产评估报告书》,确定了以股权转让为目的的空调公司整体净资产的评估值(为负数)。此后,空调公司将授权集团所持空调公司的股份委托广州产权交易所进行拍卖,并达成了拍卖价格。授权集团的董事会会议审议通过了对空调公司的资产处置方案。

【问题】

应当由谁委托进行资产评估?

【提示】

在本案中,资产的评估委托方和占有方二者高度合一,均为空调公司,没有作出必要的分离。按照1992年7月颁发的《国有资产评估管理办法实施细则》第17条规定:"委托评估机构进行评估的委托方,一般是国有资产占有单位,也可以是经占有单位同意、与被评估资产有关的其他当事人,原则上由申请立项的一方委托"。按照这种规定,作为占有单位的授权集团以及作为相关当事人的空调公司都有权进行委托。但是,由相关当事人进行委托存在很大问题,因为他们本身不是国有资产的占有者,不具有实现资产保值的动机。因此,由其委托容易引发国有资产流失。在这种情况下,国家对委托方的选聘作出了新规定。2003年11月30日,国务院办公厅转发国务院国有资产监督管理委员会《关于规范国有企业改制工作的意见》中,对资产评估机构的聘请有了进一步的明确规定:"向非国有投资者转让国有产权的,由直接持有该国有产权的单位决定聘请资产评估事务所。"自此,实施了实行资产占有方与评估委托方二者的分离的做法,从而在一定程度上确保评估的公正。

第二十五章 自然资源法律制度

本章要点

1. 核心内容

自然环境中与人类社会发展有关的、能被利用来产生使用价值并影响劳动生产率的自然诸要素,通常称为自然资源,可分为有形自然资源(如土地、水体、动植物、矿产等)和无形的自然资源(如光资源、热资源等)。自然资源具有可用性、整体性、变化性、空间分布不均匀性和区域性等特点,是人类生存和发展的物质基础和社会物质财富的源泉,是可持续发展的重要依据之一。

自然资源法是指调整人们在自然资源的管理、保护和利用过程中所发生的各种社会关系的法律规范的总称。它一般是由土地管理法、矿产资源法、森林法、草原法、野生动植物保护法、水法、渔业法、海洋法、空间法等法律、法规组成。这些法律、法规主要由相应类型的自然资源的所有权、使用权等权益制度,资源救济与补偿制度,围绕资源利用的相关制度以及资源管理制度等构成。

各类自然资源法律制度的宗旨在于平衡自然资源开发、利用和保护各主体之间的利益、社会效益和生态环境效益最大化,实现人类与自然的和谐共处和协调发展。自然资源法的基本原则应当包括重要自然资源国有原则,统一规划、多目标开发和综合利用原则,利用自然资源与保护自然生态平衡统一原则,开源与节流相结合的原则等。

2. 主要制度

本章内容丰富复杂,包括以下主要方面的制度:土地管理法中的土地权益制度、土地用途管理制度、土地利用总体规划制度、耕地特别保护制度等;森林法中的林权与林种制度、林业经营管理制度、森林保护制度、植树造林制度、森林采伐制度等;草原法中的草原保护和利用制度、草原建设和改良制度、牧草种子生产和经营制度、草原的所有权和使用权制度、草原的临时调剂制度、草原牧业规划制度等;矿产资源法中的矿产资源所有权制度、探矿权采矿权等矿权制度、矿权登记管理制度、矿产资源勘查、开采监督管理制度、矿产资源开采与毗邻的权益制度等;水法中的水所有权制度、取水权、取水许可等水权制度、水费和水资源费制度、水开采利用制度等;渔业法中的养殖权、捕捞权制度、水面、滩涂权属制度、渔政管辖和管理制度、渔业资源的增殖与保护制度等;野生动物保护法中的野生动物所有权制度、野生动物利用权制度、野生动物利用中的禁止与限制制度、自然资源区制度等。

3. 实务提示

涉及自然资源权属纠纷的案件多归属于民商事案件或行政案件。伴随可持续发展战略以及人与自然和谐发展思想的提出,涉及自然资源开发利用的环境保护方面的公益案件将会日益增多,这是自然资源法在司法实务中将出现的一大趋势。

相关法律、法规、规章、司法解释

1. 法律

《中华人民共和国土地管理法》(全国人大常委会,1986 年 6 月 25 日通过,2004 年 8 月 28 日修订)

《中华人民共和国农村土地承包法》(全国人大常委会,2002 年 8 月 29 日公布)

《中华人民共和国森林法》(全国人大常委会,1984 年 9 月 20 日通过,1998 年 4 月 29 日修订)

《中华人民共和国草原法》(全国人大常委会,1985 年 6 月 18 日通过,2002 年 12 月 28 日修订)

《中华人民共和国水法》(全国人大常委会,1988 年 1 月 21 日通过,2002 年 8 月 29 日修订)

《中华人民共和国渔业法》(全国人大常委会,1986 年 1 月 20 日通过,2004 年 8 月 28 日修订)

《中华人民共和国海域使用管理法》(全国人大常委会,2001 年 10 月 27 日公布)

《中华人民共和国野生动物保护法》(全国人大常委会,1988 年 11 月 8 日公

布,2004年8月28日修订)

《中华人民共和国矿产资源法》(全国人大常委会,1986年3月19日通过,1996年8月29日修订)

《中华人民共和国煤炭法》(全国人大常委会,1996年8月29日通过,2011年4月22日修订,2013年6月29日修订)

《中华人民共和国节约能源法》(全国人大常委会,1997年11月1日通过,2007年10月28日修订)

《中华人民共和国清洁生产促进法》(全国人大常委会,2002年6月29日公布,2012年2月29日修订)

2. 行政法规

《中华人民共和国土地管理法实施条例》(国务院,1998年12月27日公布)

《中华人民共和国矿产资源法实施细则》(国务院,1994年3月26日公布)

《中华人民共和国森林法实施条例》(国务院,2000年1月29日公布)

《中华人民共和国植物新品种保护条例》(国务院,1997年3月20日公布)

《中华人民共和国水生野生动物保护实施条例》(国务院,1993年10月5日公布)

《中华人民共和国野生植物保护条例》(国务院,1996年9月30日公布)

3. 行政规章

《国土资源部关于闲置土地处理办法》(国土资源部,1999年4月28日公布)

《土地登记规则》(国家土地管理局,1995年12月18日公布)

《林木和林地权属登记管理办法》(国家林业局,2000年12月31日公布)

《渔业捕捞许可管理规定》(农业部,2002年8月23日公布)

《农业野生植物保护办法》(农业部,2002年9月6日公布)

4. 司法解释

《最高人民法院关于审理破坏土地资源刑事案件具体应用法律若干问题的解释》(最高人民法院,2000年6月19日)

《最高人民法院关于审理破坏森林资源刑事案件具体应用法律若干问题的解释》(最高人民法院,2000年11月22日)

《最高人民法院关于审理破坏野生动物资源刑事案件具体应用法律若干问

题的解释》(最高人民法院,2000年11月27日)

《最高人民法院关于审理非法采矿、破坏性采矿刑事案件具体应用法律若干问题的解释》(最高人民法院,2003年5月16日)

案例分析

案例分析一:张怡走私珍贵动物案

【案情】

2000年10月19日10时40分许,张怡持阿拉伯联合酋长国入境签证和飞往阿拉伯联合酋长国迪拜市的CA945航班机票,在首都机场出港海关监管区内准备登机时,首都机场海关旅检处值机科的工作人员对其携带的帆布包进行查验,起初张怡拒绝,不予合作。后经工作人员开包查验,发现包内装有八只猎隼,其中四只已死亡。经鉴定,猎隼系国家二级重点保护野生动物。

【问题】

被告人张怡的行为是否违反我国海关相关法规和《野生动物保护法》。

【观点】

被告人张怡违反我国海关法规和《野生动物保护法》,逃避海关监管,非法携带禁止出口的国家重点保护野生动物猎隼出境,情节严重,其行为侵犯了国家海关监管制度、国家野生动物保护制度和我国刑法,已构成走私珍贵动物罪。

【分析】

为了保护珍贵动物,修订后的刑法吸收了《关于惩治走私罪的补充规定》第2条的规定,增设了走私珍贵动物罪。我国《刑法》第151条第2款规定:"走私国家禁止出口的文物、黄金、白银和其他珍贵金属或者国家禁止进出口的珍贵动物及其制品的,处5年以上10年以下有期徒刑,并处罚金……情节较轻的,处5年以下有期徒刑,并处罚金。"可见,走私珍贵动物罪侵犯的客体是国家海关监管制度和国家野生动物保护制度,犯罪的对象是珍贵动物。所谓珍贵动物,是在生态、科学研究、文化艺术、经济等方面具有重要价值的野生动物,具体是指列入《国家重点保护野生动物名录》中的国家一、二级保护野生动物和列入《濒危野生动植物种国际贸易公约》附录一、附录二所列的野生动物以及驯养繁殖的上述物种。国家重点保护的野生动物分为两级:一级保护野生动物和二级保护野生动物。一级保护野生动物是指中国特产或者濒于灭绝的野生动物;二级保护野生动物是指数量较少或者有濒于灭绝危险的野生动物。根据《最高人民法院关于审理走私刑事案件具体应用法律若干问题的解释》附表中的规定,隼类(所有种)属于二级野生动物的保护范围。本罪的客观方面表现在违反海关法规和《野生动物保护法》,逃避海关监管,运输、携带、邮寄珍贵动物进出口国(边)境的行为。本罪的主体是一般主体,自然人和单位均构成本罪的主体。本罪的主观方面由故意构成,过失不构成本罪。本案被告人张怡违反海关法规和《野生动物保护法》,逃避海关监管,非法携带禁止出口的国家重点保护野生动物猎隼出境,其行为符合走私珍贵动物罪的特征。

此外,司法实践中应当注意:刑法和司法解释没有规定该罪的犯罪构成以情节严重为要件,仅规定了情节较轻和情节特别严重的情况下如何处理。《刑法》第151条第2款规定,走私国家禁止进出口的珍贵动物的,处5年以上10年以下有期徒刑,并处罚金;情节较轻的,处5年以下有期徒刑,并处罚金。《刑法》第151条第5款规定:"情况特别严重的,处无期徒刑或者死刑,并处没收财产。"最高人民法院在《关于审理走私刑事案件具体应用法律若干问题的解释》中也只对走私珍贵动物"情节较轻"和"情节特别严重"作了解释,并没有"情节严重"的规定。

【点评】

虽然在目前法院审理的案件中涉及该类犯罪的案件并不多见,但是该类犯罪危害严重,有必要总结法院审理此类案件的经验,以更好地打击犯罪,严格执法。

案例分析二:赖×盗伐生态公益林案

【案情】

犯罪嫌疑人赖×以非法占有为目的,于今年4月份以圭岗镇××村委会××岭林地、林木的权属属于他本人所在的自然村所有为理由,未向林业主管部门申领林木采伐许可证,擅自将上述山岭14.2亩生态公益林全部砍光,共砍伐杉、杂林总蓄积为51.8立方米折合总材积27.85立方米。

【问题】

本案涉及盗伐林木行为的认定及其相应的法律责任,涉及《中华人民共和国森林法》第32条第1款等法律规定。

【观点】

犯罪嫌疑人赖×的行为符合盗伐林木罪的构成要件,其应承担相应的法律责任。

【分析】

我国关于盗伐林木的相关法律规定包括:

《中华人民共和国森林法》第32条第1款规定:采伐林木必须申请采伐许可证,按许可证的规定进行采伐;农村居民采伐自留地和房前屋后个人所有的零星林木除外。《中华人民共和国刑法》第345条规定:盗伐森林或者其他林木,数量较大的,处3年以下有期徒刑、拘役或者管制,并处或者单处罚金;数量巨大的,处3年以上7年以下有期徒刑,并处罚金;数量特别巨大的,处7年以上有期徒刑,并处罚金。违反森林法的规定,滥伐森林或者其他林木,数量较大的,处3年以下有期徒刑、拘役或者管制,并处或者单处罚金;数量巨大的,处3年以上7年以下有期徒刑,并处罚金。《最高人民法院关于审理破坏森林资源刑事案件具体应用法律若干问题的解释》第3条规定:以非法占有为目的,具有下列情形之一,数量较大的,依照刑法第345条第1款的规定,以盗伐林木罪定罪处罚:(一)擅自砍伐国家、集体、他人所有或者他人承包经营管理的森林或者其他林木的;(二)擅自砍伐本单位或者本人承包经营管理的森林或者其他林木的;(三)在林木采伐许可证规定的地点以外采伐国家、集体、他人所有或者他人承包经营管理的森林或者其他林木的。第4条规定:盗伐林木"数量较大",以2至5立方米或者幼树100至500株为起点;盗伐林木"数量巨大",以20至50立方米或者幼树1000至2000株为起点;盗伐林木"数量特别巨大",以100至200立方米或者幼树5000至10000株为起点。第五条规定:违反森林法的规定,具有下列情形之一,数量较大的,依照刑法第345条第2款的规定,以滥伐林木罪定罪处罚:(一)未经林业行政主管部门及法律规定的其他主管部门批准并核发林木采伐许可证,或者虽持有林木采伐许可证,但违反林木采伐许可证规定的时间、数量、树种或者方式,任意采伐本单位所有或者本人所有的森林或者其他林木的;(二)超过林木采伐许可证规定的数量采伐他人所有的森林或者其他林木的。林木权属争议一方在林木权属确权之前,擅自砍伐森林或者其他林木,数量较大的,以滥伐林木罪论处。第6条规定:滥伐林木"数量较大",以10至20立方米或者幼树500至1000株为起点;滥伐林木"数量巨大",以50至100立方米或者幼树2500至5000株为起点。

滥伐林木行为是指行为人违反森林法及其他保护森林的法规:(1)未取得林木采伐许可证,任意采伐本单位所有或本人所有的森林或者其他林木的行为;(2)虽然取得了林木采伐许可证,但违反林木采伐许可证规定的时间、数量、树种或者方式,任意采伐本单位所有或者本人所有的森林或者其他林木的行为;(3)超过林木采伐许可证规定的数量采伐他人所有的森林或者其他林木的。另外,根据规定,还有两种情况视为滥伐林木行为的:(1)林木权属争议一方在林木权属确权之前,擅自砍伐森林或者其他林木,数量较大的;(2)超过木材生产计划采伐森林或者其他林木的。

盗伐林木行为的主要构成特征如下:(1)行为人具有非法占有林木的目的;(2)未取得林木采伐许可证(包括在采伐证规定的地点以外);(3)行为人采伐的是属于国家、集体或者他人的森林或者林木。

综上,赖某的行为侵犯了《中华人民共和国森林法》和《中华人民共和国刑法》的相关规定,构成了盗伐林木罪,应承担相应的法律责任。

【点评】

未取得林木采伐许可证,任意采伐本单位所有或者本人所有的森林或者其他林木的行为是典型的盗伐林木的行为,该行为危害性严重,应受到法律的严格制裁。

案例分析三:雷云飞、许继根、詹天喜等三人超标伐木案

【案情】

2001年10月,被告人雷云飞、许继根、詹天喜与桐庐县百江镇双坞村第六生产组农户代表对该组何家垅山和阴山两块杉木林进行目测,当时,三被告人及村民代表估计认为,该山上有杉木三、四百立方米(按蓄积计算大约在五百立方米以上)。之后,三被告人共同出资145000元,判得桐庐县百江镇双坞村阴山、何家垅两块山上的杉木。同年11月26日县林业局经现场踏勘设计审核,何家垅山准许采伐杉木材积为62立方米,面积为14亩,采伐方式为皆伐;11月28日又经现场踏勘设计审批,何家垅山准许采伐杉木材积为171.5立方米,面积为40.2亩,采伐方式为皆伐。阴山准许采伐30立方米,采伐方式为皆伐。到此为止,被告人雷云飞、许继根、詹天喜判得桐庐县百江镇双坞村阴山、何家垅两块山上的杉木全部设计完毕,被告人雷云飞、许继根、詹天喜领取了皆伐该山上的杉木的采伐许可证。而后,雇请他人先后将该山上的杉木砍完,并出卖给他人。有关群众见被告人雷云飞、许继根、詹天喜砍下的杉木大大超过采伐证的数量,即向林业部门报案。县林业部门经过现场踏勘鉴定,何家垅山准许采伐杉木40.2亩的采伐许可证范围内,有空地4亩,有林面积内山上林木蓄积为每亩11.56立

方米,共计蓄积 418 立方米,《林木采伐许可证》准许采伐杉木 171.5 立方米,折计林木蓄积 271.5 立方米,实际超伐杉木计蓄积 147 立方米。

【问题】

被告人雷云飞、许继根、詹天喜的行为是否违反《中华人民共和国森林法》等法律规定,构成滥伐林木行为。

【观点】

观点一:被告人雷云飞、许继根、詹天喜在林业主管部门依法发放的林木采伐许可证规定的四至范围内,按照采伐证规定的采伐方式采伐了山上的林木的行为,虽然数量超过了采伐证的规定,但皆伐是林业主管部门准许的,被告人雷云飞、许继根、詹天喜没有应当注意采伐林木数量的义务;被告人雷云飞、许继根、詹天喜与他人事先的目测估计,其准确性显然不及与专业的林管员踏勘设计的准确性。林业主管部门的过错,不能由被告人来承担责任。故三被告人的行为不构成滥伐林木罪,应当宣告无罪。观点二:被告人雷云飞、许继根、詹天喜主观上有滥伐林木的故意,客观上实施了滥伐林木的行为,且滥伐林木的数量计蓄积 147 立方米,已经达到了法律规定的巨大标准,其行为已构成滥伐林木罪。

【分析】

首先,被告人雷云飞、许继根、詹天喜的行为不是过失。被告人雷云飞、许继根、詹天喜在判山前就上山估计该山上有林木材积 320 余立方米,并且得到他人的证实。事实上,在采伐后确有林木材积 300 余立方米。可见,将采伐证规定的四至范围全部砍完要超伐,在主观的认识因素上被告人雷云飞、许继根、詹天喜不是预见,而是明知;不是可能性,而是明确的。被告人雷云飞、许继根、詹天喜在拿到采伐证后,没有采取任何可用来避免超伐的措施,来避免超伐结果的发生。其意志因素是任凭超伐结果的发生。因此,被告人雷云飞、许继根、詹天喜的心理态度,不符合过失的认识因素和意志因素,不是过失行为。相反,被告人雷云飞、许继根、詹天喜主观上有滥伐林木的故意。他们在砍伐过程度中,不注意砍伐林木的数量,又没有采取任何可以用来避免超伐的措施,导致超伐林木蓄积 147 立方米。可见,被告人雷云飞、许继根、詹天喜对超伐林木结果的发生,完全是为了追求自己的经济利益而予以有意识的放任,属于故意。

其次,需要正确理解林木采伐许可证的性质。林木采伐许可证是行政许可,而非行政确认;并且是附义务的行政许可。该行政许可所附义务是行为人领取林木采伐许可证后即负有遵守林木采伐许可证中规定的全部规定。这些规定就是林木采伐证中的采伐期限、采伐四至范围、采伐数量。行为人可以在林木采伐许可证准许的范围内进行活动,但不得违反林木采伐许可证中的任何一项规定。

正因为林木采伐许可证是行政许可而非行政确认,所以林木采伐许可证中的数量是一种估计的结果,是根据行为人的申请而准许行为人可以采伐林木的数量,同时更是一种限额采伐数量的规定,而非四至范围内林木的数量。正因为林木采伐许可证是附义务的行政许可,所以行为人在采伐林木过程中,既不能超四至范围,也不能超数量规定。

滥伐林木罪主要是指违反森林保护法律、法规的规定,超过准采限额采伐他人所有的林木或者随意采伐自己所有的林木的行为。超过准采限额采伐的情形,就是持有采伐许可证而超限额采伐。滥伐行为应当理解为违反准采规定采伐树木的行为,当然包括违反林木采伐许可证规定的地点、数量采伐他人所有的森木或者其他林木等行为。林木采伐许可证中准采数量的规定既是根据行为人的申请而准许行为人可以采伐林木的数量,同时更是限制行为人限额采伐的数量。可以采伐的林木数量与林木的实际数量是不同的两个概念。如果将这样的采伐许可证理解为持证人在四至范围内可以将林木全部砍完,那就没有必要在采伐许可证中规定采伐林木的数量。《最高人民法院关于审理破坏森林资源刑事案件具体应用法律若干问题的解释》第5条规定:虽持有林木采伐许可证,但违反林木采伐许可证规定的时间、数量、树种或者方式,任意采伐本单位所有或者本人所有的森林或者其他林木的;超过林木采伐许可证规定的数量采伐他人所有的森林或者其他林木以滥伐林木罪定罪处罚。结合本案,被告人雷云飞、许继根、詹天喜不顾采伐许可证中限定的数量,大量超伐的行为,应当认定为滥伐林木罪。

【点评】

该案中,行政机关工作人员不负责任的行政行为,是造成本案发生的又一重要原因。因此,一方面要严格《林木采伐许可证》的发放;另一方面要严格监督行为人按《林木采伐许可证》的规定实施行为。

案例分析四:铁路分局采石场越界开采案

【案情】

铁路分局采石场原有4个宕口用于生产建筑石料用灰岩矿。1号、2号宕口于2003年8月关闭,3号、4号宕口经企业申请,市政府批准,2008年9月11日市国土资源局通过协议出让方式有偿出让给铁路采石场,有效期至2009年9月30日止,批准矿区面积36100平方米。但铁路分局采石场于2008年9月至2009年8月底期间,在其矿区大顶山原批准的3号、4号宕口,进行越界开采,采

第二十五章 自然资源法律制度

得矿石数百万吨。

【问题】

该行为是否违反《中华人民共和国矿产资源法》，铁路分局采石场应接受何种处罚。

【观点】

该行为违反了《中华人民共和国矿产资源法》第3条第3款、第18条第2款之规定，属于越界开采行为。

【分析】

我国关于越界开采的相关法律规定包括：

《中华人民共和国矿产资源法》第3条规定：矿产资源属于国家所有，由国务院行使国家对矿产资源的所有权。地表或者地下的矿产资源的国家所有权，不因其所依附的土地的所有权或者使用权的不同而改变。国家保障矿产资源的合理开发利用。禁止任何组织或者个人用任何手段侵占或者破坏矿产资源。各级人民政府必须加强矿产资源的保护工作。勘查、开采矿产资源，必须依法分别申请、经批准取得探矿权、采矿权，并办理登记；但是，已经依法申请取得采矿权的矿山企业在划定的矿区范围内为本企业的生产而进行的勘查除外。国家保护探矿权和采矿权不受侵犯，保障矿区和勘查作业区的生产秩序、工作秩序不受影响和破坏。从事矿产资源勘查和开采的，必须符合规定的资质条件。第18条规定：国家规划矿区的范围、对国民经济具有重要价值的矿区的范围、矿山企业矿区的范围依法划定后，由划定矿区范围的主管机关通知有关县级人民政府予以公告。矿山企业变更矿区范围，必须报请原审批机关批准，并报请原颁发采矿许可证的机关重新核发采矿许可证。第40条规定：超越批准的矿区范围采矿的，责令退回本矿区范围内开采、赔偿损失，没收越界开采的矿产品和违法所得，可以并处罚款；拒不退回本矿区范围内开采，造成矿产资源破坏的，吊销采矿许可证，依照刑法第156条的规定对直接责任人员追究刑事责任。

《中华人民共和国矿产资源法实施细则》第42条规定：依照《矿产资源法》第39条、第40条、第42条、第43条、第44条规定处以罚款的，分别按照下列规定执行：（一）未取得采矿许可证擅自采矿的，擅自进入国家规划矿区、对国民经济具有重要价值的矿区和他人矿区范围采矿的，擅自开采国家规定实行保护性开采的特定矿种的，处以违法所得50%以下的罚款；（二）超越批准的矿区范围采矿的，处以违法所得30%以下的罚款；（三）买卖、出租或者以其他形式转让矿产资源的，买卖、出租采矿权的，对卖方、出租方、出让方处以违法所得一倍以下的罚款；（四）非法用采矿权作抵押的，处以5000元以下的罚款；（五）违反规定收购和销售国家规定统一收购的矿产品的,处以违法所得一倍以下的罚款;(六)采取破坏性的开采方法开采矿产资源,造成矿产资源严重破坏的,处以相当于矿产资源损失价值50%以下的罚款。

根据上述法律规定,铁路分局采石场的行为违反了《中华人民共和国矿产资源法》第3条第3款、第18条第2款之规定,属于越界开采行为。对此,应根据《中华人民共和国矿产资源法》第40条和《中华人民共和国矿产资源法实施细则》第42条第2项之规定,对铁路分局采石场作出行政处罚决定:(1)责令其停止越界开采行为;(2)没收其违法所得,并处罚款。

【点评】

越界开采行为是矿产违法案件中的常见违法行为,其具有巨大的社会危害性:

(1)严重破坏自然环境,造成自然灾害隐患。国家对矿区范围的核准都是经过严格论证,充分考虑自然环境承受能力予以核准的,而且国家目前正在大力推行禁采工作。超越国家核准的矿区范围进行开采,必然会对环境造成破坏,同时还容易引发透支环境承受能力造成的灾害。

(2)破坏采矿权市场秩序。不经国土资源管理部门批准,擅自越界进行开采,对国家统一合理管理采矿权市场形成了巨大冲击。

(3)造成国有资产的流失。越界开采一般都会超出采矿权出让合同中设定的开采量,甚至远远超出。这就事实上形成了采矿权出让金和矿产资源补偿费的损失,对国家而言就是丧失了这部分收入,造成了国有资产的流失。

案例分析五:吉山铁矿越界开采案

【案情】

2004年1月15日,吉山铁矿与市国土资源局签订协议,以出让方式有偿取得吉山矿区采矿权,有效期6年至2010年1月止,开采矿种为建筑用安山岩,批准矿区面积0.1759平方公里,安排三个作业点。2004年12月,吉山铁矿由于选矿厂生产需要建造尾沙坝,需使用大批石料,故擅自在批准的矿区范围外二个作业点(矿区范围以西及西南面)进行爆破开采,共开采出20万吨石料,其中约17万吨石料用于构造尾沙坝,另3万吨石料用于销售。

【问题】

该行为是否违反《中华人民共和国矿产资源法》,吉山铁矿应接受何种处罚。

【观点】

吉山铁矿的行为违反《中华人民共和国矿产资源法》，构成了越界开采的非法行为，国家国土资源管理部门应对此行为加以行政处罚。

【分析】

吉山铁矿依法取得了采矿权后，为了能尽快开工开采，同时为了生产安全的需要，打算建造尾沙坝，因此在核定采矿区外开采石料用于设施建设，其初衷是合情合理的，其本意也并非出于营利目的，根据国土资源部有关政策也是不作为非法采矿进行处罚的。但是吉山铁矿未能妥善处理好尾沙坝建设需要量和实际开采量的关系，对于多开采出的3万吨石料，吉山铁矿在明知道石料采自于采矿区外，也未取得国家国土资源管理部门的相关许可的前提下，还擅自将石料进行销售，并取得了一定非法收入。

根据《中华人民共和国矿产资源法》第40条规定：超越批准的矿区范围采矿的，责令退回本矿区范围内开采、赔偿损失，没收越界开采的矿产品和违法所得，可以并处罚款；拒不退回本矿区范围内开采，造成矿产资源破坏的，吊销采矿许可证，依照《刑法》第156条的规定对直接责任人员追究刑事责任。《中华人民共和国矿产资源法实施细则》第42条规定：依照《矿产资源法》第39条、第40条、第42条、第43条、第44条规定处以罚款的，分别按照下列规定执行：（一）未取得采矿许可证擅自采矿的，擅自进入国家规划矿区、对国民经济具有重要价值的矿区和他人矿区范围采矿的，擅自开采国家规定实行保护性开采的特定矿种的，处以违法所得50%以下的罚款；（二）超越批准的矿区范围采矿的，处以违法所得30%以下的罚款；（三）买卖、出租或者以其他形式转让矿产资源的，买卖、出租采矿权的，对卖方、出租方、出让方处以违法所得一倍以下的罚款；（四）非法用采矿权作抵押的，处以5000元以下的罚款；（五）违反规定收购和销售国家规定统一收购的矿产品的，处以违法所得一倍以下的罚款；（六）采取破坏性的开采方法开采矿产资源，造成矿产资源严重破坏的，处以相当于矿产资源损失价值50%以下的罚款。

因此，市国土资源局在调查处理中，对吉山铁矿开采用于建设尾沙坝的17万吨石料的行为，根据国土资源部《关于开山凿石、采挖砂、石、土等矿产资源适用法律问题的复函》（国土资函[1998]190号）第2条的有关规定，不作越界开采行为处理。对吉山铁矿未按批准矿区范围采出的约3万吨作为大片石对外销售的行为认定为越界开采并进行处理。2005年9月8日，市国土资源局根据《中华人民共和国矿产资源法》第40条和《中华人民共和国矿产资源法实施细则》第42条第2项之规定，作出处罚决定：（1）责令吉山铁矿退回批准矿区范围内开采;(2)没收吉山铁矿违法所得,并处罚款。

【点评】

这起案件在矿产违法案件中具有一定的代表性,值得深思和警戒。

案例分析六:东莞宝瑞实业有限公司违法开采地下水案

【案情】

2007年8月8日,东莞市水政监察支队接到群众举报,东莞市宝瑞实业有限公司未经水行政主管部门批准,擅自在东莞市东城区主山大井头工业区宝瑞实业有限公司内打了六口井,违法开采地下水。接到举报后,市水政监察支队迅速派人员到现场调查取证,深入到厂区每个角落进行拍照取证,现场勘验。据查实该公司从2006年初开始违法抽取地下水,日取水量达180立方米左右,影响地下水位,容易造成不可估计的地质灾害。据此,执法人员依据《中华人民共和国水法》、《取水许可和水资源费征收管理条例》等有关规定向宝瑞实业有限公司下达了《停止违法行为通知书》,责令其立即停止违法行为,听候处理。8月22日向该公司送达了《东莞市水利局行政处罚告知书》,并于8月29日又向该公司下达了《东莞市水利局行政处罚决定书》,限其于2007年9月5日前自行拆除取水设施,封堵井口,逾期不拆除,由本机关强行拆除,费用由其承担,并处以4.5万元的罚款。

【问题】

该案涉及以下法律问题:地下水是否属于水资源并受《中华人民共和国水法》保护;擅自打井开采地下水的行为是否违反相关法律规定并应承担何种法律责任。

【观点】

地下水也属于水资源范畴,受《中华人民共和国水法》保护。东莞市宝瑞实业有限公司的行为违反了《中华人民共和国水法》的相关规定,应承担相应的法律责任。

【分析】

根据《中华人民共和国水法》第2条、第3条的规定,在中华人民共和国领域内开发、利用、节约、保护、管理水资源,防治水害,适用本法。本法所称水资源,包括地表水和地下水。水资源属于国家所有。地下水也属于水资源范畴,其开发、利用等行为均受法律保护,任何单位和个人均不得擅自开发和利用。东莞市宝瑞实业有限公司未经水行政主管部门批准,擅自在东莞市东城区主山大井头工业区宝瑞实业有限公司内打了六口井,开采地下水的行为属于违法行为。

此外,《中华人民共和国水法》第 20 条规定:"开发、利用水资源,应当坚持兴利与除害相结合,兼顾上下游、左右岸和有关地区之间的利益,充分发挥水资源的综合效益,并服从防洪的总体安排。"据查实该公司从 2006 年初开始违法抽取地下水,日取水量达 180 立方米左右,影响地下水位,容易造成不可估计的地质灾害。其行为给社会带来了一定的危害性。应当承担相应的法律责任。

根据《中华人民共和国水法》第 65 条第 2 款的规定:未经水行政主管部门或者流域管理机构同意,擅自修建水工程,或者建设桥梁、码头和其他拦河、跨河、临河建筑物、构筑物,铺设跨河管道、电缆,且防洪法未作规定的,由县级以上人民政府水行政主管部门或者流域管理机构依据职权,责令停止违法行为,限期补办有关手续;逾期不补办或者补办未被批准的,责令限期拆除违法建筑物、构筑物;逾期不拆除的,强行拆除,所需费用由违法单位或者个人负担,并处 1 万元以上 10 万元以下的罚款。东莞市水政监察支队向该公司下达的《东莞市水利局行政处罚决定书》符合法律规定。

【点评】

我国干旱缺水严重,是全球 13 个人均水资源最贫乏的国家之一。保护节约水资源、提高对水资源在时间和空间上的调控能力,积极建设节水型社会是我国经济发展过程中的重要目标和任务。严格贯彻执行《中华人民共和国水法》及相关法律规定,积极推行节约用水措施,提高水资源的利用效率和效益,并通过法律手段和行政措施予以落实,为节水型社会建设提供体制和机制保障,有利于水资源的可持续利用和经济社会的可持续发展。

案例分析七:非法出租土地案

【案情】

2009 年 9 月 15 日,某村未依法办理用地审批手续,就擅自与某石料厂签订了《土地租赁合同》。合同约定:该村将 11 亩荒地租赁给某石料厂,该厂将其用作堆场;租赁期限为 20 年,每年租金为 32000 元,一年一交。协议签订后,该村已实际收取租金 3.2 万元。2009 年 9 月 25 日,某县国土资源局根据群众举报对此案进行了调查核实,认定该村的上述行为已违反了《中华人民共和国土地管理法》第 2 条第 3 款和第 63 条的规定,属非法出租土地行为。

2009 年 10 月 15 日,某县国土资源局根据《中华人民共和国土地管理法》第 81 条和《中华人民共和国土地管理法实施条例》第 39 条的规定,对该村作出如下处罚:责令其改正土地违法行为;没收违法所得3.2万元;并处罚款5000元。2009年10月29日,某县纪委作出党纪处分决定,给予对该案负有直接责任的该村党支部书记陈某留党察看的纪律处分。

【问题】

该案涉及非法出租土地行为的认定以及相关的法律责任问题。

【观点】

某县国土资源局的处罚决定符合法律规定。

【分析】

《中华人民共和国土地管理法》第2条第3款明确规定:"任何单位和个人不得侵占、买卖或者以其他形式非法转让土地。土地使用权可以依法转让。"第63条规定:"农民集体所有的土地的使用权不得出让、转让或者出租用于非农业建设;但是,符合土地利用总体规划并依法取得建设用地的企业,因破产、兼并等情形致使土地使用权依法发生转移的除外。"该村未经国土资源管理部门批准,在未依法办理用地手续的情况下,就擅自将土地租赁给石料厂用于非农业建设,这显然是违法的。因此,他们之间的土地租赁行为不但不受法律保护,还要受到法律的处罚。

某县国土资源局对该村所作的行政处罚决定是正确的。《中华人民共和国土地管理法》第81条规定:"擅自将农民集体所有的土地的使用权出让、转让或者出租用于非农业建设的,由县级以上人民政府土地行政主管部门责令限期改正,没收违法所得,并处罚款。"《中华人民共和国土地管理法实施条例》第39条规定:"依照《土地管理法》第81条的规定处以罚款的,罚款额为非法所得的5%以上20%以下。"据此,某市国土资源局对该村的行政处罚决定是合法、适当的。

《中国共产党纪律处分条例》第109条规定:"非法占用、买卖或者以其他形式非法出让、转让土地使用权,情节较轻的,给予警告或者严重警告处分;情节较重的,给予撤销党内职务或者留党察看处分;情节严重的,给予开除党籍处分。单位有前款所列行为的,对主要责任者和其他直接责任人员,依照前款规定处理。"此外,中华人民共和国监察部和中华人民共和国国土资源部于2000年3月2日联合发布的《关于违反土地管理规定行为行政处分暂行办法》第3条规定:"单位买卖或者以其他形式非法转让土地的,对直接负责的主管人员和其他直接责任人员,分别依照下列规定给予行政处分:买卖或者以其他形式非法转让基本农田0.2公顷(3亩)以上不足0.33公顷(5亩),或者其他耕地0.33公顷(5亩)以上不足0.67公顷(10亩),或者其他土地0.67公顷(10亩)以上不足1.33公顷(20亩)的,给予降级或者撤职处分……"因此,某县纪委给予该村党支部书记陈某留党察看处分的决定也是正确的。

【点评】

土地是国有资产的重要组成部分,为避免国有资产流失,应通过法律的手段严格监督和规范有关土地权益的行使。

案例分析八:土地登记机关不履行土地登记职责案

【案情】

某县开展农村集体土地初始登记发证时,由县人民政府成立了土地登记领导小组,作了相应的行政和技术准备,发布了土地登记通告,要求土地登记权利人在规定的时间内提交相应的证明材料申请登记。登记机关对登记权属资料进行审核后,进行了公告。但其中的几宗地被遗漏了,没有进行公告。由此发生争议,当事人认为登记错误,要求更正,但登记机关拒绝更正。当事人将登记机关起诉到法院。一审法院以登记机关没有履行公告程序为由,撤销登记机关的发证行为。登记机关不服,提起上诉,二审法院维持了一审判决。

【问题】

该案涉及土地资源管理中的登记制度,土地登记特别是初始土地登记是土地资源管理的核心环节,关系到土地交易安全和社会的稳定。

【观点】

做好土地登记是土地主管部门的工作职责。土地登记申请者及其他土地权益有关者在公告规定的期限内,可以向土地管理部门申请复查。土地主管部门应接受群众监督和承担相应的法律责任。

【分析】

土地登记是土地资源管理的核心环节,关系到土地交易安全和社会的稳定。土地登记机关因工作失误或程序疏漏而被判令赔偿的案例近年来并不少见,因此,为了提高登记的准确性、权威性,应充分发挥公告在土地登记中的作用。

按照《土地登记规则》第 2 条的规定,初始土地登记又称总登记,是指在一定时间内,对辖区全部土地或者特定区域的土地进行的普遍登记。需要进行初始土地登记的主要有两种情况:一种是从未进行过土地登记的地区,另一种是原有登记需要全面更新的,如土地整理或国家法律、政策发生重大变化等需要对原已登记过的区域进行全面的重新登记。初始土地登记是变更土地登记的基础,通过初始土地登记建立起来的辖区每宗土地的表、卡、证是以后变更土地登记的根据,没有初始土地登记,变更土地登记就无从谈起。

相对于土地登记的一般程序,初始土地登记的程序有其特殊性,主要表现在:一是增加了准备工作。这是因为初始土地登记是在一定时间内对一定区域的土地进行的集中、普遍的登记,工作量大、时间集中,准备工作显得特别重要。因此,在初始土地登记中,把准备工作作为一项突出的重要内容,列为初始土地登记工作程序的第一步。二是增加了通告。初始土地登记事先由市、县人民政府发布通告,要求土地权利人在何时、何地向什么机关送交初始土地登记申请。三是增加了公告。初始土地登记的权属审核与一般的土地登记权属审核显著不同之处,是初始土地登记的权属审核结果必须公告,即土地登记办公室将经权属审核认为符合登记要求的宗地向社会公众公布,并征询意见,公告期限一般以1个月为宜。

根据《土地登记规则》第16条的规定,土地登记申请者及其他土地权益有关者在公告规定的期限内,可以向土地管理部门申请复查,并按规定缴纳复查费。经复查无误的,复查费不予退还;经复查确有差错的,复查费由造成差错者承担。

随着市场经济的发展,土地价值日益突显,一旦因土地登记引发行政诉讼,赔偿额度不小。所以,应充分发挥公告在土地登记中的作用,重视土地登记的规范化和标准化,为现代地籍的建立创造条件,以使国土资源管理更好地维护社会的稳定,并促进社会经济的发展。

【点评】

土地登记关系到土地交易安全和社会的稳定。土地登记机关因工作失误或程序疏漏而被判令赔偿的案例近年来并不少见。因此,土地登记机关应严格依法行政,同时,为了提高登记的准确性、权威性,应充分发挥公告在土地登记中的作用。

案例思考题

思考题一

【案情】

2009年,某村村民张某与该村委会签订砂坑承包协议,双方约定:由张某承包该村西口沙坑8亩,经营沙子,并一次性交清承包费10万元,村委会提供料场,一切资源费用由村委会负责。该协议签订后,张某即向村委会交纳了承包费10万元,并开始开采。

【问题】
1. 村委会对矿产资源是否具有所有权?
2. 原、被告签订的承包沙坑协议效力如何?
3. 如果无效,双方如何承担相关法律责任?

【提示】
请结合《中华人民共和国矿产资源法》第3条以及《中华人民共和国民法通则》第61条的相关规定加以分析。

思考题二

【案情】
1999年1月,原告李坊乡管密村委会召开村民代表大会和党员会,两会通过决定,将本村1024亩世界银行贷款造的林木委托给村民管理,并实行公开招标。同月,本村村民曾建忠等19户以75,400元风险押金中标,取得经营权,并由部分(4人)村民与原告签订了承包经营管理合同,但原告未加盖公章。1999年1月25日,19户村民将风险抵押75,400元如数交给了原告。后由于林木间伐问题19户意见不能统一,有多数人提出转让经营权。2002年6月底,村书记吴某某找到村主任曾某,提出:要么由村里买下19户的经营权,或者由19户买断林权。于是,2002年6月30日晚上,吴某某、曾水友等人召集19户开会(其中6户未到)商量此事,经13户村民商议决定,原告在15日内给19户村民95,000元,山场由原告收回,如果原告在15日内不能交付,就由19户村民交10万元给原告一次性买断,当时到开会的13户签订了协议。2002年7月1日原告就与被告华桥国有林场草签以156,000元的价格转让该山场的协议,协议规定:经营期限50年,同时给光泽县林业局写了一份"关于请求将李坊乡管密村的部分山林权属过拨给光泽县华桥国有林场经营的报告",要求林业部门将斗溪山场30、31林班林权过拨给被告,并称经过村民代表大会通过。2002年7月10日,原、被告正式签订了《山林权拨交协议书》。同时通知19户村民领取退股金,当村民得知上述情况后,不肯领取退股金,直至2002年9月至12月,才由村出纳将每户股金5,000元及利息分送到村民家中。2003年11月村民听说被告拟砍伐该山场时,便多次自发组织到县政府上访。之后,原告迫于村民的压力,遂诉至本院要求判令原、被告合同无效。

【问题】

原、被告签订的"山林权拨交协议书"是否有效?

【提示】

本案是一起典型的农村林业承包经营权纠纷案件。请根据《中华人民共和国村民委员会组织法》第19条,《中华人民共和国土地承包法》第二节"承包的原则和程序"第18条第(三)款规定、第19条第(三)款规定,《土地管理法》及《合同法》的相关规定加以分析。

第二十六章 能源法律制度

本章要点

1. 核心内容

能源是指能够提供某种形式能量的物质或物质运动,是人类社会生存发展不可缺少的物质基础。实质意义的能源法,是指关于能源合理开发、加工转换、储运、供应、贸易、利用及其规制,保证能源安全、有效、持续供给的能源法律规范的总称。能源法的调整对象是能源物质利益关系,这种调整以能源开发利用及其规制的合理化为出发点,以保证能源安全、有效和持续供给为归宿。为此,能源法在设定规范和制度安排时,以明确的价值倾向和手段选择为形式。

能源法体系是一国能源法及其制度健全和完善的标志,也是一国法律制度建设的重要组成部分。能源法体系一般由能源矿业法、能源公共事业法、能源利用法、能源替代法等构成。由于国家在能源领域立法进程的不平衡,能源法律规范在不同领域中的分布相应地也不太平衡。本书着重阐述节约能源法、煤炭法、电力法和可再生能源法方面的相关内容。

节约能源法是指调整人们在利用能源以及从事相关活动中,为实现节约能源所发生的各种经济关系的法律规范的总称,其调整范围主要包括节能管理关系和其他经济关系。煤炭法是关于煤炭资源开发利用及其规制,用以保证煤炭资源合理开发有效利用,安排煤炭业有序和健康发展,达到原煤和成品煤安全供给的法律规范的总称。煤炭法的调整对象可以分为两类:一类是煤炭开发利用关系,另一类是煤炭开发利用规制关系。电力法是关于电力经营和供给、电力工程和设施的管理及其规制,用以维护电力用户利益,保证电业健康发展和公共安全的法律规范的总称。电力法调整的电业关系有三种:一是电力经营和供给者、政府与第三人之间的电力经营关系;二是电力经营和供给者同电力使用者之间的电力供给关系;三是电力经营和供给者、政府和第三人之间的电力工程与设施的管理以及规制关系。可再生能源法是指调整人们在开发、利用、保护和管理可再生能源过程中,所发生的各种经济关系的法律规范的总称。该法所称的可再生能源,包括风能、太阳能、水能、生物质能(通过低效率炉灶直接燃烧方式利用秸秆、薪柴、粪便等除外)、地热能(含地温热源的热能)、海洋能等非化石能源。我国以煤炭为主体的能源结构不能适应可持续发展的要求,同时拥有太阳能、风能、潮汐能、生物质能等丰富的可再生资源,这是可再生能源法出台的重要背景。

2. 主要制度

节约能源法领域主要包括节能监管制度、用能单位一般性管理制度、工业节能管理制度、建筑节能管理制度、交通运输节能管理制度、公共机构节能管理制度、重点用能单位节能管理制度和节能激励措施。其中,节能监管制度又包括节能标准和限额管理制度、固定资产投资项目节能评估和审查制度、落后用能产品淘汰制度、节能产品认证和能源效率标识管理制度和能源统计制度。

煤炭法领域主要包括煤炭管理法律制度、煤炭生产许可制度、煤炭安全生产管理制度、煤炭经营管理制度和煤矿矿区保护制度。

电力法领域主要包括电力建设制度、电网管理制度、供电营业许可制度、电价与电费的规定、农村电力建设和农业用电制度以及电力设备保护制度电力监管制度。

可再生能源法领域主要包括可再生能源总量目标制度、可再生能源技术标准制度、可再生能源并网发电审批和电网企业全额收购可再生能源电力制度以及开发利用可再生能源的经济激励制度。

3. 实务提示

作为经济法的能源法,主要还是促进法性质。这些法律规范主要体现着国家及其政府通过运用财政、税收、金融、价格、计划、产业调控等多方面的手段促进能源的开发、利用和保护,以不断提高能源开发、利用和保护中的经济、社会、生态效益,实现能源的可持续开发利用。深具促进法性质的能源法,其实施主要还是政府的执行,进入司法程序的能源法案例比较少。

相关法律、法规、规章、司法解释

1. 法律

《中华人民共和国可再生能源法》(全国人大常委会,2005年2月28日通

过,2009 年 12 月 26 日修订)

《中华人民共和国节约能源法》(全国人大常委会,1997 年 11 月 1 日通过,2007 年 10 月 28 日修订)

《中华人民共和国煤炭法》(全国人大常委会,1996 年 8 月 29 日通过,2011 年 4 月 22 日修订,2013 年 6 月 29 日修订)

《中华人民共和国电力法》(全国人大常委会,1995 年 12 月 28 日通过,2009 年 8 月 27 日修订)

《中华人民共和国石油天然气管道保护法》(全国人大常委会,2010 年 6 月 25 日通过)

《中华人民共和国清洁生产促进法》(全国人大常委会,2002 年 6 月 29 日通过,2012 年 2 月 29 日修订)

《中华人民共和国大气污染防治法》(全国人大常委会,1987 年 9 月 5 日通过,1995 年 8 月 29 日修正,2000 年 4 月 29 日修订)

2. 行政法规

《中华人民共和国对外合作开采陆上石油资源条例》(国务院,1993 年 10 月 7 日发布,2011 年 9 月 30 日第三次修订)

《中华人民共和国对外合作开采海洋石油资源条例》(国务院,1982 年 1 月 30 日发布,2011 年 9 月 30 日第三次修订)

《国务院办公厅关于加强煤炭行业管理有关问题的意见》(国务院,2006 年 7 月 6 日发布)

《国务院关于促进煤炭工业健康发展的若干意见》(国务院,2005 年 6 月 7 日发布)

《国务院批转国家经贸委关于加快农村电力体制改革加强农村电力管理意见的通知》(国务院,1999 年 1 月 4 日)

《电力设施保护条例》(国务院,1987 年 9 月 15 日发布,1998 年 1 月 7 日修正)

《电力供应与使用条例》(国务院,1996 年 4 月 17 日发布)

《矿产资源法实施细则》(国务院,1994 年 3 月 26 日发布)

3. 部门规章

《可再生能源电价附加补助资金管理暂行办法》(财政部、国家发展与改革委员会、国家能源局,2012 年 3 月 14 日发布)

《可再生能源发展基金征收使用管理暂行办法》(财政部、国家发展与改革委员会、国家能源局,2011年11月29日发布)

《中华人民共和国海关管道运输进口能源监管办法》(海关总署,2011年10月24日发布)

《国家发展改革委、财政部、住房城乡建设部、国家能源局关于发展天然气分布式能源的指导意见》(国家发展与改革委员会、财政部、住房城乡建设部、国家能源局,2011年10月9日发布)

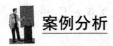
案例分析

案例分析一:可再生能源开发利用的税法促进

【案情】

《可再生能源法》第26条规定:国家对列入可再生能源产业发展指导目录的项目给予税收优惠。2007年6月7日,国务院常务会议审议并通过了《可再生能源中长期发展规划》,"加大财政投入,实施税收优惠政策",作为可再生能源开发利用的一项原则被确定下来。2012年8月6日,国家能源局发布《可再生能源发展"十二五"规划》,继续将完善可再生能源补贴和财税金融政策作为规划的重要保障措施,并提出"建立健全反应资源稀缺及环境外部成本的能源产品价格和税收形成机制"。

目前,我国对于可再生能源开发利用的税收激励政策主要包括以下内容:在增值税方面,从1994年开始,对县级及县级以下水电企业生产的电力按6%的征收率计算缴纳增值税;从2001年开始,对利用风力生产的电力产品,对作为节能建筑原材料的部分新型墙体材料产品实行增值税减半征收政策;对属于生物质能源的垃圾发电实行增值税即征即退政策;对煤层气抽采企业抽采销售煤层气实行增值税先征后退政策等。在企业所得税方面,企业利用废水、废气、废渣等废弃物为主要原料进行生产的产品,如利用地热、农林废弃物生产的电力、热力,可在5年内减征或免征所得税;对符合国家规定的可再生能源利用企业实行加速折旧、投资抵免等方面的税收优惠;根据《外商投资企业和外国企业所得税法》的规定,对设在沿海经济开放区和经济特区、经济技术开发区所在城市的老市区或者设在国务院规定的其他地区的外商投资企业,开发可再生能源利用项目的,减按15%的税率征收企业所得税;可再生能源开发项目属于国家重点鼓励发展的产业,根据西部大开发的有关政策,设在西部地区可再生能源开发企业,享受减按15%的税率征收企业所得税优惠等。从2008年1月1日起施行的《企业所得税法》对资源综合利用、环境保护、节能节水等继续给予税收优惠。该法规定,企业综合利用资源,生产符合国家产业政策规定的产品所取得的收入,可以在计算应纳税所得额时减计收入;企业购置用于环境保护、节能节水、安全生产等专用设备的投资额,可以按一定比例实行税额抵免等。在消费税方面,自2005年起,对国家批准的定点企业生产销售的变性燃料乙醇实行免征消费税政策;自2008年起,对小汽车按照排量大小实行差别税率等。

【问题】

分析税收手段在促进可再生能源开发利用中扮演的角色,并思考如何进一步完善可再生能源开发利用税法对策。

【观点】

税收是国家促进可再生能源开发利用的宏观调控手段之一,通过为可再生能源的开发利用设定较少的税种、较低的税率,或者在相关领域设定较多的税种、较高的税率,起到降低可再生能源开发成本、提高其比较效益的作用。目前我国在可再生能源开发利用的税法促进方面仍然有不少需要完善的地方。除了税收手段之外,财政、价格、金融、计划等都是能有效促进可再生能源开发利用的宏观调控手段。

【分析】

可再生能源是从自然界直接获取的、可更新的、非石化燃料能源,主要包括太阳能、风能、生物质能、水能、地热能、海洋能、垃圾填埋气、污水处理工厂气和沼气等。其最大的优势是理论上的永续利用和几乎不存在污染,因此成为解决我国能源供应短缺和环境污染问题的出路。但可再生能源开发利用产业的整体实力不强、市场竞争力较弱、总体技术水平不高,还不完全具备与常规能源进行竞争的能力。促进可再生能源开发利用,主要是降低其开发成本,提高比较效益,不断提高其在能源市场中的竞争力。国家在这方面可资利用的政策工具主要是各项宏观调控手段:财政、税收、金融、价格、计划等。

可再生能源的税收途径,是指通过税收法律制度的制定和完善,调整能源特别是可再生能源开发利用的相关税法要素,降低可再生能源利用在整个能源开发利用中的比较成本,进而提升可再生能源开发利用的竞争力。从实践来看,税收是世界各国在促进可再生能源开发利用中普遍采用的激励措施,具体分为两类:一是税收优惠,例如减免关税、减免形成固定资产税、减免增值税和所得税等;二是强制性税收政策,如对城市垃圾和畜禽场排放的污水等物质课税,或者提高传统石化能源的税收,包括开征燃油税、碳税或者石化燃料消费税、生态税或节能能源税、排污税(费)等,同时降低可再生能源税收。

税收对可再生能源发展的影响主要表现在两个方面:一是对可再生能源投资的影响。政府可以运用降低税率、加速折旧、投资抵免、免税期、亏损弥补等税收优惠措施鼓励可再生能源企业投资。二是对可再生能源产品消费的影响。政府可以通过开征新税种、提高税率、取消税收优惠等措施来提高非可再生能源的生产价格,按照供求与价格关系的理论,在对能源的消费保持不变或增长的情况下,消费者支付的非可再生能源产品价格上升,会导致消费者对非可再生能源产品的需求量减少,从而促进可再生能源产品的生产和供给。利用税收优惠促进可再生能源产业的发展,目前的核心工作应是加大对可再生能源研发、投资、生产和消费的支持力度。

税收较之财政、计划、金融等方式,在促进可再生能源开发利用方面具有独特的优势,税收具有法定性和稳定性的特征,更容易形成市场主体明确、确定的预期,更易于促进利于可再生能源开发医用的市场机制的形成。包括美国、日本、德国在内的发达国家在可再生能源的开发利用、能源效率提高方面,都是通过税法的制定(包括修改)和实施来实现的。因此,在促进可再生能源开发利用中,税收扮演着基础性的重要角色。

近年来,针对可再生能源开发利用项目,我国出台了多项税收优惠政策,也取得了一定的成效,特别是在对太阳能、风能发电产业的推动上,有了长足的进步。但由于大部分税收优惠措施仅仅停留在政策层面,并未上升到法律规定的高度,法律依据的权威性、稳定性不够,从而影响了税收手段优越性的发挥,使得相应激励政策的经济效应大打折扣。此外,从目前已经实施的税收激励措施本身来看,其在范围和力度上与《可再生能源法》等法律法规的要求仍有距离,形式上较为单一、缺乏针对性和灵活性。

为进一步促进可再生能源开发利用,税法角度的对策可能包括:一方面加大法律制定的力度,将已经实施的临时性税收措施法律化,增强相关法律法规的一致性与协调性,建立明确的激励约束机制;另一方面,要根据可再生能源产业的不同环节,相机抉择、灵活运用多种激励工具,增进税收激励的针对性,扩大税收激励措施的覆盖范围。

【点评】

作为经济法的可再生能源法,主要是促进法性质,通过国家的宏观调控政策,促进国家对可再生能源的开发利用,以实现缓解能源短缺、降低碳排放的巨大污染、缩小地区能源经济差距、促进我国经济社会协调发展的多重目标。可再生能源法的法律规范主要是宏观调控法的法律规范,而税收则是宏观调控的重要手段之一,因此,税收政策的运用特别是税法的制定(包括修改),是实现可再生能源法立法目标的重要路径。

案例分析二:节约能源法的实施状况

【案情】

中国国家统计局2011年统计公报显示,2011年我国全年能源消费总量34.8亿吨标准煤,比2010年增长7.01%。从万元GDP能耗绝对值看,2011年全国万元GDP能耗为0.793吨标准煤/万元,比2010年下降2.01%。分省来看,万元GDP能耗全国最低的是北京市,为0.459吨标准煤/万元,最高的是宁夏,为2.279吨标准煤/万元。从变化幅度看,万元GDP能耗降幅最大的也是北京市,较上年下降了6.94%,有部分省份能耗不降反升,最高上升9.44%。此前制定的2011年全国万元GDP能耗目标是比上年下降3.5%,从统计结果来看,这一目标并未实现。

运用法律手段约束能源消耗是世界各国的普遍做法,我国也不例外,《节约能源法》于1998年颁布实施,2007年进行了修订。但遗憾的是,虽然在全社会节能意识养成、节能行为激励方面取得了一定成效,但《节约能源法》尚未实现其立法预期。有关资料表明,在许多建设工程项目中,浪费能源现象普遍存在,却少有因为节能设计不合格而被叫停,单位或个人因浪费能源而受到法律惩罚的事例也几乎没有。目前我国经济增长的资源环境约束持续强化,节能减排压力逐年加大,自国民经济和社会发展"十一五"规划首次把节能减排作为约束性指标后,2011年颁布的"十二五"规划继续把节能减排放在了重要位置。

【问题】

思考《节约能源法》制定和实施的背景及其经济意义,并进一步分析目前《节约能源法》未取得预期效果的原因。

【观点】

《节约能源法》是解决人口、资源、环境问题的法律突破口,通过法律对节约能源的促进作用,改善严峻的生态环境、提高企业经济效益,实现可持续发展。《节约能源法》未取得预期效果,固然与我国的法制环境欠佳、公民节能意识不足有关,但究其深层次的原因,主要还是法律本身的缺陷,权责不清、赏罚不明、范围不广等问题较为突出。

【分析】

《节约能源法》是在我国经济和社会发展面临的资源环境约束强化、可持续发展后劲不足的背景下颁布的,其立法宗旨是推动全社会节约能源、提高能源利用效率、保护和改善环境,促进经济社会全面协调可持续发展。该法在内容上包括了节能管理、节能运行机制、激励措施和法律责任等,较为全面地规范了能源使用和节能监管行为。从内容上来看,《节约能源法》的实施,需要从节能管理体制的建立和完善、节能机制的构建和运行、节能技术进步的促进等途径全面落实。从法律实施情况来看,《节约能源法》自 1998 年实行以来,在全社会节约意识养成、节能行为引导方面取得了不错的成效,尤其是对于部分能耗较高的行业(如钢铁),节能降耗的效果较为显著。但就全国范围而言,目前尚未形成有效的节能法律激励和约束机制,而且法律实施状况是不均衡的,存在地域和行业差异性,效果也不尽相同。

现行节约能源法存在主要问题之一就是没有规定明确的执法主体和监督主体,对节能行政主管部门的法律地位及其管理责权的规定不明确,缺乏专门的监管机构。虽然条文中体现了统一管理、分工负责的原则,但未明确具体由哪个部门进行管理。目前的情况是主要由发展改革委员会内的能源部门负责,其他有关部门包括工商管理部门、质量监督部门等结合各自职责负责相关的节能工作。这种权力分配和机构设置容易造成"监管真空"或者"多头执法"的两种极端状况,加上节约能源法并未赋予节能管理部门专门的执法权和惩罚权,部门违法事项只能报请同级人民政府处理,使得法律在执行中缺乏效率,效果上也得不到保障。

2007 年《节约能源法》的修订增加了激励措施一章,相对于 1997 年版本已经取得了长足进步。这一章原则性地规定了国家运用财政、税收、价格、金融等宏观调控手段促进节能行为,并设立专项基金作为支持,具有很强的实践意义。但是,与美国等发达国家的节约能源法律规定相比,我国节约能源法确定的激励措施在内容上过于原则、缺乏可操作性,形式上也比较单一,仍然有进步的空间。例如,除了财税、金融、价格、政府采购等调控手段以外,美国还较为重视利用经济规律激励和引导能源消费,其在 2005 年修订的能源政策法对普通消费者和企业,设立了许多颇有吸引力的经济奖励条款,包括:凡是购买新型燃料汽车的消费者,可以得到最多 3400 美元的减税待遇;对生产节能型家电的厂家则给予税收优惠等。而在激励措施之外,美国还实行非常严厉的法律责任追究制度,比如康涅狄格州法律规定:违反规定的任何人,当处 250 美元以下的罚款。每一项违反均构成一个单独的违法行为,并且每持续一天亦均构成一个单独的违法行为。

我国节约能源领域的法律责任制度则规定得非常简单,而且缺乏对个人违反节约能源法的责任追究机制,在责任内容、责任形式、执法主体等方面都需要进一步细化完善。

现行节约能源法在节能标准制定方面也不容乐观,缺乏细致的节能制约标准且标准的覆盖面较窄。与发达国家节能标准覆盖范围普遍较广的情况相比,我国还需要改进。以日本为例,其不仅对能源消耗企业进行分类管理,而且对日常用品如汽车、空调、冰箱、照明灯、电视机、复印机、计算机、磁盘驱动装置、录像机等产品都有严格的节能标准,并在规定的年限里有相应的能耗递减率。而目前我国的已经出台的节能标准,远达不到这种细致程度与覆盖水平。此外,我国地域广阔,能源资源分布不均,各地产业发展程度存在差异,地区之间能耗水平参差不齐。但是,现行节约能源法没有给各级地方人民政府根据本地实际情况,制定节能的地方标准留下空间。

由此可见,节约能源法未取得其预期成效,不是简单的法制环境和公民意识问题,究其深层次原因,是法律自身的缺失制约了法律实施。虽然2007年的修订在节能管理体制和激励措施方面作出了较为详细的规定,但随着经济社会的发展,节约能源法的滞后性与不适应性又开始显现。明确节约能源监管机构、赋予监管机构相应的执法权限、细化节约能源违法责任、区分地区差异制定详细的节能标准等可能是解决问题的路径选择之一。

【点评】

目前我国的节约能源监管主要局限于行政手段,公众参与、行业自律和企业相互监督等手段运用较少。事实上,鼓励企业之间和行业协会内的监督是公平竞争的体现:每个生产商都要确保竞争对手也承担同样的守法成本。目前我国正是欠缺这样一种机制,使节能单纯依靠自发行为,导致了节能型企业没有积极性甚至转向高能耗,高能耗的企业则变本加厉地浪费能源。

案例分析三:阶梯电价制度

【案情】

我国阶梯电价政策形成历时4年,2008年开始研究,2010年形成了初步指导意见,并通过互联网公开征求社会各方意见,共收到13484人的21794条建议。根据各方面反馈的意见,有关部门对方案做了重大修改。从2012年5月上旬开始,全国有29个省份就推行居民阶梯电价制度先后召开听证会,近千名听证参加人直接参与听证,社会各方面广泛关注。例如,北京市发改委提出了两套拟订方案。第一种方案是第一档电量不超过230度,电价维持每度0.4883元不变,第二档231—400度之间,电价每度提高0.05元,为0.5383元,第三档超过400度的电量,电价每度提高0.3元,为0.7883元。这个方案完全按照国家指导意见设计,平均调价水平为每度0.0225元。而第二种方案为,第一档电量为不超过240度的电量,不提升电价档的居民用户覆盖率从80%增加到了83%,多覆盖了18万户居民。平均调价水平为每度0.022元。贵州省听证的两套方案是,每年3月至11月,第一档电量分别为150千瓦时和140千瓦时,每年12月至次年2月,第一档电量分别为190千瓦时和220千瓦时。在目前所有省市公布的阶梯电价听证方案中,上海的第一档电量最高,为每月260度,这样的划电标准,也体现了与当地经济社会发展相适应的特点。

从听证会情况看,绝大多数听证参加人赞同推行居民阶梯电价制度,但对各地电价听证方案提出了一些意见,主要集中在几个方面:一是认为第一档电量设置标准偏低;二是建议充分考虑家庭人口因素;三是建议适当考虑季节性因素;四是认为电量标准地区差异较大,东部沿海地区较高,中西部地区较低。此外,还涉及电费结算周期、合表用户提价、峰谷分时电价、低保户和五保户免费电量的政策落实、电力企业成本管理等方面的内容。

【问题】

分析阶梯电价制度产生的背景,思考政府规制电价必要性以及我国电价形成机制。

【观点】

阶梯电价制度是"电荒"的直接产物,承载着节能减排的政策目标,也是《电力法》第41条"国家实行分类电价和分时电价"的实践体现。政府规制电价是出于供电行业自然垄断的特征,保障普通居民的用电需求。但目前我国电力价格机制严重扭曲,不利于合理用电与节约能源,阶梯电价制度为破解这一问题提供了有效路径。

【分析】

2000年以来,我国能源消费年均增长约8%,其中电力消费年均增长约12%。作为以煤炭为主要燃料的电力生产而言,电煤的供应日益紧张,加之不合理的煤电机制,导致煤电矛盾已经达到十分尖锐的程度。每逢用电高峰季节,在部分电力供应紧张的省份总会出现拉闸限电的情形。始于2004年的居民阶梯电价试点便是"电荒"的直接产物。

所谓阶梯电价制度,就是对居民基本用电需求优先保障,实行较低电价;对非基本用电需求实行较高价格,以充分反映市场供求状况和能源稀缺程度。针对5%的高收入家庭消耗了24%的电量的现状,阶梯电价制度体现了"多用电者多付费"的理念,并意图通过对超出基本需求的用电量高收费,唤起用电者的节约意识,进而降低电能的消耗。这一做法也有例可循:20世纪70年代石油危机后,美国、日本、印度等国家都实施了居民阶梯电价制度,取得了较好的效果。

根据《电力法》的相关规定,我国电价实行统一政策、统一定价原则,分级进行管理。阶梯电价制度所涉及的居民用电价格属于电价范畴中的电网销售价格。只有形成合理的电价,才能形成供电公司与居民间在电力购销上实质意义的平等主体地位。由于电网的唯一性,在一个供电地区,只有一个供电商,这种结构上的垄断地位如果不必然伴随着垄断行为,必须有国家法律的规制和政府对相关法律的实施。也就是说,必须有政府干预电力供应商的电力销售定价行为。一方面,政府对于电价的规制必须体现合理的成本与利润因素,过分压低电价,不能合理体现电能资源的价值,不利于节能减排;而另一方面,由于体制和机制上的原因带来电力成本居高不下时,仅仅核查电力成本构成的末端因素,不能体现公平原则,也不利于供电企业进行成本控制。因此,政府对电价的规制,不仅仅只是回应电力供应垄断环节市场自发调节的不足,更要体现节能减排、关注民生等政策性目标。

我国自改革开放以来,电价存在三大问题:一是电价水平偏低;二是电价结构严重扭曲;三是电能与其他能源比价不合理,主要是电能价格相比煤炭、石油、天然气价格低。电价结构扭曲的最大问题是居民生活用电价格严重偏低,基本靠政策补贴支撑。2009年城乡居民用电量达到4575×10^8kW·h,如果按每千瓦时补贴0.5元计算,总补贴额达2287亿元。一部分靠提高工业和商业电价来交叉补贴,另一部分靠降低电力企业利润或亏损来补贴,这种巨额补贴目前已经难以为继。因此,居民阶梯电价制度是市场经济条件下资源优化配置的产物,在保障居民基本生活用电的基础上,让电价更大程度地反映市场供需关系,发挥价格杠杆的原理,实现资源的高效配置。实施阶梯电价制度,有利于构建合理的电价形成机制,开启电价市场化改革的步伐,这也是目前我国资源产品价格改革的方向。

【点评】

推行居民阶梯电价制度,是我国价格领域的一次重大体制机制创新,也是2012年《政府工作报告》中明确的一项重要价格改革任务。居民电价调整关系群众切身利益,根据《价格法》和《政府制定价格听证办法》的规定,应当履行价格听证程序。综观这次试行居民阶梯电价的决策和听证过程,我们看到了政府回应民生关切,寻求利益平衡的价格决策导向。同时,这一过程遵循公平、公正、公开的原则,充分调动人民群众参与决策、监督决策过程的积极性,使各方面能够充分表达不同的利益诉求。政策制定的过程敢于面对质疑,乐于接受监督,勇于听取各种批评和不同意见,从而在最大程度上维护了价格决策的公开性、透明度。决策程序的公开、透明,广大人民群众的积极参与和监督,是平衡好各方面利益关系,维护群众知情权,从而提高政策执行力的有效途径。

案例思考题

思考题一:国土资源部三度叫停煤炭探矿权

【案情】

2007年2月,为了避免因煤炭勘查投资过热而出现产能过剩的问题,国土部发布了《关于暂停受理煤炭探矿权申请的通知》,第一次以此方式从源头控制煤炭供应。

上述通知要求,至2008年12月31日止,在全国范围内暂停受理除国务院批准的重点煤炭开发项目和使用中央地质勘查基金(周转金)或省级地质专项资金开展煤炭普查和必要详查以外的煤炭探矿权申请(包括以招标、拍卖、挂牌等竞争方式出让煤炭探矿权)。

2009年3月,国土部再度发文,要求2011年3月31日前继续暂停受理。

2011年2月,国土部第三次下文,将暂停受理延续到2013年年底。与前两轮相比,此轮叫停的时间跨度不但更长,不受叫停所限的情形也规定得更为详细和严格。

这三种情形包括:国务院批准的重点煤炭资源开发项目及使用中央地质勘查基金开展的煤炭资源预查、普查和必要的详查项目;使用省级财政安排的地质勘查专项资金开展的煤炭资源预查、普查和必要的详查项目,并由省级人民政府正式来函商国土资源部同意的项目;为国家煤炭工业发展"十二五"规划中煤炭资源开发项目配套的勘查项目和大中型矿山企业资源枯竭的已设煤炭采矿权周边及深部的不宜单独设置采矿权的零星分散煤炭资源勘查项目,并由省级人民政府正式来函商国土资源部同意的项目。

国土部强调,"使用中央地质勘查基金或省级财政安排的地质勘查专项资金的煤炭资源勘查项目,不吸收社会资金参与勘查,申报时还应提交项目立项文

第二十六章 能源法律制度

件和勘查专项资金计划或预算文件",除此之外,"在完成预查、普查和必要的详查工作后,依法注销探矿权,实行矿产地储备,不得勘探后直接设置采矿权"。

"本轮叫停依然是针对新增矿权的审批,与以往相比有了一些新变化,但对存量矿权的影响相对较小。"中国煤炭经济研究会秘书长赵家廉对记者表示,"这仍是国土部对国发(2006)11号文提出的'推进经济结构战略性调整'的配套组合拳。"

【问题】

以国土资源部叫停煤炭采矿权为背景,分析《煤炭法》所调整的法律关系,并进一步思考《煤炭法》体现的经济法性质。

【提示】

《煤炭法》是关于煤炭资源开发利用及其规制的法律,其所调整的法律关系包括两类:一是煤炭开发利用关系,二是煤炭开发利用规制关系。作为国家在协调煤炭开发利用领域经济关系的法律,《煤炭法》具有显著的规制法和促进法性质。

第二十七章　财政法律制度

本章要点

1. 核心内容

财政法是调整国家为了满足公共欲望而取得、使用和管理资财的过程中所发生的社会关系的法律规范的总称。财政法是经济法的重要部门法，它一方面保障国家获取财政收入，另一方面保障国家实施宏观调控。财政一般包括两个过程，一个是获取财政收入的过程，另一个是使用财政资金的过程。国家通过这两个过程，实现资源在全社会范围内的合理配置。财政权是一项重要的国家权力，按照权力的行使必须法律授予的原则，财政权也必须由法律加以规范。但是在目前，我国财政法的建设尚显不足，目前只有《预算法》《政法采购法》两部法律，此外还有国务院颁布的《国库券条例》《特种国债条例》《过渡期转移支付办法》等规范性文件。

财政法有广义和狭义之分，广义上的财政法包括预算法、国债法、税法、政府采购法、转移支付法等；狭义的财政法不包括税法。在此，我们作狭义理解。预算法是调整在国家进行预算资金的筹集、分配、使用和管理过程中所发生的经济关系的法律规范的总称。预算法在财政法的体系中处于核心地位。国债法是调整在国债的发行、使用、偿还和管理的过程中所发生的经济关系的法律规范的总称。早期资本主义国家不允许预算赤字，因此严格禁止国债的发行；但是随着国家支出越来越多，导致单纯地依靠税收获得的财政收入难以弥补财政赤字，这时国债的发行才得到重视。相应地，国债法在财政法体系中取得了日益重要的地位。政府采购法是指调整在各级国家机关、事业单位和团体组织在使用财政性资金采购依法制定的集中采购目录以内的或者采购限额标准以上的货物、工程和服务的过程中所发生的社会关系的法律规范的总称。政府采购的最初目的是满足政府及相关主体的正常运行的需要，此后政府采购具有了宏观调控的职能，即通过采购亟须支持的行业、企业的产品，从而对其予以财政支持。转移支付法是调整在财政转移支付的过程中所发生的社会关系的法律规范的总称。鉴于地区之间经济发展不平衡、各级政府之间的财政资金的不平衡,导致不同地区政府以及不同级别政府提供公共物品能力的差异,为了确保政府之间能够提供程度大体相当的公共物品,转移支付制度便应运而生。转移支付制度在很大程度上体现了财政公平的原则。

2. 主要制度

财政法的主要制度包括预算法、国债法、政府采购法、转移支付法。其中,预算法包括预算管理职权、预算收支范围、预算管理程序、决算制度、预算和决算的监督及违反预算法的法律责任。国债法包括国债的发行、偿还、管理制度。政府采购法包括政府采购主体、政府采购方式等。转移支付法包括转移支付的主体、形式、监督管理等。

3. 实务提示

主要涉及预算外资金的挪用、国债的偿还、政府采购的方式、对基层政府的转移支付等。

相关法律、法规、规章、司法解释

1. 法律

《中华人民共和国政府采购法》(全国人大常委会,2002 年 6 月 29 日公布)
《中华人民共和国预算法》(全国人民代表大会,1994 年 3 月 22 日公布)

2. 行政法规

《关于加强预算外资金管理的决定》(国务院,1996 年 7 月 6 日公布)
《中华人民共和国预算法实施条例》(国务院,1995 年 11 月 22 日公布)
《关于实行分税制财政管理体制的决定》(国务院,1993 年 12 月 15 日公布)
《中华人民共和国国库券条例》(国务院,1992 年 3 月 18 日公布)
《关于违反财政法规处罚的暂行规定》(国务院,1987 年 6 月 16 日公布)

3. 行政规章

《财政部关于加强农村税费改革转移支付资金管理的通知》(财政部,2003

年10月23日公布)

《过渡期财政转移支付办法》(财政部,2000年1月3日公布)

《违反财政法规处罚的暂行规定实施细则》(财政部、审计署,1987年10月29日公布)

案例分析

案例分析一:财政能向中国人民银行透支吗?

【案情】

1993年,国务院下发通知,要求财政部不得向中国人民银行借款。同年12月25日,国务院又下发了《国务院关于金融体制改革的决定》,规定:"财政部停止向中国人民银行借款,财政预算先支后收的头寸短缺靠短期国债解决,财政赤字通过发行国债弥补。"此后,《预算法》和《中国人民银行法》相继颁布,这两部法律以立法的形式切断了财政部和央行的直接联系。但是,在1993年之前(1948—1993年),财政部向中国人民银行大量透支,截至1994年底,累计借款总额高达1582亿元,达到中国人民银行资产的15%左右。对于这些借款,财政部开始打算利用财政盈余来偿还,但是自1998年政府实施积极财政政策之后,财政赤字进一步扩大,别说还款了,财政还要靠发行国债来维持。原来希望运用财政盈余来还款的计划泡汤了。2003年10月28日,第十届全国人大常委会第五次会议批准了国务院《关于规范处理1995年以前中央财政向人民银行借款问题的报告》,该《报告》成为解决中国人民银行账上1582亿元政府借款的法律依据。

【问题】

本案主要涉及三个问题:第一,财政部与中国人民银行的法律地位如何?第二,财政部向中国人民银行借款的法律性质是怎么样的?第三,这个问题应当如何解决?

【观点】

财政部与中国人民银行都是国务院下属的部级单位,分别执行财政政策和货币政策,两者相互独立。财政部向中国人民银行的借款实际上是向财政透支,是违反中国人民银行法的。财政资金不足问题可以采取债务证券化的方式解决。

【分析】

财政部是我国主管财政的国家机关，具有国家机关法人的地位。作为国家主管财政收支、财政税收政策、国有资本金基础工作的宏观调控部门，财政部与国务院其他各职能部门就财政收支等事项存在职能交叉和工作交往。从1948年至1993年，财政部可以向中国人民银行进行直接融资。到1993年10月，中国人民银行透支高达1500亿元，达到中国人民银行资产的15%左右。针对这种情况，1993年12月25日，国务院通过了《关于金融体制改革的决定》，建立起了财政部与人民银行之间资金借贷的防火墙，也就是不允许财政部门向中国人民银行直接借款，财政收支短期头寸的调剂和财政赤字的弥补统一归口到国债的发行上。1995年，《中国人民银行法》颁布之后，中国人民银行的独立性有所增强。首先，《中国人民银行法》规定，中国人民银行除了直接对国务院负责，间接对全国人民代表大会及其常委会负责以外，在组织和资金融通等方面都独立于财政部门，独立于地方政府和政府各部门。我国的中央银行的法律地位比日本、意大利等许多国家的中央银行的独立性都要强。其次，为了加强中国人民银行的独立性，我国加大了改革力度。1998年，出台了中国人民银行管理体制改革方案。按照这一方案，中国人民银行从1999年起不再按照行政区划设置，而是按照经济区域在全国设置两个直属营业管理部，以及在上海、武汉、沈阳、南京等地设9个分行，分行下设中心支行和支行等分支机构。2003年12月27日，十届全国人大常委会第六次会议通过了《关于修改中华人民共和国〈中国人民银行法〉的决定》。至此，虽然财政部和人民银行还存在业务上的协调和职能上的互补，但是两者的地位都更加独立，职能分野也更加清晰。因此，无论财政部的头寸调剂如何紧迫，财政赤字如何巨大，都不可动用人民银行的资金，财政部和人民银行之间的资金借贷是不合法的。现在财政部和中国人民银行各司其职，不可能发生资金借贷。但是作为历史遗留问题，如何看待财政部和中国人民银行在1993年以前的借款中的法律地位呢？在1993年国务院下发关于财政部不得向人民银行借款的通知以前，人民银行只是名义上的中央银行，实际上基本上还是财政的"出纳"，独立性问题无从谈起，货币政策受到很大干扰，通货膨胀也在所难免。

财政部与中国人民银行都属于国务院下级机构，财政部与中国人民银行是平级的，它们都是国家机关法人，都是制定和实施经济政策的机关。财政部与中国人民银行的借款关系究竟是私法上的债权债务关系，还是公法上的债权债务关系？从主体的平等性来看，财政部与中国人民银行是同级的中央国家机关，而且是平等的借贷关系而不是划拨关系，貌似平等主体之间私法关系；但是，从主体的性质来看,两者都是国家机关,而且借贷关系到国家和社会的重大利益,因此属于公法上的债权债务关系。为什么法律禁止财政部通过向中国人民银行借款的方式谋求资金,而不限制财政部通过发行国债的方式谋求资金呢?因为国债的发行不影响基础货币量,它只是转移货币的战友,财政部借款则会引发通货膨胀;另外,国债的本息是由中央专项资金偿还的,财政部借款则难以用财政盈余解决,这对于确保债权人的利益而言是极为不利的。

对于历史遗留下来的借款问题如何解决?2003年全国人大常委会通过的《报告》只是提供了解决财政部与人民银行借款纠纷的一个基本框架,具体的实施办法还需要进一步设计。我们考虑,可以将财政部历史遗留的借款证券化。具体来讲,就是将这些不规范的借款转换成为比较规范的债券,由中央银行持有这些债券。债权的证券化可以起到多重功效。比如,为中国人民银行公开市场操作提供工具。再有,债权证券化不会形成新的基础货币投放,有利于保持币值稳定。最后,财政对该笔债权支付利息。

【点评】

我们注意到2007年6月29日,全国人大常委会审议通过了财政部发行特种国债购买外汇的议案。财政部表示,特别国债发行将会增加央行持有的国债。发行国债的收入将会投资到国家外汇投资公司。但是,这次国债发行没有明确发行的对象究竟是谁。按照2003年年底修正的《中国人民银行法》,中国人民银行不得对政府财政透支,不得直接认购、包销国债和其他政府债券。显然,这是人大常委会和财政部对于发行对象讳莫如深的原因。在这种政府主导下的体制下,中国人民银行的独立性如何保证?中国人民银行是一个独立制定货币政策的机关,针对财政部的借款,中国人民银行也没有足够资金偿还,那么唯一的方式就是发行货币,这只会导致通货膨胀,从而威胁宏观经济的稳定。

案例分析二:预算外资金如何管理?

【案情】

2009年,某市公路局收取的养路费为5000万元。公路局所开具的养路费发票中,只有一部分使用了行政事业性收费的单据,其他部分则使用了不合规范的收费单据。那些被转移到账外的养路费被用于改善职工福利,还有一部分用于本部门的请客送礼等开销。同年,公路局收取的路赔费为1000万元,其中也有相当部分使用的是社会性发票。此外,公路局还把本单位的办公用房私自出租,将非法获得的收入纳入的自己的"小金库"。在审计机关进行审计的过程中,发现了公路局的财政资金管理的问题。

【问题】

我国财政收入都包括哪些类型？公路局的哪些行为违法？

【观点】

我国财政收入包括预算内收入、预算外收入和非预算收入。公路局把作为预算内收入的养路费通过开具不规范的收费单据,从预算内转移到预算外;把作为预算外收入的路赔费,通过开具社会性发票,从预算外转移出来,从而形成本部门的非法收入;把本单位的办公用房私自出租,纳入本单位的"小金库",属于非法收入。

【分析】

我国财政收入包括三种类型,即预算内收入、预算外收入和非预算收入。预算内收入包括税收、税收附加、专项收入、规费等。此外,由于只有中央政府能够发行国债而地方政府不能发行政府债券,所以中央政府的预算内收入当中又包括国债收入。在诸多预算内收入当中,税收收入是主体部分。较之于预算外收入和非预算收入,预算内收入严格依据法律规定的条件和程序予以征收,比较符合法治的要求。预算外收入是不纳入预算管理的收入。按照1996年7月国务院发布的《关于加强预算外资金管理的决定》(国发[1996]29号),预算外资金是指国家机关、事业单位和社会团体为履行或者代行政府职能,依据国家法律、法规和具有法律效力的规章而收取、提取和安排使用的未纳入国家预算管理的各种财政性资金。预算外资金主要包括：法律、法规规定的行政事业性收费、基金和附加收入等；国务院或者省级人民政府及其财政、计划、物价部门审批的行政事业性收费；国务院以及财政部审批建立的基金、附加收入等；主管部门从所属单位集中的上缴资金；用于乡镇政府开支的乡自筹和乡统筹资金；其他未纳入预算管理的财政性资金。按照《关于加强预算外资金管理的决定》的规定,原本属于预算外资金的养路费、电力建设基金等13项数额较大的政府性基金被纳入到预算内管理。预算外资金的所有权属于政府,管理权归属于财政部门,收取资金的部门或者单位仅仅享有使用权。各级政府的财政部门在银行设立统一账号,用于预算外资金的收入和支出的管理。部门或者单位所收取的预算外收入上缴同级政府的财政部门设置的专门账户,部门或者单位需要使用资金的,由同级财政部门按照预算外资金收支计划和单位财务收支计划进行统筹安排,从财政专门账户中拨付,实行收支两条线管理。一般来讲,预算外资金都有专门的用途,而不得私自变更其用途。但是现实中,一些预算外资金并没有用到指定用途。比如说,擅自设立收费项目,扩大收费范围和提高收费标准；收取预算外资金,使用社会发票或者自制发票,导致收入不入账;用预算外资金增加本部门或者单位的工作人员的工资、福利等。非预算收入是不纳入预算、内外管理的收入,归部门、单位或者社会团体自行支配。从严格意义上讲,非预算收入不能算作是合法收入,而且审计机关的审计重点就是部门或者单位收取的非预算收入。与非预算收入密切相关的一个词汇就是"小金库"。按照财政部、审计署、中国人民银行《关于清理检查"小金库"的具体规定的通知》(财监字[1995]29号)的规定,凡是违反国家财经法规以及其他有关规定,侵占、截留国家和单位收入,未列入本单位财务会计部门账内或者未纳入预算管理,私存私放的各项资金,均属于"小金库"。具体包括:各项生产经营收入,各项服务和劳务收入,各项价外费用,各种集资、摊派、赞助、捐赠等收入,股票、债券等投资收益,各种形式的回扣和佣金,各项行政事业性收费、各项罚没收入,各类协会、学会的会费收入等其他应列入本单位财务会计部门账内或应交存财政专户的收入,通过虚列支出、资金返还等方式将资金转到本单位财务会计部门账外的。非预算收入要纳入本单位或者部门的财务会计部门的账内,而"小金库"则是把预算内、外的收入,从预算内、外的管理体制中完全剥离出来,或者是把非预算收入从本单位或者部门的财务会计部门的管理中剥离出来,而存放在私自设立的账户之中。所以说,如果说非预算收入属于灰色收入,属于非法收入,那么"小金库"的资金就属于黑色收入,属于违法收入。

  本案中的违法行为主要有以下几种。第一,公路局将属于预算内资金的养路费,通过私自开具不合规范的发票,属于典型的违法行为。按照《预算法》及其实施细则的规定,禁止将预算内收入转移到预算外,隐瞒预算收入的,由上一级政府或者本级政府财政部门责令纠正,并由上级机关给予负有直接责任的主管人员和其他直接责任人员行政处分。按照2006年公布的《国务院关于加强预算外资金管理的决定》的规定,对隐瞒财政预算收入,将预算资金转为预算外的,要将违反规定的收入全部上缴上一级财政。此外,公路养路费属于专款专用性收费,公路局把一部分资金用于改善职工福利待遇或者请客送礼等,属于违法行为。按照《公路管理条例》第19条和《公路管理条例实施细则》第46条的规定,养路费应当在国家规定的范围内专款专用。任何单位和个人不得平调、挪用、滥用、截留、拖欠养路费。按照《公路管理条例实施细则》第63条规定,对违反《公路管理条例》第19条及本《细则》第46条、第51条规定的,属于公路征费人员的,由公路主管部门或其授权的公路管理机构负责查处;属于公路主管部门或其授权的公路管理机构的,由上一级公路主管部门或有关主管部门查处。对超出国家规定使用范围,挪用公路规费于其他建设和开支的,银行有权拒付,审计、财政部门有权追查、索赔,并按国家有关规定给予处罚。第二,公路局通过同样的手段,私自转移属于预算外收入的路赔费,属于违法行为。路赔费是对公路、公路用地以及公路设施造成损坏的,由公路管理部门按其管辖范围,向有关当事人征收的。按照1999年公布的《行政事业单位预算外资金银行账户管理的规定》第3条的规定,行政事业单位收取或取得的预算外资金收入,应全部直接上缴同级财政部门设立的预算外资金财政专户。财政部门另有规定的除外。本案中,路赔费属于预算外收入,但是必须专款专用,用于修复公路和弥补路政管理经费的不足。收缴的罚款必须上缴同级政府的财政部门,不得坐支或者挪用。第三,公路局开具不规范的单据也是违法的。按照《公路管理条例实施细则》第52条的规定,公路规费征收票证和处罚单据,必须由省级公路主管部门统一印制核发。《公路管理条例实施细则》第64条规定,各级公路管理人员违反《条例》及本《细则》规定的,由各级公路主管部门或其授权的公路管理机构给予行政处分或经济处罚。公路管理人员受本单位或上级单位负责人指使、纵容而违反《条例》和本《细则》规定的,除追究其本人责任外,并应追究有关单位及其负责人的责任。第65条规定,违反《条例》及本《细则》规定应当受治安管理处罚的,由公安机关处理;构成犯罪的,由司法机关依法追究刑事责任。第四,公路局把办公用房私自出租,而且把租金纳入本部门设立的"小金库"中。按照《关于清理检查"小金库"的具体规定的通知》,被个人贪污、私分的部分,必须如数追回;违反规定购置的交通工具、通讯设备,予以没收,公开拍卖后将收入按规定的预算级次上缴财政。

【点评】

我国对于预算内、外资金管理的规定相对繁杂。要充分保障预算内、外资金的及时入账,必须熟悉我国相关法律规定。

案例分析三:"燃油费"何时变成"燃油税"?

【案情】

国务院早就设想从1999年1月1日起取消养路费、公路客货附加费、公路运输管理费,以及地方用于公路和城市道路维护、建设方面的部分收费和基金,开征燃油税,并且以车辆购置税取代车辆购置附加费。但是,考虑到1997年《公路法》第36条规定的,"公路养路费用采取征收燃油附加费的办法",如果开征燃油税显然违反了这条法律规定。燃油税费改革面临法律障碍。1998年11月4日,在九届全国人大常委会第五次会议上,国务院提请审议《公路法》修正案,其中重要一条就是规定"燃油费"改为"燃油税"。但是,这一立法建议没有获得全国人大常委会的最终决议,燃油税的开征就此搁浅。1999年4月,在九届全国人大常委会第九次会议上对国务院提出的《关于修改〈中华人民共和国公路法〉的决定(草案)》再次进行审议并表决,表决结果仅一票之差而未能获得通过。国务院开征燃油税的期望再次落空。1999年10月,在九届全国人大常委会第十二次会议上,国务院再次提出修改建议,此次建议被采纳。修改之后的《公路法》第36条规定:"国家采用依法征税的办法筹集公路养护资金,具体实施办法和步骤由国务院规定。"此次修正案的通过,为开征燃油税提供了法律依据。此后,国务院于2000年月批转了财政部、国家计委等部门制定的《交通和车辆税费改革实施方案》(国发【2000】34号),决定于2001年1月1日先行出台车辆购置税,代替车辆购置附加费,并决定相机开征燃油税。2000年10月20日,《车辆购置税暂行条例》出台,似乎燃油税的开征也指日可待,但是迄今燃油税的开征依然是遥遥无期。

【问题】

本案主要涉及两个法律问题:第一,税和费有何区别?第二,如何进行燃油税的税费改革?

【观点】

税收是指一国政府凭借政治权力,依据法定标准,对处于本国税收管辖权之下的居民或者非居民强制、无偿征收的一种财政收入。收费是国家对于自己提供的产品或者服务所收取的对价。两者的主要区别是:(1) 税收的开征必须有严格的法律依据,收费相对随意;(2) 征税主体是特定的,即财政部门、税务部门或者海关,收费主体非常多元化,政府部门、单位、社会团体等都可以成为收费主体。燃油费改征燃油税需要经过整顿和改革两个阶段,即首先对于重复收费予以清理,取消重复设置的收费项目,然后将具有税收特征的费改为税。

【分析】

公路收费的现状是什么?按照1997年颁布的《公路法》第36条的规定,公路养路费用采取征收燃油附加费的办法。拥有车辆的单位和个人,在购买燃油时,应当按照国家有关规定缴纳燃油附加费。征收燃油附加费的,不得再征收公路养路费。具体实施办法和步骤由国务院规定。燃油附加费征收办法施行前,仍实现现行的公路养路费征收办法。公路养路费必须用于公路的养护和改建。公路养路费属于地方财政收入,由地方财政支配。按照1999年修改之后的《公路法》,国家采用依法征税的办法筹集公路养护资金。按照2000年财政部、国家计委等部门发布的《交通和车辆税费改革实施方案》的规定,开证车辆购置税代替车辆购置附加费,开征燃油税取代公路养路费、公路客货运附加费、公路运输管理费、航道养护费、水路运输管理费、水运客货运附加费,以及地方用于公路、水路、城市道路维护和建设方面的部分收费。开征车辆购置税和燃油税后,相关收费同时废止。

　　探究燃油税费改革的必要性之前,有必要了解一下税费之间的关系。税收是指一国政府凭借政治权力,依据法定标准,对处于本国税收管辖权之下的居民或者非居民强制、无偿征收的一种财政收入。收费是国家对于自己提供的产品或者服务所收取的对价。两者的联系是,他们都是国家财政收入的重要组成部分,都是以提供公共物品为目的;都是公法上的债权债务关系。两者的区别是:第一,纳税人在缴纳税款之后,不会直接、立刻从国家那里获得补偿。虽然从长期来看,纳税人能够通过享受国家提供的公共物品来获得安全保障、福利设施等服务,但是国家并没有直接、立刻给付纳税人以对价,这也是所谓的税收的无偿性。但是,目前,也有学者把税收理解为一种债权债务关系,即税收之债。缴费人在交纳费之后,收费机关会立刻提供或者承诺及时作出某种行为或者提供某种服务。第二,税收从目的上来讲,一方面是为了获取财政收入,另一方面是进行宏观调控,而收费在很大程度上是国家对于自己提供的产品或者服务从缴费人那里获得相应的对价,即成本补偿。第三,税收的开征要严格受到税法的限制。按照税收法定原则,每开征一种税都要有对应的税收法律,但是目前在我国,税收法律尚显不足,而税收行政法规则相对较多。这虽然不符合税收法定原则,但是在一定程度上也能够反映出征税必须要有对应的、效力层级相对较高的规范性文件作为依据。而收费则不然,不必有效力层级较高的规范性文件作为依据。对于全国性的收费项目,国务院或者国务院各部门可以自行决定是否立项,而且收费的立项权还下放给地方,由地方政府制定相应的收费规范性文件。收费欠缺制度约束,导致地方政府不断设立新的收费项目,以弥补自身财政资金的不足,从而把本来用于弥补服务成本的收费变作获取财政收入的手段,从而扭曲了收费的目的。

　　为什么要进行税费改革? 第一,收费管理松散,税收管理严格。不论是收费,还是征税,都是国家财政权对公民财产权的一种侵害,所以,在我国宪法明确对公民财产权予以保护的今天,更应当对国家的收费和征税权进行限制。相对于收费而言,税开征和管理都要严格许多。按照税收法定主义,人民仅以法律规定的纳税主体、税目、税率、纳税方式及纳税期限等规定而承担纳税义务。因此,只有在税法明确规定了开征对象以及其他课税要素时,人民才负有此种纳税义务。第二,收费管理混乱,税收管理相对公开透明。我国现行收费,除了少数纳入财政预算内管理之外,大多数被列为预算外管理,实行"专户储存、计划管理、财政审批、银行监督"的管理办法。但是,这种管理办法比较松散,使得资金管理非常混乱。

燃油费如何改成燃油税?首先,必须有相应的法律依据。尽管《公路法》第36条规定,国家采用依法征税的办法筹集公路养护资金,但是这条规定只是征收燃油税的非常原则、抽象的规定。按照税收法定主义,开征燃油税必须依据税法进行,《公路法》的一个条文难以成为征收燃油税的依据。其次,对现有收费进行"整顿"和"改革",这也是我国道路和交通收费制度改革的思路。先是整顿、清理现有收费,取消重复收费和越权收费等。在清理之后,将其中部分具有税收特性的收费项目改为征税,比如说公路养路费、车辆通行费和公路建设基金。对于一些本身不具有税收特征的收费项目,依然会采取收费的形式,比如说车辆营运证年审费、标志牌费和临时牌费等。

【点评】

当前,我国作为预算内、外收入的费可谓非常之多,合法收费、非法收费、违法收费也非常之多。在这种情况下,造成了国家预算内、外资金管理的混乱,为部门、单位私设小金库打开方便之门,为了便于国家财政管理,整顿经济秩序,防止对公民乱收费造成过重的负担,国家逐渐开始了"费改税"的进程。在费改税进程中,典型的措施就是燃油税费改革、农村税费改革和社会保障税费改革。目前,农村税费改革已经取得了成效,取消了三提五统筹,切实减轻了农民负担。相比较而言,燃油税费改革、社会保障税费改革的进程依然缓慢。

案例分析四:谢百三诉财政部国债回购案

【案情】

2001年7月31日至8月7日,财政部在深、沪证券交易所,分销了当年第7期国债。财政部通知,"本期国债发行总额240亿元。发行结束后可在上海、深圳证券交易所上市交易。"国债发行之后,市场对这支国债普遍看好。但是,同年8月9日,财政部国库司又下发了《关于2001年记账式(七期)国债有关事宜的通知》,通知中央国债登记结算有限公司、上海证券交易所、深圳证券交易所,"经财政部研究决定,本期国债在交易所上市时间另行通知,上市交易方式首先为现券买卖,回购交易将视市场情况安排"。为此,许多投资者都认为他们当初购买国债就是看上了回购交易,现在取消了回购交易的形式,实际上是对债券持有人权利的侵犯。复旦大学教授谢百三认为,财政部下达的第二个通知,追诉性地加上了一个限制性条款,属于违约行为;而且,该通知违反了1992年《国库券条例》中有关投资者回购融资的权利。按照《国库券条例》的规定,国库券可以用于抵押,但是不得作为货币流通。因此,谢百三向法院提起了诉讼,2001年12月6日,他先向北京市中级人民法院提起了诉讼,但是在近三个月的时间内,法院既没有受理,也没有表示拒绝。2002年3月1日,他又向北京市高级人民法院提起诉讼,又过了四个多月,法院还是既不受理,也不表示拒绝。2002年7月7日,他又向最高人民法院提起诉讼,但是也没有结果。最后,事情还是通过协商解决的。经过与财政部的协商,财政部解除了关于010107国债的回购禁令。

【问题】

财政部禁止国债回购交易是不是具有合理性?是不是具有合法性?

【观点】

为了防止机构炒作国债,禁止国债回购交易具有合理性。但是,违反了当初与投资者所签订的合同,因此具有违法性。

【分析】

首先,我们看看,财政部第二个通知作出的禁止国债回购交易是不是具有合理性?尽管谢百三认为,财政部违反了当初的约定,因此侵犯了契约相对人的权利。这是有一定道理的。但是,从财政部的角度考虑,允许国债回购是不是会存在一定问题。财政部的这种担心也不是没有道理的。财政部发现,一些机构在购买国债之后,将国债抵押融资,然后再购入国债,从而造成国债市场上供小于求的局面,人为地提高国债价格;当国债价格提高之后,又能够抛出国债,赚取巨额利润。这种操纵金融市场的行为是需要国家加以监管的。所以,从合理性上考虑,暂停国债回购具有合理性。

如果从合法性角度考虑,财政部是不是违约了呢?我们可以看一下财政部的第一个通知,即"本期国债发行总额240亿元。发行结束后可在上海、深圳证券交易所上市交易"。按照通常理解,这里的上市交易包括现券交易、回购交易和期货交易。现券交易是一种即期易货交易形式,交易双方通过证券交易所的交易系统对上市流通的国债进行买卖报价,由交易系统撮合成交。一旦成交,即进行券款交割过户。它与股票交易过程基本一致,是最基本的国债交易形式。回购交易是指国债的卖出方与买入方签订协议,约定在未来某时以某种价格将卖出的国债重新买入。具体来讲就是,A卖给了B国债,并且约定A在未来某一时点以某一价格重新买回已经卖出的国债。这实际上就是相当于A将国债抵押给了B,B提供给A资金,然后A再用资金进行其他投资赢利。A可以用其他投资赚取的钱,再买回国债。A从B处重新买回的价格,要高于A卖给B的价格，这种价格差实际上就是 A 支付给 B 的贷款利息。期货交易是买卖双方通过交易所，约定在未来特定的交易日以约定的价格和数量购买国债的交易方式，实际上是一种国债衍生交易。那么，按照第一个通知，此次国债可以进行上市交易，所以如果按照一般理解，这种上市交易应当包括现券交易、回购交易和期货交易。此外，如果我们把国债契约理解为一种类似于格式合同的契约，那么按照格式合同的基本理念就是，如果对格式条款发生争议，应当作出有利于非制定格式条款一方的解释。虽然国债契约不是一种私法契约，但是有关格式合同的理论也是可以参考的。我国《合同法》第 41 条规定，对格式条款的理解发生争议的，应当按照通常理解予以解释。格式条款和非格式条款不一致的，应当采用非格式条款。如果按照通常解释，对于上市交易应当采取全面理解。但是，财政部的第二个通知是否违反了国债契约呢？理解这一问题的关键是，国债契约究竟是什么性质？正如前面所分析的，国债契约不是私法契约，而是属于一种公法契约。虽然我们难以寻求一种真正的公法契约的属性，但是我们可以借鉴属于公法契约的典型，即"行政合同"。国债契约不属于行政契约，因为按照对行政契约的界定，是"行政机关为了实施行政管理而与公民、法人或者其他组织意思表示一致所签订的协议"。发行国债并不具有行政管理的目的，因此它难以归属于行政合同的范畴。但是，由于行政合同的一方主体也是作为国家代理人的行政机关，因此行政合同的一些特性也可以供公法契约所借鉴。最典型的就是，行政主体现有行政优益权，具体来讲：行政主体享有履行合同的监督权；享有因共利益而单方面变更合同的权力；享有因公共利益而解除合同的权力等等。所以，作为公法上的契约的国债契约自身也具有了行政合同的一些属性，比如说变更权。

所以说，从合理性和合法性角度考虑，财政部的这种做法都是有一定依据的。当然，如果我们从国债运行的流程来看，在不同阶段，国债契约的性质也是不同的。比如说，在国债发行和认购阶段，国家与债券持有人之间形成了公法上的债权债务关系；但是在国债进入了流通阶段之后，债券持有人便与其他交易人形成了私法上的契约关系。当然，我们在讲国债契约的时候，往往指的就是发行和认购阶段的契约；至于持有人与其他交易人形成的契约关系，我们认为，那只是以国债为标的的一种普通民事契约。

此外呢，程序法上的问题也不容忽视。按照《行政诉讼法》第 42 条的规定，人民法院接到起诉状之后，经过审查，应当在 7 日内立案或者作出不予受理的裁定。原告对于裁定不服，可以提起上诉。但是，谢百三不论是起诉到中级人民法院，还是起诉到高级人民法院，法院的态度都是既不拒绝，又不受理。这实际上是违反了《行政诉讼法》的规定。

【点评】

政府代表国家实施的行为应当具有确定力、公信力,一旦作出,不能轻易改变。人民依据政府的承诺决定自己的行为,这是一种合理预期。一旦政府随意变更自己的承诺,就会导致人民的预期落空。虽然法理上有一个原则叫做"禁反言",但是这一原则并不能硬性地要求政府,因为政府享有单方面变更原行为的特权。在这里,只能希望政府在作出行为的时候能够充分考虑,否则实施之后再变更,就会导致既有的社会关系进行重新调整,影响非常之大。

案例分析五:某市交通局政府采购案

【案情】

2008年,某市政府发文,要求本市的政府采购活动和其他招投标活动必须由本市政府采购中心负责操作。2008年年底,市交通局决定对本市1号公路的改扩建工程进行公开招标。此后,交通局在本市日报上刊登了"关于1号公路改扩建工程的招标公告"。在交通局发出招标公告之后,许多投标商纷纷打来电话咨询,同时也引起了市政府的注意。市政府认为,公路改扩建的2000万元人民币的资金来源于国债,属于政府采购的范围,另外本市早就发出通知,要求招投标活动由本市政府采购中心负责,交通局擅自进行招标不符合本市规定。市政府要求交通局与政府采购中心取得联系,但是交通局一直没有作出正面回应。于是,市政府的政府采购办下达了《关于责令市交通局立即停止1号公路改扩建工程招标工作的通知》,要求市交通局立即停止1号公路改扩建工程的招标工作,由政府采购办委托政府采购中心按照《招标投标法》规定的方式组织招标投标。市交通局对于政府采购办的做法不服,认为其违反了《政府采购法》和《招标投标法》的规定,双方发生争议。

【问题】

本案中的法律主体都有哪些,各自职权是什么?交通局是否有权自行招标?

【观点】

本案中的法律主体主要有市政府、财政局下属的政府采购办、政府采购中心,以及交通局。在彼此之间的法律关系中,政府采购办负责监督,政府采购中心有权接受委托进行招标,交通局是采购人。按照《政府采购法》的规定,"1号公路改扩建工程"属于部门集中采购项目,交通局有权进行招标。

【分析】

  首先需要明确的是政府采购的方式。按照《政府采购法》第 2 条的规定,本法所称政府采购,是指各级国家机关、事业单位和团体组织,使用财政性资金采购依法制定的集中采购目录以内的或者采购限额标准以上的货物、工程和服务的行为。政府集中采购目录和采购限额标准依照本法规定的权限制定。本法所称采购,是指以合同方式有偿取得货物、工程和服务的行为,包括购买、租赁、委托、雇用等。本法所称货物,是指各种形态和种类的物品,包括原材料、燃料、设备、产品等。第 2 条明确规定了政府采购的主体,即国家机关、事业单位和团体组织;采购资金的来源,即财政性资金,以及采购对象,即货物、工程和服务。凡是属于政府采购的,都应当适用《政府采购法》的规定。

  政府采购可以采取多种方式。按照《政府采购法》第 26 条的规定,政府采购采用以下方式:(一) 公开招标;(二) 邀请招标;(三) 竞争性谈判;(四) 单一来源采购;(五) 询价;(六) 国务院政府采购监督管理部门认定的其他采购方式。公开招标应作为政府采购的主要采购方式。在上述五种政府采购方式中,并不是并列关系,而是公开招标要优先于其他采购方式。按照《招标投标法》第 3 条的规定,下列工程建设项目必须进行招标:(一) 大型基础设施、公用事业等关系社会公共利益、公众安全的项目;(二) 全部或者部分使用国有资金投资或者国家融资的项目;(三) 使用国际组织或者外国政府贷款、援助资金的项目。本案中,1 号公路项目的资金来源是国债资金,因此属于《招标投标法》规定的强制招标项目。

  政府采购由谁来主持?按照《政府采购法》第 7 条的规定,政府采购实行集中采购和分散采购相结合。集中采购的范围由省级以上人民政府公布的集中采购目录确定。属于中央预算的政府采购项目,其集中采购目录由国务院确定并公布;属于地方预算的政府采购项目,其集中采购目录由省、自治区、直辖市人民政府或者其授权的机构确定并公布。纳入集中采购目录的政府采购项目,应当实行集中采购。第 8 条规定,政府采购限额标准,属于中央预算的政府采购项目,由国务院确定并公布;属于地方预算的政府采购项目,由省、自治区、直辖市人民政府或者其授权的机构确定并公布。据此,纳入集中采购目录或者采购限额标准以上的采购项目才被认定为是政府采购。集中采购目录按照采购标的分为通用项目和非通用项目。通用项目是指规格、配置、型号较为统一,要求较为固定一致,适合各行各业使用的物品和服务,比如办公设备、电气设备、交通工具等。非通用项目是指具有部门和系统特殊要求的物品和服务,比如医疗设备、音响设备、公路建设等。相应地,集中采购目录以外、采购限额标准以上的政府采购项目,实行分散采购,采购人可以按照政府采购法规定的程序和方式自行组织采购,也可以委托集中采购机构或有资质的社会中介机构代理采购。集中采购目录以外限额标准以下的政府采购行为,不受政府采购法的约束。集中采购和分散采购的主持人是不同的。按照《政府采购法》第18条的规定,采购人采购纳入集中采购目录的政府采购项目,必须委托集中采购机构代理采购;采购未纳入集中采购目录的政府采购项目,可以自行采购,也可以委托集中采购机构在委托的范围内代理采购。纳入集中采购目录属于通用的政府采购项目的,应当委托集中采购机构代理采购;属于本部门、本系统有特殊要求的项目,应当实行部门集中采购;属于本单位有特殊要求的项目,经省级以上人民政府批准,可以自行采购。第19条规定,采购人可以委托经国务院有关部门或者省级人民政府有关部门认定资格的采购代理机构,在委托的范围内办理政府采购事宜。本案中,1号公路项目属于集中采购目录范围内的政府采购项目。公路建设项目专业性强,而且有着特殊的技术要求,由交通局实行部门集中采购是合法的。

谁可以是招标代理机构?按照《政府采购法》第16条的规定,集中采购机构为采购代理机构。设区的市、自治州以上人民政府根据本级政府采购项目组织集中采购的需要设立集中采购机构。① 第19条规定,采购人可以委托经国务院有关部门或者省级人民政府有关部门认定资格的采购代理机构,在委托的范围内办理政府采购事宜。采购人有权自行选择采购代理机构,任何单位和个人不得以任何方式为采购人指定采购代理机构。按照《招标投标法》第4条的规定:"政府采购工程进行招标投标的,适用招标投标法。"第12条规定:"招标人有权自行选择招标代理机构,委托其办理招标事宜。任何单位和个人不得以任何方式为招标人指定招标代理机构。招标人具有编制招标文件和组织评标能力的,可以自行办理招标事宜,任何和个人不得强制其委托招标代理机构办理招标事宜。依法必须进行招标的项目,招标人自行办理招标事宜的,应当向有关行政监督部门备案。"本案中,市政府强制要求交通局委托政府采购中心作为采购代理机构,违反了《政府采购法》的规定。事实上,政府采购中心只能在接受采购人的委托之后才能代理采购事宜。

按照《政府采购法》第13条的规定,各级人民政府财政部门是负责政府采购监督管理的部门,依法履行对政府采购活动的监督管理职责。各级人民政府其他有关部门依法履行与政府采购活动有关的监督管理职责。目前,我国县级以上政府的财政部门大多设立了专门负责政府采购监管的政府采购办公室。政

---

① 目前,大多数地方的集中采购机构都叫做"政府采购中心"或者"行政服务中心"。

府采购办公室的主要职责包括:按照《政府采购法》第56条的规定,受理政府采购活动中投诉人的投诉;对政府采购活动及集中采购机构进行监督检查;对集中采购机构的采购价格、服务质量、信誉状况、结余资金效果、有无违法行为等事项进行考核,并定期如实公布考核结果。第60条规定:"政府采购监督管理部门不得设置集中采购机构,不得参与政府采购项目的采购活动。采购代理机构与行政机关不得存在隶属关系或者其他关系。"本案中,市政府及其所属财政局指定市财政局所属的政府采购办负责具体的招标工作,违反了《政府采购法》的规定。政府采购办只是政府采购的监管机构,只能对政府采购中心的代理活动进行监督检查,而不能为采购人指定代理机构,更不能干预政府采购活动。

本案中,市交通局是"1号公路改扩建工程"的采购人,该工程属于部门集中采购项目,市交通局有权自行委托政府采购代理机构。

【点评】

政府采购虽然是一种以政府为主体的行为,但是它却不是一种行政行为,而是民事行为,即平等主体之间的交易行为。所以,《政府采购法》规定,政府采购适用合同法的规定。本案中,市政府和财政部门运用行政权力干涉政府采购是违法的。

案例分析六:政府采购行政诉讼第一案

【案情】

2003年9月,国务院批准了国家发改委、卫生部编制的《突发公共卫生事件医疗救治体系建设规划》。10月,国家发改委和卫生部委托两家采购代理机构——国信招标有限责任公司和中国远东国际贸易总公司,分别对医疗救治体系项目进行公开招标,采购相关仪器设备。北京现代沃尔公司分别参加了两家采购代理机构组织的各一个包的投标,即286台血气分析仪和300台便携式血气分析仪,但都未中标。他们认为此次招投标的组织不合法,并于2004年12月21日向财政部投诉。财政部受理后,将投诉信及相关材料转交国家发改委稽查办处理,并要求其在处理后将结果抄送财政部。后财政部称,由于未能收到国家发改委的处理结果,所以在规定期限内未能对投诉给予答复。2005年3月23日,沃尔公司向北京第一中级人民院提起了行政诉讼,请求判决财政部履行对政府招标采购行为的监管职责,作出具体行政行为。2005年5月20日,北京一中院公开开庭审理了此案。由于此案是2003年1月1日中国政府采购法颁布实施后,首例由政府采购引发的行政诉讼案,故有"政府采购第一案"之称。2006

年12月,北京市第一中级人民法院一审判决,财政部应当对沃尔公司的投诉予以处理和答复。该案第一次从法院判决中明确了中国政府采购的主管机关和监督机关。财政部不服一审判决,提起上诉。请求二审法院撤销原判,并驳回北京现代沃尔经贸有限责任公司的诉讼请求。

【问题】

本案主要涉及两个问题:第一,重大建设项目招投标的监管机构是谁?第二,财政部应当承担何种法律责任?

【观点】

重大建设项目招投标的监管机构是财政部门。财政部没有在法定期限内作出答复,属于行政不作为,应当承担相应的行政责任,即对投诉予以处理和答复。

【分析】

在《政府采购法》出台之前,政府有关部门既是采购人又是监管人,造成角色不分、职权混乱,从而影响到政府采购的效率和公正。在2003年1月1日《政府采购法》实施之后,政府采购的监督管理部门首次得以明确。按照第《政府采购法》13条的规定,各级人民政府财政部门是负责政府采购监督管理的部门,依法履行对政府采购活动的监督管理职责。本案中,财政部应当按照《政府采购法》的规定履行监管职能,在法定时间内对投诉予以答复。但是财政部辩称,此次招投标属于重大建设项目,按照有关规定,应当由国家发改委履行监督职责;财政部按照规定将此次事件通知了发改委,而发改委没有及时处理,导致财政部没有及时作出答复。所以,应当由发改委承担责任。我们考察一下财政部提出的几个规范性文件。《关于国务院有关部门实施招投标活动行政监督的职责分工的意见》(国办发[2000]34号)和《国家重大建设项目招标投标监督暂行办法》(2002年1月10日国家计委第18号令)规定,对于国家重大建设项目招投标活动的投诉,由发改委受理并作出处理决定。《政府采购供应商投诉处理办法》第11条第2项规定,投诉不属于本部门管辖的,转送有管辖权的部门,并通知投诉人。财政部认为,医疗救治项目是国务院批准的重大建设项目,所以应当由发改委作出决定而不是财政部,财政部将案件移送到了发改委,履行了法定义务。

沃尔公司认为,此次医疗救治项目的招投标应当适用《政府采购法》的规定。此外,财政部公布的《政府采购货物和服务招标投标管理办法》也规定,县级以上各级人民政府财政部门应当依法履行对货物、服务招标投标活动的监管职责。此处的"货物",包括各种形态、种类的物品,比如原材料、燃料、设备、产品等。本案所涉及的医疗设备,应当属于货物采购。相应地,财政部应当是监管机构。

究竟是财政部还是发改委应当承担监督职能,主要依据相关法律。在《政府采购法》与财政部所提供的诸多规范性文件之间做一对比,就可以发现,上级法优于下级法。再比较一下实施时间,《政府采购法》实施于2003年,而上述规范性文件都是在2003年之前实施的。那么,按照新法优于后法的原则,应当适用《政府采购法》。

按照《政府采购法》56条的规定,政府采购监督管理部门应当在收到投诉后30个工作日内,对投诉事项作出处理决定,并以书面形式通知投诉人和与投诉事项有关的当事人。本案中,沃尔公司在2004年12月21日和2005年1月7日,先后两次以书面形式向财政部投诉,但是财政部在长达4个多月的时间内都没有给予沃尔公司任何答复。财政部已经构成行政不作为。按照《行政诉讼法》的规定,财政部应当给予沃尔公司答复。

【点评】

目前,颁布的相关法律的确不少,而且对于责任也予以了明确规定。但是,如果不深入研究,法律规定也很难落实到位。在实践中,就会出现一方主张另一方应当履行职责,而另一方却主张职责不属自己,从而形成公说公有理、婆说婆有理的状况。如果仔细去研读法律,许多问题都能够避免。

案例分析七:黑龙江政府采购第一案

【案情】

2005年8月,牡丹江大学委托牡丹江市政府采购中心公开招标采购现代化办公设备及服务。9月7日,项目开标,成峰亿通公司中标第一包(计算机)、第二包(服务器)、第三包(投影仪),中标总金额2598189元。9月9日,成峰亿通公司与牡丹江大学正式签订政府采购合同。9月28日,牡丹江市财政局向成峰亿通公司下达《暂停采购通知书》,称"由于供应商匿名投诉"该公司在牡丹江大学项目公开招标中有串标行为,要求公司"暂停本次政府采购活动"。9月29日,牡丹江市财政局向成峰亿通公司下达《行政处罚告知书》。主要内容包括:成峰亿通公司与牡丹江邮政电子网络工程处的投标文件(技术标书)从"产品组成技术说明"、"产品的技术服务和销售服务内容及措施"到投标货物明细表中第一至第五包、第八至第九包连续41页的内容、格式、排版完全相同,投标的非方正产品其他货物也完全相同,存在恶意串标行为,依据《政府采购法》第25条、第77条和《政府采购供应商投诉处理办法》第19条第2款有关规定,宣布成峰亿通公司"中标结果无效,撤销合同",处以采购额10‰罚款,列入不良记录名单,在三年内禁止参加政府采购活动。9月30日,牡丹江市政府采购中心对牡丹江大学项目重新招标,将采购方式确定为竞争性谈判,并于当天重新确定了中标公司,签订了政府采购合同。2005年10月,成峰亿通向牡丹江市中级人民法院对牡丹江大学提起了民事诉讼,要求牡丹江大学承担违约责任。法院开庭审理,依法驳回了诉讼请求。2006年3月"成峰亿通公司"又在牡丹江市东安区人民法院对牡丹江市财政局提起了行政诉讼,要求撤销该局的行政处罚决定。2006年1月,经牡丹江市东安区法院公开审理,认定"牡丹江市财政局认定的成峰亿通公司串通投标事实清楚,证据充分,程序合法,行政处罚适用法律正确。"一审判决驳回成峰亿通公司的诉讼请求,维持牡丹江市财政局的行政处罚决定。"成峰亿通公司"不服该行政判决,上诉到牡丹江市中级人民法院。经市中级法院公开开庭审理,最终作出了"驳回上诉,维持原判"的终审判决。

【问题】

本案主要涉及两个法律问题:第一,财政局有权作出撤销合同的决定吗?第二,废标应当如何处理?

【观点】

财政局有权作出"中标结果无效"和"撤销合同"的决定。废标之后,应当重新组织招标,如果需要采取其他采购方式,需要取得财政局的批准。

【分析】

财政局作出的行政处罚是"中标无效,撤销合同"。财政局有权作出这样的决定吗?首先要考察财政局的职权。按照《政府采购法》第55条的规定,质疑供应商对采购人、采购代理机构的答复不满意或者采购人、采购代理机构未在规定的时间内作出答复的,可以在答复期满后15个工作日内向同级政府采购监督管理部门投诉。第70条规定,任何单位和个人对政府采购活动中的违法行为,有权控告和检举,有关部门、机关应当依照各自职责及时处理。第13条规定,各级人民政府财政部门是负责政府采购监督管理的部门,依法履行对政府采购活动的监督管理职责。各级人民政府其他有关部门依法履行与政府采购活动有关的监督管理职责。本案中,财政局是监督检查机关,有权在接到投诉之后,组织专家组对此次招投标活动进行监督检查。根据专家组的意见,成峰亿通与牡丹江邮政电子网络工程处的投标文件从"产品组成技术说明"、"产品的技术服务和销售服务内容及措施"到投标货物明细表中第一至第五包、第八至第九包连续41页的内容、格式、排版完全相同,投标的非"方正"产品其他货物也完全相同,存在恶意串标行为。由于标书"……连续41页的内容、格式、排版完全相同,投标的非'方正'产品其他货物也完全相同",所以,牡丹江市财政局认定成峰亿通公司存在串标行为,并依法作出行政处罚,符合法律规定。

　　财政局还作出了"中标结果无效"、"撤销合同"的决定。成峰亿通公司认为,财政局无权"撤销合同"。因为,按照《政府采购法》的规定,政府采购合同适用《合同法》的规定。按照《合同法》的规定,可变更、可撤销的合同包括因重大误解或者显失公平而订立的合同;一方以欺诈、胁迫的手段或乘人之危,使对方在违背真实意思的情况下订立的合同。后一种情形的变更或撤销权只属于受损害方。对于可变更、可撤销的合同,当事人有权诉请法院或仲裁机构予以变更、撤销,当事人请求变更的,人民法院或者仲裁机构不得撤销。因此,从《合同法》的角度考察,合同的变更和撤销权只能由法院或仲裁机构行使,牡丹江市财政局宣布"撤销合同"不符合法律规定。事实上,按照《政府采购法》第77条的规定,供应商与采购人、其他供应商或者采购代理机构恶意串通的,中标、成交无效。所以,财政局有权宣告"中标结果无效"。按照《政府采购供应商投诉处理办法》第19条的规定,财政部门经审查,认定采购文件、采购过程影响或者可能影响中标、成交结果的,或者中标、成交结果的产生过程存在违法行为的,按下列情况分别处理……(二)政府采购合同已经签订但尚未履行的,决定撤销合同,责令重新开展采购活动。所以,财政局也有权宣布"撤销合同"。本案中,成峰亿通公司的主张是不能得到支持的。

　　中标无效,也就意味着"废标"。按照《政府采购法》第36条的规定,出现影响采购公正的违法、违规行为的,应予废标。第37条规定,废标后,除采购任务取消情形外,应当重新组织招标;需要采取其他方式采购的,应当在采购活动开始前获得设区的市、自治州以上人民政府采购监督管理部门或者政府有关部门批准。本案中,成峰亿通公司被宣布中标无效后,牡丹江市政府采购中心即于次日重新招标,并确定了新的供应商。该项目原来采用的是公开招标方式,重新招标则选择了竞争性谈判,变更采购方式得到了市采购办的批准。所以,牡丹江市政府采购中心变更采购方式,符合法律规定。但是,究竟在什么情况下可以变更采购方式,法律并没有明文规定,还需要在以后的政府采购实践中予以明确规定。

【点评】

　　财政部门是政府采购的法定监督机构,有权启动调查程序并进行监督检查。本案中,财政局采取的措施在法定权限之内,符合法律规定。

案例分析八：农村税费改革后对农村加大转移支付力度

【案情】

2004年3月5日,温家宝总理在十届人大二次会议上所作的《政府工作报告》中宣布,从2004年起中国逐步降低农业税税率,平均每年降低一个百分点以上,五年内取消农业税。十届人大常委会第十九次会议2005年12月29日决定自2005年1月1日起废止《农业税条例》。这就意味着在中国延续两千多年的农业税正式变为历史。取消农业税的初衷是好的,但是造成了县、乡两级政府财政收入的大量减少,而县、乡两级政府担负着提供公共物品的繁重压力,资金不足部分如何解决？一方面,县、乡两级政府会采用多收费的方式,但是这又变相给农民加重了负担；另一方面,可以采取政府转移支付的办法。据统计,2005年,我国中央财政用于"三农"转移支付的支出已经达到2893亿元；2006年,预期转移支付3226亿元。

【问题】

为什么要取消农业税？取消农业税之后的地方政府财政资金不足应当如何解决？

【观点】

取消农业税是农村税费改革的重要举措,一方面减轻了农民负担,另一方面增强了我国农产品的竞争力。取消农业税导致的基层政府的财政收入减少,一方面可以通过精简机构解决,另一方面就是通过上级政府的转移支付解决。

【分析】

取消农业税是农村税费改革的一个重要组成部分。2000年3月2日,中共中央、国务院下发《关于进行农村税费改革试点工作的通知》,决定率先在安徽全省进行农村税费改革试点。2001年3月24日,国务院发布《关于进一步做好农村税费改革试点工作的通知》,要求"扩大试点,积累经验",具备条件的省份可以全面推开试点。2001年4月25日,国务院决定暂缓扩大农村税费改革的试点,"集中力量进一步做好安徽省的试点"。2002年3月27日,国务院办公厅发出《关于做好2002年扩大农村税费改革试点工作的通知》,决定河北、内蒙古、黑龙江、吉林、青海、宁夏等16个省、市、自治区为2002年扩大农村税费改革试点省。加上原来的安徽、江苏、浙江、上海等,试点扩大到20个省、自治区、直辖市。改革的主要内容可以概括为"三个取消,一个逐步取消,两个调整和一项改革"。"三个取消"是指,取消屠宰税,取消乡镇统筹款,取消教育集资等专门面向农民征收的行政事业性收费和政府性基金；"一个逐步取消"是指,用三年的时间逐步减少直至全部取消统一规定的劳动积累工和义务工;"两个调整"是指,调整农业税政策、调整农业特产税征收办法,规定新农业税税率上限为7%;"一项改革"是指,改革村提留征收和使用办法,以农业税额的20%为上限征收农业税附加,替代原来的村提留。2003年3月27日,国务院发布《关于全面推进农村税费改革试点工作的意见》,要求"各地区应结合实际,逐步缩小农业特产税征收范围,降低税率,为最终取消这一税种创造条件"。2003年,中央财政用于农村税费改革的专项转移支付达到305亿元。2004年1月1日,中共中央发布"一号文件",提出逐步降低农业税税率,今年农业税税率总体上降低一个百分点,同时取消除烟叶外的农业特产税。2004年3月5日,国务院总理温家宝在十届人大二次会议上作《政府工作报告》时宣布:"从今年起,中国逐步降低农业税税率,平均每年降低一个百分点以上,五年内取消农业税。"2004年3月23日,中央决定在黑龙江、吉林两省进行免征农业税改革试点,河北、内蒙古、辽宁、江苏、安徽、江西、山东、河南、湖北、湖南、四川等11个粮食主产省、区的农业税税率降低三个百分点,其余省份农业税税率降低一个百分点。农业税附加随正税同步降低或取消。目前全国已经有八个省、自治区、直辖市全部免征或基本免征农业税。

政府取消农业税是一件好事,它减轻了农民负担,降低了农产品的成本,增加了农产品的国际竞争力。在西方发达国家,比如美国、欧盟,财政对农产品进行大量补贴,降低了农产品的价格,提高了农产品的竞争力。世界贸易组织部长级会议香港会议的关键议题就是削减农业补贴。根据会议达成的《香港宣言》,WTO各成员将于2013年全面取消不同形式的农业补贴。所以说,取消农业税是一件好事。但是,实施中的问题也是明显的。典型问题就是基层政府的财政收入显著不足。早在1994年分税制财政体制改革之时,国家把大量好征的税种收归了中央,把不好征的、零散的税种给了地方;此外,在取消屠宰税、农业税这些本属于地方税的税种之后,县、乡两级政府的财政收入就更受影响。在这种情况下,按照"事权与财权"相对应的原则,我们发现,基层政府的事权依然很大,而财权则显得不足,即事权大而财权少。作为基层政权的县、乡两级政府负责义务教育、公共卫生、社会治安、环境整治、困难群体补助等基础性公共物品的供给。此外,县、乡两级政府机构改革与取消农村税费改革不是同步进行的,庞大繁冗的机构要耗费大量的资金,造成财政资金紧张。但是,其财政收入却非常有限。在这种情况下,地方政府为了应付庞大的支出,不得不乱收费。明末清初的著名思想家黄宗羲在研究中国历代税赋制度的演变之后,发现,历史上每一次税费改革之后都会导致一次乱摊派的高潮。比如说,唐朝的"两税法"、明朝的"一

第二十七章 财政法律制度

条鞭法"、清朝的"摊丁入亩"等都属于此类情况。这些改革的共同特点就是把各种杂派都归并到正式的税中,进行规范化管理。每次改革之初,农民的负担的确下降了,但是在下降之后一段时间便发生了急速反弹,甚至承担了比改革之前更高的负担。黄宗羲称之为"积累莫返之害"。秦晖先生将黄宗羲的这一思想总结为"黄宗羲定律"。我国的农村税费改革也是这种情况。

那么,如何解决县、乡两级政府财政资金不足?对于取消农业税之后,县、乡两级政府财政收入不足问题,可以通过上级政府的转移支付来解决。转移支付是政府对下级政府、企业和居民所进行的一种支援。对于下级政府的转移支付,主要是提供财政资金的支持;对于企业的转移支付主要是基于各种补贴,但是这种情况在市场经济条件下已经非常少见了;对于居民的转移支付主要是提供社会保障。这里主要涉及的是对基层政府的转移支付。

【点评】

通过税费改革减轻农民负担,通过转移支付增强基层政府提供公共物品的能力是非常有意义的举措。不仅有助于促进农业发展,也有助于维持农村稳定。不过,在制度执行过程中,要切实防止收费反弹,防止挪用转移支付资金。

❓ 案例思考题

思考题一:地方政府发行债券案[①]

【案情】

北京筹办 2008 年奥运会需要投资 3000 亿元人民币进行市政和环境建设。北京大学何小峰教授提出北京市发行奥运市政债券的想法。但是该方案遇到了来自《预算法》的障碍。《预算法》第 28 条规定,除法律和国务院另有规定外,地方政府不得发行地方政府债券。所以,北京市政府不符合预算法规定的发行政府债券的条件。2002 年中旬,"奥运特种债券"的计划被国务院否决。那么,有两种解决办法:一是修改预算法,消除法律障碍;二是国务院另行规定,允许北京市政府发行债券。但是,这两种做法的难度都非常大。

由于奥运工程工期迫近(2003 年年底开工),上述两条路径的成本非常大,

[①] 参见肖江平主编:《经济法案例教程》,北京大学出版社 2004 年版,第 291 页。

因此难以行得通。但是，如果以企业名义发行债券是可行的。2002年底，北京市政府将国家体育场、国家游泳中心，两个奥运场馆项目交给北京市国资公司经营，并以国资公司的名义发行企业债券，筹集资金用于修建两个奥运场馆。首期将发行20亿元的奥运债券的计划已经得到北京市市政府和国家发改委的批准。这种债券以项目产生的收益作为还款资金，形式上是一种企业债券，实质上是一种地方债券。它是在地方财政吃紧、基础设施建设资金短缺的情况下，为避开《预算法》的限制而进行的变通做法。

【问题】

预算法为什么禁止地方政府发行地方政府债券？这一规定是否合理？如果不合理，如何改进？通过发行企业债券的形式筹集资金为何会获得批准？

【提示】

地方政府发行地方政府债券，容易造成地方财政危机，一旦地方政府无法偿还，将给中央财政带来很大压力。此外，在国家宏观调控下，发行地方债券容易对宏观调控的效力构成影响。不过目前，我国允许东北老工业基地的地方政府发行政府债券，这属于一种政策支持。

思考题二：益迪厂起诉农业部全国畜牧兽医总站、畜牧兽医器械质量监督检测中心案

【案情】

2000年7月6日，农业部全国畜牧兽医总站在报纸上发布了招标公告，一共涉及70多种产品，其中一项是"冷冻切片机"。浙江金华益迪医疗设备厂和浙江科迪医疗设备公司是两家投标人。2000年8月8日，招投标活动按期开标。尽管益迪厂的产品的报价要低于科迪厂，但是最终是科迪公司凭质量胜出。益迪厂认为招标有失公正，遂于2000年11月15日正式对农业部招标活动进行投诉，并指控科迪公司的产品质量不合格。2000年12月20日，农业部全国畜牧兽医总站委托畜牧站对两厂进行了考察，认定中标方科迪公司系生产厂家，主体以及生产资格军合法无疑，遂于2001年10月8日正式与科迪公司签订了合同。在此期间，益迪厂多次致函表示质疑，但是总站的答复总难以令其满意。2001年10月29日，益迪厂向北京市朝阳区法院对农业部全国畜牧兽医总站和农业部畜牧兽医器械质量监督检车中心提起了诉讼。2002年6月，朝阳区人民法院对本案进行了公开审理。庭审中，又曝出了益迪厂在竞标过程中提供虚假资料的事实。农业部下属两部门认为，其招标工作是依法进行的，益迪厂之所以没能

中标,根本原因在于其弄虚作假,而且一套产品在监测的过程中被电流击穿,存在着严重的安全隐患。2002年12月18日,朝阳区法院对该案进行了公开宣判,驳回了原告的所有诉讼请求。原告不服,遂向北京市第二中级人民法院提起上诉。2003年3月,北京市第二中级人民法院对上诉进行了审理。5月21日,法院判决认为,朝阳区法院的一审判决认定事实清楚,适用法律正确,遂作出了维持原判、驳回上诉的终审判决。

【问题】

《政府采购法》与《招标投标法》之间是什么关系？投标人数是否符合法律规定？

【提示】

第一,《政府采购法》是实体法和程序法的结合,而《招标投标法》是一部程序法。第二,主体不同。政府采购法适用于国家机关、事业单位和团体组织的采购,而招标投标法的适用范围非常广,凡是决定采取招投标方式的主体,比如机关、事业单位、社会团体、企业等,都可以采取招投标的方式。第三,管理程序不同。政府采购的程序是:编制采购计划、编制审批采购预算、审查合同条件、确定采购方式、操作采购程序、签订和履行合同,验收采购结果,以及统计评估。招投标程序是:发出招标公告、投标、评标、中标,以及签订合同。第四,目的不同。政府采购不仅是获取政府所需物品和服务,更是实现社会经济政策的途径,是实现国家宏观调控目的的重要手段。比如说,保护民族产业、保护环境、稳定物价等。招投标则是为了实现交易的公开、公正和公平。第五,性质不同。虽然政府采购合同要遵循一般民事合同的规定,但是采购方却享有一定的特权。比如,合同履行的监督权,单方面取消招标或者解除合同的权利等。通过招投标签订的其他合同,只适用合同法的规定。

本案中,投标人只有两家,不符合法律规定。按照2003年实施的《政府采购法》第36条的规定,在招标采购中,符合专业条件的供应商或者对招标文件作实质响应的供应商不足三家,应予废标。第37条规定,废标后,除采购任务取消情形外,应当重新组织招标;需要采取其他方式采购的,应当在采购活动开始前获得设区的市、自治州以上人民政府采购监督管理部门或者政府有关部门批准。本案发生在2000年,按照法不溯及既往的原则,不能适用《政府采购法》,而只能适用与之相关的《招标投标法》。该法第28条规定,投标人少于三个的,招标人应当依照本法重新招标。按照上述规定,本案中只有两家投标人,不符合法律规定的三个以上,所以该次招投标为废标,应当重新组织招投标。

第二十八章 税收法律制度

本章要点

1. 核心内容

税法是调整在税收活动中所发生的社会关系的法律规范的总称。税收是国家为了实现公共职能而凭借政治权力，依法强制、无偿地取得财政收入的活动或者手段。税收具有三个典型特征，即强制性、无偿性和固定性。由于税收是国家财政权对公民财产权的剥夺，所以必须按照法定的条件、程序进行，否则就会造成权力滥用。这也是税收法定主义的基本要求，税收法定主义又是"法治"原则在税收领域的体现。但是，目前在我国，税收法定主义的贯彻力度依然不够。目前，我国只有《个人所得税法》《企业所得税法》《车船税法》等税收实体法律，以及《税收征收管理法》一部程序法。其他均属于税收法规或者规章等效力等级不高的规范性文件。这种情况与税收法定原则和依法治国的要求是存在一定差距的，也是税法亟待完善之处。

税法的目的一般包括两个方面：一个是确保国家财政收入能够得到及时实现并制约国家征税权的行使；另一个就是依法进行宏观调控。税法的宏观调控的目的和功能是在市场经济发展到一定程度之后才出现的。在市场自发调节出现问题的情况下，国家通过税收等调控手段确保总供给与总需求的平衡。税法从体系上可以分为税收实体法和税收程序法。其中，税收实体法可以分为商品税法、所得税法、财产税法、特定行为税法。税收程序法主要是指税收征收管理法及其实施办法。

2. 主要制度

税法的主要制度包括税收实体法和税收程序法。其中，税收实体法包括商品税法、所得税法、财产税法、特定行为税法等。其中，商品税法包括增值税法、消费税法、营业税法、关税法等；所得税法包括企业所得税法和个人所得税法等；财产税法包括资源税法、房产税法、土地使用税法、土地增值税法、耕地占用税法、契税法、车船使用税法等;特定行为税法包括印花税法、筵席税法等。税收程序法主要包括税收征纳程序法律制度、税务管理制度、税款征收制度、税务检查制度等。除了税收实体法和程序法之外,税收法律制度还包括避免重复征税、反避税,以及违反税法的法律责任等。

3. 实务提示

主要涉及各种税的应纳税额的计算,税收优先权、代位权的行使,偷税、避税的法律责任,税收行政复议和行政诉讼等。

相关法律、法规、规章、司法解释

1. 法律

《中华人民共和国企业所得税法》(全国人民代表大会,2007年3月16日公布)

《中华人民共和国个人所得税法》(全国人民代表大会,1980年9月10日公布,1993年10月31日修正,1999年8月30日修正,2005年10月27日修正,2007年6月29日修正,2007年12月29日修正,2011年6月30日修正)

《中华人民共和国税收征收管理法》(全国人大常委会,1992年9月4日公布,1995年2月28日修正,2001年4月28日修订)

《中华人民共和国车船税法》(全国人大常委会,2011年2月25日公布)

2. 行政法规

《中华人民共和国进出口关税条例》(国务院,2003年10月29日公布)

《对储蓄存款利息所得征收个人所得税的实施办法》(国务院,1999年9月30日公布,2007年7月20日修订)

《中华人民共和国契税暂行条例》(国务院,1997年7月7日公布)

《中华人民共和国个人所得税法实施条例》(国务院,1994年1月28日公布,2005年12月19日修订,2008年2月18日修订)

《中华人民共和国资源税暂行条例》(国务院,1993年12月25日公布,2011年9月30日修订)

《中华人民共和国增值税暂行条例》(国务院,1993年12月13日公布,2008

年11月10日修订)

《中华人民共和国营业税暂行条例》(国务院,1993年12月13日公布,2008年11月10日修订)

《中华人民共和国消费税暂行条例》(国务院,1993年12月13日公布,2008年11月10日修订)

《中华人民共和国土地增值税暂行条例》(国务院,1993年12月13日公布,2006年12月31日修订)

《中华人民共和国城镇土地使用税暂行条例》(国务院,1988年9月27日公布,2006年12月31日修订,2011年1月8日修订)

《中华人民共和国印花税暂行条例》(国务院,1988年8月6日公布)

《中华人民共和国房产税暂行条例》(国务院,1986年9月15日公布)

《中华人民共和国城市维护建设税暂行条例》(国务院,1985年2月8日公布)

《中华人民共和国进出口关税条例》(国务院,2003年10月29日公布,2011年1月8日修订)

《中华人民共和国车船税法实施条例》(国务院,2011年12月5日公布)

《中华人民共和国船舶吨税暂行条例》(国务院,2011年12月5日公布)

3. 行政规章

《关于土地增值税若干问题的通知》(财政部、税务总局,2006年3月2日公布)

《税务行政复议规则》(国家税务总局,2010年2月20日公布)

《税务登记管理办法》(国家税务总局,2003年12月17日公布)

《中华人民共和国契税暂行条例实施细则》(财政部,1997年10月28日公布)

《中华人民共和国土地增值税暂行条例实施细则》(财政部,1995年1月27日公布)

《中华人民共和国资源税暂行条例实施细则》(财政部,1993年12月30日公布,2011年10月28日修订)

《中华人民共和国增值税暂行条例实施细则》(财政部,1993年12月25日公布,2008年12月15日修订)

《中华人民共和国营业税暂行条例实施细则》(财政部,1993年12月25日公布,2011年10月28日修订)

《中华人民共和国消费税暂行条例实施细则》(财政部,2008年12月15日公布)

《中华人民共和国印花税暂行条例实施细则》(财政部,1988年9月29日公布)

 案例分析

案例分析一:生产型增值税向消费型增值税转型

【案情】

为了振兴东北老工业基地,党中央国务院发布了《关于实施东北地区等老工业基地振兴战略的若干意见》(中发[2003]11号)。该意见明确提出要在财政税收方面对东北老工业基地予以支持,包括豁免部分企业陈欠、降低资源开采衰竭期资源税额、对八个工业行业实施增值税转型、增加所得税税前扣除项目等。其中,增值税转型作为新一轮税改的重要举措,更为引人瞩目。2004年9月14日,财政部、国家税务总局下发《东北地区扩大增值税抵扣范围若干问题的规定》,明确指出自2004年7月1日起在东北地区率先进行增值税转型改革试点,这标志着中央对东北地区财税政策支持进入了新的实质性阶段。"十一五规划"指出,在全国范围内实现增值税由生产型增值税向消费性增值税的转型。那么,这一由点到面的增值税转型究竟什么时候能够在全国范围展开,何时能够成为一种长久的制度而不是针对特殊地区的一种特殊政策,恐怕尚需时日。

【问题】

什么是生产型增值税、收入型增值税和消费型增值税?为什么要实现增值税由生产型向消费型的转型?

【观点】

生产型增值税是指,在计算增值额中,不扣除固定资产额。收入型增值税是对消费资料和折旧部分的固定资产进行的征税。消费型增值税是对消费资料征税,扣除了固定资产的资金。在上述三种类型中,生产型增值税所导致的重复征税非常严重,相比较而言,消费型增值税最能够避免双重征税,所以,在我国一些地区已经开始了增值税转型的试点。

【分析】

增值税,简单地讲,就是指对增值额所征的税,即对卖出产品的收益和买入产品的成本之间的差额所征的税。买入产品的价格之中是包含税收的,如果不扣除,就会发生对这部分产品重复征税的情况。所以说,增值税的一大好处就是避免重复征税。但是,不同类型的增值税却在解决重复征税问题方面,具有不同程度的功能。具体来讲,增值税可以分为生产型增值税、收入型增值税和消费型增值税。生产型增值税就是,在计算增值额中,不扣除固定资产额,这里的不扣除是指不全部扣除,也不进行折旧。所以,生产型增值税负担税款的部分是固定资产和消费资料,即以国民生产总值为计税依据,所以叫做生产型增值税。所以,每次征收增值税,总是对固定资产征收,因此重复增税的情况是存在的。收入型增值税是对消费资料和折旧部分的固定资产进行的征税,那么,消费资料和折旧部分的固定资产相当于是国民收入,因此这种类型的增值税由叫做收入型增值税。但是,这种征税方法的问题就在于折旧率究竟如何确定,也就是操作起来存在一定困难。还有一种就是消费型增值税。消费型增值税也就是对消费资料征税,扣除了固定资产的资金,因此,消费型增值税能够有效地避免重复征税。当前,世界上大多数实行增值税的国家都采取的是消费型增值税。

按照"十一五规划",我们要实现增值税由生产型增值税向消费型增值税的转型。之所以要转型,主要是由于生产性增值税存在许多问题。首先,就是刚才提到的重复征税的问题。其次,不利于资本有机构成高的产业发展问题。比如说高科技产业、基础产业等产业领域中,这些产业领域的企业的资产有机构成高,固定资产所占的比例比一般产业要高,这样势必会增加这些企业的负担,不利于这些企业的发展。此外,从地区角度来讲,内陆地区采掘业等基础产业的比重比较大,资本有机构成高,那么,税负显然要高于那些沿海地区的加工工业,因此也不利于缩小地区差距。再次,在出口环节,国家为了促进出口,实行出口退税制度。也就是说除了免除出口环节的增值税之外,还要退还该货物以前所有环节所负担的增值税款,进而实现出口增值税为零。但是在我国,由于国家财政收入有限,出口退税上不能按照增值税率全额退税,而是单独制定出口退税率;对不同的出口货物制定相应的出口退税率,以体现出区别对待的原则。那么,在我国并非全额退还增值税的情况下,固定资产价值所含的已征税款难以得到充分退税,从而等于出口产品中背负着"投资税"而与国际竞争者竞争。所以,在当前,实现增值税的转型是非常必要的了。但是,同时也面临两个问题,一是财政收入减少问题,第二个就是,企业承受能力的问题。如果将生产型增值税转型为消费型增值税,就相当于企业纳税扣除项目增多,缴纳的增值税的减少,那么在计税基数减少的情况下，必须提高税率，才能够维持国家财政收入。所以，如果转为消费型增值税，必须配以税率的提高。按照我国《增值税暂行条例》，增值税的基本税率为17%（低税率为13%，零税率），如果要保持财政收入的基本不变，需要将税率提高到23%，也就是提高了6个多的百分点。虽然从国家财政收入的角度来讲，税基减少，辅以税率的提高，不会受到什么影响。但是，将生产型增值税转变为消费型增值税，伴之以税率的提高，对于资本有机构成高的企业不会构成什么影响，因为，尽管扣除多了，但是税率提高了，所以最后结果也大体相当；但是这会对资本有机构成低的企业构成影响，因为尽管扣除了固定资产，但是他们的固定资产本来就不是很多，因此即使扣除全部固定资产，也不会使他们的扣除有太大的增多，但是税率却高很多了，因此这些企业的负担就较之于转型前重了。比如，基础工业领域的企业，资本有机构成高，税负下降；加工工业领域的企业资本有机构成低，税负上升。而后一类企业在我国经济结构调整过程中处于劣势，要承担激烈的竞争，同时又要面对繁重的税负，因此有可能会导致这些企业发展的困难。

如果增值税的税率不变，企业，不论是资本有机构成高的企业，还是资本有机构成低的企业，都会由于固定资产的扣除而降低税负，但是国家财政收入的风险程度却会加深。所以，比较好的解决办法就是，适当调高税率，比如说酌情提高2个百分点，从而将基本税率提高到19%左右。这样既可以增加税款，也不至于使传统企业的应纳税额过大。

【点评】

增值税是我国的主体税种，是税收收入的主要来源。生产型增值税加大了企业的负担，但是确保了国家的财政收入。如果实现增值税由生产型向消费型的转型，很有可能导致财政收入的减少，那么，提高增值税率是一个重要的解决途径。不过，从税制整体设计上也可以考虑把所得税设计为主体税种，这样即使增值税转型导致增值税减少，也不会对整体财政收入构成影响。

案例分析二：内外资企业所得合并

【案情】

改革开放以来，我国企业所得税制度建设进入了一个高度发展时期。相继出台了对外资企业、国营企业、集体企业和私营企业的所得税征收措施。最终在1994年，形成了对外资企业和内资企业各自统一的所得税征收体系。通过不断改革，形成了一套内资企业适用《企业所得税暂行条例》，外资企业适用《外商投资企业和外国企业所得税法》的两套并行的所得税制度。这两套制度在执行过程中,的确对我国吸引外资,发展国民经济起到了重要的推动作用。但是,其中也暴露出了不少问题,比如说内外资企业竞争条件不一致、假外资、人民币升值压力增大等。所以,统一内外资企业所得税的呼声越来越高。然而,由于不同利益主体的不同利益诉求,导致内外资企业所得税合并的步伐非常之缓。早在2000年,财政部就着手调研两税合并的可能性;2001年我国加入WTO之后,财政部着手起草合并方案;2004年8月,财政部、国税总局将两税合并的草案提交到了国务院;2005年1月12日,时任财政部部长金人庆在一次会议上呼吁:"统一内外资企业所得税税率已经迫在眉睫,不能再拖了",此前一天,国家税务总局局长谢旭人也表示要坚决支持内外资企业所得税制度改革;此后不久,54家在华投资的世界500强跨国公司向财政部、商务部和国家税务总局提出书面意见,要求延长税收政策优惠期,对两税合并表达了不同意见。2006年12月24日,企业所得税法草案首次提请全国人大常委会审议。2007年3月,十届全国人大五次会议审议了《企业所得税法》(草案)。

【问题】

为什么要合并内外资企业所得税?内外资企业所得税合并主要涉及那些具体制度的统一?

【观点】

长期以来,内外资企业的所得税负处于不平等的地位,导致内外资企业在竞争条件尚处于不公平的地位。随着2001年我国加入WTO,并且在2005年之后逐步放开了金融、法律等服务业市场,而且逐步取消了外资进入的地域限制、数量限制、股权限制等。在对外资企业放开了上述限制之后,相当于给予其相当地位的国民待遇,如果再给予其税收上的超国民待遇就会导致内资企业严重的竞争条件的恶化。在这种情况下,合并内外资企业所得税是必然的选择。

【分析】

在所得税改革之中,实际上存在两种利益的权衡:一种是国内企业的利益,一种是国家利益。在这两种利益的权衡中,国家利益始终占据支配地位。国家通过给予外资企业以税收优惠,换取外汇、先进技术、管理经验等,但是这却是以牺牲内资企业的利益为代价的,因为国家从外资企业那里减少的财政收入是由内资企业加以弥补的。尽管国家利益至上,但是如果内资企业的不利状况已经达到了损害国家利益的程度,立法与政策也会适度调整。自2005年1月1日起,我国进入了WTO的后过渡期。在这一时期,入世对我国的冲击和影响日益明显。非关税壁垒被全面取消,关税壁垒也将在两三年之内降低至最终减让水平。金融、法律等服务市场的开放力度进一步加大,并逐渐取消对外资进入的地域限制、数量限制、股权限制等。内资企业的生存压力和发展压力日益增加,已经成为关系到国家竞争力强弱的严重问题。统一内外资企业所得税,为内资企业创造出与外资企业同等的竞争条件,现实需要推动立法发展,作为国家层面的立法者,全国人大及其常委会应当考虑如何具体实施两税合并了。但是,这里却存在利益集团与部门利益问题。在路径依赖理论中,利益集团是阻碍制度变革的重大力量。他们会试图维护自己的既得利益,通过向政府的寻租谋求维护既得利益。一方面,阻碍了制度变革,另一方面,导致了腐败的发生。此外,国内相关部门为了保持既有业绩,努力维持甚至扩大既有格局。地方政府也出于扩大就业、增加地方政府财政收入、繁荣本地经济等考虑,不愿减少对外资的优惠。在这种情况下,制度变革是非常困难的。

  两税合并不仅仅是国家在现实利益之间的权衡,更是一种价值理念的选择。如果从价值理念角度考虑,两税合并之争反映了公平与效率之间的冲突与抉择。公平历来是法律追求的一种价值,对于税法而言,亦是如此。税收公平原则是税法的一项重要原则,它是近代宪法原则在税法领域的反映。但是至于何谓税收公平,不同历史时期的学者持有不同观点。瓦格纳从社会公正原则出发,提出了普遍原则,亦即征税要普及每个人,不应存在享有免税特权的阶层。同时,瓦格纳还将公平的标准从绝对公平发展到了相对公平,亦即征税要考虑到纳税人的纳税能力,具体讲就是,纳税能力大的,应多纳税,纳税能力小的则应少纳税。近代学者马斯格雷夫认为,税收公平应当是指,凡是具有相等经济能力的人,应当负担相等的税收;不同经济能力的人,则应当负担不同的税收。换言之,税收公平包括横向公平与纵向公平。税收公平也逐渐成为各国政府完善税制所要追求的目标之一。税捐课征之精神在于实现课税之平等,既无个别对价之税款缴纳义务,只有符合平等负担之要求,是具有正当性。[①] 两税合并所要解决的就是当前内外资企业所得税待遇不同、税负不公的问题,从而使得各类企业在税负大体相同的条件下,在市场上进行平等竞争。

  内外资企业所得税合并的制度设计。第一是税率。以前,外资企业的名义税率是15%,实际税率是11%;内资企业的名义税率是33%,实际税率是22%,国有大中型企业的实际税率更高达30%。一方面,内外资企业所得税税率不统一,另一方面,名义税率过高,这些都是亟待解决的。在税率水平设计上,应当适

[①] 〔德〕Tipke/Lang, Steuerrecht, 12 Aufl., köln, 1989, S.39. 转引自黄士洲:《税务诉讼的举证责任》,北京大学出版社2005年版,第62页。

度降低名义税率。参照国际通行做法,并结合我国国情,《企业所得税法》将税率降低至25%,非居民企业适用20%的税率。这个税率低于经济合作与发展组织国家的平均税率,也低于我国周边一些国家和地区的平均税率,因此对外资仍然具有一定的吸引力。统一所得税税率,会给外资企业的心理承受能力构成一定程度的冲击,因此法律还规定了5年的过渡期。在过渡期内,外资企业依然享有税收优惠。而且规定一个过渡期也有助于确保税法的稳定性。第二是税基。在税率一定的前提下,纳税数额的多少取决于税基的大小。从现行所得税税制来看,实行的是内外有别的差别税基,这主要表现在职工工资列支标准、业务招待费列支标准、捐赠支出、固定资产折旧等方面。税前扣除费用标准的不统一,造成了内外资企业所得税的税基的不统一,引起了税赋的不公。近些年来,世界上多数国家都把拓宽税基、降低税率作为所得税改革的重点。针对当前内外资企业所得税所存在的差异,新企业所得税法从以下几个方面加以统一。在工资方面,对于内外资企业统一按照税务机关核准的实发工资予以扣除,取消内资企业适用计税工资或者其他扣除标准的做法;在业务招待费方面,对于内外资企业都计算扣除限额,取消对外资企业的超国民待遇;在利息费用和捐赠支出方面,在内资企业的现有规定的基础之上加以完善,并将其一并适用于外资企业。第三是统一税收优惠。税收优惠是世界上大多数国家所普遍实行的一种鼓励性措施。但是在我国,内外资企业所得税的税收优惠措施的差别过大,造成了税负不公。根据有关资料,外资企业所享有的投资退税、征管优惠、两免三减半的优惠,以及大多数地方对3%的地方所得税在实际执行过程中的免征等,使得外资企业的实际税负只有7%或者8%。我国现行税收优惠制度还有一个显著问题,即实行区域性政策,而非产业性政策。这是与世界贸易组织精神相悖的,造成了对投资的限制,也不利于产业结构的调整和科技的进步。因此,新企业所得税法改变了以前以区域优惠为主的模式,而变为以产业优惠为主、地区优惠为辅的模式。在加入世界贸易组织之后,我国所面临的竞争将主要集中在高新技术产业、环保产业、信息产业等领域,而且外资企业对我国的某些产业会造成较大冲击,因此采取产业优惠有利于产业结构的调整与国家宏观调控目标的实现。

【点评】

在企业所得税立法领域,应当重视税收的公平、正义。如果税收立法不能体现公平正义,税收法治的意义就会大打折扣。在法治国家或者正义国家中,课税是不能够实现任意目的的,而必须按照正义的原则加以执行。古希腊哲学家亚里士多德以平等为正义之核心,因此衍生平等课税原则就为租税正义最重要的内涵。① 鉴于我国内外资企业所得税在某种程度上忽视公平的现状,那种呼吁内外资企业所得税统一的呼声便反映了人们对这种税收公平正义的孜孜追求。

案例分析三:某公司应当缴纳多少增值税?

【案情】

某公司是一家经营煤炭的商业企业,属于增值税一般纳税人。2010年,该公司的主营业务收入为1.5亿元人民币,其他业务收入为3万元人民币。销项税额为25505100元人民币,进项税额为2500万元人民币,已缴纳增值税。2005年,主营业务收入78000000元人民币,其他业务收入为45000元人民币,销项税额为13267650元,进项税额为12700000元人民币,已缴纳增值税。

【问题】

什么是增值税?增值税的纳税人都有哪几种?该公司已经缴纳多少增值税?

【观点】

增值税是以应税商品或者劳务的增值额为征税对象而征收的一种商品税。增值税纳税人分为一般纳税人和小规模纳税人。

【分析】

增值税的纳税人分为两种,一种是一般纳税人,一种是小规模纳税人。这种划分方式,是依据纳税人的年销售额和会计核算是否健全。一般纳税人就是指年销售额在规定标准以上,而且会计核算健全的纳税人;小规模纳税人就是指年销售额在规定标准以下,而且会计核算不健全的纳税人。按照规定,小规模纳税人的年销售额标准为:(1)从事货物生产或者提供应税劳务的纳税人,以及以从事货物生产或提供应税劳务为主、兼营货物批发或零售的纳税人,年应税销售额在100万元以下的;(2)从事货物批发或零售的纳税人,年应税销售额在180万元以下的。那么,符合上述销售额标准的,就算是经营规模小。如果再加上会计核算不健全,就被认为是小规模纳税人。区分两者的重要意义就在于,两者的计税方法是不同的。一般纳税人可以使用增值税专用发票进行税款抵扣,也就是销项税额减去进项税额。小规模纳税人不得使用增值税专用发票,也不能进行税款抵扣。

本案中,该公司属于一般纳税人,因此可以适用税款抵扣的方式。按照计算

---

① 陈清秀:《租税总论》,台湾翰芦图书出版有限公司2001年版,第22页。

公式:应纳税额=当期销售额×税率-当期进项额×税率=当期销项税额-当期进项税额。

2004年已经缴纳增值税=25505100-25000000=505100(元)

2005年已经缴纳增值税=13267650-12700000=567650(元)

【点评】

增值税计算中,首先判断是一般纳税人还是小规模纳税人,之后确定计算公式和适用税率。

案例分析四:个体工商户是缴纳营业税还是增值税?

【案情】

王某是一个个体户。他在某商场租赁了场地,以两台榨果汁机为往来顾客提供服务。2010年1月至12月间,他的营业收入为16万元。王某认为,他所经营的业务属于零售行为,应当按照4%的税率缴纳增值税。但是税务机关认为,王某的业务属于营业税的征税范围,应当按照5%的税率缴纳营业税。两者遂产生争议。

【问题】

王某应当缴纳营业税,还是增值税?王某为什么主张自己应当缴纳增值税?

【观点】

王某提供餐饮服务,应当缴纳营业税。王某之所以主张自己交纳增值税,主要是因为增值税小规模纳税人的税率是3%,而经营饮食业的营业税的税率为5%,显然增值税税率比营业税税率低。

【分析】

增值税是以应税商品或劳务的增值额为计税依据而征收的一种税。增值税计税的纳税人是在我国境内销售货物、提供应税劳务,以及进口货物的单位或者个人。销售货物包括:(1)一般销售,即销售有形动产,包括电力、热力和气体;(2)视同销售,比如将自产或者购买的货物用于非应税项目,或者用于集体福利、个人消费、无偿赠送他人等;(3)混合销售,即一项销售行为既涉及货物由设计费应税劳务的行为。混合销售行为视为销售货物,征收增值税。提供应税劳务,是指提供应当征收增值税的劳务,包括提供加工、修理修配劳务。如果纳税人兼营非应税劳务,也就是应征收营业税的劳务,则应当针对不同项目的销售额分别核算,分别征收;否则,将一并征收增值税。进口货物,实际上是货物销售的特殊环节,在货物报关进口时,同样要征收进口环节增值税。由于在出口环节多不征税,因而税法未直接规定出口货物应税与其征税范围。但是,在某些情况下,出口货物也征增值税。

营业税是以应税商品或劳务的销售收入额(营业收入额)为计税依据而征收的一种税。营业税的纳税人是在我国境内提供应税劳务、转让无形资产、销售不动产的单位和个人。营业税的征税范围包括9个税目,可以分为三个方面:(1)提供应税劳务,包括交通运输业、建筑安装业、金融保险业、邮电通信业、文化体育业、娱乐业、服务业、共7个税目;(2)转让无形资产,包括转让土地使用权、知识产权等;(3)销售不动产,包括销售建筑物及其他土地附着物等。此外,从事货物的生产、批发或零售的企业、企业性单位及个体经营者以外的其他单位和个人的混合销售行为,视为提供应税劳务,征收营业税。

销售货物征收增值税,不包括既销售又提供场所服务的业务。如果仅仅是销售货物而不提供场所服务,则应当征收增值税,不征收营业税。如果既销售货物又提供场所服务,则应当征收营业税,不征收增值税。比如说,饮料生产厂家之所以缴纳增值税而不缴纳营业税,是因为其经营范围是生产制造,而不是提供饮食场所服务。饭店之所以征收营业税而不征收增值税,是因为饭店不仅将各种原材料制造成各种食品,而且提供了饮食场所服务。本案中,王某提供饮料的经营行为属于营业税税目中的服务业——饮食业的征税范围,应当按规定征收营业税,不征增值税。如果少数顾客直接将饮料或者冷饮买走,而没有在场消费,这种情况也应当征收营业税,而不是增值税。

【点评】

增值税与营业税的典型区别就在于,增值税多针对产品征税,例外情况下对劳务征税,比如说加工、修理修配;但是营业税基本上针对服务征税。

案例分析五:酒厂应当缴纳多少消费税?

【案情】

甲烟厂是一家知名的卷烟企业,生产A牌和B牌两种甲级卷烟。2008年和2009年,该厂的生产状况一直都很好。但是,到了2010年,该厂申报的卷烟废品的损失高达5.5万元。针对这种情况,2010年12月,当地税务机关派人到该厂进行调查。经过审查"产品成本计算表"发现,该厂2010年10月份记载的废品损失为2万元,11月份的废品损失为3.5万元。损失成本已经计入合格产品成本。尽管报废手续齐全,税务机关还是发现,该厂于12月份发给每名职工5条B牌香烟。但是这一福利措施没有列入"应付福利费"、"产成品"、"产品销售收入"明细账,没作出相应的账务处理;而且,该厂在10月、11月根本没有报废卷烟。另发现,该厂为了提供职工福利,将B牌甲级卷烟5000条(市场价是每条25元)作为福利发给职工。需增的废品损失成本已经全部售出并结转了成本。此外,税务机关还发现,甲厂把A牌甲级卷烟100箱,以每箱140元的价格降价出售给乙厂,而正常销售价为每箱1140元。甲厂按照乙类卷烟计提了消费税金。据甲厂称,降价的原因是卷烟受潮,但是经调查发现该批卷烟根本就没有受潮。还发现,甲厂从乙厂购进原材料的价格要大大低于以往购货的价格。税务机关认定,甲厂与乙厂有关联关系,互相以优惠价格购进产品,以便降低各自的销售收入,达到少纳消费税的目的。

【问题】
消费税的征税对象是什么?该厂应当补缴多少消费税?

【观点】
消费税的征税对象是应税消费品,即税法规定的应当缴纳消费税的产品。

【分析】
消费税是以特定的消费品的流转额为计税依据而征收的一种商品税。按照《消费税暂行条例》第1条的规定,消费税的纳税义务人是在中华人民共和国境内生产、委托加工和进口本条例规定的消费品的单位和个人。消费税的征税对象一般包括三种:第一种是奢侈品;第二种是可能危害人身健康的产品;第三种是浪费资源能源的产品。本案中的卷烟生产厂家属于消费税的纳税义务人。按照《消费税暂行条例》第5条第1款规定,消费税实行从价定率、从量定额或者从价定率与从量定额复合计税的办法计算应纳税额。实行从价定率的,应纳税额=销售额×税率,实行从量定额的,应纳税额=销售数量×单位税额,实行复合计税办法计算的,应纳税额=销售额×比例税率+销售数量×定额税率。本案中,卷烟是从价计征的应税消费品。

本案中,甲厂发放给职工的,作为福利的5000条卷烟,应当作为销售收入计算消费税。

补记销售收入 = 5000 × 25 = 125000(元)

补缴消费税 = 销售收入 × 消费税税率 = 125000 × 45% = 56250(元)

甲厂假借受潮低价卖给乙厂的卷烟,应当补缴消费税。

补记销售收入 = 100 × 1140 − 100 × 140 = 100000(元)

应当缴纳消费税 = 100 × 1140 × 45% = 51300(元)

已经缴纳消费税 = 100 × 140 × 40% = 5600(元)

应当补缴消费税 = 45700(元)

本案中,甲厂应当补记销售收入 = 125000 + 100000 = 225000(元),应当补缴消费税 = 56250 + 45700 = 101950(元)。

此外,甲厂的上述行为还构成了偷税,按照《中华人民共和国税收征收管理法》的规定,可处所偷税款 5 倍以下罚款。按照《刑法》的规定,构成犯罪的,可由司法机关追究直接责任人的刑事责任。

【点评】

消费税的一大特征就是具有明显的调控功能,增值税法和消费税法是流转税法的重要组成部分。增值税对各类商品和劳务普遍征税,是相对中性的。消费税对某些特殊消费品课征是非中性的。增值税不论是由作为生产者的企业负担,还是由作为最终消费者的个人负担,都不具有调控收入公平分配的功能。消费税则不同,对某些特殊消费品征收消费税,不论是由作为生产者的企业负担,还是由作为最终消费者的个人负担,一般都能起到调控收入分配的作用。

案例分析六:张某应当缴纳多少个人所得税?

【案情】

张某是某市的常住居民。2012 年 1 月,他取得了以下几项收入。第一,2011 年 10 月出版了一部小说,获得稿酬 10000 元,已缴纳个人所得税。后来,因为这部书的销量非常好,出版社加印了几千册,张某又获得稿酬 2000 元。第二项,张某的这部小说获得国家级文学奖,获得奖金 5000 元。第三项,张某将自己的另一部小说出售,获得收入 30000 元。第四项,张某将自己位于市中心的两间门面房出租给个体工商户王某经营餐饮。按照出租协议的规定,租期为一年,年租金为 96000 元,本月取得租金收入 8000 元。此外,本月又修缮了该房屋,花费 500 元,并取得了普通发票。当月允许扣除的税费合计 1496 元均已缴纳,并取得税票。第五项,张某购买福利彩票中奖获得奖金 100000 元,他将其中的 4000 元通过民政部门捐献给了希望工程。第六项,李某取得工资、薪金收入 8800 元。

【问题】

张某的哪些个人所得应当缴纳个人所得税?个人所得税应当如何计算?

【观点】

张某的工资薪金所得、劳务报酬所得、稿酬所得等都应当缴纳个人所得税。个人所得税依照个人所得税法及其实施细则的规定计算。

【分析】

个人所得税是以个人所得为征税对象,并由获取所得的个人缴纳的一种税。

按照《个人所得税法》第1条第1款的规定,个人所得税的纳税人是在中国境内有住所,或者无住所而在境内居住满一年的个人。个人所得税的纳税人具体分为居民纳税人和非居民纳税人。居民纳税人要就其全球所得向本国缴纳个人所得税,体现了属人管辖权;非居民纳税人仅就来源于该国的收入向该国缴纳个人所得税,体现了地域管辖权。

按照《个人所得税法》第2条的规定,下列各项个人所得,应纳个人所得税:(1)工资、薪金所得;(2)个体工商户的生产、经营所得;(3)对企事业单位的承包经营、承租经营所得;(4)劳务报酬所得;(5)稿酬所得;(6)特许权使用费所得;(7)利息、股息、红利所得;(8)财产租赁所得;(9)财产转让所得;(10)偶然所得;(11)经国务院财政部门确定征税的其他所得。

第3条规定,个人所得税的税率:(1)工资、薪金所得,适用超额累进税率,税率为3%至45%。(2)个体工商户的生产、经营所得和对企事业单位的承包经营、承租经营所得,适用5%至35%的超额累进税率。(3)稿酬所得,适用比例税率,税率为20%,并按应纳税额减征30%。(4)劳务报酬所得,适用比例税率,税率为20%。对劳务报酬所得一次收入畸高的,可以实行加成征收,具体办法由国务院规定。(5)特许权使用费所得,利息、股息、红利所得,财产租赁所得,财产转让所得,偶然所得和其他所得,适用比例税率,税率为20%。

第6条规定,应纳税所得额的计算:(1)工资、薪金所得,以每月收入额减除费用3500元后的余额,为应纳税所得额。(2)个体工商户的生产、经营所得,以每一纳税年度的收入总额,减除成本、费用以及损失后的余额,为应纳税所得额。(3)对企事业单位的承包经营、承租经营所得,以每一纳税年度的收入总额,减除必要费用后的余额,为应纳税所得额。(4)劳务报酬所得、稿酬所得、特许权使用费所得、财产租赁所得,每次收入不超过4000元的,减除费用800元;4000元以上的,减除20%的费用,其余额为应纳税所得额。(5)财产转让所得,以转让财产的收入额减除财产原值和合理费用后的余额,为应纳税所得额。(6)利息、股息、红利所得,偶然所得和其他所得,以每次收入额为应纳税所得额。个人将其所得对教育事业和其他公益事业捐赠的部分,按照国务院有关规定从应纳税所得中扣除。对在中国境内无住所而在中国境内取得工资、薪金所得的纳税义务人和在中国境内有住所而在中国境外取得工资、薪金所得的纳税义务人,可以根据其平均收入水平、生活水平以及汇率变化情况确定附加减除费用,附加减除费用适用的范围和标准由国务院规定。

按照上述规定,可以计算张某1月份应当缴纳的个人所得税额。

第一项,稿酬应纳所得税。

李某取得的稿酬所得按规定应属于一次性收入,须合并计算应纳税额。按照规定,每次收入不超过4000元的,减除费用800元;4000元以上的,减除20%的费用,其余额为应纳税所得额。此外,按照规定,税率为20%,并按应纳税额减征30%。

应纳税额 = (10000 + 2000) × (1 - 20%) × 20% × (1 - 30%) = 1344(元)

2011年10月实际缴纳税额 = 10000 × (1 - 20%) × 20% × (1 - 30%) = 1120(元)

本月稿酬所得应纳税额 = 1344 - 1120 = 224(元)

第二项,小说获得国家级文学奖免征个人所得税。

第三项,拍卖小说所得应纳个人所得税。

该所得属于特许权使用费所得。按照规定,每次收入不超过4000元的,减除费用800元;4000元以上的,减除20%的费用,其余额为应纳税所得额。

应纳税额 = 30000 × (1 - 20%) × 20% = 4800(元)

第四项,出租房屋应纳所得税。

该所得属于财产租赁所得。按照规定,每次收入不超过4000的,减除费用800元;4000元以上的,减除20%的费用,其余额为应纳税所得额。税率均是20%。此外,按照规定,财产租赁所得应当缴纳的个人所得税时,不仅可以依法减除规定费用和有关税费外,还准予扣除能够提供有效、准确的凭证,证明由纳税人负担的该出租财产实际开支的修缮费用(以每次800元为限)。

[8000 × (1 - 20%) - 1496 - 500] × 20% = 880.80(元)

第五项,偶然所得应纳个人所得税。

按照《个人所得税法》的规定,纳税人将其应纳税所得向教育、民政部门以及遭受自然灾害地区、贫困地区的公益、救济性捐赠,个人在应纳税所得额30%以内的部分,准予在税前扣除。

允许扣除公益性捐赠额 = 100000 × 30% = 30000(元)

应纳税额 = (100000 - 30000) × 20% = 14000(元)

第六项,工资、薪金所得应缴纳的个人所得税。

个人所得税税率表(工资、薪金所得适用)

级数	全月应纳税所得额	税率(%)
1	不超过1500元的	3
2	超过1500元至4500元的部分	10

(续表)

级数	全月应纳税所得额	税率(%)
3	超过4500元至9000元的部分	20
4	超过9000元至35000元的部分	25
5	超过35000元至55000元的部分	30
6	超过55000元至80000元的部分	35
7	超过80000元的部分	45

注：本表所称全月应纳税所得额是指依照本法第6条的规定，以每月收入额减除费用3500元后的余额或者减除附加减除费用后的余额。

应纳税额 = 1500×3% + 3800×10% = 425(元)

综上，张某在2007年5月应缴纳的个人所得税为以上各项的相加。

李某本月实际应负担个人所得额 = 224 + 4800 + 880.80 + 14000 + 425 = 20329.8(元)

【点评】

2011年个人所得税法的最重要的修改就是把免征额由1600元提高到3500元，这种变化反映了居民收入水平的普遍提高，也反映了适度减轻纳税人负担的举措。此外，还规定年所得超过12万的个人要进行纳税申报，这为个人所得税由分类所得税向综合所得税的转变作出了铺垫。个人所得税是国家获取财政收入，调节收入差距的一个重要措施，尤其是累进税率更体现出了平衡收入差距的意图。

案例分析七：该企业应当缴纳多少房产税？

【案情】

甲企业是某市的一家经营木器加工与销售的企业。2010年12月，市地税局对该企业进行纳税检查时发现：(1) 该企业账面房产原值1805088.1元，2010年上半年缴纳房产税7581.37元，下半年未申报房产税；(2) 该企业把两间营业用房出租给公司职工用于经营，该职工每月交租金1200元，公司不负担任何费用，2010年全年该企业获得租金收入14400元，该部分收入没有申报营业税和房产税。

【问题】

该企业应当缴纳何种税？该企业的哪些收入应当缴纳房产税？房产税如何计算？

【观点】

该企业应当缴纳营业税和房产税。在房产税中,该企业拥有的生产经营性用房,以及出租性房屋应当按照不同税率缴纳房产税。

【分析】

营业税是以应税商品或者劳务的销售收入为计税依据而征收的一种商品税。营业税的征税对象之一就是出租房屋所获得的营业收入。按照《营业税暂行条例》的规定,该企业应当就其出租房产的租金收入按5%的税率计缴营业税。

应缴纳营业税 = 14400 × 5% = 720(元)

房产税是以房产为征税对象,依据房产的计税余值或者租金,向房产所有者或经营者征收的一种财产税。房产税的征税对象是在我国境内用于生产经营的房屋,包括建在城市、县城、建制镇和工矿区的房屋;对于城乡居民用于居住的房屋不征收房产税。《房产税暂行条例》第3条规定,房产税依照房产原值一次减除10%至30%后的余值计算缴纳。具体减除幅度,由省、自治区、直辖市人民政府规定。该省规定,按照扣除30%后的余值计算营业税额。没有房产原值作为依据的,由房产所在地税务机关参考同类房产核定。房产出租的,以房产租金收入为房产税的计税依据。第4条规定,房产税的税率,依照房产余值计算缴纳的,税率为1.2%;依照房产租金收入计算缴纳的,税率为12%。

全年应缴房产税 = 1805088.1 × (1 − 30%) × 1.2% = 15162.74004(元)

前半年所缴纳房产税 = 7581.37(元)

后半年应缴纳的房产税 = 15162.74004 − 7581.37 = 7581.37004(元)

房产出租应补缴房产税

14400 × 12% = 1728(元)

合计补缴房产税:7581.37004 + 1728 = 9309.374.37004(元)

【点评】

房产税是对经营性用房征收的,非经营性的自住房屋不征收房产税。房产税适用税率按照房屋用途有所差别。

案例分析八:资源税

【案情】

某煤矿的主要业务是采煤,所采原煤除了对外销售,还向本企业的职工提供生活用煤。该煤矿的每吨煤应纳税额为1元。2011年8月,县地税局对该煤矿进行税务检查时发现,该煤矿用职工生活用煤直接冲减基本生产成本。后经深入调查发现,职工用煤500吨,全部以会计分录进行转账处理。职工用煤的销售价格为每吨100元,成本价68元。

【问题】

该企业应当缴纳多少资源税?

【观点】

资源税在我国实行从量定额计征或者从价定率计征的方式,比如原油和天然气采用从价计征,税率为销售额的5%—10%;而煤炭则是从量计征,0.3—5元/吨。

【分析】

资源税是对在我国境内开发、利用自然资源的单位和个人,就其开发、利用资源的数量或价值征收的一种财产税。资源税的征税范围包括原油,天然气,煤炭,其他非金属矿原矿,黑色金属矿原矿,有色金属矿原矿,盐。资源税实行定额税率,按照应税产品的课税单位规定固定的税额幅度,从量计征。

《资源税暂行条例》第2条第1款规定,资源税的税目、税额,依照本条例所附的《资源税税目税率表》及财政部的有关规定执行。按照《资源税税目税额幅度表》的规定,焦煤外其他煤炭实行每吨0.3元至5元的税额。第6条规定,纳税人开采或者生产应税产品自用的,应以自用数量为课税数量。按照《资源税暂行条例实施细则》第11条第2项的规定,纳税人自产自用应税产品的纳税义务发生时间,为移送使用应税产品的当天。另,该煤矿所在地区的煤炭资源税适用1元/吨的税率。

本案中,该煤矿应在将其所采原煤移送给职工使用时,应当按使用数量计算缴纳资源税。但是,该煤矿采用将职工生活用煤直接冲减生产成本的办法,漏记了销售收入,逃避了纳税义务。所以,该企业补应当补计销售收入。

补计销售收入 = 500×100 = 50000(元)

补缴资源税 = 100×1元/吨 = 100(元)。

【点评】

资源税一方面是获取财政收入的手段,另一方面是宏观调控的措施。通过提高或者降低税率,体现国家对于某一类资源的放开或者保护的意图,从而影响市场上此类资源的价格,进而影响供给。

案例分析九：土地增值税

【案情】

深圳某公司2000年3月自建房产竣工，作为办公楼使用。2006年1月，该公司将办公楼转让，转让价格9000万元人民币。该公司取得土地使用权支付的金额为2500万元，办公楼房产证登记的建造价格为3500万元，其转让时缴纳营业税、城建税及教育费附加、印花税等税费共计480万元。该公司申请按评估价扣除，评估价格为7500万元，该公司支付评估费1.5万元。2001年，该公司转向商品房建设，建造了一批商品房普通标准住宅。这批房产出售后，公司共收入1200万元，其中，取得土地使用权所支付的金额、开发土地的成本和费用、与转让房地产有关的税金等属于税法规定的扣除项目金额为1000万元。

【问题】

该公司应当缴纳多少土地增值税？

【观点】

土地增值税按照增值额乘以税率的方法计算。

【分析】

土地增值税是以纳税人在中华人民共和国境内转让国有土地使用权、地上建筑物及其附着物所取得的增值额为征税对象，依照规定的税率征收的一种财产税。《土地增值税暂行条例》第3条规定，土地增值税按照纳税人转让房地产所取得的增值额和本条例第7条规定的税率计算征收。第4条规定，纳税人转让房地产所取得的收入减去本条例第6条规定的扣除项目金额后的余额，为增值额。第6条规定，计算增值额的扣除项目：（1）取得土地使用权所支付的金额；（2）开发土地的成本、费用；（3）新建房及配套设施的成本、费用，或者旧房及建筑物的评估价格；（4）与转让房地产有关的税金；（5）财政部规定的其他扣除项目。第7条规定，土地增值税实行四级超率累进税率。增值额未超过扣除项目金额50%的部分，税率为30%；增值额超过扣除项目金额50%、未超过扣除项目金额100%的部分，税率为40%；增值额超过扣除项目金额100%、未超过扣除项目金额200%的部分，税率为50%。增值额超过扣除项目金额200%的部分，税率为60%。

本案中，该房地产转让应缴纳的土地增值税计算如下。

增值额＝转让收入－评估价额－转让时缴纳的税费－评估费＝9000－7500－480－1.5＝1018.5(万元)

增值额占扣除项目金额的比率＝1018.5÷(7500＋480＋1.5)＝1018.5÷

7981.5 = 14.4%

14.4%小于50%,所以应当适用30%的税率。

应纳土地增值税额 = 1018.5 × 30% = 305.55(万元)

按照《土地增值税暂行条例》第8条的规定,有下列情形之一的,免征土地增值税:(1)纳税人建造普通标准住宅出售,增值额为超过扣除项目金额20%;(2)因国家建设需要依法征用、收回的房地产。

本案中,该公司在2001年出售的房产属于普通标准住宅。

增值额 = 1200 - 1000 = 200(万元)

增值额占扣除项目金额的比率 = 200 ÷ 1000 = 20%。没有超过扣除金额的20%,所以2001年,这家公司转让普通商品房,不缴纳土地增值税。

【点评】

土地增值额的计算当中,应当依法扣除一些项目。对于法定扣除项目应当加以了解。

案例分析十:契税

【案情】

1994年,深圳市某大型国有企业通过划拨的方式取得了一块土地的使用权。2004年,该企业通过补缴土地出让金500万元将该块划拨用地改为出让用地。2005年,当地政府为了鼓励企业投资,又给予该企业减免土地出让金的优惠政策,以零地价方式将部分国有土地使用权出让给该企业。2006年,该企业在这两块土地上修建了商品房。张某购买了该楼盘2期项目的一套房产,房屋类型为高层,建筑面积为140平方米,成交价格为220万元。2008年,李某将该房产过户给了子女刘某。

【问题】

应当缴纳契税的主体都有哪些?各自应当缴纳多少契税?

【观点】

应当缴纳契税的主体是该国有企业、张某及其子女刘某。

【分析】

契税是因土地、房屋权属发生转移而在当事人之间订立契约时,由产权承受人所缴纳的一种财产税。契税的征税范围包括转移土地、房屋权属的下述行为:(1)国有土地使用权出让;(2)土地使用权转让,包括出售、赠与和交换,但是不包括农村集体土地承包经营权的转移;(3)房屋买卖;(4)房屋赠与;(5)房屋交换。

本案中,契税纳税主体有三个,一个是该国有企业,一个是李某,一个是刘某。

第一,该国有企业应当缴纳的契税主要有两项。

2004年,该企业补缴土地出让金500万元将划拨用地转为出让用地,应当缴纳契税。按照规定,先以划拨方式取得土地使用权,后经批准改为出让方式取得该土地使用权的,应依法缴纳契税,其计税依据为应补缴的土地出让金和其他出让费用。

该企业应当缴纳的契税=500×3%=15(万元)。

2005年,该企业以零地价出让的方式获得土地使用权,应当缴纳契税。按照《国家税务总局关于免征土地出让金出让国有土地使用权征收契税的批复》(国税函〔2005〕436号)的规定,不得因减免土地出让金,而减免契税。因此,此种以零地价方式取得国有土地使用权的行为应缴纳契税。

第二,李某应当缴纳的契税。

深圳市确定的享受优惠政策的普通住房标准应同时满足以下三项条件:(1)住宅小区的建筑容积率在1.0以上;(2)单套住房建筑面积144平方米以下(含144平方米);(3)实际成交价格低于同级别土地上住房平均交易价格1.2倍以下。本案中,李某购买的住房符合普通标准房的条件,可以享受个人购买自用普通住房要求享受减半征收契税的优惠政策。其税税率为3%,减半税率为1.5%。

应缴纳契税为=2200000×1.5%=33000(元)

第三,刘某应当缴纳契税

按照规定,《中华人民共和国继承法》规定的法定继承人,包括配偶、子女、父母、兄弟姐妹、祖父母、外祖父母,继承土地、房屋权属,不征契税。非法定继承人根据遗嘱承受死者生前的土地、房屋权属,属于赠与行为,应征收契税。父母在世时将名下房产过户给子女的行为不能视同继承土地、房屋权属,而视同赠与,应按规定缴纳契税。

根据《国家税务总局关于加强房地产交易个人无偿赠与不动产税收管理有关问题通知》《国税发〔2006〕144号》中第1条第2款的规定:"对于个人无偿赠与不动产行为,应对受赠人全额征收契税。"可见,赠与房产的契税是全额征收的,即由受领人按照3%的比例缴纳。此外,房屋赠与的计税依据由征收机关参照房屋买卖的市场价格核定,如果不考虑房屋市场价格变动因素,仍以2006年房屋成交价格计算,刘某应缴纳契税为=2200000×3%=66000元。

【点评】

房屋、不动产的出卖方要交纳营业税、印花税、个人所得税等,买受方要缴纳契税,而且买卖双方都要交纳印花税。实际上,出卖方把自己承受的税的全部或者绝大部分都转嫁给买受方,导致买受方的经济压力非常大。所以,在二手房交易中,由于大量的税、费的存在,导致买受方购买需求不断受到压缩。房地产宏观调控主要为了降低交易价格,但是这种降低价格的方式是通过抑制购买需求来进行的,而不是通过有力扩大供给来实现。

案例分析十一:偷逃印花税案

【案情】

甲厂是一家生产洗涤用品的企业。2009年5月,税务机关对该厂进行了税务检查。检查该厂的预付账款明细账时发现,甲厂与A厂有预付账款业务。4月15日,已预付账款100000元,并附有A厂出具的收据。检查购销合同情况发现,甲厂与A厂并没有签订正式合同,只有一纸购销协议,而上面未贴印花。又发现,甲厂与B厂签订了一份交易金额为5万元的加工承揽合同。最后,甲厂与C厂签订了一份交易金额为15万元的技术合同。

【问题】

甲厂第一笔业务是否需要交纳印花税?第二笔合同和第三笔合同分别应当缴纳多少印花税?

【观点】

第一笔、第二笔、第三笔合同都应当缴纳印花税。

【分析】

印花税是以在经济活动中书立、领受的凭证为征税对象,向凭证的书立、领受者征收的一种财产税。由于这种事是通过在应税凭证上粘贴印花税票的方式来完成税款缴纳的,因此被叫做印花税。

印花税的纳税义务人是在我国境内书立、领受条例所列举凭证的国内各类企业、事业、机关、团体、部队以及中外合资企业、合作企业、外资企业、外国公司企业和其他经济组织及其在华机构等单位和个人。对于由两方或两方以上当事人共同书立的合同或者书据等,当事人各方都是纳税义务人。对于营业账簿、权利和许可证照等,立账簿人和领受人为纳税义务人。对于委托第三者代为签订的合同,当事人的代理人应负责贴花,代理人为纳税义务人。印花税的征税对象是《印花税暂行条例》所列举的各种凭证,即在中国境内或境外书立的,具有法律效力的,受中国法律保护的凭证。印花税的征税对象是《印花税暂行条例》列举征税的凭证,未列举凭证的不征税。列举征税的凭证共五大类:10类合同、产权转移书据、营业账簿、权利许可证照、经财政部确定征税的其他凭证。

甲厂应当对第一笔业务缴纳印花税。按照《印花税暂行条例》的规定,具有合同性质的购销凭证属于应纳税凭证。《印花税暂行条例实施细则》进一步指出,具有合同性质的凭证,指具有合同效力的协议、契约、合同、单据、确认书及其他各种名称的凭证。因此,只要是具有合同效力的凭证,不论是何名称,均应贴花纳税。

第一笔业务应缴纳印花税 = 100000 × 0.0003 = 30(元),由甲厂和 A 厂共同承担。

此外,甲厂对第二笔业务和第三笔业务也应当缴纳印花税。按照《印花税暂行条例》的规定,印花税采用比例税率和定额税率。其中,各类经济合同,以及合同性质的凭证、记载资金的账簿和产权转移数据等适用比例税率。按照合同性质的不同,比例税率分为五个档次。其中,加工承揽合同、建设工程勘探设计合同、货物运输合同和产权转移书据的税率为万分之五;购销合同、建筑安装工程承包合同和技术合同的税率为万分之三。因此,三笔业务应当缴纳的印花税为:

第一笔业务应缴纳印花税 = 100000 × 0.0003 = 30 元,由甲厂和 A 厂共同承担;

第二笔业务应缴纳印花税 = 50000 × 0.0005 = 25 元,由甲厂和 B 厂共同承担;

第三笔业务应缴纳印花税 = 150000 × 0.0003 = 70 元,由甲厂和 C 厂共同承担。

【点评】

印花税的征税范围非常广,凡是存在交易行为就会存在印花税,比如说我们非常熟悉的证券交易印花税。2007 年上半年,财政部宣布,自 2007 年 5 月 30 日起,调整证券(股票)交易印花税税率,由 1‰ 调整为 3‰。这是在当时股市过热的背景下,通过提高印花税增加交易成本,抑制股市过热的调控目的。2008 年 4 月 24 日,证券交易印花税税率又调整为 1‰,2008 年 9 月 19 日起,由双边征收改为单边征收,由出让方按 1‰ 的税率缴纳股票交易印花税,受让方不再征收。

案例分析十二:企业破产清算中的税收优先权

【案情】

某电器厂是一家国有企业。由于经营管理不善导致连年亏损,2007 年 7 月宣告破产,并进入清算程序。在法院主持下,相关主体组织了清算组,对该企业进行清算。经核算,清算组确认,该企业现有财产总额为9200万元,其中作为担保物的财产总额3000万元。此外,破产费用200万元;欠职工工资及相关社会福利费用等3900万元;该企业全面停产前累计欠税1550万元,欠缴税款滞纳金50万元,清算组在变卖该企业的财产及维持该企业必要的产品销售活动时,因取得应税收入而依法发生的应缴税款200万元;该企业对外欠债5800万元,其中,银行有担保贷款及利息5000万元,欠甲公司原材料款500万元,欠其他单位业务往来费用累计300万元。

在法院的主持下,清算组对破产财产提出了如下分配方案:第一,拨付破产费用200万元;第二,支付欠缴的职工工资以及相关社会福利费用等3900万元,以及职工安置费2000万元;第三,银行有担保贷款及利息5000万元,但是由于设定担保的财产仅价值3000万元,剩余2000万元将作为普通债权按顺序清偿。第四,剩余财产100万元用于清偿所欠税款1550万元。第五,其他所欠税款及滞纳金,以及其他普通债权共计4500万元,由于破产财产不足而不予清偿。

【问题】

运用所学到的税收优先权的知识,分析企业破产清算程序中,各种债权的清偿顺序是什么?

【观点】

一般来讲,企业破产清算中,第一应当清偿的是破产债权,第二是职工工资及相关社会福利费用等,第三是有担保的债权(发生时间早于税收债权),第四是税收债权(发生时间晚于有担保的债权),第五是税收债权,第六是普通债权。

【分析】

税收优先权是指当税收债权和其他债权同时存在时,税收债权原则上应当优先于其他债权获得清偿。一般来讲,所涉及的债权主要包括破产费用、职工权益、所欠税款,以及其他债权。2007年6月1日实施的《企业破产法》第41条规定,人民法院受理破产申请后发生的下列费用,为破产费用:(1)破产案件的诉讼费用;(2)管理、变价和分配债务人财产的费用;(3)管理人执行职务的费用、报酬和聘用工作人员的费用。第113条规定,破产财产在优先清偿破产费用和共益债务后,依照下列顺序清偿:(1)破产人所欠职工的工资和医疗、伤残补助、抚恤费用,所欠的应当划入职工个人账户的基本养老保险、基本医疗保险费用,以及法律、行政法规规定应当支付给职工的补偿金;(2)破产人欠缴的除前项规定以外的社会保险费用和破产人所欠税款;(3)普通破产债权。破产财产不足以清偿同一顺序的清偿要求的,按照比例分配。破产企业的董事、监事和高级管理人员的工资按照该企业职工的平均工资计算。按照《民事诉讼法》第 204 条的规定,破产财产在优先拨付清算费用后,按下列顺序清偿:(1) 职工工资和劳动保险费用;(2) 所欠税款;(3) 清偿债务。破产财产不足以清偿同一顺序的清偿要求的,按比例分配。所以,在企业破产时,一般的清偿顺序是破产费用、职工权益、所欠税款,以及其他债权。在上述顺序当中,容易出现问题的就是所欠税款与有担保债权之间的关系。

按照《税收征收管理法》第 45 条规定:"税务机关征收税款,税收优先于无担保债权,法律另有规定的除外;纳税人欠缴的税款发生在纳税人以其财产设定抵押、质押或者纳税人的财产被留置之前的,税收应当先于抵押权、质权、留置权执行。"该条主要包括三个方面的内容:第一,广义上的税收优先权,即税收优先于无担保债权,法律另有规定的除外。比如说,按照《海商法》的规定,船舶吨税的征收劣后于在船上工作的在编人员根据劳动法律、行政法规或者劳动合同所产生的工资、社会保险费用等给付请求和在船舶营运中发生的人身伤亡的赔偿请求。再比如,按照《商业银行法》的规定,商业银行破产清算时,在支付清算费用、所欠职工工资和劳动保险费用后,应当优先支付个人储蓄存款的本金和利息,然后再进行税款征收。第二,狭义上的税收优先权,即纳税人欠缴的税款发生在纳税人以其财产设定抵押、质押或者纳税人的财产被留置之前的,税收应当优先于抵押权、质权和留置权。换言之,如果抵押设定在欠缴的税款发生之前,则抵押权的行使优先于税权;税权的行使优先于普通债权。前者是狭义上的税收优先权,后者是广义上的税收优先权。所以,在这里是依据发生时间来判断究竟何者优先受偿。第三,纳税人欠缴税款,同时又被行政机关处以罚款、没收违法所得等行政处罚的,税收优先于罚款、没收违法所得。

此外,还有一个问题,欠缴税款的滞纳金应当在哪一顺序得到清偿?在破产清算程序中,滞纳金的发生也是存在时间因素的。一种类型的滞纳金是发生在破产清算之前的,另一种类型是在进入破产程序之后才形成的。对于第一种类型,滞纳金究竟应当在哪个顺序清偿,法律没有规定。从法理上讲,税收滞纳金由于企业违法行为造成的,如果要求滞纳金优先于债权获得清偿,相当于把企业的过错强制性的转嫁到了债权人的身上,因此应当把滞纳金视为普通债权,放到最后一个清偿顺序与普通债券一起清偿。实践中也通常是这种做法。不过,也有学者认为,在税收征收管理法修改之后,大规模地降低了滞纳金的比例,从而将滞纳金的性质由惩罚性改为了补偿性。所以,可以考虑把滞纳金作为附带税收的债权享有优先受偿权。对于第二种类型的滞纳金应当在哪一顺序获得清偿,虽然法律没有规定,但是理论界的看法比较一致。学者们认为,这部分滞纳金享有绝对税收优先权,在破产财产中优先获得清偿。从法理上讲,这部分滞纳金的产生是由于清算组的行为所造成的,而清算组的行为是为了全体债权人的利益,所以清偿滞纳金应当视为为了全体债权人的利益而做的,因此应当从破产财产中优先获得清偿。从法律条文上讲,可以把这部分滞纳金视为破产费用。

本案中,清算组提出的破产财产分配方案是符合法律规定的。第一,按照法律规定应当首先支付破产费用200万元;第二,支付所欠缴的职工工资以及相关的社会福利费用3900万元,以及职工安置费2000万元;第三,银行有担保的贷款及利息发生在税收债权产生之前,所以,按照《税收征收管理法》的规定,银行有担保债权应当优先于税收债权获得清偿,不过5000万的有担保债权,只有3000万的设定担保的财产,无法得到清偿的2000万将作为普通债权在最后一个清偿顺序清偿;第四,至此,破产财产剩余100万元,用于清偿发生在有担保贷款之后的税收债权1550万元,有1450万元的税款无法获得清偿。该企业已经没有剩余财产了,所以,其他所欠税款以及滞纳金、普通债权都无法得到清偿。

无法得到清偿的债权 = 有担保的银行贷款未获清偿的部分(2000) + 破产清算之前的税款中未获清偿的部分(1450) + 清算时产生的税款(200) + 欠甲公司原材料款(500) + 单位业务往来费用(300) + 欠缴滞纳金(50) = 4500(万元)。

【点评】

税收是一种比较有特性的债。相对于私人债权来讲,国家债权显然具有优先性;但是如果一项私人债权是设定担保的,而且在国家债权之前设定的,那么国家债权就要劣后于此项债权。所以,国家债权的优先性不是在所有场合都适用的。

案例分析十三:国税局如何保障税款征收?

【案情】

甲公司是一家汽车轮胎生产厂家,主要向乙汽车制造公司提供汽车轮胎。2009年,甲公司出售给乙公司汽车轮胎,但是乙公司没有及时交付货款。由于甲公司未能及时取得货款,导致甲公司欠缴税款30万元。该市国税局在责令甲公司交纳税款无效的情况下,采取税收强制措施,书面通知甲公司的开户银行,将甲公司银行账户中的全部10万元强行划拨用于缴纳税款。此外,还有20万元税款,税务机关保留追缴权。2010年底,国税局经调查了解到,乙公司有14万的应付货款应当交付给甲公司,但是一直没有给付。尽管甲公司一直催要,但是乙公司一直拖延偿还。国税局经调查确认,乙公司欠甲公司货款 14 万元,其中,8 万元尚未到期,要到半年之后才到清偿期。2010 年底,国税局对乙公司下达催缴税款通知书,要求就甲公司对乙公司的债权行使代位权,要求乙公司交付 14 万元的税款,其中包括 8 万元未到期的货款。乙公司对此置若罔闻,国税局随即通知乙公司的开户银行,从其存款中扣缴税款 20 万元。乙公司不服,向市人民法院提起诉讼,要求判决国税局侵权。市人民法院经审理认为,国税局代位权行使不当,判决国税局败诉。

【问题】

国税局采取了哪些税收保障措施?税收权行使的条件是什么?

【观点】

本案中,国税局采取了两种税收保障措施,一是税收强制执行,另一个是税收代位权的行使。

【分析】

按照《税收征收管理法》第 40 条的规定,税收强制执行是指,从事生产、经营的纳税人、扣缴义务人未按照规定的期限缴纳或者解缴税款,纳税担保人未按照规定的期限缴纳所担保的税款,由税务机关责令限期缴纳,逾期仍未缴纳的,经县以上税务局(分局)局长批准,税务机关可以采取下列强制执行措施:(1)书面通知其开户银行或者其他金融机构从其存款中扣缴税款;(2)扣押、查封、依法拍卖或者变卖其价值相当于应纳税款的商品、货物或者其他财产,以拍卖或者变卖所得抵缴税款。税务机关采取强制执行措施时,对前款所列纳税人、扣缴义务人、纳税担保人未缴纳的滞纳金同时强制执行。本案中,甲公司没有按照规定的期限缴纳税款,国税局责令其限期缴纳,但是依然未果。在这种情况下,税务机关通知了甲公司的开户行划拨甲公司的存款用于缴纳税款,符合法律规定。

《税收征收管理法》第 50 条规定,欠缴税款的纳税人因怠于行使到期债权,或者放弃到期债权,或者无偿转让财产,或者以明显不合理的低价转让财产而受让人知道该情形,对国家税收造成损害的,税务机关可以依照合同法第 73 条、第 74 条的规定行使代位权、撤销权。税务机关依照前款规定行使代位权、撤销权的,不免除欠缴税款的纳税人尚未履行的纳税义务和应承担的法律责任。《合同法》第 73 条规定,因债务人怠于行使其到期债权,对债权人造成损害的,债权人可以向人民法院请求以自己的名义代位行使债务人的债权,但该债权专属于债务人自身的除外。代位权的行使范围以债权人的债权为限。债权人行使代位权的必要费用,由债务人负担。第 74 条规定,因债务人放弃其到期债权或者无偿转让财产,对债权人造成损害的,债权人可以请求人民法院撤销债务人的行为。债务人以明显不合理的低价转让财产,对债权人造成损害,并且受让人知道该情形的,债权人也可以请求人民法院撤销债务人的行为。撤销权的行使范围以债权人的债权为限。债权人行使撤销权的必要费用,由债务人负担。

通过上述法律规定,归纳出税务机关行使代位权的几个条件。第一,纳税人欠缴税款。纳税人在法定的或者税务机关核定的纳税期限届满之后,仍然没有履行纳税义务,只有这样才能认定纳税人欠缴税款。欠税发生时间从纳税人未按规定期限缴纳税款的次日起算,换言之,从法定申报期限结束的次日起计算。本案中,乙公司欠甲公司14万元,其中8万元没有到期,所以税务机关的职能是就到期的6万元行使代位权。但是税务机关针对全部14万元行使代位权,违反了法律规定。第二,纳税人怠于行使到期债权。只有纳税人的债务人已经限于延迟支付的事实,而纳税人有怠于行使到期债权的,税务机关才能够行使代位权。究竟如何判断"怠于"?《最高人民法院关于适用〈中华人民共和国合同法〉若干问题的解释(一)》(简称《司法解释》)将合同法第73条规定的"债务人怠于行使其到期债权"作了界定。《司法解释》第13条规定,债务人不履行其对债权人的到期债务,又不以诉讼方式或者仲裁方式向其债务人主张其享有的具有金钱给付内容的到期债权,致使债权人的到期债权未能实现。至于纳税人直接向债务人主张权利,而未提起诉讼或者申请仲裁的,视为怠于行使债权。这是一种非常严格的规定。之所以作出这种规定,就是因为纳税人以仲裁或者诉讼的方式之外的其他方式行使债权,事实上很难判定,换言之,存在纳税人与债务人串通的可能性。本案中,纳税人只是向债务人直接主张权利,采取的是私立救济的方式。按照《司法解释》的规定,这种方式视为"怠于履行"。第三,纳税人怠于行使债权导致国家权利受到侵害。纳税人怠于行使到期债权,必然导致纳税人可支配财产的减少,如果不能缴纳税款,就构成了对国家的税收债权的侵害。如果怠于行使债权,不会影响到纳税人缴纳税款,则税务机关也不能行使代位权。本案中,甲公司怠于行使自己债权,已经导致本公司财产不足以缴纳所欠税款,威胁到了国家利益,因此税务机关有权行使代位权。但是,税务机关行使代位权的方式也需要注意。必须是税务机关向法院提起诉讼,在法院判决之后,依据判决行使代位权。换言之,税务机关不能依据行政程序行使代位权。本案中,税务机关直接依据行政权力行使代位权,违反了法律规定,该行为应予撤销。

按照《司法解释》的规定,债权人向次债务人提起的代位权诉讼经人民法院审理后认定代位权成立的,由此债务人向债权人履行清偿义务,债权人与债务人、债务人与此债务人之间相应的债权债务关系即予消灭。本案中,假设税务机关提起了诉讼,在法院作出判决后,依据判决行使代位权,那么,作为次债务人的乙公司直接向作为债权人的税务机关履行债务之后,税务机关、甲公司、乙公司,彼此之间的债权债务关系就归于消灭。但是,如果纳税人对于债务人的债权不足以清偿税收,纳税人的税收债务并未消失,还应当就剩余部分履行纳税义务。如果税务机关行使代位权请求获得清偿的税款,低于纳税人对其债务人所享有的债权,纳税人的债务人在向税务机关清偿之后,对纳税人的债务并未完全消灭,也就是对于剩余债务依然对纳税人负有清偿的义务。

【点评】

税收代位权是确保国家税收债权得以及时实现的一项重要制度。不过代位权的行使必须按照法律规定的条件和程序进行,否则就会存在滥用权力之嫌。

案例分析十四:税收争议必须经过复议程序吗?

【案情】

2009年5月15日,某市国税局发现本市某电力公司存在偷漏税的行为。在经过详细调查之后,国税局对该电力公司作出了补缴税款200万元的税务处理决定,并限电力公司在6月14日之前缴纳。但是电力公司逾期未缴纳。2009年7月20日,国税局再次下达限期缴纳税款的通知书,限电力公司在7月22日之前缴纳税款。电力公司认为国税局处理不当,遂向市人民法院提起税务行政诉讼,请求法院撤销国税局作出的补缴税款的处理决定。市人民法院认为,电力公司与国税局之间的争议属于因纳税引起的争议,按照法律规定,电力公司对税务机关的纳税处理决定不服,应当先到税务机关缴纳税款及滞纳金或者提供相应的担保,然后向上一级税务机关申请复议。对复议决定不服,才能够向人民法院提起诉讼。电力公司没有申请复议就直接向人民法院起诉,不符合法律规定,人民法院裁定不予受理。

【问题】

电力公司必须经过行政复议程序才能提起诉讼吗?为什么?

【观点】

按照《税收征收管理法》的规定,凡是纳税争议,必须经过行政复议程序,之后才能提起行政诉讼;非纳税争议,既可以提起行政复议,也可以提起行政诉讼。

【分析】

按照《税收征收管理法》第88条的规定,纳税人、扣缴义务人、纳税担保人同税务机关在纳税上发生争议时,必须先依照税务机关的纳税决定缴纳或者解缴税款及滞纳金或者提供相应的担保,然后可以依法申请行政复议;对行政复议决定不服的,可以依法向人民法院起诉。当事人对税务机关的处罚决定、强制执行措施或者税收保全措施不服的,可以依法申请行政复议,也可以依法向人民法院起诉。可见,对纳税争议实行必经复议,对非纳税争议实行选择复议。所以,明确一项争议究竟是纳税争议还是非纳税争议,是确定争议解决路径的关键。按照《税收征收管理法实施细则》第100条的规定,税收征管法第88条规定的纳税争议,是指纳税人、扣缴义务人、纳税担保人对税务机关确定纳税主体、征税对象、征税范围、减税、免税及退税、适用税率、计税依据、纳税环节、纳税期限、纳税地点以及税款征收方式等具体行政行为有异议而发生的争议。可见,除了行政处罚、强制执行措施,以及税收保全措施之外,其他有关税收要素的各种争议都属于纳税争议,都必须经过行政复议。

为什么纳税争议必须经过复议程序呢？税务纠纷涉及一定的专业技术知识,因此熟悉该专业知识的行政机关更容易解决此类问题。相对于税务机关,法院则是"外行",欠缺专门知识容易导致判决偏颇。此外,税务争议比较多,行政机关解决能够提高效率,而把众多争议都堆积到法院,容易导致法院负担过重。复议在一定程度上起着"过滤"的作用,使那些真正有诉讼价值的纠纷由人民法院来解决。不过,复议前置程序也存在一定的缺陷。这种模式不能充分体现当事人的意思自治。首先就是在复议和诉讼中,不具有选择权。其次,如果没有在复议期限内提出复议申请,就会失去申请复议的权利,不仅如此,同时还会失去提起诉讼的权利。

选择性复议是指作为税务行政相对人的公民、法人或其他组织对税务机关作出的除征税行为以外的其他税务具体行政行为不服,可以由税务行政相对人自主选择向上一级税务机关申请复议,或者直接向人民法院起诉。如果选择了复议,税务行政复议决定未作出之前,不得同时提起税务行政诉讼;如果选择了诉讼,就意味着放弃了申请复议的权利。非纳税争议的相对人可以选择提起复议或者诉讼。法律之所以作出这种规定,主要是考虑到非纳税争议并不具有很强的专业技术性,因此不必首先通过行政复议程序。此外,此类争议涉及纳税人或者其他税务当事人的重大利益或者人身自由,比如说,税收保全措施中的扣押、查封财产和阻止离境,税收强制执行措施中对财产的拍卖、行政处罚中的罚款和没收等,因此必须由相对客观公正的机关加以解决。行政复议都是在行政系统内部进行的,而法院则是在行政系统之外,所以,赋予当事人直接寻求司法救济,更能体现公平要求。

【点评】

有学者认为,没有必要强制性的规定复议前置程序,应当赋予当事人自由选择救济途径的权利。事实上,税法的专业性更多地体现在立法阶段而不是适用阶段,而税收征管在很大程度上是法律适用问题,而法院在法律适用方面更为见长。此外,相对于行政复议程序,法院的审判程序更加公开,能够更加公正、合理地解决争议。所以,可以考虑取消复议前置程序,全部实行选择性复议,从而赋予相对人充分的选择空间。

案例思考题

思考题一:共和国第一税案——金华虚开增值税专用发票案

【案情】

从1995年3月至1997年3月,金华县共有218户企业参与虚开增值税专用发票,开出专用发票65536份,价税合计63.1亿元。案件涉及全国36个省、直辖市、自治区和计划单列市的3030个县、市的28511户企业。直接涉及虚开增值税专用发票的犯罪分子154人,党政干部11人,税务干部13人。其中,被判死刑4人,判处死缓1人,判处无期徒刑1人,判处有期徒刑13人。截至1998年3月31日,金华县税案补税入库6.58亿元,罚款入库5.09亿元,补税、罚款共计11.9亿元。金华县地方财政从犯罪活动中取得的0.2亿元非法收入已经全部没收并纳入中央收入。另外,在协查过程中,连带发现其他虚开增值税专用发票案件补税、罚款0.2亿元。为国家挽回的损失共计12.34亿元。由于该案涉及金额巨大、人员众多、持续时间长、波及面广,危害性大被称为新中国成立以来全国第一大税案,通称共和国"第一税案"。

【问题】

增值税专用发票的作用是什么?本案中的行为构成何种犯罪?

【提示】

按照《增值税暂行条例》第9条的规定,"(一般纳税人)纳税人购进货物或者应税劳务,未按照规定取得并保存增值税扣税凭证,或者增值税扣税凭证上未按照规定注明增值税额及其他有关事项的,其进项税额不得从销项税额中抵扣。"可以看出,增值税专用发票在确定纳税人应纳税额上具有重要作用。

按照《刑法》第205条的规定,虚开增值税专用发票是指,有为他人虚开、为自己虚开、让他人为自己虚开、介绍他人虚开行为之一的。只要有虚开增值税发票的行为,即构成虚开增值税发票罪。本案中的行为构成虚开增值税专用发票罪。

思考题二:帕瓦罗蒂避税案

【案情】

帕瓦罗蒂是世界三大男高音之一,他于1935年生于意大利北部的摩德纳镇,1983年宣布移居摩纳哥的蒙特卡洛。他在世界巡回演出,收入颇丰,然而也因为纳税问题而麻烦不断。1996年,意大利税务部门在检查中发现,1989年至1991年间,帕瓦罗蒂的音乐唱品销量剧增,他本人收入增加很多,但是他却没有向意大利税务部门缴纳税款。帕瓦罗蒂家乡摩德纳所属的博洛尼亚大区的税务部门认为,帕瓦罗蒂通过假移民规避意大利税法,因此将其告上法庭。2000年7月,帕瓦罗蒂与税务部门达成庭外和解协议,由帕瓦罗蒂一次性向税务部门补缴税款250亿里拉,约合1250万美元。2000年4月,检察机关指控帕瓦罗蒂有骗税行为,即在1989年至1995年间,未申报的应税收入在350亿里拉至400亿里拉之间,约合1660万美元至1900万美元,因此又将帕瓦罗蒂告上法院。2001年10月,摩德纳法院经过审理,最终判决,公诉人对帕瓦罗蒂逃税的指控不能成立。但是公诉方表示,不放弃上诉的权利。

【问题】

帕瓦罗蒂通过转变国籍怎样来避税?

【提示】

税收管辖权分为属人管辖权和属地管辖权。所谓属人管辖权,就是本国对本国居民来源于本国和外国的收入行使税收管辖权,所谓属地管辖权就是,对非本国居民来源于本国的收入行使税收管辖权。通过把国籍由高税率的国家转变到低税率或者免税的国家,就能逃避大笔的所得税。

第二十九章 金融法律制度

本章要点

1. 核心内容

金融,意即货币资金的融通。金融是现代经济的核心。

我国金融法以银行法为核心。我国的金融法目前有:《中国人民银行法》《银行业监督管理法》《商业银行法》《保险法》《证券法》《证券投资基金法》《票据法》《担保法》《信托法》《反洗钱法》等。亟待制定《政策性银行法》《外汇管理法》和《期货法》。此外,国际金融规则,如巴塞尔协议,对我国的金融立法有重大影响。

中国人民银行作为我国的中央银行,在国务院的领导下,制定和执行货币政策。我国的中央银行具有相对的独立性。我国货币政策的目标是:保持币值稳定,并以此促进经济增长。这15个字,反映了我国作为发展中国家,中央银行被赋予的历史使命。货币政策的"三大法宝"是法定存款准备金率、再贴现率和公开市场业务。此外,中央银行还负责金融稳定。而且,中国人民银行还保持有金融监管权。

我国目前对外汇管理实行比较严格的管理政策。国家外汇管理局作为中国人民银行代管的、国务院的直属机构,依法进行外汇管理。我国外汇管理的基本原则是:通过加强外汇管理,保持国际收支平衡,促进国民经济健康发展。

在中国境内,禁止外币流通,并不得以外币计价。

2. 主要制度

(1) 中国人民银行法律制度,主要包括货币政策的制定和执行、人民币管理、中央银行的公共服务;

(2) 商业银行法律制度,主要包括商业银行的定位、经营原则、信贷法律制度、存款法律制度、结算法律制度等;

(3) 外汇管理法律制度,主要包括经常项目外汇管理和资本项目外汇管理、外债管理制度等。

3. 实务提示

金融法的法律实务主要有:对违反《中国人民银行法》《外汇管理条例》的行为的行政处罚,以及不服行政处罚所引起的行政复议和行政诉讼。

 相关法律、法规、规章、司法解释

1. 法律

《中国人民银行法》(全国人大常委会,1995年3月18日通过,2003年12月27日修正)

《中华人民共和国银行业监督管理法》(全国人大常委会,2003年12月27日通过,2006年10月31日修正)

《中华人民共和国商业银行法》(全国人大常委会,1995年5月10日通过,2003年12月27日修正)

《中华人民共和国保险法》(全国人大常委会,1995年6月30日通过,2002年10月28日修正,2009年2月28日修订)

《中华人民共和国证券法》(全国人大常委会,1998年12月29日制定,2004年8月28日修正,2005年10月27日修订)

《中华人民共和国证券投资基金法》(全国人大常委会,2003年10月28日通过,2012年12月28日修订)

《中华人民共和国票据法》(全国人大常委会,1995年5月10日公布,2004年8月28日修正)

《中华人民共和国担保法》(全国人大常委会,1995年6月30日公布)

《中华人民共和国信托法》(全国人大常委会,2001年4月28日公布)

《中华人民共和国反洗钱法》(全国人大常委会,2006年10月31日公布)

2. 行政法规

《中华人民共和国人民币管理条例》(国务院,2000年2月3日公布)

《中华人民共和国外汇管理条例》(国务院,1996年1月29日公布,1997年1月14日修订,2008年8月1日修订)

《中华人民共和国金融资产管理公司条例》(国务院,2000年11月10日公布)

《中国人民银行货币政策委员会条例》(国务院,1997年4月15日公布)

《中华人民共和国金融机构撤销条例》(国务院,2001年11月23日公布)

《中华人民共和国外资银行管理条例》(国务院,2006年11月11日公布)

3. 行政规章、地方性法规

《中华人民共和国外资银行管理条例实施细则》(中国银行业监督管理委员会,2006年11月24日公布)

《中国银行业监督管理委员会关于加强个人住房贷款风险管理的通知》(中国银行业监督管理委员会,2008年10月24日公布)

《住房和城乡建设部、财政部、中国人民银行、中国银行业监督管理委员会关于规范住房公积金个人住房贷款政策有关问题的通知》(住房和城乡建设部、财政部、中国人民银行、中国银行业监督管理委员会,2010年11月2日公布)

《中国人民银行关于改革存款准备金制度的通知》(中国人民银行,1998年3月24日公布)

《中国人民银行关于实行差别存款准备金率制度的通知》(中国人民银行,2004年3月24日公布)

《外资金融机构驻华代表机构管理办法》(中国人民银行,2002年6月27日公布)

4. 司法解释

《最高人民法院关于展期贷款超过原贷款期限的效力问题的答复》(法函[2000]12号,2000年2月13日)

案例分析

案例分析一:2011年的三次加息

【案情】

2011年2月9日,中国人民银行发布通知,决定上调金融机构贷款基准利率。其中一年期存款基准利率上调 0.25 个百分点,由原来的 2.75% 调整到 3.00%;一年期贷款基准利率上调 0.25 个百分点,由原来的 5.81% 调整到 6.06%,其他各档次贷款利率也相应调整,长期利率上调幅度大于短期利率上调幅度【参见人民币存贷款利率调整表(2011.2.9)】。

人民币存贷款利率调整表(2011.2.9)

项目	调整前利率	调整后利率
一、城乡居民和单位存款		
活期存款	0.36%	0.40%
整存整取		
3个月	2.25%	2.60%
6个月	2.50%	2.80%
1年	2.75%	3.00%
2年	3.55%	3.90%
3年	4.15%	4.50%
5年	4.55%	5.00%
二、各项贷款		
6个月	5.35%	5.60%
1年	5.81%	6.06%
1—3年(含)	5.85%	6.10%
3—5年(含)	6.22%	6.45%
5年以上	6.40%	6.60%

此次加息使得房屋贷款以基准利率贷款额 100 万,20 年为期,则每月还款额度增加 117 元。

2011 年 4 月 6 日,中国人民银行再次发布通知,决定上调金融机构人民币存贷款基准利率。金融机构一年期存款基准利率上调 0.25 个百分点,由 3.00% 提高到 3.25%;一年期贷款基准利率上调 0.25 个百分点,由 6.06% 提高到 6.31%,其他各档次贷款利率也相应调整【参见人民币存贷款利率调整表(2011.4.6)】。

人民币存贷款利率调整表(2011.4.6)

项目	调整前利率	调整后利率
一、城乡居民和单位存款		
活期存款	0.40%	0.50%
整存整取		
3个月	2.60%	2.85%

(续表)

项目	调整前利率	调整后利率
6个月	2.80%	3.05%
1年	3.00%	3.25%
2年	3.90%	4.15%
3年	4.50%	4.75%
5年	5.00%	5.25%
二、各项贷款		
6个月	5.60%	5.85%
1年	6.06%	6.31%
1—3年(含)	6.10%	6.40%
3—5年(含)	6.45%	6.65%
5年以上	6.60%	6.80%

2011年7月7日,中国人民银行再次发布通知,决定上调金融机构人民币存贷款基准利率。金融机构一年期存款基准利率上调0.25个百分点,由3.25%提高到3.50%;一年期贷款基准利率上调0.25个百分点,由6.31%提高到6.56%,其他各档次贷款利率也相应调整【参见人民币存贷款利率调整表(2011.7.7)】。

人民币存贷款利率调整表(2011.7.7)

项目	调整前利率	调整后利率
一、城乡居民和单位存款		
活期存款	0.50%	0.50%
整存整取		
3个月	2.85%	3.10%
6个月	3.05%	3.30%
1年	3.25%	3.50%
2年	4.15%	4.40%
3年	4.75%	5.00%
5年	5.25%	5.50%
二、各项贷款		
6个月	5.85%	6.10%
1年	6.31%	6.56%
1—3年(含)	6.40%	6.65%
3—5年(含)	6.65%	6.90%
5年以上	6.80%	7.05%

【问题】

1. 加息的法律程序有哪些？
2. 加息对金融机构和金融市场的影响如何？
3. 加息对老百姓房贷的影响如何（以贷款期为20年为例）？

【观点】

调整利率需要经过国务院的批准。加息能抑制经济过热，缓解通胀压力。这三次加息使得房贷利息又攀新高，对购房意愿的影响较大。

【分析】

一、加息的法律程序

《中国人民银行法》第23条规定："中国人民银行为执行货币政策，可以运用下列货币政策工具……（二）确定中央银行基准利率……中国人民银行为执行货币政策，运用前款所列货币政策工具时，可以规定具体的条件和程序。"第5条第1款规定："中国人民银行就年度货币供应量、利率、汇率和国务院规定的其他重要事项作出的决定，报国务院批准后执行。"可见，调整利率还需要经过国务院的批准。

调整利率无需货币政策委员会的讨论。但货币政策委员会的每季度例会都会讨论加息或者减息问题。

二、加息对金融机构和金融市场的影响

一般来说，加息之后，贷款利率提高，企业的融资成本提高，新上项目因此会减少，这能抑制经济过热，也向市场传递着一个信号：国家已开始注意到了经济过热的苗头，并采取措施加以抑制，熨平经济周期的波峰。不过，2011年三次加息的主要目的是为了抑制通货膨胀。2011年5月CPI数据同比增长5.5%，再创新高，显示出国内通胀形势较为严峻，加上食品价格指数一路走高，对于居民生活也产生了一定的负面影响，加息一方面能够缓解居民对于生活用品价格上涨的担忧，另一方面也能够产生对市场资金面的收紧效应，以适度紧缩来缓解通胀压力。

存款基准利率的提高，将加大商业银行的付息成本。2008年11月，商业性个人住房贷款利率的下限扩大到0.7倍，其他商业性贷款利率下限保持0.9倍不变，因此，商业银行的利率浮动权增加了，净利差加大了。我国金融市场化进程又向前迈进了一步。

三、加息对老百姓房贷的影响

《个人住房贷款管理办法》第14条规定："个人住房贷款期限在1年以内（含1年）的，实行合同利率，遇法定利率调整，不分段计息；贷款期限在1年以上的,遇法定利率调整,于下年初开始,按相应利率档次执行新的利率规定。"由于老百姓的住房贷款基本都在1年以上,所以必须执行新的利率。例如,2011年2月9日加息后,使得房屋贷款以基准利率贷款额100万,20年为期,则每月还款额度增加117元。

2011年央行三次加息后,五年期商业贷款基准利率高达7.05%。到了年底,虽然部分银行对首套房的房贷利率稍为放松,从前段时间的基准利率要上浮变成按基准利率执行,首次置业的买家还是要面对很高的贷款利率。按现在的信贷基准来算,银行调整首套贷款利率,让老百姓觉得降了10万元的房价,结果却多付了20万元的利息。

【点评】

宏观调控离我们很近,它会影响到我们每一个人。系统地学习金融法知识,能分析出加息对国家宏观经济,对我们每一个人的生活的影响。

案例分析二:2011年中国人民银行六次上调存款准备金率

【案情】

中国人民银行决定从2011年6月20日起上调金融机构人民币存款准备金率0.5个百分点,这是央行自2010年初以来第12次上调存款类金融机构人民币存款准备金率,而且截至2011年的前六个月,每月均上调0.5个百分点,大型金融机构存款准备金率达到21.5%的历史高位。

2010年以来,人民银行综合运用多种货币政策工具大力回收银行体系多余流动性,取得一定成效。当前国际收支顺差矛盾仍较突出,贷款扩张压力较大,需要根据流动性的动态变化再次提高存款准备金率,以巩固宏观调控成效。

人民银行将继续执行稳健的货币政策,加强银行体系流动性管理,引导货币信贷合理增长,促进国民经济又好又快发展。

【问题】

提高存款准备金率的法律依据和法律程序有哪些?

【观点】

本次调整存款准备金率的依据,是《中国人民银行法》和《关于改革存款准备金制度的通知》。为了使中国人民银行的调整存款准备金率的宏观调控措施的法律依据更充分,行为更规范,有必要提高"通知"的立法级次,进一步补充、完善,上升成为部门规章,甚至是行政法规。为了慎之又慎,提高存款准备金率时,经过货币政策委员会的开会、决议和建议书,是必要的。

【分析】

《中国人民银行法》第 23 条规定:"中国人民银行为执行货币政策,可以运用下列货币政策工具:(一)要求金融机构按照规定的比例交存存款准备金……中国人民银行为执行货币政策,运用前款所列货币政策工具时,可以规定具体的条件和程序。"1998 年 3 月 24 日,中国人民银行发布了《关于改革存款准备金制度的通知》,进一步完善了存款准备金制度,理顺中央银行与商业银行等金融机构之间的资金关系。

本次调整存款准备金率的依据,是《中国人民银行法》和《关于改革存款准备金制度的通知》。可以说,这次宏观调控行为,具有充分的法律依据。但是,《关于改革存款准备金制度的通知》仅仅是一个"通知",还不是行政法规或部门规章。为了使中国人民银行的调整存款准备金率的宏观调控措施的法律依据更充分,行为更规范,有必要提高"通知"的立法级次,进一步补充、完善,上升成为部门规章,甚至是行政法规。

笔者注意到,中国人民银行发布的新闻稿中,本次提高存款准备金率没有了"经国务院批准"的字眼。《中国人民银行法》第 5 条规定:"中国人民银行就年度货币供应量、利率、汇率和国务院规定的其他重要事项作出的决定,报国务院批准后执行。中国人民银行就前款规定以外的其他有关货币政策事项作出决定后,即予执行,并报国务院备案。"由于国务院对"国务院规定的其他重要事项"至今没有规定,而提高存款准备金率的决定不属于"年度货币供应量、利率、汇率"事项,因此,本次提高存款准备金率的决定不需要经国务院批准,只需向国务院备案即可。

关于货币政策的制定,根据《中国人民银行法》和《中国人民银行货币政策委员会条例》,其具体程序是:货币政策委员会委员在综合分析宏观经济形势的基础上,依据国家的宏观经济调控目标,就货币政策的制定、调整,一定时期内的货币政策控制目标,货币政策工具的运用,有关货币政策的重要措施,货币政策与其他宏观经济政策的协调等事项,提出货币政策议案,经出席会议的 2/3 以上委员表决通过,形成货币政策委员会建议书。在此基础上,中国人民银行形成货币政策。但是,中国人民银行就年度货币供应量、利率、汇率和国务院规定的其他重要事项作出的决定,须报国务院批准,但应当将货币政策委员会建议书或者会议纪要作为附件,一并报送。中国人民银行就其他有关货币政策事项作出决定后,即予执行,并报国务院备案,但应当将货币政策委员建议书或者会议纪要,一并备案。

但根据中国人民银行的新闻稿,本次调整存款准备金率没有经过货币政策委员会。这是因为货币政策委员会仅是咨询机构,不是决定机构的原因。但是,存款准备金政策是一个威力巨大的货币政策工具,准备金率的升降对银行的存贷款起着倍数的收缩与扩张作用,所以各国在运用这一手段时均比较慎重。为了慎之又慎,经过货币政策委员会的开会、决议和建议书,是十分必要的。

【点评】

目前我国的货币政策委员会在性质上是咨询机构,在组成上是由来自不同部门、单位的代表组成的,在责任上是不对货币政策问责的。这种定位有无必要改变,值得研究。

案例分析三:从对新华证券、南方证券的再贷款看中央银行"最后贷款人"角色

【案情】

2003年12月,为配合新华证券的行政撤销,中国人民银行以再贷款形式一次性拨付14.5亿元,解决潜在的保证金提取风潮。①

此外,2004年南方证券被接管时,中国人民银行也曾提供最后贷款80多亿元。

据媒体报道,中央银行对已退出市场的金融机构以及已经清理的各类基金会,中国人民银行发放了大量的再贷款,总量高达数千亿元。在央行的七种再贷款中,资产质量最差的有两种——对已关闭破产的金融机构的再贷款和人民银行直接发放的专项再贷款。央行有关人士透露,清理农村基金会、整顿信托投资公司、关闭证券公司形成的再贷款,是目前再贷款回收的三大难点。如果人民银行无专门机构以债权人身份来主张和维护其再贷款的权益,这些资金的收回不容乐观。甚至许多借款人根本没有要偿还央行贷款的计划。许多地方政府都认为央行的贷款不需要偿还。因此,有人员提出了在中央银行之下设立专门的资产管理机构,统一承接中央银行出资救助的倒闭金融机构的不良债权的建议。②后来,中国人民银行专门成立了汇达公司,以处理和回收再贷款形成的不良贷款。

---

① 参见莫菲:《券商行政"破产"疑问》,载《21世纪经济报道》2004年2月11日。
② 参见孙铭:《央行清收千亿不良再贷款,金融机构无计可施?》,载《21世纪经济报道》2003年9月24日。

【问题】

1.《中国人民银行法》是否规定了中国人民银行可以向证券公司提供再贷款？

2. 再贷款是货币政策工具吗？

【观点】

传统上，中央银行作为最后贷款人，其所保护的对象是商业银行。但随着混业经营趋势的发展和金融"防火墙"的不断拆除，央行最后贷款者的职能已经不再固定于原有的服务对象（商业银行），而是已经延伸至其他非银行性的金融机构。中央银行"最后贷款人"的作用是维护金融稳定的一道安全门，但这一职能本身从来不属于货币政策的范畴。

【分析】

传统上，中央银行作为最后贷款人，其所保护的对象是商业银行。《中国人民银行法》第30条规定："中国人民银行不得向地方政府、各级政府部门提供贷款，不得向非银行金融机构以及其他单位和个人提供贷款，但国务院决定中国人民银行可以向特定的非银行金融机构提供贷款的除外。"所谓非银行金融机构，是指除商业银行、政策性银行之外的金融机构。这类金融机构主要包括信用合作社、保险公司、信托投资公司、金融租赁公司、企业集团财务公司、邮政储蓄机构及各类基金组织。这类非银行金融机构并不经营完全的信用业务，或者不以银行的方式组织其业务经营活动。非银行金融机构应在规定、批准的业务范围内从事业务经营活动，应坚持以资本总额制约资产总额，资金自求平衡的原则。中央银行不得向其提供贷款，但如于短期资金困难，经国务院决定，中央银行也可以提供贷款予以支持，以维持金融秩序的稳定。① 可见，除国务院决定外，中央银行并无权直接为保险公司、证券公司等非银行金融机构提供最后贷款。而在我国的实践中，中央银行曾为问题信托投资公司、问题证券公司、问题信用合作社提供过大量的最后贷款，其比例占所有最后贷款的绝大部分。实际上，随着混业经营趋势的发展和金融"防火墙"的不断拆除，央行最后贷款者的职能已经不再固定于原有的服务对象（商业银行），而是已经延伸至其他非银行性的金融机构。

《中国人民银行法》第23条的规定："中国人民银行为执行货币政策，可以运用下列货币政策工具……（四）向商业银行提供贷款……"《中国人民银行法》之所以将"向商业银行提供贷款"列为货币政策工具之一，是因为我国制定

---

① 参见李殿君主编:《中国人民银行法教程》，经济管理出版社1995年版，第97页。

中国人民银行法的时候,即 1995 年,我国的商业信用不发达,商业票据流通较少,所以中国的票据贴现市场并未真正形成。中国人民银行从 1986 年起,开办再贴现业务,但再贴现规模十分狭小,影响了再贴现作为货币政策工具的作用。由于缺乏再贴现的条件,中央银行调控银行体系流动性的主要渠道便是中央银行贷款。由于中央银行贷款占人民银行资金运用的较大部分,多年来,中央银行贷款一直是人民银行货币政策的最主要工具之一。①

再贷款在早期广泛运用,但随着经济发展而逐步减少是世界各国的一个共同现象。在印度尼西亚实行间接货币控制之前,曾有过 20 多种不同种类的再贷款,每种都有不同的利率。1988 年和 1990 年,印尼中央银行大大削减了再贷款。

谢平也认为,货币政策与最后贷款人存在着角色冲突。他说:"从理论上说,中央银行'最后贷款人'的作用是维护金融稳定的一道安全门,这是中央银行作为货币创造者的一项特殊功能,但这一职能本身从来不属于货币政策的范畴。利用'最后贷款人'职能来投放基础货币,实际就是把部分金融机构的不良贷款'货币化',以缓解其他货币政策工具的有限性,这绝对是角色冲突。"②

【点评】

《中国人民银行法》在对最后贷款人的规定上很多已经过时,应予修改。

案例分析四:从外汇储备注资看金融改革中法律的角色

【案情】

为了支持国有商业银行的股份制改造和上市,国家于 2003 年 12 月成立了中央汇金投资有限责任公司(以下简称汇金公司)。汇金公司运用外汇储备向中国银行、建设银行注资 450 亿美元,向工商银行注资 150 亿美元……

汇金公司自成立以来,其性质和地位一直备受争议。

随着建行、中行和工行上市的完成,汇金公司的注资获得了可观的回报。回报的主要来源是红利收入(比如工行上市前对股东有红利分配)、股权转让价差(比如工行首次公开发行时有卖老股的部分)和这些银行上市后的溢价。

汇金公司不但使国有商业银行的股份制改造和上市成功了,而且还获得了可观的回报。

---

① 参见孔祥毅主编:《中央银行通论》,中国金融出版社 2000 年版,第 178—179 页。
② 谢平:《新世纪中国货币政策的挑战》,载《金融研究》2000 年第 1 期。

2007年元月,中央金融工作会议召开。会后,国家外汇投资公司(暂定名)筹备组成立,中央汇金公司可能会是这个公司的一个组成部分。

【问题】

试从汇金公司的成立、演变和运作看法律在金融改革中的作用。

【观点】

国有商业银行改制与上市,汇金公司的成立、演变和运作,都是由行政手段推动的。如能加强法律在改革中的作用,可以保证改革更为彻底,更为成功。

【分析】

从本案中我们可以看到,目前,我国的国有商业银行改制与上市的推动是通过行政手段。汇金公司的成立、演变和运作也是由行政手段推动的。

可是在国外,这样的事情一般是通过立法来推动的。比如,澳大利亚联邦银行(Commonwealth Bank of Australia)的改制和上市就是通过立法。1990年12月,澳大利亚政府和议院通过了澳大利亚联邦银行重组法案,该法案旨在将澳大利亚联邦银行变成一个按澳大利亚公司法要求成立的上市公司。根据该法案,澳大利亚联邦银行上市后,其法定国有机构地位被终止。从1911年成立到1991年上市,澳大利亚联邦银行与澳大利亚联邦政府之间的关系均建立在各种法案基础上。在澳大利亚联邦银行成立时通过法案,明确澳大利亚联邦银行的产权归属澳大利亚联邦政府,由财政部行使出资人和监督人的角色。联邦政府对澳大利亚联邦银行的负债有担保的责任。澳大利亚联邦银行的每一次重要变化,包括管理体制的变化、经营业务范围的变化等,都是在政府和议会通过法案情况下完成的,而这些法案的制定均经过充分的论证。

我们知道,立法的过程比国务院政策制定的过程更严肃、更谨慎。因此,全国人大财政经济委员会委员、中国工商银行前行长张肖指出,"这轮国有商业银行的改革,如果能够先立法就会更圆满。"①

目前这种改革模式,法律在其中的作用不很显著。由于改革的复杂性,以及改革目标、方案缺乏充分的讨论、严密的论证以及立法的保证,因此容易导致改革的不彻底性。

立法先行,还是改革先行,这实际上是改革与发展的两种不同方法论的选择问题,即"目标明确、整体规划、系统工程与零打碎敲、走一步看一步的两种不同方法论的选择问题","回顾历史,自觉吸取各国成功经验并以此指导实践与简

---

① 冯嘉雪:《全国人大财政经济委员会委员张肖:银行改革最好先立法》,载《21世纪经济报道》,2006年3月17日。

单机械地强调实践和干起来再说的两种不同方法论的选择问题。"①究竟哪一种方法论正确,多一些案例总结和类型化研究,或许能找到更为正确的答案。

汇金公司的成功,国有商业银行股份制改革与上市的成功,不能使我们放弃了对法律治理的追求。

【点评】

实践证明,我国的渐进式改革比俄罗斯的休克式疗法成功。但渐进式改革并不排斥法律的作用。加强法律在渐进式改革中的作用,能保证改革更为彻底,更为成功。

案例分析五:巴林银行的两次危机

【案情】

巴林银行是英国伦敦城内历史最久、名声显赫的商人银行集团,素以发展稳健、信誉良好而驰名,其客户也多为显贵阶层,包括英国女王伊丽莎白二世。该行成立于1762年,当初仅是一个小小的家族银行,逐步发展成为一个业务全面的银行集团。巴林银行集团的业务专长是企业融资和投资管理,业务网络点主要在亚洲及拉美新兴国家和地区。但是这家银行的发展史,却是那样的跌宕起伏。

1890年,巴林银行发生了危机,巴林银行因参与阿根廷铁路投机活动而濒临破产,不得不向英格兰银行求助,英格兰银行在政府的支持下,联合其他银行一起先后筹集了2200万英镑作为援助资金,成功化解了危机。

100多年后的1995年,巴林银行因其职员尼克·里森参与东京股市投机亏损10多亿美元而破产,这次,英格兰银行没有再提供最后贷款,而是允许国际荷兰集团(ING)将其收购。②

【问题】

1. 1890年,英格兰银行为什么拯救巴林银行?
2. 100多年后的1995年,英格兰银行为什么不再拯救巴林银行?

【观点】

政府不是要对一切问题金融机构都给予救援的。只有当问题金融已经严重危及整个金融系统稳定时才给予救援。

---

① 参见白钦先、王伟:《开发性政策性金融的理论与实践探析》,载《财贸经济》2002年第4期。
② See Barry Eichengreen, *The Baring Crisis in a Mexican Mirror*, University of California, Berkeley February 1997.

【分析】

政府不是要对一切问题金融机构都给予救援的。只有当问题金融已经严重危及整个金融系统稳定时才给予救援。英国在防范银行危机和主要银行倒闭方面，比很多国家要成功得多。20世纪90年代，英格兰银行处理各种事件所花费的成本为9500万英镑，不到年GDP的0.02%，而且没有用政府预算一分钱。这是由于英格兰银行奉行的一条基本原则是只有危机相当严重，可能传播到其他金融机构，威胁银行体系的稳定时，才给予支持。①

金融机构风险类型分系统性风险和非系统性风险，对于非系统性风险，依靠存款保险基金制度、保险保障基金制度、证券投资者保护基金制度来防范；对于系统性风险，依靠最后贷款人制度来防范。

存款保险基金制度、保险保障基金制度和证券投资者保护基金制度、中央银行的最后贷款，再加上金融监管机构的谨慎性监管(prudential supervision)，被称为"金融安全网"。建立金融安全网的目的就是将风险拒之网外。如果金融安全网不成功，则用接管、并购等手段尽量使问题金融机构不至于倒闭破产。如接管、并购等手段仍不成功，在非系统性风险的场合，则用关闭（又称撤销）、破产等手段使之退出市场，淘汰出局。

之所以作出这样的制度安排，是基于既要维护金融稳定又要防范道德风险的需要。同时需要指出的是，金融安全网重在危机防范，当然，在防范不成功而发生危机时，还有危机管理的功能，比如当某金融机构破产、倒闭时，存款保险基金、保险保障基金或证券投资者保护基金将主持清算工作，对存款人、被保险人或投资者进行赔付。

关于最后贷款，并不是符合最后贷款的条件就一定发放的。而是对于有可能酿成系统性风险的问题金融机构才予以发放。对于非系统性风险的金融机构，即使符合其他所有条件，为了防范道德风险，也不予贷款。

当问题金融机构不符合最后贷款的条件，得不到最后贷款且有危及系统风险之虞，而接管失败，又不能采取并购措施时，财政可以进行援助。当然，当问题金融机构不会造成非系统性风险时，财政不应救助。

1890年英格兰银行拯救了巴林银行，而在100多年后的1995年，英格兰银行不再拯救巴林银行了，原因就在于前一危机在当时可能酿成系统性风险，而后一危机在当时不至于酿成系统性风险。英格兰银行在1995年对此是作过评

---

① 〔英〕莱昂纳尔·普莱斯、托尼·拉特等：《现代中央银行业务》，赵卫华等译，经济科学出版社2000年版，第116页。

估的。

【点评】

金融稳定是中央银行的职能。《中国人民银行法》第2条第2款规定:"中国人民银行在国务院领导下,制定和执行货币政策,防范和化解金融风险,维护金融稳定。""防范和化解金融风险,维护金融稳定"点出了中央银行的新使命。

案例分析六:某公司非法购汇案

【案情】

某公司为了享受税收优惠政策,就想注册成立一家中外合资公司,享受三资企业待遇。为注册成立中外合资公司,该公司到处寻求外汇作注册资金。后来,即2003年4月,该公司通过倒汇分子介绍,从某地下钱庄分四次购入500万元港币,并于交易当日以该公司境外投资方的名义从香港汇入境内,用于验资。终于获得了中外合资公司的注册。

后来,在某地外汇管理局与公安部门的一次打击地下钱庄的专项活动中,该地下钱庄被取缔,该公司非法购汇的事实东窗事发。

最后,地下钱庄的经营者受到了刑事处分,该公司被当地外汇管理局予以警告,并处违法外汇金额60%合计300多万元人民币的罚款。当地外汇管理局又将此案通报给当地税务部门,请其依法处理,取缔税收优惠待遇。

【问题】

该公司的行为违反了《外汇管理条例》的哪些规定?

【观点】

该公司的行为违反了《外汇管理条例》第46条的规定,属于非法买卖外汇的行为。

【分析】

《外汇管理条例》第46条规定:"私自买卖外汇、变相买卖外汇或者倒买倒卖外汇的,由外汇管理机关给予警告,强制收兑,没收违法所得,并处违法外汇金额30%以上3倍以下的罚款;构成犯罪的,依法追究刑事责任。"

该公司的行为违反了上述规定,属于非法买卖外汇的行为。据此规定,当地外汇管理局对该公司予以警告,并处违法外汇金额60%合计300多万元人民币的罚款。

【点评】

2007年《企业所得税法》颁布后,"两税"已经合一,国家对内外资企业的税收优惠待遇一视同仁,非法购汇虚假外资的赢利空间已经消除。

案例分析七:某公司非法套汇案

【案情】

甲公司是一家内资环保企业,具有国家环保总局下发的"限制进口类可用作原料的废物进口批准证书"。2008年,甲公司与日本某公司签订了废塑料(硬塑料)进口合同,并委托多家外贸公司代理进口。2008年年底,甲公司进口的废塑料中开始掺杂我国明令禁止的软塑料等生活垃圾。经出入境检验检疫局检测,截至2009年3月,甲公司共进口掺杂软塑料等禁止进口的"洋垃圾"17票,近万吨,报关金额170多万美元。

进口这些"洋垃圾"不需要对外付汇,反而可以得到外方公司的补贴。因而这些"洋垃圾"名下的进口货物报关单不需要用于向银行购汇。但为牟取非法利益,从2009年6月起,甲公司应乙公司的要求,由乙公司提供人民币,甲公司提供无效报关单,分11次向银行购汇138万美元汇出境外,用于乙公司非正常支付。

【问题】

该公司的行为违反了《外汇管理条例》的哪些规定?

【观点】

该公司的行为违反了《外汇管理条例》第40条的规定,属于非法套汇行为。

【分析】

《外汇管理条例》第40条规定:"有违反规定以外汇收付应当以人民币收付的款项,或者以虚假、无效的交易单证等向经营结汇、售汇业务的金融机构骗购外汇等非法套汇行为的,由外汇管理机关责令对非法套汇资金予以回兑,处非法套汇金额30%以下的罚款;情节严重的,处非法套汇金额30%以上等值以下的罚款;构成犯罪的,依法追究刑事责任。"

甲公司进口的"洋垃圾"属于国家明令禁止进口的商品,根本不需要对外付汇,因此,作为银行购汇凭证,其海关进口货物报关单属于无效单证。甲公司利用无效凭证向外汇指定银行购汇的行为,构成非法套汇行为,因此,当地外管局对其予以警告,并处以违法金额40%计人民币343万元处罚。同时,当地外汇局将该案件移交公安机构,追究甲乙两公司当事人的刑事责任。

第二十九章 金融法律制度

【点评】

《外汇管理条例》是在外汇稀缺的年代制定的。如今，外汇储备居高不下，外汇资源不再稀缺，过高的外汇储备留在外汇管理局，每年只获得相当于美国国债年息4%左右的收益，带来了外汇资源的浪费。《外汇管理条例》到了需要修改的时候了。如果本案发生在今天，如此处罚还有经济上的合理性吗？

案例分析八：某高尔夫球场外汇违法案

【案情】

某高尔夫球场，经外汇管理局批准在银行开立外汇账户，使用范围是非贸易项下外汇收支，1999年至2001年期间，该账户发生大量的外汇收入、金额达4640万港币。

据查，该高尔夫球场对境内居民的打球费用、餐费、租赁费用及船票代理费的标价和实际收取，都存在以外币计价结算的情况。1999年至2001年期间，收取境内居民的外币现钞并办理结汇647万元港币。

另外，该球场还直接支付外币现钞，其中用于支付员工工资227万港币，支付工程款、材料款、差旅费等283万港币。

【问题】

该公司的行为违反了《外汇管理条例》的哪些规定？

【观点】

该公司的行为违反了《外汇管理条例》第8条的规定。

【分析】

《境内外汇账户管理规定》第42条规定："境内机构、驻华机构应当按照外汇管理局核定的收支范围、使用期限、最高金额使用外汇账户。"

《外汇管理条例》第8条规定："中华人民共和国境内禁止外币流通，并不得以外币计价结算，但国家另有规定的除外。"

第44条规定："违反规定，擅自改变外汇或者结汇资金用途的，由外汇管理机关责令改正，没收违法所得，处违法金额30%以下的罚款；情节严重的，处违法金额30%以上等值以下的罚款。有违反规定以外币在境内计价结算或者划转外汇等非法使用外汇行为的，由外汇管理机关责令改正，给予警告，可以处违法金额30%以下的罚款。"

第48条规定："有下列情形之一的，由外汇管理机关责令改正，给予警告，对机构可以处30万元以下的罚款，对个人可以处5万元以下的罚款……（四）违反外汇账户管理规定的……"

该高尔夫球场以外币计价结算和付款,违反了《外汇管理条例》第 8 条的规定。对于该高尔夫球场擅自改变外汇账户使用范围的行为,当地外汇管理局根据《外汇管理条例》第 48 条的规定,对该高尔夫球场作出警告,并处人民币 30 万元罚款。对于该高尔夫球场擅自收付外币的行为,当地外汇管理局根据《外汇管理条例》第 44 条的规定,对该高尔夫球场作出责令改正,并处人民币 100 万元罚款。

【点评】

在中华人民共和国境内,禁止外币流通,并不得以外币计价结算。这是维护人民币法定地位的需要,也是维护国家货币主权的需要。

案例思考题

思考题一:对付挤兑的各种手段

【案情】

挤兑是指大量的存款人纷纷到银行提取存款,提款人的数量大大超出了日常的业务量。挤兑曾是银行最头疼的事,应对挤兑的手法也五花八门。

欺骗——1720 年,英格兰银行还从事商业银行业务的时候,发生了挤兑。为对付挤兑,英格兰银行把自己的盟友安排在挤提的第一线,全部用 6 便士的硬币支付给这些盟友,然后再取回这些硬币再循环发放给盟友。人们开始相信银行有资金支付给所有的人,也厌倦排队等待,挤提队伍慢慢消失。

断路——1933 年,美国发生经济危机,大批银行遭到挤兑。罗斯福总统宣布全国银行休假三天。三天后,经过整顿符合条件的银行才能开业。

劝说——1965 年,香港的银行发生大规模挤兑,港英政府当局在电视、报纸、电台上发表演讲,召开新闻发布会保证支付,对市民进行劝说。最后,政府的信用终于使挤提的队伍慢慢走开了。

免税——1983 年,为平息挤兑风潮,港英政府当局废除了 10% 的港元存款利息税。因为存款利息不再征税了,到银行取款的人就少了起来,挤兑危机也就慢慢得到了平息。

【问题】

应付挤兑的手段多种多样，有时候是银行自己对付，有时候是政府出面。政府为什么要出面对付挤兑，而不是任凭金融机构倒闭？

【提示】

马丁·迈耶说，"保持银行稳定是一项非常重要的公共物品。"[1]

商业银行作为储蓄性金融机构，是一个特殊的企业，它以吸纳存款、发放贷款为主要业务，牵涉到千家万户的切身利益。一旦商业银行破产，对公众的利益影响甚大。而现代金融体系具有内在的不稳定性和脆弱性。银行危机、银行挤兑具有传染性，单个银行挤兑可能会蔓延到有清偿力的银行，危及整个银行体系的稳定。因此，一个稳健的银行体系是公共物品，救助是公共政策的内容之一。

思考题二：外汇违法案例

【案情】

2009年7月7日，某地甲银行收到境外汇给当地乙公司的20万美元汇款。因乙公司在该银行没有开立外汇账户，汇款通知中仅提供了该公司的人民币账号，附言中无其他说明。于是，甲银行将该笔汇款当做一般经常项目予以结汇，并将人民币为乙公司入了账。后经查实，该笔汇款实为资本项下收入，系乙公司向境外丙公司转让其股权对价款。为此，乙公司在7月7日填报的涉外收入申报单中明确申报："交易编码——4111"，交易附言：股权转让款。

【问题】

甲银行的上述行为是否违法？如果违法，违反了什么规定？

【提示】

《外汇管理条例》第21条规定："资本项目外汇收入保留或者卖给经营结汇、售汇业务的金融机构，应当经外汇管理机关批准，但国家规定无需批准的除外。"第47条规定："金融机构有下列情形之一的，由外汇管理机关责令限期改正，没收违法所得，并处20万元以上100万元以下的罚款；情节严重或者逾期不改正的，由外汇管理机关责令停止经营相关业务……（二）违反规定办理资本项目资金收付的；（三）违反规定办理结汇、售汇业务的……"

---

[1] 〔美〕马丁·迈耶：《大银行家》，何自云译，海南出版社2000年版，第8页。

第三十章 价格法律制度

本章要点

1. 核心内容

价格法是指国家为调整与价格的制定、执行、监督有关的各种经济关系而制定的法律规范的总称。传统上,我国对商品采取政府定价,忽视企业自身经营成本、利益,以及市场需求,从而导致企业生产积极性不足或者难以应对市场变化。在价格改革之后,国家对于大多数商品都采取了市场定价方式,只是针对关系到国计民生的少数商品才采取政府定价或者政府指导价。政府定价和政府指导价是国家进行宏观经济调控的重要措施。此外,价格还是企业进行竞争的重要手段。企业之间通过降低价格进行不正当竞争或者通过价格联盟进行价格垄断等,都是违反《价格法》和《反不正当竞争法》的违法行为。

2. 主要制度

价格法的主要制度包括价格管理体制、经营者价格行为、政府定价、价格总水平调控、价格监督检查等。

3. 实务提示

实务中的价格法问题主要涉及企业的价格垄断、价格欺诈、哄抬价格、低价倾销以及政府定价的程序合法化等问题。

相关法律、法规、规章、司法解释

1. 法律

《中华人民共和国价格法》(全国人大常委会,1997年12月29日公布)

2. 行政法规

《价格违法行为行政处罚规定》(国务院,1999年7月10日公布,2010年12月4日第三次修订)

3. 行政规章

《制止价格垄断行为暂行规定》(国家发展与改革委员会,2003年6月18日公布)

《政府制定价格听证办法》(国家发展与改革委员会,2008年10月15日公布)

《政府制定价格行为规则》(国家发展与改革委员会,2006年3月17日公布)

《禁止价格欺诈行为的规定》(原国家发展计划委员会,2001年11月7日公布)

《价格违法行为举报规定》(国家发展与改革委员会,2004年8月19日公布)

《价格行政处罚程序规定》(原国家发展计划委员会,2001年9月20日公布)

案例分析

案例分析一:乔占祥诉铁道部列车票价上浮案

【案情】

2000年12月21日,铁道部向有关铁路局发布了关于2001年春运期间部分旅客列车实行票价上浮的通知。通知规定,2001年春节前10天及春节后23天,北京铁路局、上海铁路局、广州铁路(集团)公司等始发的部分直通列车票价上浮20%至30%。河北律师乔占祥于2001年1月17日及1月22日购买了两张火车票,比平时多花了9元。乔占祥认为,铁道部的通知侵犯了自己的合法权益,于2001年1月18日向铁道部提起行政复议,请求撤销铁道部春运期间部分列车票价上浮的行政行为。1月21日,铁道部依法受理此案。3月19日,铁道部作出复议决定,维持票价上浮的通知。乔占祥对复议结果不服,起诉到北京市第一中级人民法院,请求法院判决撤销铁道部的复议决定。11月5日,北京市一中院作出一审判决,驳回乔占祥的诉讼请求。11月16日,乔上诉到北京市高级人民法院。2002年2月27日,北京市高院作出终审判决,驳回上诉,维持原判。

【问题】

我国的价格形成机制有哪几种?铁路票价适用何种定价机制,定价程序是什么?

【观点】

我国价格形成机制有三种,即市场调节价、政府指导价和政府定价。铁路票价属于《定价目录》所确定的政府调节价的范围。按照规定,应当由国家发改委(原国家计委)制定。实践中,国家发改委又把一部分决定权授权给铁道部或者地方铁路局。

【分析】

在我国价格体制改革之后,多数商品或者服务的价格都由企业自主决定,只是针对极少数商品或者服务,由政府价格主管部门和其他有关部门按照《定价目录》进行管理。相应地,形成了市场调节价、政府指导价和政府定价的三种价格形成模式。市场调节价符合市场经济的一般规律,由企业根据生产成本和市场供求状况来决定。不过,对于一些关系到国计民生的商品和服务,以及容易形成供给方垄断的商品和服务,实行政府定价或者政府指导价。

火车票价格是否属于政府指导价的范围?所谓政府定价行为是指,政府及各主管部门或者其他有关部门,依照定价权限和范围制定政府定价和政府指导价的活动。按照1998年实施的《价格法》第18条规定:"下列商品和服务的价格,政府在必要时可以实行政府指导价或者政府定价:(一)与国民经济发展和人民生活关系重大的极少数商品价格;(二)资源稀缺的少数商品价格;(三)自然垄断经营的商品价格;(四)重要的公用事业价格;(五)重要的公益性服务价格。"第19条第1款和第2款规定:"政府指导价、政府定价的定价权限和具体适用范围,以中央的和地方的定价目录为依据。中央定价目录由国务院价格主管部门制定、修订,报国务院批准后公布。"所以,一项商品或者服务究竟是否属于政府定价或者政府指导价的范围,主要看它是不是被列入了《定价目录》。但是,在案件发生之时,国务院价格主管部门尚未制定出定价目录。所以,只能依据以前颁布的规范性文件来判断。按照1991年原国家计委公布的《关于部分旅客列车实行政府指导价的请示》的规定,火车票的价格属于政府指导价的范围。

按照《价格法》20条第1款的规定,国务院价格主管部门和其他有关部门,按照中央定价目录规定的定价权限和具体适用范围制定政府指导价、政府定价;其中重要的商品和服务价格的政府指导价、政府定价,应当按照规定经国务院批准。那么,铁路客运是否属于重要的服务呢?如果是一般服务,发改委(原国家计委)可以按照定价权限制定政府指导价;如果是重要服务,则需要国务院批准。问题是,法律对此没有作出明确规定。本案中,铁道部作出的2001年春运期间部分旅客列车价格上浮的决定,报送了原国家计委审查,原国家计委在国务院授权批准的权限范围内予以批准,铁道部依据原国家计委的批准文件作出的价格浮动决定,符合法律规定。所以,乔占祥起诉铁道部浮动价格难以获得法院支持。

【点评】

一些关系到国计民生的重要行业,比如说水、电、煤气等,被认为是自然垄断行业。尽管从经济学角度来讲,自然垄断具有合理性,而且在法学上一般也不限制自然垄断,但是由于缺乏竞争,这些垄断企业容易形成垄断价格,损害消费者利益。所以,对于这些行业的商品和服务一般实行政府定价或者政府指导价。对于其他类型的商品来讲,企业可以在成本以上的合理范围内确定价格。

案例分析二:郝劲松诉铁道部春节涨价违反《价格法》案

【案情】

2006年1月21日,中国政法大学法律硕士郝劲松购买了一张当天从北京南站到石景山南的7095次列车的火车票,票价为2元。这一票价比以前上涨了0.5元。按照售票人员的解释,票价上涨的依据是《2006年春运部分旅客实行政府指导价的通知》。郝劲松认为,铁道部未经国务院批准,擅自浮动火车票价的行为违反了《铁路法》,而且没有经过国家发改委举行听证会,违反了《价格法》。郝劲松向北京市第一中级人民法院提起诉讼,起诉铁道部以及第三人北京铁路局,请求法院判决两被告的涨价行为违法,并赔偿其损失0.5元。第一中级人民法院在审查之后认为,郝劲松要求法院认定的铁道部文件属于抽象行政行为,不属于法院的受案范围,裁定不予受理。郝劲松后向北京市高院提出上诉。北京市高院认为,郝劲松认为铁道部的通知在程序上违法,侵犯了其合法权益,提起行政诉讼,符合行政诉讼法规定的受案范围,要求第一中级人民法院对郝劲松的起诉予以受理。2006年10月11日,北京市第一中级人民法院开庭审理此案。2006年12月,判决驳回郝劲松索赔5毛钱的诉讼请求。

【问题】

铁道部浮动火车票价格是否符合法律规定？为什么？火车票价格浮动是否必须经过听证程序？

【观点】

铁道部浮动火车票价格符合法律规定，因为铁道部是在原国家计委的授权范围内浮动的铁路票价。火车票的价格浮动不用经过听证程序。

【分析】

铁道部浮动火车票价格是符合法律规定的。按照《价格法》第20条第1款的规定，对于属于定价目录范围的一般商品或者服务，由国家发改委按照中央定价目录规定的定价权限和具体适用范围制定政府指导价。2002年1月，在国家计委举行了首次铁路价格听证会。此后，国务院批准了国家计委的《国家计委关于公布部分旅客列车票价实行政府指导价执行方案的通知》。该通知规定，部分旅客列车票价浮动的决定权授予了铁路局和铁道部。本案中，铁道部发布的《2006年春运部分旅客实行政府指导价的通知》，决定在火车票基准价的基础上浮动涨价，符合国家计委的通知。

按照相关规定，火车票价格浮动没有必要举行听证会。1998年实施的《价格法》第23条首次规定了价格决策的听证制度，但是没有细化。2001年，原国家计委发布了《政府价格决策听证暂行办法》，对《价格法》第23条进行了细化。根据《办法》的规定，实行政府价格决策听证的项目是中央和地方定价目录中关系群众切身利益的公用事业价格、公益性服务价格和自然垄断经营的商品价格。政府价格主管部门可以根据定价权限确定并公布听证目录。列入听证目录的商品和服务价格的制定应当实行听证。2001年10月，国家计委发布的《国家计委价格听证目录》将铁路旅客运输基准票价率(软席除外)列入了听证范围。本案中，铁道部和铁路局仅仅针对旅客列车票价的浮动价格进行调整，而不是针对铁路旅客运输的基准票价进行调整，因此没有必要举行听证会。

【点评】

无疑，从规范性文件的规定角度来讲，铁道部没有举行听证会是符合规定的。但是，规定本身是否具合理呢？火车票价格是关系公民切身利益的重大事项，作为自然垄断行业的铁路运输业，往往容易形成单方优势。正是因为铁路运输一方容易把主导地位滥用，定高价，所以才出现了政府指导价。如果允许其随意调整价格，尽管是在浮动范围内的最高限，也会对作为弱势群体的单个公民的侵害。而且，铁路运输的服务合同是一个双方合同，作为合同当事方的旅客也应当有权利参与价格形成的博弈之中，否则就相当于是政府与铁路运输公司协商确定了价格,强迫旅客接受,而这时政府被假定为旅客的代理人,完全能够代表旅客的意志,从而淹没了旅客的话语权。所以,以听证的形式赋予旅客参与价格形成机制,甚至是浮动价格的形成机制,是确保公民权利的一个重要途径。

案例分析三:重庆家乐福低价销售"饭遭殃"遭低价倾销投诉

【案情】

2001年6月7日,重庆家乐福金观音店从代理商处批量进货7200瓶重庆绿色辣椒调料品牌"饭遭殃"。进价是每瓶6.4元,建议最低售价是7.2元。但是,金观音店在进货后却以5.6元的"特价"出售,比进货价低了0.8元。此后,重百、新世纪等多家商场纷纷向"饭遭殃"总代理商提出抗议,同时将本店的"饭遭殃"的售价从7.2元下调为6.9元。其中,重百还发出了最后通牒:如果代理商不立即制止家乐福金观音店的低价倾销,他们将以5元的价位出售。为了防止价格体系崩溃,代理商于12日从金观音店货架上购回剩余的4800余瓶"饭遭殃"。随后,代理商委托律师事务所将一份律师函递交至金观音店,表示将采取法律措施,以制裁其违反价格法的低价倾销行为。与此同时,"饭遭殃"生产商重庆德兴红辣椒食品开发有限公司亦将投诉书递交至重庆市物价局。此后,金观音店货架上的"饭遭殃"售价又回升至7.4元,与市场价持平。

【问题】

本案主要涉及两个法律问题。第一,什么是低价倾销?第二,怎样才构成低价倾销?经营者低价倾销应当承担何种法律责任?

【观点】

低价倾销是一种不正当竞争手段,是低于成本价出售商品的行为,经营者应当承担民事赔偿责任和行政责任。

【分析】

按照1999年国家计委发布的《关于禁止低价倾销行为的规定》第2条的规定,低价倾销行为是指经营者在依法降价处理商品之外,为排挤竞争对手或独占市场,以低于成本的价格倾销商品,扰乱正常生产经营秩序,损害国家利益或者其他经营者合法权益的行为。1993年的《反不正当竞争法》第11条规定,经营者不得以排挤竞争对手为目的,以低于成本的价格销售商品,同时还规定了四种除外情况。1998年实施的《价格法》第14条规定:"经营者不得为排挤竞争对手或独占市场,以低于成本的价格倾销,扰乱正常的生产经营秩序,损害国家利益或者其他经营者的合法权益。"按照上述规定,低价倾销必须具备以下三个条件。

第一,实施低价倾销的主体是经营者,而且往往是大型企业或者在特定市场上具有经营优势的企业。

第二,经营者低于成本价销售商品。这里有三个术语需要注意,一个是"成本",二是"低于成本",三是"以低于成本的价格倾销商品"。按照《关于禁止低价倾销行为的规定》第4条的规定,"成本"是指生产成本、经营成本。生产成本包括制造成本和由管理费用、财务费用、销售费用构成的期间费用。经营成本包括购进商品进货成本和由经营费用、管理费用、财务费用构成的流通费用。第5条规定,"低于成本",是指经营者低于其所经营商品的合理的个别成本。在个别成本无法确认时,由政府价格主管部门按该商品行业平均成本及其下浮幅度认定。第7条规定,"以低于成本的价格倾销商品"是指:(一)生产企业销售商品的出厂价格低于其生产成本的,或经销企业的销售价格低于其进货成本的;(二)采用高规格、高等级充抵低规格、低等级等手段,变相降低价格,使生产企业实际出厂价格低于其生产成本,经销企业实际销售价格低于其进货成本的;(三)通过采取折扣、补贴等价格优惠手段,使生产企业实际出厂价格低于其生产成本,经销企业实际销售价格低于其进货成本的;(四)进行非对等物资串换,使生产企业实际出厂价格低于其生产成本,经销企业实际销售价格低于其进货成本的;(五)通过以物抵债,使生产企业实际出厂价格低于其生产成本,经销企业实际销售价格低于其进货成本的;(六)采取多发货少开票或不开票方法,使生产企业实际出厂价格低于其生产成本,经销企业实际销售价格低于其进货成本的;(七)通过多给数量、批量优惠等方式,变相降低价格,使生产企业实际出厂价格低于其生产成本,经销企业实际销售价格低于其进货成本的;(八)在招标投标中,采用压低标价等方式使生产企业实际出厂价格低于其生产成本,经销企业实际销售价格低于其进货成本的;(九)采用其他方式,使生产企业实际出厂价格低于其生产成本,经销企业实际销售价格低于其进货成本的。

第三,低价倾销的目的是排挤竞争对手,以便独占市场。因此,不以排挤竞争对手、独占市场为目的的低价出售商品的行为不属于低价倾销。例如《反不正当竞争法》第11条规定的,有下列情形之一的,不属于不正当行为:(一)销售鲜活商品;(二)处理有效期限即将到期的商品或者其他积压的商品;(三)季节性降价;(四)因清偿债务、转产、歇业降价销售商品。此外,还有一个判断标准就是低价销售商品的时间因素。一时就某一种商品低于成本价格销售不一定构成倾销,而在较长时间内以较大的市场投放大量低价销售就有可能构成倾销。

经营者实施低价倾销的,应当承担民事赔偿责任和行政责任。按照《反不正当竞争法》第20条的规定,经营者违反本法规定,给被侵害的经营者造成损害的,应当承担损害赔偿责任,被侵害的经营者的损失难以计算的,赔偿额为侵权期间因侵权所获得的利润;并应当承担被侵害的经营者因调查该经营者侵害其合法权益的不正当竞争行为所支付的合理费用。被侵害的经营者的合法权益受到不正当竞争行为损害的,可以向人民法院提起诉讼。按照《价格法》第40条和《价格违法行为行政处罚规定》第4条的规定,经营者低价倾销的,应当责令改正,没收违法所得,可以并处违法所得5倍以下的罚款;没有违法所得的,予以警告,可以并处罚款;可以并处3万元以上30万元以下的罚款;情节严重的,责令停业整顿,或者由工商行政管理机关吊销营业执照。本案中,家乐福金观音店构成了低价倾销,应当承担民事责任和行政责任。

【点评】

价格竞争是一种重要市场竞争手段,但是如果价格降低到成本之下,就会出现许多问题。经济实力雄厚的大型企业以低于成本的价格销售商品,此后占领市场,排挤其他竞争者,之后再提高价格,从而形成垄断;对于经济实力不强的经营者,为了在市场上谋取一席之地,降低价格,甚至亏本经营,最终会在价格大战中损失殆尽。通过低价倾销进行价格竞争绝不是双赢,而是一损俱损。

案例分析四:购买数码产品的价格欺诈

【案情】

2008年10月,李某到中关村购买数码相机。一家店推荐了三星S600+1G SD卡的套装,李某最终以2400元的价格购买了三星S600+1G SD卡的套装。李某回家上网一查报价,发现这种型号手机的单机报价只有1200元,加上1G的SD卡也不过1400元。随后,李某找到电子市场管理部门出面与该商家协商。该商家表示,不可能退钱或者退货,但是可以有两个候选方案供李某选择:一个是给一个TF卡作为补偿;另一个是再加500元,补偿一个容量为40GB的数码伴侣。李某考虑到TF卡用不着,数码伴侣还能派上用场,所以选择了后一种方案。商家给了他一个杂牌的数码伴侣40G。随后,李某回家上网一查,发现这种杂牌数码伴侣销售价格最多也不过600多元。这就相当于,该商家只优惠了100元左右,而买相机亏的那1000元根本就没有得到补偿。李某认为,自己相当于二次受骗。

【问题】

本案主要涉及三个法律问题:第一,什么是价格欺诈?第二,价格欺诈的主要形态都有哪几种? 第三,价格欺诈的法律责任是什么?

【观点】

价格欺诈是经营者欺骗、诱导消费者与之交易的违法行为。现实中,价格欺诈的表现形式非常多。比如说,低价揽客,高价结算;使用欺骗性或者误导性的语言、文字、图片、计量单位等标价,诱使他人与其交易;标出的市场最低价、出厂价、批发价、特价、极品价等价格没有依据或者无从比较;虚构原价,虚构降价原因,虚假优惠折价,诱骗他人购买等。实施价格欺诈应当承担民事责任和行政责任。

【分析】

价格欺诈是指经营者利用虚假的或者使人误解的标价形式或者价格手段,欺骗、诱导消费者或者其他经营者与其进行交易的行为。价格欺诈有四个方面的构成要件。第一,经营者存在主观故意。第二,经营者实施了欺诈行为。实践中,经常表现为故意告知虚假情况或者故意隐瞒真实情况。第三,被欺诈人因这种欺诈陷入错误认识。按照原国家计委2001年发布的《关于禁止价格欺诈行为》的规定,价格欺诈从手段上可以划分为两种类型,第一种类型是第6条规定的9种标价行为上的欺诈,第二种类型是第7条规定的6种价格手段上的欺诈。对于第一种类型,只要求经营者在价格的方式、内容上有不真实的意思表示,就可认定为价格欺诈,而不要求实际的侵害结果的发生;对于第二种类型,不仅要求主观上有欺诈的故意,而且还要求有实际的损害结果的发生。第四,欺诈行为与被欺诈者陷入错误认识而作出的行为之间存在因果关系。

《价格法》第14条规定了五种价格欺诈行为:(1)相互串通,操纵市场价格,损害其他经营者或者消费者的合法权益;(2)捏造、散布涨价信息,哄抬价格,推动商品价格过高上涨的;(3)利用虚假的或者使人误解的价格手段,诱骗消费者或者其他经营者与其进行交易;(4)采取抬高等级或者压低等级等手段收购、销售商品或者提供服务,变相提高或者压低价格;(5)法律、行政法规禁止的其他不正当价格行为。《禁止价格欺诈行为的规定》第7条规定:"虚构原价,虚构降价原因,虚假优惠折价,谎称降价或者将要提价,诱骗他人购买的属价格欺诈行为。"一般来讲,价格欺诈行为都能够归结为上述几种情况,不过,如果一种行为难以归结到上述五种情况,可以依据《消费者权益保护法》的原则性条款,即"经营者与消费者进行交易,应遵循自愿、平等、公平、诚实信用"进行判断。按照《消费者权益保护法》的规定,消费者购买商品,对商品享有知情权,包括知晓商品真实价格的权利,经营者应当明码标价。

《价格法》《价格违法行为行政处罚规定》等规范性文件对价格欺诈的行政责任作出了规定。《价格法》第40条规定:"经营者有本法第14条所列行为之一的,责令改正,没收违法所得,可以并处违法所得 5 倍以下的罚款;没有违法所得的,予以警告,可以并处罚款;情节严重的,责令停业整顿,或者由工商行政管理机关吊销营业执照。有关法律对本法第 14 条所列行为的处罚及处罚机关另有规定的,可以依照有关法律的规定执行。"《价格违法行为行政处罚规定》第 5 条规定:"经营者为反价格法第 14 条的规定,捏造、散布涨价信息,哄抬价格,推动商品价格过高上涨的,或者利用虚假的或者使人误解的价格手段,诱骗消费者或者其他经营者与其进行交易的,责令改正,没收违反所得,可以并处违法所得 5 倍以下的罚款;没有违法所得的,给予警告,可以并处 2 万元以上 20 万元以下的罚款;情节严重的,责令停业整顿,或者由工商行政管理机关吊销营业执照。"

消费者可以与经营者协商解决纠纷,也可向价格主管部门投诉。但是,由于投诉实行谁主张谁举证的原则,如果消费者缺乏足够的证据证明欺诈行为的存在,可以考虑依据合同法来解决。按照《民法通则》和《合同法》的规定,因"欺诈而订立的合同"属效力待定的合同,当事人可以在一年内撤销合同,如果受欺诈人遭受损失的,欺诈人应当赔偿损失。

【点评】

在市场失灵的诸多表现形式中,一种形式就是信息不对称。在技术日新月异的今天,消费者对于许多高科技产品的性能、质量、价格都不甚清楚。这就为经营者虚构产品性能,虚报产品价格创造了空间。所以,从消费者权益保护法角度讲,要加强消费者的知情权,从价格法的角度讲,应当加强价格监管,从合同法角度讲,应当补偿消费者的损失。

案例分析五:彩电行业价格联盟

【案情】

2000 年 6 月,康佳、TCL、海信等国内九家彩电骨干企业的领导人聚集深圳,宣布成立"中国彩电企业峰会",建立彩电价格联盟,对彩电实行最低限价销售,甚至打算进一步制定联合限产方案。这次峰会确定了彩电的最低限价:普通彩电 21 英寸 1050 元,25 英寸 1700 元,29 英寸 2600 元,34 英寸 4200 元,纯平彩电 25 英寸 3500 元,29 英寸 4300 元。此外,这些品牌的彩电价格将上涨 3%—5%。其中,86 厘米彩电将上涨 150—400 元,74 厘米上涨 100—300 元,64 厘米将上涨 60—200 元。参加峰会的企业声称,此举是为了制止彩电市场持续恶性竞争,透支市场,最终带来市场极度疲软。这是继 1998 年一些企业曾经试图实行行业自律价之后又一次出现的价格卡特尔现象,不同的是,这一次并没有得到政府部门的支持,国家计委明确指出,这种做法是错误的。

【问题】

什么是价格联盟？价格联盟的实质是什么？价格联盟违法吗？价格联盟所确定的最低限价对企业有约束力吗？价格联盟的法律责任是什么？

【观点】

价格联盟,实质上就是价格卡特尔,是指两个或者两个以上的经营者,共同商定商品或者服务的价格,以限制市场竞争,谋取超额利润而实施的联合。包括我国在内的许多市场经济国家都认为价格联盟是违法的。价格联盟所确定的最低限价对于企业不具有约束力。实施价格联盟的企业应当承担行政责任。

【分析】

价格卡特尔严重侵害了其他经营者的合法权益,影响了消费者的利益,妨碍了价格对于生产和消费的调节作用,从而妨碍了资源的优化配置。《价格法》第14条明确禁止了价格卡特尔。第14条规定:"经营者不得有下列不正当价格行为:(一) 相互串通,操纵市场价格,损害其他经营者或者消费者的合法权益……"《制止价格垄断行为暂行规定》第4条也明文规定,经营者之间不得通过协议、决议或者协调等串通方式操纵市场价格。

价格联盟所确定的最低限价对企业是否有约束力,首先要考察,价格联盟是否享有定价权。按照《价格法》的规定,我国主要存在三种价格:政府定价、政府指导价和企业定价。《价格法》第18条规定:"下列商品和服务价格,政府在必要时可以实行政府指导价或者政府定价:(一) 与国民经济发展和人民生活关系重大的极少数商品价格;(二) 资源稀缺的少数商品价格;(三) 自然垄断经营的商品价格;(四) 重要的公用事业价格;(五) 重要的公益性服务价格。"所以,只有在上述五种情况下,而且属于"必要时",才可以实行政府定价或者指导价。除了上述五种情况,都应当是企业定价。而案例中所讲的彩电行业的最低定价,既非政府定价,也非政府指导价,因此对于企业来讲,没有任何约束力,企业完全可以不遵从。

参与价格联盟的企业应当承担相应的法律责任。按照《价格法》第40条的规定,经营者有本法第14条所列行为之一的,责令改正,没收违法所得,可以并处所的5倍以下的罚款;没有违法所得的,予以警告,可以并处罚款;情节严重的,责令停业整顿,或者由工商行政管理机关吊销营业执照。有关法律对本法第14条所列行为的处罚及处罚机关另有规定的,可以依照有关法律的规定执行。所以,对于彩电行业的价格卡特尔行为,应当追究法律责任。

【点评】

彩电行业的价格联盟实际上反映了市场上的彩电的供过于求。按照自由市场经济的市场自发调节机制,供过于求会导致价格下降,劣势企业被淘汰出市场,从而减少企业的商品供给,减少企业的数量,进而恢复到供求平衡的状态。但是,彩电企业通过价格联盟规定了最低限价,实际上是导致劣势企业被挤出市场,市场上供过于求的局面无法扭转。所以,各国反垄断法都把价格联盟视为威胁市场机制的重大违法行为。

案例分析六:方便面价格串通案

【案情】

2006年年底至2007年7月初,世界方便面协会中国分会先后三次召集有关企业参加会议,协商方便面涨价事宜。2006年12月26日,中国分会在北京召开一届八次峰会,研究棕榈油和面粉涨价引起的企业成本增加问题。会议商定了高价面(当时价格每包1.5元以上)、中价面(当时价格每包1元以上)和低价面(当时价格每包1元以下)涨价的时间和实施步骤。2007年4月21日,中国分会在杭州召开一届九次峰会,再次研究方便面调价日程。会议明确了调价幅度和调价时间,高价面从每包1.5元直接涨到1.7元,计划6月1日全行业统一上调。2007年7月5日,中国分会又一次在北京召开价格协调会议,部分企业决定从7月26日起全面提价。有关企业按照以上会议协调安排,从当年6月起,相继调高了方便面价格。调价之后,市场反应强烈,国家有关部门进入调查程序。8月6日,民政部出具的民档证字【2007】第0160号指出,"世界拉面协会中国分会"、"世界方便面协会中国分会"均未在民政部登记。8月16日,国家发改委发布了《对方便面价格串通案调查情况的通报》,称方便面中国分会多次组织、策划、协调企业商议方便面涨价幅度、步骤、时间;向全行业传递龙头企业上调价格的信息;通过媒体发布方便面涨价信息,致使群众排队抢购。严重扰乱了市场价格秩序,阻碍了经营者之间的正当竞争,损害了消费者合法权益。认定方便面中国分会和相关企业的行为,违反了《价格法》等相关法规,已经构成相互串通、操纵市场价格的行为。此后,就方便面涨价问题,世界方便面协会中国分会发表公开信,向广大消费者致歉。8月20日,民政部发布公告,称中国食品科学技术学会违法使用"世界拉面协会中国分会"名称对外开展活动,并以此名义参与方便面企业价格串通,对该学会作出停止活动两个月的行政处罚。

【问题】

方便面企业能够自行调高价格吗？世界方便面协会中国分会在此次调价中的角色是什么？本案应当如何定性？

【观点】

方便面的价格属于市场定价，企业能够自行调高价格，但是企业之间串通上调价格属于违法行为。世界方便面协会中国分会是方便面企业调高价格行为的组织者、协调者，违反了行业协会本身的角色定位。本案中，方便面企业的联合上调价格属于价格垄断行为。

【分析】

企业自行提高价格是合法的吗？这首先要看产品的性质，如果是市场定价的商品，企业依据成本和利润以及市场需求状况自行提价没有什么不合法，但是企业之间如果串通提价就会成为违法；如果是市场调节价或者市场定价的商品，必须按照法定的程序由主管机关批准提价或者在主管机关授权幅度范围内提价。本案中的方便面属于市场定价的商品，企业完全可以自由上调价格，但是自由上调的方式应当是企业的单独行为，而不是在行业协会协调下的集体行为。如果涉嫌集体涨价，就会被认为是价格同盟。本案中，在各种原材料，比如说面粉、棕榈油、马铃薯淀粉、辣椒、牛肉等，频繁涨价的情况下，方便面涨价也是必然的。但是一定要注意方式。如果是召开行业内部会议，其中一家企业提出要涨价，其他企业随之跟进，这种方式结果上也会带来全面涨价，但是很难被认为是一种统一行动，违法性显然不足。但是，此次价格上调是在行业协会协调下召开，并且在行业协会的协调下统一涨价。这种行为的违法性就是显而易见的了。违反了《价格法》第7条"经营者定价，应当遵循公平、合法和诚实信用的原则"，第14条"经营者不得相互串通，操纵市场价格"，第17条"行业组织应当遵守价格法律、法规，加强价格自律"的规定，以及国家发改委《制止价格垄断行为暂行规定》第4条"经营者之间不得通过协议、决议或者协调等串通方式统一确定、维持或变更价格"的规定，已经构成相互串通、操纵市场价格的行为。本案中，方便面企业集体涨价的行为应当被认定为价格违法行为。

一般认为，行业协会应当是为会员企业之间及时沟通，分析价格、市场供求关系等提供便利。但是在本案中，行业协会的角色究竟是什么呢？在此次方便面集体涨价中，中国分会的作用举足轻重。它组织市场占有率高达95%的方便面厂家召开了价格协调会，形成在全国市场联合提价，人为操纵市场价格，这种行为明显违反《价格法》等法律规定，已构成价格垄断。这种行为不仅损害了消费者合法权益，也可能带动全国其他行业物价不正常上涨，影响国家宏观经济形势。经民政部查明,世界方便面协会中国分会尚未在民政部注册登记,属于非法组织,予以取缔。在此,姑且不谈该中国分会的合法性如何,仅探讨一下这种类型的行业组织究竟应当承担何种法律责任。因为在现实中,除了世界方便面协会中国分会,还有电器协会、汽车协会、房地产协会、美容协会等名目繁多的行业协会组织,而且大家对协会的"统一调价"已经不再陌生了。那么,对于这些行业组织的非法的价格协调行为,如何追究其法律责任呢?2008年开始实施的《反垄断法》对此进行了明确规定。其中,第16条规定:"行业协会不得组织本行业的经营者从事本章禁止的垄断行为。"第46条第3款规定:"行业协会违反本法规定,组织本行业的经营者达成垄断协议的,反垄断执法机构可以处50万元以下的罚款;情节严重的,社会团体登记管理机关可以依法撤销登记。"

假设此次方便面集体涨价避免了发改委的违法定性,这种原本就比较脆弱的价格联盟也会由于市场上的自发竞争而导致崩溃。比如以前的钢铁、彩电限价联盟,以及其后的空调、机票限折令、电脑等价格联盟,都无一例外地无疾而终。甚至许多时候,价格联盟的发起者成为最先的"叛逃者"。具体来说,"卡特尔"越是成功,在"卡特尔"内部谁要偷偷犯规比如擅自降价,其获得的收益就非常大,以至于很难避免"卡特尔"的成员无法抵挡利润的诱惑而违规,直至"卡特尔"最终解体。

【点评】

从企业生存和竞争的角度理解,在原材料成本大幅上涨的情况下,方便面企业上调方便面价格也是可以理解的行为。但是,上调价格只能是企业个体的行为,而不能使企业之间的共同行为。所以,以后哪个企业再想上调价格,还要考虑到上调的方式策略,避免在行会组织的集体协调下统一上调,否则很容易被扣上价格垄断的帽子。

案例思考题

思考题一:兰州拉面涨价,政府有权限价吗?

【案情】

2007年6月16日,兰州市市民发现,"牛大碗"竟在一夜之间上涨零点0.5元。小碗牛肉面由2.3元上涨到2.8元,大碗由2.5元上涨到3元。许多市民惊呼:吃不起牛肉面了!6月26日,兰州市物价局、工商局、质监局、卫生局、牛肉拉面行业协会联合发布兰州拉面"限价令"。"限价令"把市区牛肉面馆划分为四个级别,并限制每个级别的最高售价。凡兰州市普通级牛肉面馆,大碗牛肉面售价不得超过2.5元,小碗与大碗差价为0.2元,违规者将严厉查处。7月10日,兰州市物价局邀请相关部门就牛肉面限价一事召开座谈会,对牛肉面最高限价主要原因进行了解释:牛肉面价格上涨幅度过大,超出普遍居民承受能力。7月11日,兰州市物价局、卫生局、质监局等部门联合向新闻媒体发布通报,称牛肉面作为兰州市标志性食品和市民生活的必需品,其价格是典型的民生价格,其地位不亚于水电气暖和公交票价,过分地去强调市场性而忽略特殊性,是不符合兰州实际的。同时公布每大碗牛肉面成本2.19元。对于限价决定,一些市民表示了支持,但是也有一些学者提出了质疑,行政权力是否不当干预了市场价格形成机制?

【问题】

牛肉面的价格属于哪种定价形式?牛肉面涨价违法吗?行政机关的限价令适当吗?

【提示】

按照《价格法》的规定,牛肉面的价格属于市场定价,经营者的定价依据是自己的经营成本和预期获得的利润,并且受市场供求关系的影响。在原材料涨价的同时,适当提高牛肉面的价格符合市场规律。行政机关对于实行市场定价的企业的价格行为进行查处,只限于滥用市场定价权的价格欺诈、价格联盟等违法行为,所以,如果行政机关能够证明牛肉面经营者存在串通抬价的行为,行政机关就可以进行查处。

第三十一章　会计和审计法律制度

本章要点

1. 核心内容

会计的基本工作任务是会计核算和会计监督。会计法是调整会计关系的法律规范的总称。会计关系，是指会计机构、会计人员在办理会计事务过程中发生的经济关系，以及国家在监督管理会计工作过程中发生的经济关系。

国家机关、社会团体、公司、企业、事业单位和其他组织（以下统称单位）必须依照《会计法》办理会计事务。各单位必须依法设置会计账簿，并保证其真实、完整。单位负责人对本单位的会计工作和会计资料的真实性、完整性负责。会计机构、会计人员依照《会计法》规定进行会计核算，实行会计监督。任何单位或者个人不得以任何方式授意、指使、强令会计机构、会计人员伪造、变造会计凭证、会计账簿和其他会计资料，提供虚假财务会计报告。

国务院财政部门主管全国的会计工作。县级以上地方各级人民政府财政部门管理本行政区域内的会计工作。国家实行统一的会计制度。国家统一的会计制度由国务院财政部门根据《会计法》制定并公布。国务院有关部门可以依照《会计法》和国家统一的会计制度制定对会计核算和会计监督有特殊要求的行业实施国家统一的会计制度的具体办法或者补充规定，报国务院财政部门审核批准。

审计法是调整审计关系的法律规范的总称。审计关系是一种经济监督关系，发生于审计主体和被审计单位之间。

国家实行审计监督制度。国务院和县级以上地方人民政府设立审计机关。国务院各部门和地方各级人民政府及其各部门的财政收支，国有的金融机构和企业事业组织的财务收支，以及其他依照《审计法》规定应当接受审计的财政收支、财务收支，依照《审计法》规定接受审计监督。审计机关对财政收支或者财务收支的真实、合法和效益，依法进行审计监督。

国务院设立审计署，在国务院总理领导下，主管全国的审计工作。省、自治区、直辖市、设区的市、自治州、县、自治县、不设区的市、市辖区的人民政府的审计机关,分别在省长、自治区主席、市长、州长、县长、区长和上一级审计机关的领导下,负责本行政区域内的审计工作。地方各级审计机关对本级人民政府和上一级审计机关负责并报告工作,审计业务以上级审计机关领导为主。

2. 主要制度

会计法的主要制度有:(1) 会计管理体制;(2) 会计核算;(3) 会计监督。
审计法的主要制度有:(1) 审计管理体制;(2) 审计机关审计;(3) 单位内部审计。

3. 实务提示

会计法、审计法的法律实务主要是对违反《会计法》《审计法》的行为的行政处罚,以及不服行政处罚所引起的行政复议和行政诉讼。

 相关法律、法规、规章、司法解释

1. 法律

《中华人民共和国会计法》(全国人大常委会,1985 年 1 月 21 日通过,1993 年 12 月 29 日第一次修正,1999 年 10 月 31 日第二次修正)

《中华人民共和国注册会计师法》(全国人大常委会,1993 年 10 月 31 日通过)

《中华人民共和国审计法》(全国人大常委会,1994 年 8 月 31 日通过,2006 年 2 月 28 日修正)

2. 行政法规

《中华人民共和国审计法实施条例》(国务院,1997 年 10 月 21 日公布,2010 年 2 月 2 日修订)

《企业财务会计报告条例》(国务院,2000 年 6 月 21 日公布)

3. 行政规章、地方性法规

《企业会计制度》(财政部,2000 年 12 月 29 日公布)

《企业会计准则》(财政部,2006年2月15日发布)
《企业财务通则》(财政部,2006年12月4日公布)
《国有资产评估违法行为处罚办法》(财政部,2001年12月31日公布)
《中华人民共和国国家审计基本准则》(国家审计署,2000年1月28日公布)
《审计机关审计处理处罚的规定》(国家审计署,2000年1月28日公布)

案例分析

案例分析一:深圳中喜会计师事务所遭处罚

【案情】

2005年7月29日,财政部发布了对深圳乾嘉德会计师事务所(原深圳中喜会计师事务所)的处罚决定。

深圳中喜会计师事务所是一家仅有16名注册会计师的合伙事务所,该所内部管理混乱,质量控制薄弱,从2003年1月到2004年5月间共出具了4098份审计报告,大量审计报告未履行必要的审计程序,造成了恶劣的社会影响。

鉴于此,财政部决定撤销该事务所,吊销吴光影注册会计师证书(证书号:4403A0670);暂停注册会计师李锋执行业务12个月;对注册会计师田洪斌予以警告。

据媒体报道①,顶着"福布斯最年轻富豪"光环的四川明星电力股份有限公司(以下简称"明星电力")原董事长周益明,就是在中喜会计师事务的虚假审计报告的帮助下一夜之间从"负翁"变成了"身价27亿元的富翁"的。

明星电力是四川遂宁市380万人口水、电、气的主要供应商。2002年8月,周益明得知明星电力欲转让28.14%的国有股,价值为3.8亿元。当时的明星电力没有外债,企业流动资金达1亿元,良好的资产状况引起了周益明的强烈兴趣。周益明立即着手成立深圳市明伦集团与遂宁接洽,但当时他的净资产实际为负数,而按照规定,收购上市公司的资金不能超过集团公司净资产的50%,周益明和他的明伦集团根本没有资格和实力收购明星电力股份。为了达到收购资

---

① 《"福布斯最年轻富豪"套3.8亿遭起诉》,载《北京娱乐信报》2006年9月5日。

格,2003年3月,周益明找到深圳市中喜会计师事务所,要将公司净资产做到10亿元以上。而在拿到公司资料的第二天,这家事务所就作出了一份总资产27亿元、净资产12亿元的2002年度资产审计报告。后来,中喜会计师事务所又补充了一份2001年度的假审计报告。周益明一夜之间从"负翁"变成了"身价27亿元的富翁",而付出的代价仅仅是给中喜会计师事务所11万元业务费。

【问题】

财政部作出上述行政处罚的法律依据是什么?

【观点】

深圳乾嘉德会计师事务所(原深圳中喜会计师事务所)违反了《注册会计师法》第20条、第21条的规定,财政部根据《注册会计师法》第39条的规定作出了上述处罚。

【分析】

注册会计师是依法取得注册会计师证书并接受委托从事审计和会计咨询、会计服务业务的执业人员。会计师事务所是依法设立并承办注册会计师业务的机构。注册会计师执行业务,应当加入会计师事务所。

注册会计师承办下列审计业务:

(一) 审查企业会计报表,出具审计报告;

(二) 验证企业资本,出具验资报告;

(三) 办理企业合并、分立、清算事宜中的审计业务,出具有关的报告;

(四) 法律、行政法规规定的其他审计业务。

注册会计师依法执行审计业务出具的报告,具有证明效力。

《注册会计师法》第20条规定:注册会计师执行审计业务,遇有下列情形之一的,应当拒绝出具有关报告:

(一) 委托人示意其作不实或者不当证明的;

(二) 委托人故意不提供有关会计资料和文件的;

(三) 因委托人有其他不合理要求,致使注册会计师出具的报告不能对财务会计的重要事项作出正确表述的。

第21条规定:注册会计师执行审计业务,必须按照执业准则、规则确定的工作程序出具报告。

注册会计师执行审计业务出具报告时,不得有下列行为:

(一) 明知委托人对重要事项的财务会计处理与国家有关规定相抵触,而不予指明;

(二) 明知委托人的财务会计处理会直接损害报告使用人或者其他利害关

系人的利益,而予以隐瞒或者作不实的报告;

(三)明知委托人的财务会计处理会导致报告使用人或者其他利害关系人产生重大误解,而不予指明;

(四)明知委托人的会计报表的重要事项有其他不实的内容,而不予指明。

对委托人有前款所列行为,注册会计师按照执业准则、规则应当知道的,适用前款规定。

第31条规定:本法第18条至第21条的规定,适用于会计师事务所。

第39条规定:会计师事务所违反本法第20条、第21条规定的,由省级以上人民政府财政部门给予警告,没收违法所得,可以并处违法所得1倍以上5倍以下的罚款;情节严重的,并可以由省级以上人民政府财政部门暂停其经营业务或者予以撤销。

注册会计师违反本法第20条、第21条规定的,由省级以上人民政府财政部门给予警告;情节严重的,可以由省级以上人民政府财政部门暂停其执行业务或者吊销注册会计师证书。

会计师事务所、注册会计师违反本法第20条、第21条的规定,故意出具虚假的审计报告、验资报告,构成犯罪的,依法追究刑事责任。

深圳乾嘉德会计师事务所(原深圳中喜会计师事务所)违反了《注册会计师法》第20条、第21条的规定,财政部根据《注册会计师法》第39条的规定作出了上述处罚。

【点评】

只有省级以上人民政府财政部门才有对注册会计师法的处罚权。

案例分析二:天职孜信会计师事务所遭处罚①

【案情】

经查明,天职孜信会计师事务所有限公司(以下简称天职所)在审计湖南天一科技股份有限公司(以下简称天一科技)2003年财务报告的过程中,未按照执业准则、规则确定的工作程序出具审计报告,致使出具的审计报告含有虚假内容:

一、天职所在审计天一科技2003年财务报告的过程中,未对银行存款、借

---

① 资料来源:《中国证监会行政处罚决定书(天职孜信会计师事务所及李海来、唐爱清)》,证监罚字[2005]27号,中国证监会网站。

款询证函的发出、收回保持有效的控制,违反了《独立审计具体准则第27号——函证》第17条、第18条的规定,致使出具的审计报告含有虚假内容。

二、天职所在审计天一科技2003年财务报告的过程中,未按照存货监盘程序实施存货盘点,违反了《独立审计具体准则第26号——存货监盘》第11条、第13条、第20条的规定,致使出具的审计报告含有虚假内容。

三、天职所在审计天一科技2003年财务报告的过程中,未实施必要的审计程序,检查、复核湖南中智诚联合会计师事务所出具的岳阳经济技术开发区泰和商城有限责任公司2003年财务报告,违反了《独立审计具体准则第13号——利用其他注册会计师的工作》第6条、第8条、第9条的规定,致使出具的审计报告含有虚假内容。

四、天职所在审计天一科技2003年财务报告的过程中,在未取得充分、适当的审计证据的情况下,仅仅依据天一科技提供的《承包驻外机构经营协议》和收款凭证就确认了湖南天一科技股份有限公司驻郑州经营维修部、湖南天一科技股份有限公司奥星泵业分公司驻长沙办事处、湖南省平江潜水电泵厂驻石家庄维修服务部、湖南天一科技股份有限公司奥星泵业服务公司等4家下属单位上缴的承包利润395万元。违反了《独立审计具体准则第5号——审计证据》第5条和《独立审计具体准则第8号——错误与舞弊》第6条、第12条的规定,致使出具的审计报告含有虚假内容。

对上述行为负有直接责任的是在天一科技2003年审计报告上签字的注册会计师李海来、唐爱清。

中国证监会决定对天职所罚款20万元;对负有直接责任的注册会计师李海来、唐爱清罚款5万元。

【问题】

天职所及相关责任人违反了哪些法律?中国证监会处罚天职所及相关责任人的法律依据是什么?

【观点】

天职所及相关责任人违反了《注册会计师法》第21条的规定,以及一系列《独立审计具体准则》的规定,还违反了《证券法》和《股票发行与交易管理暂行条例》的规定。中国证监会处罚天职所及相关责任人的法律依据是《证券法》和《股票发行与交易管理暂行条例》(下称《股票条例》)。

【分析】

《注册会计师法》第21条规定:注册会计师执行审计业务,必须按照执业准则、规则确定的工作程序出具报告。

注册会计师执行审计业务出具报告时,不得有下列行为:

(一)明知委托人对重要事项的财务会计处理与国家有关规定相抵触,而不予指明;

(二)明知委托人的财务会计处理会直接损害报告使用人或者其他利害关系人的利益,而予以隐瞒或者作不实的报告;

(三)明知委托人的财务会计处理会导致报告使用人或者其他利害关系人产生重大误解,而不予指明;

(四)明知委托人的会计报表的重要事项有其他不实的内容,而不予指明。

对委托人有前款所列行为,注册会计师按照执业准则、规则应当知道的,适用前款规定。

第31条规定:本法第18条至第21条的规定,适用于会计师事务所。

天职所在审计天一科技2003年财务报告的过程中,违反了《独立审计具体准则第27号——函证》第17条、第18条的规定,违反了《独立审计具体准则第26号——存货监盘》第11条、第13条、第20条的规定,违反了《独立审计具体准则第13号——利用其他注册会计师的工作》第6条、第8条、第9条的规定,违反了《独立审计具体准则第5号——审计证据》第5条和《独立审计具体准则第8号——错误与舞弊》第6条、第12条的规定,致使出具的审计报告含有虚假内容。

天职所及其相关责任人不仅违反了上述规定,还违反了原《证券法》第161条①"为证券的发行、上市或者证券交易活动出具审计报告、资产评估报告或者法律意见书等文件的专业机构和人员,必须按照执业规则规定的工作程序出具报告,对其所出具报告内容的真实性、准确性和完整性进行核查和验证"和《股票条例》第35条"为上市公司出具文件的注册会计师及其所在事务所、专业评估人员及其所在机构、律师及其所在事务所,在履行职责时,应当按照本行业公认的业务标准和道德规范,对其出具文件内容的真实性、准确性、完整性进行核查和验证"的规定,构成了《股票条例》第7条所述"出具的文件有虚假、严重误导性内容或者有重大遗漏"的行为。根据《股票条例》第7条的规定,中国证监会经研究决定:对天职所罚款20万元;对负有直接责任的注册会计师李海来、唐

---

① 这一条在2005年10月《证券法》修改时修改为第173条:"证券服务机构为证券的发行、上市、交易等证券业务活动制作、出具审计报告、资产评估报告、财务顾问报告、资信评级报告或者法律意见书等文件,应当勤勉尽责,对其所依据的文件资料内容的真实性、准确性、完整性进行核查和验证。其制作、出具的文件有虚假记载、误导性陈述或者重大遗漏,给他人造成损失的,应当与发行人、上市公司承担连带赔偿责任,但是能够证明自己没有过错的除外。"

爱清罚款5万元。

【点评】

《注册会计师法》的执法机关是财政部门,中国证监会对会计师的处罚只能依据《证券法》或《股票条例》。

案例思考题

思考题一:安达信的倒闭

【案情】

美国休斯敦联邦地方法院2002年10月16日对安达信会计师事务所妨碍司法调查作出最严厉的判决,罚款50万美元,并禁止它在5年内从事相关业务。

这是安然公司2001年底宣布破产后的第一起相关刑事判决,安达信也成为企业财务丑闻爆发后唯一被判有罪的公司。

安达信会计师事务所因销毁与安然公司有关的文件,于2002年3月份被起诉。安达信负责安然公司审计的戴维·邓肯已向陪审团承认,他曾指示下属销毁文件,并知道其中可能包含与安然公司有关的内容。因此,联邦大陪审团于6月份裁定,安达信公司妨碍司法罪成立。检察官也要求对这一案件作出尽可能严厉的处罚,以儆效尤。

在陪审团的裁定公布后,安达信美国公司已于8月31日宣布将退出从事89年之久的上市公司审计业务,并关闭了在全国各地的绝大多数办事处,员工数量也从2.8万人下降到目前的不足2000人。

安达信在过去20年中,有十几次涉嫌忽视、隐瞒客户的财务问题,不过每次都达成和解,但这次没能逃脱法律的制裁。

【问题】

会计师在市场经济体系中承担着什么样的角色?会计师应承担什么样的社会责任和法律责任?

【提示】

司法部起诉安达信,更主要的原因是司法部认为有充分的证据显示安达信的行为已经构成犯罪,而且已经伤及整个市场的经济秩序和信用体制,因此需要通过正式的起诉来加以惩戒。独立审计师是保证上市公司财务信息披露真实性和准确性的重要制度环节。但是安达信在安然事件中的角色，本来就已经导致公众对包括审计师的独立性产生了相当的怀疑；而其销毁文件的行径，更是使得自己绝对地失信于市场。①

思考题二：范敏华、袁蓉、曹爱民违法案②

【案情】

经查明，希格玛会计师事务所的注册会计师范敏华、袁蓉在对达尔曼2002年度财务报告审计过程中，对财务报表主要项目的审计基本能按照《中国注册会计师独立审计准则》的要求，实施相关的审计程序，但在对货币资金、存货项目的审计过程中，未能充分勤勉尽责，未能揭示4.27亿元大额定期存单质押情况，未能识别1.06亿虚假钻石毛坯。

范敏华、袁蓉的上述行为违反了《独立审计具体准则第5号——审计证据》第5条"注册会计师执行审计业务，应当取得充分、适当的审计证据后，形成审计意见，出具审计报告"、《独立审计具体准则第27号——函证》第8条"函证的内容通常还涉及以下账户余额或其他信息——保证、抵押或质押"的规定，还违反了《独立审计具体准则第12号——利用专家的工作》第4条"在审计过程中，注册会计师可以根据需要，利用专家协助工作"的规定。

曹爱民是希格玛所对达尔曼2002年度财务报告的审计报告签发人。

中国证监会决定对范敏华、袁蓉分别处以罚款3万元，对曹爱民给予警告。

【问题】

范敏华、袁蓉、曹爱民违反了哪些法律？中国证监会处罚范敏华、袁蓉、曹爱民的法律依据是什么？

【提示】

"独立审计具体准则"规定得很详细，我们先在经济法这门课中学习会计法和审计法的一些基础知识，到了实务工作中，我们需要再学习这些具体准则。

---

① 恒方：《安达信危局解析》，载《21世纪经济报道》2002年3月26日。
② 资料来源：《中国证监会行政处罚决定书（范敏华、袁蓉、曹爱民）》，证监罚字[2005]11号，中国证监会网站。

第三十二章 对外贸易法律制度

本章要点

1. 核心内容

对外贸易作为一种历史现象,它是伴随着国家的出现而产生的,但只有在资本主义生产方式即生产大分工和以自由竞争为主导的生产方式确立之后,才得到空前的发展。对外贸易是各国商品在流通领域中的延伸,是社会再生产过程的重要组成部分。随着社会化大生产的发展,对外贸易也获得了相应的进步。对外贸易法是指国家对货物进出口、技术进出口和国际服务贸易进行管理和控制的一系列法律、法规和其他具有法律效力的规范性文件的总称,对外贸易法律制度的范围包括:关税制度、许可证制度、配额制度、外汇管理制度、商检制度以及有关保护竞争、限制垄断及不公平贸易等方面。对外贸易法调整的是一国对外贸易及投资法律关系的。而在当今世界,各国外贸对国民经济发展的作用越来越大,外贸法地位也日趋重要。随着世界贸易组织在国际贸易中的影响日益加大,随着世界经济全球化进程的加快,尤其是经济大国的经济发展,对国际贸易的依存度越来越高。对外贸易法律制度的宗旨是发展对外贸易和投资,维护对外贸易秩序,保护国内产业安全,促进一国经济稳定发展,改善人民的生活水平。

2. 主要制度

本章主要制度包括:对外贸易经营者的主体制度、货物进出口与技术进出口的限制或禁止制度、国际服务贸易限制或禁止制度、与对外贸易有关的知识产权保护制度、对外贸易秩序制度、对外贸易调查制度、对外贸易救济制度、对外贸易促进制度、法律责任等。

3. 实务提示

伴随中国加入世界贸易组织,我国外贸法律制度进入新的时期。新外贸法的出台,使得中国国内法与国际法进一步接轨,与之相伴而生的贸易摩擦日益增多,外贸法律纠纷层出不穷。在实务中我们不仅要掌握国内相关法律的规定,还需要熟练掌握有关国际规则。

 相关法律、法规、规章、司法解释

1. 法律

《中华人民共和国对外贸易法》(全国人大常委会,1994年5月12日公布,2004年4月6日修订)

《中华人民共和国海关法》(全国人大常委会,1987年1月22日公布,2000年7月8日修正)

《中华人民共和国进出口商品检验法》(全国人大常委会,1989年2月21日公布,2002年4月28日修订)

2. 行政法规

《中华人民共和国反倾销条例》(国务院,2001年10月31日公布,2004年3月31日修订)

《中华人民共和国反补贴条例》(国务院,2001年10月31日公布,2004年3月31日修订)

《中华人民共和国保障措施条例》(国务院,2001年10月31日,2004年3月31日修订)

《中华人民共和国货物进出口管理条例》(国务院,2001年10月31日公布)

《中华人民共和国技术进出口管理条例》(国务院,2001年12月10日公布)

《出口货物原产地规则》(国务院,1992年3月8日公布)

3. 行政规章

《中华人民共和国海关对加工贸易货物监管办法》(海关总署,2004年2月26日公布,2010年11月1日修正)

《中华人民共和国海关关于加工贸易保税货物跨关区深加工结转的管理办法》(海关总署,2004年1月19日公布,2010年11月26日修订)

《对外贸易经济合作部保障措施调查听证会暂行规则》(对外贸易经济合作

部,2002年2月10日公布)

《对外贸易经济合作部反补贴调查听证会暂行规则》(对外贸易经济合作部,2002年2月10日公布)

《对外贸易经济合作部反倾销调查听证会暂行规则》(对外贸易经济合作部,2000年6月2日公布)

《出口商品配额管理办法》,(对外贸易经济合作部,2001年12月20日公布)

4. 司法解释

《最高人民法院关于审理国际贸易行政案件若干问题的规定》(最高人民法院,2002年8月27日)

案例分析

案例分析一:中国就平张涂布纸反倾销和反补贴案向美国提出WTO磋商请求

【案情】

美国商务部于2007年5月29日和2007年4月2日作出对中国铜版纸的反倾销和反补贴初步裁定。这些初步裁定刊登于《联邦公告》第72期第30758页(2007年6月4日)《对中国的铜版纸的低于正常价值销售的初步裁定和延迟最终裁定》,以及《联邦公告》第72期第17484页(2007年4月9日)《对中国的铜版纸的修订的反补贴税初步的肯定裁决》。中国认为这些裁决,违反了美国在《GATT 1994》第6条、《反补贴措施协定》第1、2、10、14、17和32条以及《反倾销协定》第1、2、7、9和18条下的义务。根据《关于争端解决规则与程序的谅解(DSU)》第4条、《GATT 1994》第23.1条、《反倾销协定》第30条,我国政府2007年9月14日,向WTO散发了中国代表团就平张涂布纸(俗称铜版纸)反倾销和反补贴案提请与美国WTO磋商的请求。中国希望就该请求得到美国政府的回应,并且确定双方都便利的磋商日期。

【问题】

该案涉及哪些贸易摩擦中有关争端解决机制程序方面的知识?

第三十二章 对外贸易法律制度

【观点】

伴随各WTO成员国国内普通关税税率的总体下调,以非关税壁垒为主的外贸保护手段日益增多,贸易摩擦不可避免,我们应积极学会使用WTO争端解决机制解决对外贸易中有关纠纷。

【分析】

WTO总理事会通过争端解决机构(DSB)来承担解决争端的责任。WTO所有成员的贸易代表都有权加入争端解决机构,DSB的首要任务是监督WTO条件下争端解决的执行。WTO争端解决机制的程序方面主要包括以下六个组成部分:

1. 强制性的双边协商(也存在多边协商和诸多边协商的可能性)

协商解决争端是世界贸易组织成员解决贸易争端的主要办法。是两个或两个以上成员为使问题得到或达成谅解进行国际交涉的一种方式。争端发生后,要求协商一方的申请应通知争端解决机构及有关的理事会和委员会,接到协商申请的成员自收到申请日起,10天内应作出答复,并在30天内(紧急情况下10天内如对易于腐烂的产品)进行协商,60天内(紧急情况下20天内)解决争端。收到申请的一方在规定的日期内未作出答复或进行协商或双方未能解决争端,则申请协商一方可要求成立专家小组。凡与此争端有重要利害关系的成员在传阅协商申请日起10天内通知协商各方和DSB后,允许参加协商。

2. 选择性的调停、调解、斡旋和仲裁

在解决争端的60天期限内,进行斡旋、调解和调停,是争端双方自愿执行的程序,可由任何一方提出,随时开始,随时结束。斡旋是第三方为争端当事者提供有利于进行接触和强制的条件,并提出自己的建议或转达各方意见,促使双方进行协商谈判或重新谈判,斡旋者自己不介入谈判的一种解决国际争端方式。调解,此处的调解概念不同于解决国际民商事争议中调解的概念,它是指当事人将争端提交由若干成员方组成的委员会,委员会在调查的基础上提出解决争端的建议,该建议不具有法律约束力。因此争端方没有必须接受的义务。调停,是第三方不但为争端当事方提供谈判或重新谈判的便利,而且提出作为谈判基础的条件并亲自主持谈判,提出建议,促使争端双方达成解决争端的协议。如果争端双方一致认为前述三种方式不能解决争端,则可提出建立专家小组的要求。作为可供选择的解决成员之间贸易争端的另一种方法,是由争端双方达成一致的仲裁协议,直接将案件提交仲裁,并将结果通知DSB和有关协定的理事会和委员会。

3. 公正独立的专家小组程序

当协商、斡旋、调解、调停均不能解决争端时，一方向 DSB 提交设立专家小组申请。专家小组通常由秘书处指定的约 3 至 5 名在国际贸易领域有丰富知识和经验的资深政府和非政府人员组成。为便于选择专家，秘书处各有符合专家资格的政府与非政府人员名单。专家小组的职责是按照其工作程序和严格的时限对将要处理的申诉案件的事实，法律（协定）的适用及一致性作出客观的评估，并向 DSB 提出调查结果报告及圆满解决争端的建议，从报告提交 DSB 起 60 天内，由 DSB 会议通过此报告，如争端一方提出上诉，则报告不予通过。

4. 上诉审查程序

当争端一方对专家小组的报告持有异议并将上诉决定通知 DSB，或 DSB 一致反对采纳专家组的报告时，则由 DSB 设立的常设上诉机构处理对该案件的上诉。上诉只能由争端方提出，且上诉事由仅限于专家小组报告中论及的法律问题及该小组作出的法律解释。上诉机构的报告应自上诉决定通知 DSB 之日起 60 天内作出（特殊情况下最长不得超过 90 天）。上诉机构的报告可以确认、修改或反对专家小组的结果和结论。如上诉机构报告被 DSB 采纳，则争端各方均应无条件接受。常设上诉机构由广泛代表世界贸易组织成员的 7 名公认的，具有法律、国际贸易和有关协定专门知识的权威人士组成，期限 4 年。该机构不隶属于任何政府。

5. 争议解决机构即 DSB 的接受或批准

DSB 是一个具有广泛代表性的政治机构。在 WTO 成员解决争端中，无论是专家小组的报告，还是上诉机构的报告，不经 DSB 批准，均不具有法律效力，争端任何一方均有拒绝接受的权利。当然，DSB 作出决定的事项，均应以共识（Consensus）作出。

6. 受监控和管制的制裁程序（如撤销减让或其他义务）

在适应范围方面，该程序主要适用于"违法之诉"与"不违法之诉"两类争议。按照 GATT 第 23 条第 1 款（b）项规定，即使该措施不与本协定相冲突，只要对另一个缔约方依本协定享有的利益造成"抵消与损伤"亦构成了投诉的根据或条件。这通常以"不违法之诉"这个专门术语来称呼。反之则称"违法之诉"。

【点评】

关于 WTO 解决争端机制是 WTO 成员间就国际贸易争端的解决所必须遵从的国际法律实体和程序，是一种集各种政治方法、法律方法的综合性争端解决体制，具有外交和司法两种属性。

案例分析二：中国华源实业总公司无锡公司诉江阴进出口商检局行政赔偿案

【案情】

1995年4月20日，无锡公司与加拿大富兰克林有限责任公司签订了色织弹力布的售货确认书。据此，无锡公司于同年6月1日与江阴市周庄润恒布厂（供方）签订了购销54054米T/R色织弹力布，标的额为人民币1059184元的合同。合同对质量要求、技术标准、供方对质量要求的条件、验收标准均明确约定"出具商检证书，以商检为标准"。同年7月21日，布厂将生产的191箱53762米T/R弹力布申请江阴商检局签发检验证书。该局接受了申请，实施了检验并签发了商检结果为"符合FJ516-82标准一等品"的编号为NO:0235757号的出口商品检验换证凭单。得到商检肯定后，无锡公司于同年9月租船将上述货物外运到美国。因外商提出质量问题拒绝收货，致使这匹布被迫于1996年1月8日从美国返还至无锡，存放于仓库，造成了经济损失。该公司找到生产厂家承担经济损失。生产厂家认为，既然商检局经商检已通过放行，经济损失与生产厂家无任何瓜葛，因此不予理睬。无锡公司遂以商检局为被告提起行政诉讼，认为被告商检局检验时玩忽职守，不负责任，由于事实上造成公司损失，请求依法撤销被告签的NO:0235757出口商品换证凭单，赔偿经济损失。

无锡市中级人民法院受理后，无锡市纺织产品质量监督测试所对经江阴商检局检验合格后放行出口又被外商退回的货物进行检验。结果为：该产品经抽测，对照FJ-516-82《色织中长涤粘混纺布》标准，不符合一等品质量。另查，无锡某公司租船至美国又退回无锡用去海运费、仓储费、搬运费、资金占用利息等共计187782元。此案经调解，无锡市中级人民法院于1997年7月31日作出了[1996]锡行赔字第1号行政赔偿调解书，确认：（一）江阴商检局承担无锡公司经济损失人民币14.5万元；（二）诉讼费人民币5080元（其中鉴定费人民币5000元）由江阴商检局负担。鉴此，原告无锡公司申请撤回判令撤销江阴商检局NO:0235757号出口商品换证凭单的诉讼请求，无锡使中级人民法院经审查认为，原申请撤诉，符合法律规定。依照《中华人民共和国行政诉讼法》第51条的规定，该院于1997年8月4日作出裁定：准许原告撤回起诉。

【问题】

该案商检行为特别是非法定商检行为是属于具体行政行为，还是民事行为？是否属于可诉的具体行政行为？能否纳入人民法院行政诉讼受案范围？

【观点】

对外贸易实务中,合同双方通常订立商品检验条款,商品检验证书对合同双方具有重要作用,商检部门应当严格按照商检规定执法,否则应承担相关的法律责任。

【分析】

根据《进出口商品检验法》第 3 条的规定:商检机构和国家商检部门、商检机构指定的检验机构,依法对进出口商品实施检验。国务院《中华人民共和国进出口商品检验法实施条例》第 3 条规定,商检机构的职责是:对进出口商品实施检验,办理进出口商品鉴定,对进出口商品的质量和检验工作实施监督管理。第 7 条规定,商检机构对法定检验以外的进出口商品可以抽查检验并实施监督管理。法定检验以外的进出口商品,对外贸易合同约定或者进出口商品的收货人、发货人申请商检机构签发检验证书的,由商检机构实施检验。从上述法律法规的规定不难看出,国家商检机构是依法履行国家行政权力的执法机关,是国家商检部门设在各地的管理所辖地区的进出口商品检验工作的行政主管部门。最高人民法院《关于贯彻执行〈中华人民共和国行政诉讼法〉若干问题的意见(试行)》规定:"具体行政行为是指国家行政机关和行政机关工作人员,法律法规授权的组织,行政机关委托的组织或者个人在行政管理活动中行使行政职权,针对特定的公民、法人或者其他组织,就特定的具体事项作出的有关该公民、法人或者其他组织权利义务的单方行为。"所以无论是实施行政处罚还是实施法定或非法定商检的活动,分析其行为主体属性、行为的国家公权性及行政职权与行政职责相一致性等方面完全符合上述司法解释阐明的构成要件与法律特征。

联系本案我们不妨进一步分析论证。行政法理论告诉我们,以行政机关具体行政行为是否可以自动采取为标准,可以将其分为依职权的具体行政行为和须申请的具体行政行为。依职权的具体行政行为是指行政机关在法律规定的职权范围内,不需要相对人请求,自行作出的具体行政行为。须申请的具体行政行为是指行政机关根据行政机关相对人的申请而作出的具体行政行为。从本案而言,生产厂家按合同约定申请商检局对非法定检验商品 T/R 色织弹力布检验签发检验证书,商检局依照《实施条例》第 3 条规定受理了申请并实施的商检行为。由此,一方系行政管理相对人依法提出了申请,另一方系行政机关依法接受了申请,这就在商检局与生产厂家及与这一商检行为有利害关系的无锡公司之间产生了行政关系。商检机构的商检行为是依法对进出口商品实施监督管理的行使国家公权的活动,是依行政职权而实施的,其产生的关系属于行政法律关系,不可能也不应该具有民事性质。最高人民法院 1998 年 6 月 23 日法释

(1998)12号《关于经商检局检验出口的商品被退回应否将商检局作为经济合同质量纠纷案件当事人问题的批复》明确指出,经商检局检验出口的商品被退回,当事人以经济合同商品质量纠纷起诉的,人民法院不应将商检局列为被告或第三人。毋庸置疑,最高人民法院的上述司法解释已将商检局的商检行为不属民事性质而归属行政行为这一属性作了准确科学的界定。需要指出的是,对法定检验以外的进出口商品,当申请者要求商检时,《实施条例》第7条确立的是"申请"的法律概念,而商检局把这种"申请"概念换成为"委托"从而推出民事行为,由此得出不属行政诉讼受案范围的结论是不能成立的,是缺乏法律依据的。因此,受诉法院依法作为行政案件受理于法有据。商检局接受了"申请"并实施了商检,这既是上级机构的职权也是义务。职权是,依据商品检验法赋予的权力对进出口商品检验管理;义务是,在上述管理活动中必须忠于职守,严格把关。《实施条例》第31条规定:"出口商品经商检机构检验不合格的不准出口。"但商检人员工作马虎,未能严格把关,把不合格的产品检验为合格产品而签发了商检证书,从而导致了这批物"周游列国"后被迫返回。无锡公司蒙受的重大经济损失与商检局失实商检存在直接的、内在的因果关系。据此,无锡公司提出的行政赔偿请求应予支持。

【点评】

本案是一起涉及国家商检机关商检活动领域的新类型行政诉讼及一并提起行政赔偿案件,引起各方面的关注与争议。解决好此案的关键在于能否准确把握好商检机构的非法定商检行为是否具有行政诉讼的可诉性;国家商检机构哪些行为属于可诉性的具体行政行为。

案例分析三:我国被动对出口欧盟的纺织品采取配额制度

【案情】

欧盟于2005年4月6日就中国出口欧盟纺织品服装数量激增出台了《对华纺织品特别限制措施行动指南》,欧盟委员会贸易委员曼德尔森14日就与意大利纺织行业代表和欧洲纺织服装组织(Euratex)讨论运用针对中国出口欧盟的纺织品服装实施特保措施,4月22日曼德尔森建议欧委会就中国纺织品服装的激增展开调查,4月29日启动正式的调查,5月27日就要求与中国进行正式的磋商,6月1日中国取消了共81项纺织品服装的出口税,6月7日欧盟委员会贸易委员曼德尔森在意大利对纺织品服装的生产者发表演讲,6月10日到11日中欧双方在上海进行磋商,并达成了一致意见,签署备忘录。欧盟承诺停止对原产于中国的棉布、T恤衫、套头衫、裤子、女式衬衫、床单、女连衣裙、胸衣、桌布、亚麻纱等十类纺织品的调查。中国则承诺进行自我出口限制，在2005年6月11日至2007年底期间内，对上述十类纺织品合理确定基数，并按照每年8%至12.5%的增长率确定中方对欧出口数量。欧盟承诺在2008年年底之前，克制援引《工作组报告书》第242段对中国的纺织品服装提起特保，在2008年之后，完全对中国开放内部市场。至此中欧之间的这段纺织品贸易摩擦基本完结，取得双方满意的结果。

【问题】

上述案例中涉及外贸法律制度中配额制度。

【观点】

欧盟以对我实施纺织品特别保障措施为砝码，使得我国被动对纺织品出口采取配额制度。

【分析】

配额是指一国政府在一定时期内对某些敏感商品的进口或出口进行数量或金额上的控制，其目的旨在调整国际收支和保护国内工农业生产，是非关税壁垒措施之一。配额可分为进口配额和出口配额两大类。进口配额按照管理方式可分绝对配额和关税配额。绝对配额是指在一定时期内，对某些商品规定一个最高进口数量或金额。一旦达到这个最高数额，就不准进口。绝对配额又分两种形式，其一，采取"全球配额"，它适用于来自任何国家或地区的商品。主管当局按进口商申请先后或按过去某一时期的进口实绩，批给一定的额度，直到总配额发放完为止。其二，采取"国别配额"，这是在总配额中按国别和地区分配配额。不同国家和地区如果超过所规定的配额，就不准进口。关税配额不绝对限制商品的进口数量，而是在一定时期内对一定数量的进口商品，给予低税、减税或免税的待遇，对超过此配额的进口商品，则征收较高的关税或附加税和罚款。我国现在还有数十种机电产品和一般商品实行进口配额管理。对于所限制的商品，无论以何种贸易方式进口，海关均需凭进口许可证放行。

出口配额可以分为"自动"出口配额(被动配额)和主动配额。其中"自动"出口配额是指出口国家或地区在进口国家的要求或压力下，"自动"规定某一时期内(一般为3年)某些商品对该国出口的限制额。在限制的配额内自行控制出口，超过限制额即不准出口。从实质上讲这是不得不实行的被动配额，故在"自动"两字上加上引号。主动配额是指出口国家或地区根据境内外市场上的容量和其他一些情况而对部分出口商品实行的配额出口。我国现在实行主动配额管理的商品，相当一部分是在国际市场的优势出口商品或垄断商品，盈利空间较大,且大多涉及出口主导行业。欧盟欲对我国纺织品采取保障措施,我国当前对纺织品实行的就是被动配额管理。我国目前对54类68种343个商品编码实行配额出口许可证管理。

【点评】

在今后应对欧盟的贸易冲突中,中国不仅要仔细研究运用相关的法律条款,增加国内关于特保条款的立法,实施多元化的出口战略以应付特保条款;而且,要发挥政府的积极作用。在相关事件中,政府机构要明确国际贸易规则的核心和基本原则,本着公平、透明、互利的原则积极维护本国企业的利益。

案例分析四:我国对焦炭出口采取许可证制度案

【案情】

从2000年12月15日开始,欧盟对中国的焦炭实行无限制的反倾销处罚,每吨焦炭征收32.6欧元的反倾销税。后因环保方面的压力,欧盟大量关闭本国的炼焦企业,法国等国家甚至将国内的煤矿关闭,所需煤炭、焦炭全部依赖进口,为保护本国资源,转嫁污染同时满足发展需要,欧盟于2003年取消了对中国焦炭的反倾销制裁。

基于本国能源供应紧张,2004年1月1日,我国推出焦炭出口许可证制度,同时将焦炭出口配额从1200万吨削减到900万吨。欧盟很快向中国发出警告,称如果不解除焦炭出口限制,欧盟将向世界贸易组织提出申诉。经过协商,中国与欧盟签订了焦炭协议,2004年中国向欧盟的焦炭出口量将不低于上一年度的水平,即450万吨。同时,双方就焦炭出口许可证的发放问题达成一致。

2005年12月20日,欧委会在欧盟网站《欧盟官方公报》上发出通知,对原产于中国的直径在80毫米以上规格的焦炭发起反倾销调查。调查范围为2005年10月1日至2006年9月30日出口到欧盟国家和地区的上述产品。涉案产品海关税则号为27040019。

【问题】

该案涉及外贸法律制度中的出口许可证制度。

【观点】

中国加入世贸组织时,已将焦炭出口配额管理做法进行备案,对何时取消配额未做任何承诺。中国对于焦炭出口的限制并非是针对某个国家或者某个地区的一种歧视性贸易措施,只是中国基于本国能源供应紧张以及宏观经济调控而采取的一种一般性应对机制。

【分析】

出口许可证是国家对实行出口许可证管理的商品批准其出口的法律文件，是海关监管验放出口货物的依据。凡实行出口许可证管理的商品（规定免领的除外），各类出口企业应在商品出口前按规定在指定的发证机关申领出口许可证，海关凭出口许可证接受申报。所谓配额许可证管理即实行配额与许可证配合使用，出口企业在取得配额后再申请出口许可证。根据我国《对外贸易法》的规定，我国出口进口许可证管理实行非自动出口许可证与自动出口许可证分类管理办法。对特定商品实施出口许可是符合 WTO 规则要求的。

基于本国能源供应紧张，我国推出焦炭出口许可证制度，同时将焦炭出口配额削减。虽然 WTO 原则上规定了不能对自由贸易施加任何限制，但是 WTO 的有关文件中也对一些关系到国家产业发展、经济以及能源等方面规定可以区别对待，特别是幼稚产业和国内严重短缺的原料，可以优先保证国内需求。中国加入世贸组织时，已将焦炭出口配额管理做法进行备案，对何时取消配额未做任何承诺，欧盟此前并未就此提出质疑，我国的上述做法完全没有违背相关的规定和承诺。此外，中国对于焦炭出口的限制并非是针对某个国家或者某个地区的一种歧视性贸易措施，只是中国基于本国能源供应紧张以及宏观经济调控而采取的一种一般性应对机制。因此，我们可以肯定地说，就算欧盟把中国告上 WTO，我们也是绝对不会输的。

此外，需要说明的是，焦炭的生产过程中会有大量的粉尘、一氧化碳及有毒气体排放到大气中，其中含有多种致癌、致人畸形的物质；炼焦所排出的焦油、废水，也含有大量有毒物质，渗入地下后将长期污染地下水。但是，一吨焦炭 FOB 价（离岸价格）高达 400 美元的利润驱使着各地乱上项目，结果就造成大量的污染。而欧盟是不会让高污染的企业在他们境内生存的。业内人士指出发达国家大量进口中国的焦炭，从某种意义上讲就是想把污染转嫁给中国，因为这些国家大多都和中国一样，是《京都议定书》的签约国。

【点评】

我国是国际焦炭市场的主导，鉴于目前国内煤炭行业产能过剩、供大于求的问题已初露端倪，再加上各国基于保护本国利益对外贸易政策摇摆不定，国际煤炭焦炭贸易多有变数，各方应特别关注煤炭焦炭国际国内市场行情，切实做好相关工作。对于诸如钢铁之类的重要产品也是如此。

案例分析五：中国汽车零部件的世贸之战

【案情】

2006年3月30日，美国和欧盟向世贸组织争端解决机构提出就"中国汽车整车及零部件的进口措施对美国和欧盟的相关产业带来了损害"问题提出协商申请。美国和欧盟认为，该措施包括：(1) 2004年5月21日发布的国家发展和改革委员会第8号令《汽车产业发展政策》；(2) 2005年4月1日生效的《构成整车特征的汽车零部件进口管理办法》；(3)《进口汽车零部件构成整车特征核定规则》(海关总署4号令，于2005年4月1日正式生效)；(4) 一些通过修订、扩展使用的执行措施和其他相关措施。美国和欧盟认为，中国的上述规定针对的是那些运用进口汽车零部件的中国国内汽车制造商。其表示，尽管中国对汽车零部件设定的进口关税略低于汽车整车，但对于构成进口整车特征的汽车零部件产品设定的进口关税却与汽车整车的进口关税相同。因此，欧盟和美国认为，中国的相关措施违反了《与贸易有关的投资措施协议》《1994年关税与贸易总协定》《与贸易有关的投资措施协议》《补贴与反补贴措施协议》《中国入世议定书》《中国入世工作组报告》有关规定。

2006年4月13日，加拿大针对中国的上述事项向世贸组织争端解决机构提出协商申请。加拿大提出的关于中国汽车及汽车零部件领域涉及的存在争议的进口措施与美国和欧盟的主张相同。加拿大进一步指出，中国的相关措施会对外国投资带来一定影响，因此，加拿大认为，该措施违反了《中国入世议定书》《中国入世工作组报告》《1994年关税与贸易总协定》《与贸易有关的投资措施协议》《原产地规则协议》《补贴与反补贴措施协议》的相关规定。

美、欧、加认为，中国将汽车零部件关税当做贸易保护主义的手段，以增强本土汽车制造业的实力。中国对超过整车60%以上的零部件按整车征税的做法对进口汽车零部件构成了歧视。目前，中国的汽车制造业规模仅次于美国，位居全球第二，并有望在未来10年获得全球汽车市场10%的份额。

【问题】

该案涉及外贸法律制度中的关税制度。

【观点】

我国作为主权国家，有权在不违反WTO规则的基础上制定符合中国国情的关税制度，包括进口关税制度。

【分析】

进口关税是一个国家的海关对进口货物和物品征收的关税。它是关税中最主要的一种。在目前世界各国已不使用过境关税,出口税也很少使用的情况下,通常所称的关税主要指进口关税。各种名目的关税也都是进口税,例如,优惠关税、最惠国待遇关税、普惠制关税、保护关税、反倾销关税、反补贴关税、报复关税等。征收进口关税会增加进口货物的成本,提高进口货物的市场价格,影响外国货物进口数量。因此,各国都以征收进口关税作为限制外国货物进口的一种手段。适当的使用进口关税可以保护本国工农业生产,也可以作为一种经济杠杆调节本国的生产和经济的发展。使用过高的进口关税,会对进口货物形成壁垒,阻碍国际贸易的发展。进口关税会影响出口国的利益,因此,它成为国际间经济斗争与合作的一种手段,很多国际间的贸易互惠协定都以相互减让进口关税或给以优惠关税为主要内容。"关税及贸易总协定"就是为了促进国际贸易和经济发展为目的而签订的一个多边贸易协定,它倡导国际贸易自由化,逐步取消各种贸易壁垒,其中最主要的一项措施就是通过缔约方之间的相互协商、谈判,降低各国的进口关税水平,对缔约方的关税加以约束,不得任意提高。由于关税是通过市场机制调节进出口流量的,在目前阶段还允许以进口关税作为各国保护本国经济的唯一合法手段。但通过几个回合的关税减让谈判,各国的关税水平大大降低。

就该案,在世贸组织争端解决机构2006年9月28日召开的会议上,中国代表团拒绝了美国、欧盟和加拿大三方提出的世贸组织设立专家小组就中国汽车零部件进口管理规定进行调查的要求。中国代表团表示,中国自加入世贸组织以来一直认真履行承诺,已大幅削减了汽车整车和零部件的进口关税。中国如今为贸易伙伴提供了前所未有的汽车整车和零部件的市场准入机遇。对于要求协商方提出的关于中国的汽车零部件进口管理措施(尤其是2005年4月开始实施的《构成整车特征的进口汽车零部件管理办法》,以下简称《办法》)的主张(中国规定,如果零部件占整车或价格的比例超过60%,或是如果使用了特定的进口零部件组合,则要按照25%的税率征收较高的关税。通常情况下,汽车零部件的进口关税为10%),中方表示,制定《办法》的直接目的是打击汽车生产企业日益严重的变相逃漏税行为,也是打击非法拼装、保护消费者利益的措施,是符合世贸组织规则的。此前,有些外国汽车制造商为规避关税,在进口或引进汽车时,将汽车以完全拆散的状态进入,之后再把汽车的全部零部件组装成整车。中国代表团进一步作出表示,自入世以来,中国汽车整车和零部件产品的关税已经逐步从入世前的80%和30%分别降至目前的25%和10%。此与WTO倡导的自由贸易和关税减让的原则和要求是一致的。

【点评】

中国作为 WTO 组织成员国之一,在制定国内外贸政策法律制度的同时,要以 WTO 规则为基础,做到心中有数。即便受到成员国的质疑,也能够懂得运用规则争取自身的利益。

案例分析六:欧盟对原产于中国的钢铁管配件进行反规避调查案

【案情】

2004 年 12 月 1 日,欧盟对原产于中国的钢铁管配件作出反规避终裁:对从印尼和斯里兰卡进口的钢铁管配件(无论是否标注"原产于印尼"或"原产于斯里兰卡")征收 58.6% 的反倾销税。涉案产品海关编码为 73079311、73079319、73079930、73079990。

1994 年 2 月 3 日,欧盟对原产于中国的钢铁管配件进行反倾销立案调查;1996 年 4 月 3 日,欧盟对此案作出终裁:对所有中国公司征收 58.6% 的反倾销税;1999 年 7 月 29 日,欧盟对原产于中国的钢铁管配件进行反规避立案调查;2000 年 4 月 14 日,欧盟对此案作出终裁:对中国台湾省(不论是否标明"原产于台湾")出口欧盟的钢铁管件征收反倾销税(但不对中国台湾省高雄市 Chup Hsin Enterprise 集团有限公司、中国台湾省高雄市 Rigid 工业集团有限公司和中国台湾省高雄市 Niang Hong 管件集团有限公司征收反倾销税):58.6%;2001 年 4 月 3 日,欧盟对此案进行日落复审立案调查;2003 年 6 月 6 日,欧盟对此案作出终裁:继续对所有中国公司征收 58.6% 的反倾销税;2004 年 3 月 3 日,欧盟再次对原产于中国的钢铁管配件进行反规避立案调查。

【问题】

该案涉及国际贸易摩擦中的反规避制度。

【观点】

反规避制度是对关税政策的一种完善和补充,我国应该建立和完善该制度。

【分析】

在本质上,反倾销规避是生产商或进口商通过改变贸易方式、生产方式等手段,来减少或避免出口产品被征收反倾销税的行为,其后果导致反倾销税在相似产品的价格或数量方面的矫正效果受到破坏,从而必然遭到进口国的管制。反倾销中的反规避措施是进口国为限制出口商采用各种方法排除进口国反倾销法的适用,而对该规避行为给予相应救济的法律措施,一般是由进口国向实施规避的企业扩大适用反倾销法,对该规避行为征收反倾销税。反规避的目的与反倾销一样,都是防止或纠正倾销对进口国工业的损害,维护正常的国际贸易秩序,所以反规避措施被认为是反倾销的补充和延伸。

《中华人民共和国对外贸易法》第 50 条规定:国家对规避本法规定的对外贸易救济措施的行为,可以采取必要的反规避措施。《反倾销条例》第 55 条规定:商务部可以采取适当措施,防止规避反倾销措施的行为。《进出口货物原产地条例》第 10 条规定:对货物所进行的任何加工和处理,是为了规避中华人民共和国关于反倾销、反补贴和保障措施等有关部门规定的,海关在确定该货物的原产地时可以不考虑这类加工和处理。然迄今为止,我国反倾销实践已历经多年,中国调查机关尚未发起过反规避调查。

欧盟、美国反规避制度中,将规避行为主要分为:境内组装、第三国境内组装、出口商在其境内对涉案产品进行轻微改变后出口;通过改变销售渠道和销售方式,较高税率出口商通过获得单独税率或较低税率的出口商出口;不改变产品的内在特征,将产品归入不同的海关税则号,从而规避适用反倾销税;通过第三国转运、后继开发产品等。

我国对外反倾销调查案件的日益增多,显露出对反规避立法的需要越来越迫切。仅 2006 年的前五个月,我国对进口产品共发起反倾销调查 44 起。这表明我国正日益成为外国倾销商品的对象国,不难预测外商很可能会利用我国反规避立法的漏洞,实施规避行为,这势必影响我国反倾销措施作用的发挥,鉴于此,建构、完善我国的反规避立法实为必要和紧迫。

【点评】

关于"反规避"调查程序的原则确立、条件、标准的制定在 WTO 规则谈判中争议较大,有关"反规避"规则的制定需要进一步加以关注。

案例分析七:对进口冷轧板卷中止征收反倾销税案

【案情】

2004 年 9 月 10 日,商务部发布 2004 年第 53 号公告,公布了关于对原产于俄罗斯、韩国、乌克兰、哈萨克斯坦四国和中国台湾地区的进口冷轧板卷反倾销复审裁定,宣布自 2004 年 9 月 10 日起,对进口到中国大陆地区的原产于俄罗斯、韩国、乌克兰、哈萨克斯坦四国和台湾地区的冷轧板卷中止征收反倾销税。这是我国首次因国际、国内市场发生实质变化而依法中止执行反倾销措施的案件。公告还宣布,对出口到中国大陆地区的原产于上述国家和地区的该项产品中华人民共和国海关 2001 年的进口税则号 72091800(注:海关 2004 年的进口税则号为72091810、72091890)项下用于马口铁生产的冷轧板卷中止进口认证。

2002年3月23日,原对外贸易经济合作部根据《中华人民共和国反倾销条例》(以下简称"条例")的规定发布公告,开始对原产于俄罗斯、韩国、乌克兰、哈萨克斯坦四国和中国台湾地区的进口冷轧板卷(以下简称"被调查产品")进行反倾销调查,并于2004年1月14日起对原产于上述国家和地区的被调查产品征收反倾销税。征收反倾销税后,冷轧板卷国际市场情况及中国大陆地区供求关系发生实质变化,根据"条例"第49条的规定,2004年5月17日,商务部发布2004年第22号公告,决定对被调查产品继续征收反倾销税的必要性进行复审。经过调查,依据"条例"第50条的规定,商务部裁定,目前国际市场情况及中国大陆地区供求关系发生实质变化,中国大陆地区冷轧板卷资源出现阶段性短缺局面,在目前市场条件下没有必要对原产于俄罗斯、韩国、乌克兰、哈萨克斯坦四国和中国台湾地区的进口冷轧板卷继续征收反倾销税。

【问题】

特别关税征收过程中,如遇国际市场情况及国内供求关系发生实质变化,是否可以调整征收方式,通过何种方式加以调整。

【观点】

反倾销税作为特别关税之一种,其征收具有时限性和灵活性的特征,其调整可通过反倾销复审制度完成。

【分析】

反倾销作为贸易救济措施,其目的在于增加进口商品的价格,使之达到足以消除倾销或消除损害的水平。当反倾销税在预期基础上课征时,反倾销税以反倾销立案调查前一段时间(即调查期)内涉案国涉案产品的倾销幅度为基础确定,并预期地向将来一段时间内来自涉案国的进口商品征收。但随着时间的变化,反倾销税的征收水平可能会无法反映倾销、损害的程度,或超出了倾销和损害程度。针对上述情况,《WTO反倾销协议》第11.2条规定:主管机关在有正当理由的情况下,自行复审或在最终反倾销税的征收已经过一段合理时间后,应提交证实复审必要性的肯定信息的任何利害关系方请求,复审继续征税的必要性。利害关系方有权请求主管机关复审是否需要继续征收反倾销税以抵消倾销,如取消或改变反倾销税,则损害是否有可能继续或再度发生,或同时复审两者。如作为根据本款复审的结果,主管机关确定反倾销税已无正当理由,则反倾销税应立即终止。该条确立了期中复审制度,允许利害关系方申请期中复审。

我国《反倾销条例》第49条规定:反倾销税生效后,商务部可以在有正当理由的情况下,决定对继续征收反倾销税的必要性进行复审;也可以在经过一段合理时间,应利害关系方的请求并对利害关系方提供的相应证据进行审查后,决定对继续征收反倾销税的必要性进行复审。

反倾销是把双刃剑,一方面可以为相关国内产业提供救济,另一方面由于反倾销措施加重了产品税收负担,有可能损害下游产业的利益。因此,对下游产业的影响也是复审调查的重要内容之一,包括对进口商和用户进行调查,了解原反倾销措施是否导致下游产业的成本大幅度提高,影响下游产业的竞争力。如果是这样,就可以通过复审来纠正这种状况,比如,通过期中复审适当放松措施的限制,扩大进口,促进下游产业的发展。当国际市场情况及中国大陆地区供求关系发生实质变化,出现供应短缺时甚至可以中止或终止反倾销措施。

【点评】

该案被调产品国际市场情况及中国大陆地区供求关系发生实质变化,继续实施反倾销措施对进口国而言没有必要,中止实施措施是合理保护国内产业,灵活运用 WTO 规则的表现。

案例分析八:二氯甲烷期终复审案

【案情】

商务部于 2006 年 8 月 15 日发布 2006 年第 56 号公告,决定对原产于英国、美国、荷兰、德国、韩国的进口二氯甲烷所适用的反倾销措施进行期终复审立案调查。复审产品范围与原对外贸易经济合作部 2002 年第 20 号公告规定的产品范围一致。依据《中华人民共和国反倾销条例》第 48 条、第 50 条规定,商务部对如果终止二氯甲烷反倾销措施,倾销和损害继续或再度发生的可能性进行了调查。经调查,商务部裁定,如果终止原反倾销措施,原产于英国、美国、韩国的进口二氯甲烷对中国的倾销可能继续发生,原产于德国、荷兰的进口二氯甲烷对中国的倾销可能再度发生;原产于英国、美国、荷兰、德国、韩国的进口二氯甲烷对中国国内产业造成的损害有可能再度发生。依据《中华人民共和国反倾销条例》第 50 条规定,根据商务部的建议,国务院关税税则委员会决定,自本公告生效之日起,继续按照原对外贸易经济合作部 2002 年第 20 号公告规定的产品范围和反倾销税率,对原产于英国、美国、荷兰、德国、韩国的进口二氯甲烷继续征收反倾销税,实施期限为 5 年。

【问题】

反倾销措施通常具有时限性,措施到期后,如果国内企业还需要继续保护,是否可以继续延长反倾销措施的实施,通过何种途径可以申请延长。

【观点】

反倾销措施的实施可以通过期终复审制度加以延长。如果终止反倾销措施,涉案国生产商、出口商对中国国内产业的倾销和损害还将可能继续或再度发生,中国政府可以作出继续实施反倾销措施的决定。

【分析】

根据《WTO反倾销协议》第11.3条规定:尽管有第1款和第2款的规定,但是任何最终反倾销税应在征收之日起(或在复审涉及倾销和损害两者的情况下,自根据第2款进行的最近一次复审之日起,或根据本款)5年内的一日期终止,除非主管机关在该日期之前自行进行的复审或在该日期之前一段合理时间内由国内产业或代表国内产业提出的有充分证据请求下进行的复审确定,反倾销税的终止有可能导致倾销和损害的继续或再度发生。在此种复审的结果产生之前,可继续征税。该条确立了期终复审制度,通过该制度,可以申请延长反倾销措施的实施。我国《反倾销条例》第48条对期终复审制度也有规定:反倾销税的征收期限和价格承诺的履行期限不超过5年;但是,经复审确定终止征收反倾销税有可能导致倾销和损害的继续或者再度发生的,反倾销税的征收期限可以适当延长。

复审中的期终复审是巩固反倾销成果、进一步保护国内产业的有力手段。通过期终复审,可以有效地延长反倾销措施的实施期限,每延长一次就是5年,这对入世后保护我国重要产业、维护经济安全、促进国内产业结构调整都具有重要意义。目前我国对外反倾销集中在化工、钢铁、造纸领域,都是典型的资金密集型行业。在反倾销后,国内企业通常都会投入大笔资金进行技改,投资规模往往在几个亿到十几个亿,投资回收期限大约在8—10年。在反倾销措施实施5年后,如果不能继续维持原反倾销措施,国内产业的巨大投资将无法得到回收,反倾销的成果将被抵消。因此,通过期终复审维持原反倾销措施,可巩固反倾销成果,确保国内产业能有一段合理的缓冲期,在公平竞争的环境下,进行投资、技改、产品升级换代和产业结构调整,并及时收回投资成本。

事实上,期终复审已成为各国巩固反倾销成果、进一步保护国内产业的有力手段。美、欧等国的期终复审中,对很大比例的反倾销措施裁决予以维持。以美国为例,美国在2001年共对16起期终复审案件作出裁决,其中10起裁决维持原反倾销措施,6起裁决取消原反倾销措施,维持原反倾销措施的比例达到62.5%,欧盟的情况与美国类似。

【点评】

反倾销措施可以通过期终复审制度加以延长,贸易救济手段的适用一方面应根据国内产业发展的实际需要,另一方面也要严格遵守 WTO 规则的规定。

案例分析九:中国终止对日本紫菜进口管理措施的贸易壁垒调查案

【案情】

商务部于 2004 年 2 月 25 日正式收到的江苏省紫菜协会代表下属 107 个会员提交的贸易壁垒调查申请。针对日本政府多年来通过进口配额、批准及原产地限制措施,只对韩国紫菜开放市场、不让中国紫菜进入的歧视性做法,请求对日本关于紫菜进口实施的限制措施进行贸易壁垒调查。4 月 22 日,商务部公平贸易局正式启动了江苏出口紫菜遭歧视的贸易壁垒调查。商务部随后向日本政府有关部门和国内部分紫菜生产企业提供了调查问卷。

调查期间,商务部与日方政府有关部门共举行了三轮磋商。5、6 月份派员赴日调查,调查人员向日本政府有关部门、日本有关行业协会及相关企业了解了被调查措施,并实地考察了日本千叶县紫菜共同贩卖所,对答卷人提交材料的完整性、真实性和准确性进行了调查,并就日本紫菜进口管理制度和我国紫菜产品的市场准入问题与日方进行磋商。8 月份,应中方邀请,日方政府有关部门来华进行第二轮磋商。9 月份,双方又在京举行了第三次磋商并取得积极进展,日方承诺在合理期限内采取切实措施解决中方关注的问题,双方同意将就有关技术问题继续磋商。

2005 年 2 月 21 日,日本经济产业省公布了日本 2005 年紫菜进口配额方案,取消了对进口干紫菜和调味紫菜原产国的限定,并将两种紫菜进口配额总量定为 4 亿张。这标志着中国紫菜自 2005 年始可以进入日本市场。2005 年 2 月 28 日,商务部决定终止自去年 4 月 22 日启动的对日本紫菜进口管理措施的贸易壁垒调查,此举标志着"贸易壁垒调查第一案"中方胜诉。

【问题】

日本对中国产干紫菜和调味紫菜采取的贸易壁垒措施是否违反 WTO 规则?具体违反哪些规则?

【观点】

日本政府通过对中国产干紫菜和调味紫菜采取贸易壁垒的方式,该贸易壁垒违反 WTO 的非歧视性原则。

【分析】

在国际贸易中,影响和制约着商品自由流通的各种手段和措施,称之为贸易障碍或贸易壁垒。这种壁垒一般可分为关税壁垒和非关税壁垒两种。所谓关税壁垒,是指进出口商品经过一国关境时,由政府所设置海关向进出口商征收关税所形成的一种贸易障碍。按征收关税的目的来划分,关税有两种:一是财政关税,其主要目的是为了增加国家财政收入;二是保护关税,其主要目的是为保护本国经济发展而对外国商品的进口征收高额关税。保护关税愈高,保护的作用就愈大,甚至实际上等于禁止进口。非关税壁垒,是指除关税以外的一切限制进口措施所形成的贸易障碍,又可分为直接限制和间接限制两类。直接限制是指进口国采取某些措施,直接限制进口商品的数量或金额,如进口配额制、进口许可证制、外汇管制、进口最低限价等。间接限制是通过对进口商品制定严格的条例、法规等间接地限制商品进口,如歧视性的政府采购政策,苛刻的技术标准、卫生安全法规,检查和包装、标签规定以及其他各种强制性的技术法规。

我国是世界紫菜生产第一大国;日本是世界上第一紫菜消费大国,年消耗紫菜量达100亿张。但是到目前为止,中国紫菜没有一张进入日本市场。日本政府多年来一直将干紫菜和调味紫菜纳入进口配额产品目录,通过进口配额、批准及原产地限制措施,设置贸易壁垒,不让中国紫菜进入日本市场。江苏等地生产地域、温度、所处的纬度都与日本相似,紫菜与日韩产紫菜属同类品种,在养殖加工方式、产品规格和品质等方面也大都相同。中国紫菜行业这些年大量从日本进口紫菜生产设备,采取日本的加工工艺。有统计显示,我国从日本引进的紫菜加工设备和零配件近二十年间累计超过4000万美元,仅在江苏就有16家中日合资的紫菜加工企业。日本只让韩国享有紫菜进口配额,有失公允,该做法显然违反了WTO非歧视性原则。

此外,为保护近海资源,中日、中韩政府曾签署了双边渔业协定,对渔业实行转产。发展紫菜养殖加工,是我国沿海地区实行渔业转产的重要内容。日本政府对中国出口紫菜的歧视性做法,不仅严重影响到我国紫菜业的发展,也严重影响了我国沿海地区保护近海资源的努力。

【点评】

江苏省紫菜案是中国发起的对外贸易壁垒调查第一案。紫菜案起到了示范作用,这是中国农产品协会在国际贸易争端中首次主动出击,表明中国企业已开始从"自卫"转向"进攻"性防御。

案例思考题

思考题一

【案情】

据美国小麦协会(USW)发布的报告称,由于小麦供应短缺,全球四大小麦出口地(乌克兰、欧盟、阿根廷以及澳大利亚)已经纷纷采取措施,限制小麦出口,以确保国内供应充足。这可能有助于全球进口国对美国、加拿大和俄罗斯小麦的需求提高。报告称,乌克兰宣布把今年的小麦出口限制在380万吨,这要低于上年的650万吨。乌克兰农业部表示,将把截止到明年6月份之前的小麦出口量限制在220万吨,这将使得2006/07年度小麦出口总量比上年减少41%。欧盟25国把小麦出口许可证的有效期从4个月缩短到了2个月,这实际上限制了小麦出口。此外,欧盟还可能对小麦出口征收关税。在阿根廷,政府也在调整出口政策。市场猜测阿根廷可能很快通过出口关税等其他措施来限制小麦出口,这已经影响了小麦贸易活动。阿根廷政府已经要求出口商在申请新的出口许可证时必须出示显示出口目的地和船期的出口合同。和欧盟的举措一样,这是为了避免贸易商留着大量的出口许可证。在澳大利亚,AWB已经停止从东海岸出口小麦,并表示不能提供新的报盘。

【问题】

上述国家和地区对小麦出口的限制是否符合WTO贸易自由原则的要求,并说明原因。

【提示】

农产品是否作为WTO规则的调整对象?有关农产品的规则谈判存在何种特殊性?

思考题二

【案情】

在对我国出口的禽肉和双壳贝类产品、出口产品木质包装相继设禁之后,欧盟对我国玩具又亮红灯。1999年12月7日,欧盟正式发布1999/815/EC指令(以下简称"禁令")。采取措施禁止销售供3岁以下儿童使用的放入口的包含以下六种邻苯二甲酸酯类增塑剂中的一种或多种(DINP、DEHP、DBP、DIDP、DNOP、BBP)的聚氯乙烯软塑料玩具及儿童用品。欧盟称,该"禁令"特别强调

"确保一个高水平的儿童健康和安全保护",委员会可以作出决议要求成员国"采取临时措施阻止、限制投放到市场上的产品,或使产品服从于特定的条件",如果该产品对消费者的健康和安全有严重的和直接的危害,委员会也可以要求"将产品从市场上回收"。该"禁令"严重影响了我国的玩具出口。我国是世界玩具出口第一大国,年出口金额 50 亿美元,占世界总量的 50% 以上,每年解决约 150 万劳动力就业。其 1/4 以上出口到欧盟各国,金额 14 亿美元。据保守统计,出口欧盟的玩具约有 60% 使用了 PVC 原料,其中供 3 岁以下儿童使用的占 50%,因此"禁令"直接影响到我国 4 亿美元以上的玩具出口。若不能及时应对"禁令",预计国内玩具制造业将蒙受重大损失,相关的劳动力就业也将受到影响。

【问题】

欧盟 1999/815/EC 指令是否属于贸易壁垒?是否违反 WTO 规则?

【提示】

结合以下两个方面分析:一方面,WTO《技术性贸易壁垒协议》允许成员方采取以保护人类、动植物生命和健康的必要技术措施,可以与国际标准不一致。因此,各国可以制定严格的强制性的高技术标准。另一方面,《技术性贸易壁垒协议》第 2.2 条规定:成员方应确保技术法规的草拟、通过及适用在目的和效果上均不给国际贸易造成不必要的障碍。就此而言,技术法规造成的限制贸易的效果,不应超过实现合法目的的必要,且应将不能实现合法目的可能产生的风险考虑在内。

后　记

经过几年的酝酿和撰写,本书终于可以付印了!

根据出版社的设计要求,本书既可作为独立的经济法案例教材,也可作为普通高等教育"十一五"国家级规划教材《经济法》(第四版)(杨紫烜主编,北京大学出版社、高等教育出版社 2010 年版)的配套用书。因此,章节和知识要点与该教材配套,但案例、分析的内容体现本书作者的探索。同时,基于时效性要求,法律、法规和案例资料,均截止于 2013 年成稿时。

本书撰稿人的分工是(以所撰章节为序):肖江平撰第 1、2、3、4、5、6、12 章,并负责方案体例设计、组织和统稿;邢会强撰第 7、8、10、17、18、19、20、29、31 章;袁达松撰第 9 章;熊静撰第 11、15、21、26 章;徐妍撰第 13、14、16、25、32 章;赵玲撰第 22、23、24、27、28、30 章。作者们的通力合作、精益求精、体谅宽容,是本书成稿、出版的重要因素。

北京大学出版社法律事业部主任邹记东博士为本书的总体定位和编辑出版工作的推进,法律事业部郭瑞洁女士为本书的编校等付出了智慧和辛劳。在此,谨向二位老师表示诚挚的谢意!

感谢各位读者、专家对本书作者们一直以来的关心、帮助!期盼各位的批评、指导!(eelist@gmail.com)